KB042571

도시계획과
공익의 이해

한상훈 저

박영사

이 저서는 2017년 정부(교육부)의 재원으로 한국연구재단의 지원을 받아 수행된 연구임(NRF-2017S1A6A4A01022270)
This work was supported by the Ministry of Education of the Republic of Korea and the National Research Foundation of Korea(NRF-2017S1A6A4A01022270)

머리말

오늘날은 도시의 시대이다. 전세계 인구의 절반이 넘는 55%가 도시에 살고 있으며, 전세계 경제활동의 주된 결과물들이 도시에서 소비되고 있다. 보통 도시는 국토면적의 10~20%로 일부를 차지하지만, GDP의 3/4 이상이 도시에서 만들어지고 소비되고 있다. 보통의 사람들은 도시에서 태어나고, 교육을 받고, 성장하며, 사회활동을 하다가 도시에서 삶의 여정을 끝맺는다. 현대의 도시는 사람들이 일생을 담는 공간이자, 교육의 장이고, 또한 예술과 문화 활동의 장소이며, 그 나라의 국가경쟁력을 결정짓는 경제·산업활동의 거점이다.

이런 현실을 고려하여 세계 각국들은 보다 나은 도시환경의 조성을 위하여 다양한 노력을 기울이고 있다. 최근 우리나라의 많은 지방자치단체들이 국제안전도시, 여성친화도시, 고령친화도시와 같은 국제적인 공인을 받기 위해 노력하고 있다. 이런 노력들은 인구와 기업체를 유치하여 지방소멸이라는 현실적 위험의 탈출구로 삼기 위한 지방자치단체들의 전략적 차원에서 추진되고 있다. 도시가 제공하는 삶의 질은 그 도시에 사는 사람들의 삶의 질을 좌우할 뿐만 아니라 나아가 그 도시의 국제적인 경쟁력을 결정짓는다는 점에서 더 나은 도시환경의 조성은 반드시 필요한 일이며, 이를 가능하게 하는 도시계획의 중요성은 새삼스럽게 다른 강조를 필요치 않는다.

도시는 사람들이 더불어 같이 살아가는 삶의 터전이다. 그렇다면 현재의 도시는 사람들의 삶을 질을 보장하고, 더불어 같이 살아가는 환경을 제공하고 있는가? 이 질문에 대한 올바른 대답은 무엇일까? 사실 이 질문은 답을 요구하기보다는 또 다른 질문을 유도한다. 역설적이게도 과학과 기술이 발전되면서 도시에서의 삶의 여건이 더 좋아지고 있지만, 도시에 살고 있는 사람들의 실생활은 그렇게 나아지지 않고 있다. 도시에 살고 있는 사람들은 옛날보다 더 많은 자유를 누리기보다 더 많은 구속을 받고 있다. 특히 이러한 구속은 도시에 사는 사람들 개개인의 경제적 능력과 사회적 지위와 같은 사회적 영향력을 근거로 하여 가진 자와 가지지 못한 자로 구분하여 다르게 적용되고 있다. 이런 점에서 현대도시는 봉건제로 대표되는 중세 도시들과 비교하여 과연 얼마만큼 개인의 자유와 사회적 형평성을 보장하는지 쉽게 답하기 어렵다. 일반적으로 도시의 크기가 넓을수록, 이질성이 클수록, 밀도가 높을수록 도시인들의 삶은 해체적이고 병리적이며 비인간적으로 변화하는 것으로 알려져 있다. 따라서 사람이 중심이 되는 적절한 크기, 이질성, 밀도를 가진 도시를 만들기 위해서는 개별 건축물 혹은 도시의 일부 지역이 아닌 도시 전체와 시민 전부를 대상으로 하는 계획적 접근이 필요하며, 이러한 접근을 도시계획이라 한다.

도시계획은 도시정책의 전문적·기술적 판단에 기초하여 도시행정의 목표를 달성하기 위하여 서로 관련되는 행정수단의 조정을 통하여 장래의 일정한 시점에 있어서 도시행정의 목표가 제시한 일정한 질서를 실현하기 위한 행정계획이다. 그런데 도시계획은 계획의 대상이 되는 도시의 공간적 위치와 물리적 구조가 정형화되어 있지 않을 뿐만 아니라 불특정 다수인 공공의 의견에 따라서 계획내용이 결정되는 가변적이고 불확정적인 특성을 갖는다. 도시계획은 고정불변의 토지이용계획을 확정하기 위한 계획이 아니라 현재의 도시가 미래에도 건강하게 그 기능과 역할을 다할 수 있도록 지속가능성과 회복력을 보존하고 또 강화해 나가는 유연한 계획적 특성을 지닌다.

개발시대의 도시계획은 대부분 새로운 개발을 수용하는 내용으로 구성되었으며 당시 도시계획 추진의 당위성은 해당 도시계획에 의해 생겨나는 개발이익을 도시 전체에 어떻게 균형 있게 배분할 것인가에 따라서 해결될 수 있었다. 그런데 성숙시대의 도시계획은 새로운 개발을 수용하기보다는 기존 도시문제의 해결 및 개선을 주요 과제로 삼고 있다. 이와 관련하여 새로운 도시계획 수립의 필요성은 대부분 해당 도시계획의 추진으로부터 기대할 수 있는 공익을 기준으로 판단된다. 특히 뉴 노멀(New Normal)시대 그리고 성숙사회에 들어선 우리나라의 경우 도시계획에 있어서 공익개념에 대한 올바른 이해는 그 이전 개발시대와 비교하여 훨씬 더 중요한 과제가 되었다. 그래서 도시계획 각 분야에 있어서 공공성 확보의 기준이 되는 공익개념에 대한 보다 체계적인 연구는 도시계획이 유연하고 합리적으로 미래도시를 선도하는 새로운 방향을 제안하는 데에 필요한 중요한 이론적 기초를 제시한다.

공익을 더 이상 하나의 뜻으로 이해할 수 없는 현대국가의 상황 속에서 공익은 인식의 대상이 아니라 이해관계자 혹은 이해관계집단들의 참여에 따른 결정의 대상이라는 인식이 요구되고 있다. 즉, 공익이란 주어진 여건 혹은 이익상황 하에서 공동체 이익에 가장 부합되는 것을 민주적이고 법치주의적 원리에 따라 합법적으로 판단·선택하는 결정의 대상이란 인식이 요구된다.

이런 시각에서 보면 도시계획에 있어서 공익의 판단은 공익의 실체적인 내용에 대한 계획적 통제보다 공익결정과정에 있어서 절차적 민주성·적법성이 더 중요한 문제로 대두될 수 있다. 즉, 도시계획의 수립 및 실천과 관련한 공익판단에 있어서 도시계획이 추구하는 공익의 본질적 사항에 관한 판단보다 공익판단이 이루어지는 절차와 과정의 적법성에 관한 판단에 더 치중할 가능성이 크다는 것이다. 이러한 염려는 도시계획과 관련한 공익의 실체적 내용이 관련 법률에 구체적으로 규정되어 있는 경우 쉽게 해소될 수 있겠지만, 도시계획과 관련하여 공익규정을 포함하는 계획관련 법률에서 공익개념을 분명하게 규정하고 있는 법률은 거의 없다. 이런 상황에서 계획관련 법률의 해석만으로 공익의 실체적 내용을 확인할 수 없는 많은 경우에 있어서의 공익판단은 일정한 규범적 기준에 따른 이익대변의 과정에서 이익상황의 조절이라는 성격을 띠게 된다.

예를 들어서 환경부가 주장하는 국익과 국토교통부가 주장하는 국익은 차이가 있을 수 있으며, 같은 맥락에서 환경법규의 해석·적용상의 국익과 도시계획법규의 해석·적용상의 국익은 서로 모순될 수 있다. 국가와 지방자치단체 사이에서도 각자의 '공익'이 모순·충돌될 수 있는 여지는 충분하며, 바로 이러한 과정에서 공익판단은 규범적 기준에 따른 이익상황의 조절이라는 성격을 띠게 된다. 이런 경우 최우선 적용되어야 하는 원칙이 바로 비례의 원칙이다. 도시계획의 수립 및 실천과 관련한 공익판단에 있어서 요구되는 비례의 원칙은 공익의 추구와 사익의 희생 또는 우선적인 공익의 추구와 비교적 중요성이 낮은 다른 공익의 희생은 무한정 허용되는 것이 아니라 일정한 비례성의 범위 안에서만 유효하다는 것을 의미한다.

뿐만 아니라 각 사회영역은 단순히 국가의 일부가 아니라 각 영역 나름의 주권적 권역을 가지는 독립적인 존재이어서 사회의 각 영역에서도 국익 등에 양보할 수만 없는 공동체의 이익이 존재한다. 이와 같은 사정은 사익과 공익의 관계에서도 동일하다. 그래서 사익이 항상 공익 다음으로 고려되어야만 하는 것은 아니며 본질적인 중요성을 가진 사익은 공익에 우선하기도 하고 실제로 공익과 사익 사이에 이익형량을 통한 조절이 이루어지기도 한다.

오늘날 우리 사회에서 나타나는 다양한 공익개념은 각기 다른 영역과 공익의 강도 혹은 중요성, 그리고 공익을 둘러싼 이익상황의 심각성, 이익 상호 간의 관련성 등의 복잡한 구성요소에 의해 형성되고 있다. 이러한 상황 속에서 공익의 실천을 목표로 하는 도시계획은 일반공익과 특수공익의 관련 구조, 국가영역과 각 사회영역 간의 관련 구조, 공익과 사익의 관련 구조 등 각각의 이익상황의 구조에 적합한 공익판단 방식을 필요로 한다. 따라서 도시계획의 판단기준으로서 공익의 활용이 제도적으로 수용되기 위해서는 도시계획 수립과 이행의 각각의 단계 및 상황에서 일어나는 공익문제에 관한 실증적 분석과 연구결과의 축적, 그리고 공익판단에 이르는 절차적 정당성의 확보가 요구된다.

도시계획의 수립과 이행과정에서 이루어지는 다양한 유형의 공익판단에서 핵심적인 역할을 하는 것이 이익형량이다. 통상 공익판단은 상호 대립하는 이익이 존재하는 경우 혹은 상호 각기 다른 이익들의 혼재 속에서의 제한된 이익의 선택과 나머지 이익의 포기와 같은 상황 하에서 요구된다. 따라서 공익판단은 그 실체적 측면에서 절대적이라기보다는 상대적인 판단을 의미하며, 문제가 되는 공익과 비교되는 다른 이익과의 비교와 형량이 공익판단의 핵심을 이루는 경우가 대부분이다. 이러한 이유에서 도시계획에 있어서 공익판단의 주체가 되는 행정기관 혹은 도시계획전문가들은 공익판단에 있어서의 이익형량의 기준을 유사 사례에 관한 경험과 지식의 축적을 통한 귀납적 방법으로 마련하고 이를 체계화할 필요가 있다. 왜냐하면 다원공익, 잠재공익의 시대로 빠르게 변화하고 있는 현대사회에서 과거 개발시대에 통용되는 국가사업이 곧 공익사업이라는 식의 획일적 공익관은 더 이상 수용될 수 없기 때문이다.

이런 배경에서 미래 도시에서는 공익판단의 핵심이 되는 이익형량과 관련하여 공익판단의 적용범위 그리고 공익판단과 관련되는 이익들의 강도나 밀도 혹은 침해의 정도를 어느 수준까지 고려할 것인지가 도시계획의 판단기준으로서 공익판단의 제도화를 위한 과제가 될 것으로 예상된다.

2000년대 들어서서 도시연구 분야 전반에서 공공성에 대한 관심이 증가하고 있다. 그 이유 중의 하나는 신자유주의에 기초한 도시정책들이 인간의 삶에 미치는 부정적 영향을 더 이상 방치해서는 안 된다는 인식이 크게 확산되고 있기 때문이다. 도시계획 분야에 있어서도 공공성에 대한 체계적인 논의의 필요성에 관한 공감대는 이미 오래 전부터 형성되어 왔으나 아직까지 만족할 만한 수준의 성과물은 찾아보기 힘들다. 도시계획의 공적 기능을 고려할 때 도시계획 분야에 있어서 공공성에 대한 체계적 연구는 당연히 집중적으로 이루어져야 함에도 불구하고 실제 도시계획분야에 있어서 이와 관련한 실증적 연구들이 부족하다는 사실은 매우 안타까운 일이다.

특히 기존 도시계획 서적 대부분이 도시공학, 행정학, 법학, 그리고 부동산학 등 각각의 학문영역에서 도시계획과 공익과의 관계에 대하여 단편적이고 제한적인 사항만 설명하고 있음을 고려하면 도시계획분야에 있어서 공공성에 관한 체계적인 연구성과가 쌓이기까지는 상당한 시간이 필요할 것으로 보인다. 이런 이유에서 아무쪼록 본 저술을 참고로 독자들이 '공공성'과 '공익'에 대하여 좀 더 깊이 있는 사고를 갖는 계기만 될 수 있어도 본 저술의 의의는 충분하리라 생각한다. 이런 자기중심의 사고를 기반으로 이 책의 구성을 다음과 같이 하였다.

이 책은 전체를 2편 9장으로 구성하였다. 제1편 총론에서는 공공성의 개념과 공익의 개념을 이론적인 관점에서 살펴보았다. 1장에서는 공공성 개념의 구성요소와 그 의미의 시대적 변화와 의의를 설명하였다. 2장에서는 공익이론과 공익유형을 살펴보고, 공익판단의 구조 및 도시계획에서의 적용에 대해 살펴보았다. 제2편 각론에서는 도시계획의 6개 영역에서 공익판단이 어떤 식으로 이루어지고 있는지를 공익의 개념, 주체 그리고 실천원리를 기준으로 살펴보았다. 이 과정에서 도시계획 관련 사건들에 대한 우리 법원의 사법적 판단을 소개함으로써 공익에 대한 이해와 더불어 도시계획의 다학문적 특성에 충실한 기본서를 구성하고자 하였다.

이 책의 저술에 필요한 재정적 지원을 해준 한국연구재단에 감사드린다. 이 저서는 2017년 한국연구재단의 저술출판지원사업에 선정되어 3년간 수행된 연구 결과이다. 저서의 주제가 가지는 추상성과 개념의 복잡성을 나름대로 명확하게 설명하고자 하는 마음이 앞선 결과, 연구 기간 거의 대부분을 원고작성과 원고정리에 보냈다. 그 결과 책 내용이 글로서만 구성된 점은 매우 아쉽다. 이와 관련하여 가까운 시일 내에 책 내용을 그림, 사진, 표와 같이 시각화하는 작업을 보완하고자 한다.

대학에서 도시계획을 처음 공부하기 시작한 이후 지금까지 꽤 오랜 시간이 지났다. 그 사이 도시계획과 법학을 전공하여 두 개의 박사학위를 받고 교수로서 또 도시계획 전문가로서 다양한 대외활동을 경험하고 있다. 그럼에도 불구하고 도시계획이 무엇인가, 도시계획은 누구를 위한 것인가? 하는 질문을 받을 때마다 속 시원한 답을 해본 기억이 별로 없다. 다행스럽게도 이 책을 집필하는 동안 이 질문에 대한 대답을 찾은 것 같다. 비록 그 대답이 정답인지는 확신할 수 없지만 말이다. 이런 마음에서 이 책을 읽는 독자들도 책 내용으로부터 도시계획이 무엇인지, 또 누구를 위한 계획이 되어야 하는지에 관한 의문과 관심이 생겨나기를 기대한다.

끝으로 출판을 맡아준 박영사 안종만 회장님과 안상준 대표님께 감사의 인사를 드린다. 특히 짧은 기간임에도 불구하고 편집 및 원고교정을 맡아 해주신 우석진 위원님과 출판기획 및 계약을 담당해 주신 김한유 대리님께도 감사의 마음을 전한다.

2021년 6월
한상훈

차 례

제1편 총론

제5장 개발이익의 사회적 환수와 공공기여의 판단기준으로서 공익 223

제6장 도시계획시설의 계획 및 공급의 판단기준으로서 공익 267

제7장 공공갈등의 조정과 수용권 부여의 승인기준으로서 공익 301

제8장 도시계획에 있어서 공익판단에 관한 위원회의 역할과 한계점 339

제 1 장

공공성과 공익개념

제1장

공공성과 공익개념

2000년대 들어서서 도시연구 분야 전반에서 공공성에 대한 관심이 증가하고 있다. 그 이유 중의 하나는 신자유주의에 기초한 도시정책들이 인간의 삶에 미치는 부정적 영향을 더 이상 방치해서는 안 된다는 인식이 크게 확산되고 있기 때문이다. 도시계획 분야에 있어서도 공공성에 대한 체계적인 논의의 필요성에 관한 공감대는 이미 오래전부터 형성되어 왔으나 아직까지 만족할 만한 수준의 성과물은 찾아보기 힘든 실정이다. 도시계획의 공적 기능을 고려할 때 도시계획 분야에 있어서 공공성에 대한 체계적 연구는 당연히 집중적으로 이루어져야 함에도 불구하고 실제 도시계획분야에 있어서 이와 관련한 실증적 연구들이 부족하다는 사실은 매우 놀랄 만한 일이다. 사실 공공성과 공익의 표현은 도시연구 분야에서 특별한 구별 기준이나 제한의 적용받지 않고 자유롭게 쓰이고 있다. 그렇다면 과연 공공성과 공익이 같은 개념일까? 도시에서의 공공성과 공익이 같은 의미로 해석될 수 있을까? 이런 구분을 통해서 기대할 수 있는 그 무언가가 존재하는가? 이 책에서 앞의 질문의 답을 찾고자 하는 노력은 도시계획과 관련한 범위로 한정하였으며, 이 범위를 넘어서는 보다 본질적인 고민은 해당 분야의 후속 연구를 기대한다.

공공성을 바탕으로 하는 사업인 경우, 해당 사업은 사업대상자나 사업 수혜자를 별도로 구분할 필요가 없다. 왜냐하면, 공공성이 특정의 대상이나 수혜자를 구분하는 것이 아니라 불특정다수를 대상으로 하는 열린 개념이기 때문이다. 그러나 현실은 이러한 해석과 전혀 다른 모습이다. 거의 모든 공공사업들이 공적자금을 쓰고 있지만 사업대상 지역과 사업 수혜자를 구분하고 있다. 공공사업의 필요성은 공공성에 바탕을 두고 평가하면서도 사업이 완료된 이후에 해당 사업의 효과를 나눔에 있어서는 특정지역과 특정대상 등 분명한 구분을 두고 있다. 바로 이것이 우리 사회가 인식하고, 실천하고 있는 공공성과 공익개념의 실제라 생각한다. 이런 시각에서 보면 공공성은 불특정 다수를 대상으로 성립되는 개념인 동시에 공익은 공공의 영역을 같이하는 특정의 사람들을 대상으로 성립되는 개념이라 할 수 있다.

제1절 공공성 개념

1.1 공공성의 의미

공공성이란 모든 사람들에게 관계된 열린 마음이나 태도로서, 개인적이거나 이기적이지 않은 것을 의미한다.[1] 공공성은 공적인 내용이 지향하는 가치, 그러한 가치를 추구하는 활동이 이루어지는 영역 그리고 이들 활동의 주체와 밀접한 연관성을 지닌다.[2] 공공성은 사회를 구성하는 가치, 제도, 규범, 물적 자원에 대해 합의함으로써 개인을 넘어 구축된 공동의 삶에 대한 의미체계라고 할 수 있다.

이런 이유에서 공공성의 개념은 실체적 사실이나 행동의 절차적 측면과 주체적 측면 그리고 내용적 측면과 대립하는 관계라기보다는 서로 보완적이면서도 또한 서로 모순되는 내용도 포함하는 긴장관계[3]에 있다. 사회를 구성하는 질서에는

---

1) 최희원, "설계자의 의식에 근거한 공개공지 평가지표설정에 관한 연구", 석사학위논문, 연세대학교 대학원, 2000, p. 8.
2) 김세훈 외, "공공성에 대한 사회학적 이해", 공공성에 대한 다양한 접근, 미메시스, 2008, pp. 25~26.

사회과학적 설명에서 일반적으로 채택되는 개인 행위나 개별 조직, 제도를 분석하는 도구로는 설명하기 어려운 포괄적 의미체계가 있다. 공공성이 바로 이러한 범주에 해당한다.

언어의 관점에서 보면 공공성이라는 말은 전통적으로 우리가 사용해 왔던 개념이라기보다는 외국어를 번역하는 과정에서 쓰게 된 개념이다. 영어의 공공성(the public)은 공공영역(public domain)과 관련된 말로서 그 의미가 추상적, 다의적, 그리고 포괄적이면서 고정불변의 개념이 아니라는 유동적 개념의 특징을 지닌다.[4)]

공공성의 수식어적 형태인 '공공,' '공적' 등의 개념은 현행법에서도 흔하게 사용되고 있다. 예를 들어 공적자금관리특별법(법률 제7428호), 공공기관의 개인정보보호에 관한 법률(법률 제5715호), 공공보건의료에 관한 법률(법률 제6159호) 등이 그것이다. 2005년 12월 9일 개정된 사립학교법(법률 제7354호) 제1조에서는 "이 법은 사립학교의 특수성에 비추어 그 자주성을 확보하고 공공성을 앙양함으로써 사립학교의 건전한 발달을 도모함을 목적으로 한다"라고 하고 있어서 '공공성' 개념이 법적 개념으로 사용되는 대표적인 예가 되고 있다. 하지만 공공성 개념은 아직까지 다양한 학문영역에서 다양한 방식으로 논의되고 있으며, 합의된 개념이 존재하지 않은 실정이며, 그 대표적 의미에 관해서 학설의 대립이 있다. 한 가지 분명한 것은 공공성 개념은 그 의미가 다의적이고 모호하여 다양하게 해석될 가능성이 매우 높다는 점이다.

공공성의 개념은 대상을 가지지 않는 이념 그 자체로서 존재하기보다는 실체적 사실이나 행동과 연계되었을 때 그 의미가 더욱 분명해진다. 이런 이유에서 공공성의 개념은 대상사업의 주어진 상황과 여건에 따라서 절차적 측면, 주체적 측면 그리고 내용적 측면의 세 가지 측면이 항상 만족되지 않을 뿐만 아니라 상황에 따라서는 공공성이 현실적인 행위와 서로 충돌하기도 한다.

---

3) 이승훈, "근대와 공공성 딜레마", 민주사회와 정책연구, 통권13호, 2008, p. 23.
4) 고세훈, 공공성을 생각한다, 황해문화, 2014, 가을, p. 8.

예를 들어서 절차적 공공성에 기초한 도시정비사업의 공익적 가치는 특정 집단의 이익에 한정되지 않는 보편적 가치를 지향해야 하지만 대부분의 도시정비사업들이 사업기간이 길고 이해관계자들의 관심이 서로 다른 경우가 많아서 신속한 의사결정이 사업성공의 중요한 역할을 한다. 그런데 많은 도시정비사업들이 이해당사자들의 적극적인 참여를 통한 신속한 의사결정을 이루기보다는 사업수익의 배분구조에 더 큰 관심을 둠으로써 조합운영, 시공사 선정 등에 있어서 문제들이 지속적으로 발생하고 있다.[5] 결국 이러한 현상이 나타나는 이유는 도시정비사업의 추진에서 확보하고자 하는 공공적 가치보다 도시정비사업의 수익규모에 따라서 이해당사자들의 가치판단이 이루어진 결과로 볼 수 있다.

공공성은 더불어 살아가는 도시 공동체적 삶을 가능하게 하는 사회질서가 실제 여러 사람들에 의해 작동될 수 있도록 하는 의미의 체계이다. 즉 공공성이란 사람들이 사회질서를 지키는 일이 자신의 이익을 지키는 일과 다르지 않으며, 다른 사람들도 각자의 이익을 지키기 위해서 사회질서를 지킬 것이라는 믿음을 갖도록 하는 보편적 질서와 사회 구성적 실재이다.

우리나라 경제성장을 이끌어 온 가장 대표적 경제정책은 선택과 집중으로 설명되는 '압축 성장'(condensed growth) 정책이다. 압축 성장 정책은 공공성의 약화를 초래하는 다소 '불편한 방식'으로 진행되었다.[6] 즉, 1960년에서부터 1980년대에 이르기까지 비교적 짧은 기간 내에 괄목할 만한 경제 성장을 압축적으로 달성하는 대가로 우리 사회는 지켜야 할 공공성의 상실을 바라보고 있어야만 했다. 특히 1997년 이후 'IMF 사태'를 경험하면서 신자유주의적 구조변동과 공공성의 상실로 인한 사회적인 부작용을 경험한 바 있다.

한 시대의 공적 질서는 새로운 시대의 공적 질서로 전환되면서 유지된다. 공공

5) 박진수·김기수, "공공성측면에서 본 현행 도시재생정책 및 제도에 관한 비판적 고찰", 한국도시설계 학회지, 제14권 제2호, 2013, pp. 35~52.

6) 강수돌, "새로운 공동체 실험과 공공성의 새로운 상상력", 사회비평 제38집, 2007. p. 103.

성 체계는 공공성이 사회적으로 구성되면서 다른 한편으로 시간의 흐름과 함께 변화함으로써 그 내용이 명확하게 규정되는 것이 아니라 계속하여 변화하는 유동적 속성을 지닌다. 그러므로 공공성을 공적 질서를 구성하는 핵심 개념으로 파악하여 특정 시기에 있어서 공적 질서 훼손의 문제에 대한 해결방안을 찾고자 하는 경우 공공성 개념의 구성요소들을 구체화하는 작업이 선행되어야 한다.

그런데 최근까지 도시 연구분야에 있어서 공공성 혹은 공익의 개념에 관한 선행연구들은 그리 많지 않다. 도시계획을 포함하여 도시를 대상으로 하는 거의 대부분 연구들이 공공성의 실현 혹은 공익의 실현을 목적으로 하고 있는 점을 고려할 때, 공공성 혹은 공익과 관련한 선행연구가 많지 않다는 것은 놀랄만한 일이다. 이런 사실을 다르게 표현하면 도시를 연구하는 많은 연구자들이 공공성 혹은 공익개념의 본질적인 내용에 관한 올바른 인식 없이 공공성과 공익을 내세운 채 도시문제의 해결을 위한 처방을 내리고 있다.

그런데 이 보다 더 큰 문제는 이와 유사한 일들이 도시계획 연구분야에 국한되지 않고 도시계획 행정실무 분야에 있어서도 일어나고 있다는 사실이다. 잘 알려진 바와 같이 행정편의주의나 부처이기주의의 문제들이 행정조직에서 논의된지 이미 오래되지만 여전히 개선되어야 할 과제로 존재하고 있고, 이런 상황 속에서 이루어지는 정부 및 행정실무에서 추구하는 공공성은 이해관계자들 나름대로 자신들에게 유리한 방향에서 공공정책 혹은 공공행정이 이루어지도록 이익대변 활동을 하는 경우가 일반적인 상황이다. 이런 이유에서 공공성 판단 혹은 공익성 판단의 업무를 정부와 행정실무에 전적으로 맡겨 두는 것은 바람직하지 못하다.

이런 배경에서 최송화 교수는 재판기관은 정치적 기관이 아니고, 이익대변 활동에 직접 노출되지 않으며, 나아가 관련된 공익판단에 대해 직접적인 이해관계를 가지지 않으므로 객관적·합리적 공익판단에 적합한 만큼, 재판기관이 건전하고 치밀한 문제의식을 가지고 공익판단에 임할 때 비로소 공익판단을 둘러싼 정치적 함수에 따른 왜곡을 제거하고 진정공익을 지향할 수 있게 될 것이라고 주장한 바 있다.[7] 그러나 최근 현직 검찰총장에 대한 징계청구, 검찰개혁과 공직자 선거 등과 관련한 사건들의 진행과 처리과정에서 보여준 우리나라 재판기관의 모습은 정치적 함수에 따른 왜곡으로부터 완전히 자유롭고 정의로운 기관으로서의 모습을 갖추고 있는지 곰곰이 생각해볼 일이다. 또 우리나라의 대표적 공기업인 한국토지주택공사(LH) 직원들의 3기 신도시 토지투기 관련 사건의 경우는 현재 수사가 진행 중에 있어서 그 결과를 예측하기 어렵지만, 사건의 핵심이 신도시 개발과 공공임대주택 공급 등 국가 주택정책을 직접 수립하고 실천하는 가장 핵심적인 공공기관 직원의 일탈이라는 점에서 정부 또는 공기업의 업무를 아무런 검증 없이 공적 업무로 간주해서는 안 된다는 실증적 교훈이 되기에 충분하다.

공공성은 더불어 살아가는 도시 공동체적 삶을 가능하게 하는 사회질서가 실제 여러 사람들에 의해 작동될 수 있도록 하는 의미의 체계이다.[8)] 공공성이란 사람들이 사회질서를 지키는 일이 자신의 이익을 지키는 일과 다르지 않으며, 다른 사람들도 각자의 이익을 지키기 위해서 사회질서를 지킬 것이라는 믿음을 갖도록 하는 보편적 질서와 사회 구성적 실재이다. 그래서 공공성 체계는 공공성이 사회적으로 구성되면서 다른 한편으로 시간의 흐름과 함께 변화함으로써 그 내용이 명확하게 규정되는 것이 아니라 계속하여 변화하는 유동적 속성을 지닌다. 이처럼 공공성 개념은 역사적 관점에서 볼 때 하나의 고정된 의미가 아니라 시대적·사회적 변화에 따라서 여러 가지 의미로 해석된다.[9)] 그러므로 공공성 개념을 올바르게 사용하려면 이러한 논의가 제기되는 당시 사회의 가치체계와 질서 위에서 공동의 이익을 추구하고 있는가를 객관적·사실적으로 판단하는 검증과정이 필수적으로 선행되어야 한다. 도시계획가의 경우 개인적으로 정치적 활동에 참여할 수 있으나 도시계획가로서 공공적인 역할을 수행함에 있어서는 정치적 영향으로부터 독립적일 것이 요구된다. 하지만 도시계획 실무에 있어서 도시계획가들은 이익대변 활동에 직접 노출되기도 하고, 나아가 공익판단에 있어 직접적인 이해관계를 가지는 경우도 적

7) 최송화, 공익론, 서울대학교 출판부, 2004, p. 268.

8) 조대엽, “현대성의 전환과 사회 구성적 공공성의 재구성: 사회 구성적 공공성의 논리와 미시공공성의 구조.” 한국사회 13집 1호, 2012, p. 16.

9) 예컨대 “의미가 뒤엉켜 있는(Beziehungsgeflecht)”이라고 표현되고 있다(A. Rinken, Geschichte und heutige Valenz des Öffentlichen, in: G. Winter[hrsg.], Das Öffentliche heute, Nomos: Baden-Baden, 2002, S. 7-74[10]).

지 않다. 그러므로 도시계획가들은 도시계획의 수립과 결정과정에 참여함에 있어서 본인 스스로가 건전하고 치밀한 문제의식을 가지고 객관적·합리적인 공익판단에 근거하여 전문가의 역할을 수행할 때 비로소 도시계획을 통한 진정공익의 실천을 기대할 수 있다.

1.2 공공성 개념의 구성요소

1) 공공성의 구성요소

공공성 개념의 특징 중 하나는 다양한 정의를 가진다는 점이다. 공공성 개념은 개념의 활용 주체, 개념 활용의 대상, 개념이 활용되는 시대 등에 따른 각각의 차원에서 그 의미와 내용에 차이가 있다. 아이러니하게도 바로 이런 공공성 개념의 복잡성과 다양성이 공공정책 분야에서 가장 흔히 사용되는 개념으로 선정되는 이유이기도 한다. 바로 이렇게 모호하고 애매한 공공성의 개념을 전제로 정부나 행정실무에서 특정의 사업추진의 배경과 필요성으로 가장 먼저 그리고 가장 흔히 내세우는 것이 해당 사업의 공공성이다. 이런 이유에서 합리적이고 공정한 도시계획의 수립과 추진을 위해서는 도시계획과 관련한 공공성 개념에 관한 보다 객관적이고 구체적인 이해와 해석능력이 요구된다.

사회학점 관점에서 조한상은 공공성의 구성요소로 인민, 공공복리, 공개성을 제시하면서, 공공성이란 “자유롭고 평등한 인민이 공개적인 의사소통 절차를 통하여 공공복리를 추구하는 속성”이라고 정의하였다.[10)]

조대엽은 공공성의 구성요소를 공공성의 주체와 가치의 차원에서 공민성, 제도와 규범의 차원에서 공익성, 행위의 차원에서 공개성 등 세 가지로 구분하고, 그 각각에 대하여 다음과 같이 설명한다.[11)]

---

10) 조한상, “시민사회와 공공성: 시민사회에 관한 헌법이론적 연구”, 고려대학교 법학박사학위논문, 2006.

첫째, 공공성의 주체와 가치의 차원에서 '공민성'의 요소이다. 오늘날 정치질서 속에서 공공성의 주체는 국민이라기보다는 '시민'이 더 적합하다고 보는 근거가 여기에 있다.

둘째, 공공성은 제도와 규범의 차원에서 '공익성'을 내재하고 있다. 공익성은 공동체적 삶에 필수적인 경제적 가치 혹은 효용적 편익설비에 관한 것이다. 이런 편익설비가 공동체 구성원에게 기본적으로 필요한 생존의 기초 자원으로 제공되기 위해서는 공적 관리체계가 필요하다.

셋째, 공공성은 행위의 차원에서 '공개성'의 요소를 포함한다. 사적인 것이 특정한 소수에게만 제한되어 있는 데 반해 모든 이에게 접근이 개방되어 있는 것이 공적인 것이다. 이는 공론성(publicity) 요소를 강조하는 하버마스(J. Habermas)의 공론장(public sphere) 이론의 핵심적 내용이다. 여기서 강조되는 것은 실제적으로 개방되어 있다는 의미뿐만 아니라, 진실하고 올바르다 등의 '공정성'의 의미도 포함되어 있다.

하버마스(J. Habermas)는 현대사회의 병리현상을 설명하기 위해 '생활세계'와 '체계'로 구성되는 새로운 사회 개념을 제하였다. 여기서 생활세계는 사회가 규범적으로 통합되어있는 세계이고, 체계는 사회가 기능적으로 조화된 공간으로 구분된다. 하버마스에 따르면 생활세계와 체계가 원래는 하나의 사회적 통일을 구성하였는데 이 통일이 현대의 계급사회로 진화하는 과정에서 분열되었고, 이렇게 분열된 두 개의 부분영역은 각기 "자율적인 통합구조"를 발전시켰다고 설명한다. 즉 생활세계는 의사소통적 행동을 발전시키고, 반면에 정치적 경제적 체계는 언어적 상호이해를 전혀 필요로 하지 않고, 단지 권력과 화폐의 매개를 통한 도구적 행동을 발전시켰다는 것이다. 그런데 후기자본주의 단계부터 체계 유지의 기능주의적 이성이 의사소통적 사회화 안에서 마련된 이성의 요구를 무시하고 생활세계의 합리화를 왜곡시켜 의사소통적으로 구조 지워진 생활세계가 목적합리적 행동을 위해 형

11) 조대엽, "현대성의 전환과 사회 구성적 공공성의 재구성: 사회 구성적 공공성의 논리와 미시공공성의 구조." 한국사회 13집 1호, 2012, pp. 9－10.

식적으로 조직된 하위체계에 깔려버리는 현상이 나타나고 있다고 주장한다. 하버마스는 이를 "체계에 의한 생활세계의 식민화" 또는 "내적 식민화"라고 규정한다. 하버마스는 '의사소통의 왜곡'으로 표현되는 현대사회의 병리현상은 '합리적 의사소통'을 통해 치유가 가능하다고 주장하면서 이를 위한 이론으로써 '의사소통 합리성' 개념에 기초한 "의사소통행위이론"을 제시하였다.[12]

여기서 개방성의 중요성을 좀더 구체적으로 살펴보면, '열려 있다'는 의미에서 '개방되어 있다'는 것은 어떠한 사실이 보편적인 진리나 정의가 되기 위해서 반드시 갖추어져야 하는 기본적 전제조건이 된다. 그렇지만 적은 사람들이 진리를 주장하고 다른 사람들은 말없이 그것을 따르기만 한다면, 개방에 의한 보편적 진리획득은 불가능하며, 더 나아가 적은 사람들이 자신의 이익을 위하여 올바름을 왜곡하고 이를 선동한다면, 개방은 오히려 더 많은 문제를 야기 하는 위험요인이 될 수도 있다. 따라서 이러한 위험을 막기 위해서는 사람들이 공개된 정보를 바탕으로 적극적으로 사고하고, 독립적으로 검증하며, 참여자들 간에 자유롭고 평등한 대화가 필요하다. 칸트(I. Kant)가 공적 이성의 자유로운 교환과 대화를 강조한 것이나,[13] 하버마스(J. Habermas)가 대화를 통한 의사소통적 합리성을 강조한 것은 이와 같은 맥락이다.[14] 바로 이런 이유에서 공공성 개념은 사람들의 자유로운 의사소통을 핵심가치로 가진다.

조대엽의 공공성 구성요소와 유사하게 구혜란은 구체적으로는 누가 결정하는가 하는 '주체로서의 공공성', 정의와 평등가치의 실현이 가능한가 하는 '내용으로의 공공성' 그리고 정당한 절차를 통한 공감을 이루었는가 하는 '절차로서의 공공성'이 공공성(公共性)의 구성요소라고 설명한다. 여기서 주체로서의 공공성은 시민

12) 의사소통적 합리성의 의미에 대하여는 J. Habermas, Faktizität und Geltung, Suhrkamp, Frankfurt am Main, 1992, S. 17－18; J. Habermas, Theorie des kommunikativen Handelns, Bd. 1, 2.Aufl., Suhrkamp: Frankfurt am Main, 1997, S. 385.

13) I. Kant는 일반의지가 오직 이성의 공적 사용을 통해서 가능하다는 J. J. Rousseau의 의견을 수용하면서, 공적으로 사용된 이성 또는 담론은 모든 사람들에게 공유되고 교환되어야 한다는 점을 강조한다.

14) J. Habermas, Theorie des kommunikativen Handelns, Bd. 1, 2.Aufl., Suhrkamp: Frankfurt am Main, 1997, S. 385.

사회의 주체적 참여 여부를 보는 공민성으로, 내용으로의 공공성은 공공의 이익 여부인 공익성과 분배의 형평성인 공정성으로, 절차로서의 공공성은 의사결정과정의 개방과 투명을 의미하는 공개성으로 해석하였다. 이를 좀더 구체적으로 설명하면 공익성은 공통의 이익에 기여하는 국가와 사적 영역의 자원 투입 및 배분 정도를 의미하며, 공(시)민성은 공익과 관련된 문제를 결정하는 과정에서의 시민참여 역량과 제도화를 의미하고, 공정성은 자원에 대한 접근과 분배 및 재분배의 형평성을 의미하고, 끝으로 공개성은 의사표현의 자유와 의사결정과정에서의 개방성과 투명성을 의미한다.[15)]

신정완은 공공성 개념의 구성요소에 대하여 공중의 시선에 대한 개방성, 의사결정과정의 민주성, 기본적 재화와 서비스에 대한 평등한 접근성, 비시장적 원리에 따른 자원배분의 강화, 국민적 자산과 사회경제적 의제들에 대한 국민적 통제 등을 공공성을 구성하는 다섯 요소로 제시하였다.[16)]

2) 공공성의 특성

임의영은 공공성을 행정의 실천이념으로 설명하면서 공공성의 수준은 민주주의적인 의사결정 절차의 보장과 의사결정에 사회정의가 어떻게 어느 정도 포함되느냐에 달려 있다고 주장한다.[17)] 개인 또는 특정 단체 등 사적 단위는 이익을 극대화하려는 특성이 있는 반면에 공공은 공공의 이익을 극대화해야 할 뿐만 아니라 공공성의 유지도 요구된다. 그래서 어떠한 결정으로 인해 공익이 극대화되었다 하더라도, 해당 결정에 대한 공감, 합의나 최소한의 이해, 양해가 없을 경우 공공성을 상실할 가능성이 커진다. 왜냐하면 사적 접근에서는 이익의 합산(양적 접근)을 통해 합리성 여부를 판단할 수 있지만, 공공적 접근에 있어서 이익의 정당성은 물론 이

15) 구혜란, "공공성은 위험수준을 낮추는가? – OECD 국가를 중심으로", 한국사회정책 제22권 제1호, 2015, p. 19–47.

16) 신정완, "사회공공성 강화를 위한 담론전략", 시민과 세계 11, 참여연대, 2007, pp. 40–53.

17) 임의영,"공공성의 개념, 위기, 활성화의 조건", 정부학연구, 제9권 제1호, 2003, pp. 23–50.

익배분의 합리성까지를 모두 판단해야 하기 때문이다.[18)]

홍성태는 공공성의 의미가 거시적 차원에서 미시적 차원에 이르기까지 사회체계 전반에 편재되어 서로 다른 층위에서 다양한 의미를 구성하고 있음을 밝히며, 공공성 개념의 특성을 다음과 같이 설명한다.[19)] 공공성은 공공정책이 공식적으로 지향하는 가치로서의 국가공공성, 공동으로 이용할 수 있는 재화 또는 서비스로서의 반독점·반시장적 공공성, 기업의 지속가능한 사회적 책임으로서의 시장공공성, 사회정의와 공익차원에서 국가나 시장에 대항적 성격을 갖는 것으로서의 운동공공성, 공론형성을 위한 정보의 공개성으로서의 언론공공성, 사회구성원 간 형성된 행위양식의 규범적 질서로서의 문화공공성, 공적 행위자의 책임이라는 공인의 덕목으로서의 공인공공성 등의 특징을 지닌다.

공공성의 특성은 크게 절차적 정당성(확보 여부), 행위주체(의 의지), 결과(이익)의 규모 및 정당성 등 세 가지로 구분될 수 있으며, 이러한 공공성의 특성을 사적인 것과 비교하여 정리하면 다음 표와 같다.

공공성의 특성 구분

구분	절차적 정당성	행위주체(의 의지)	이익의 유형
임의영	절차의 성격, 정보 접근성	행위주체, 소유구조	수혜자의 범위, 이익 형태
조한상	공개성	건전한 공동체	다수의 대중
백완기	공개성, 공정성, 인권	정부 관련성, 정치성	공익성, 공유성
신정완	개방성, 민주성, 평등한 접근성		비시장적 원칙의 자원배분, 사회자산의 국민적 통제
조대엽	행위(공개성)	주체와 가치(공민성)	제도와 규범(공익성)

자료: 본서 참고문헌을 정리한 내용임.

18) 임의영, “공공성의 유형화”, 한국행정학보 제44권 제2호, 2010, pp. 1~21.
19) 홍성태, “공론장, 의사소통, 토의정치: 공공성의 사회적 구성과 정치과정의 동학”, 한국사회 제13권 제1호, 2012, pp. 159－195.

이상 공공성의 의미와 그 구성요소 그리고 특성에 관한 선행연구들에서 공통적으로 확인되는 사실은 공공성의 핵심에는 개인이나 특정 소수에 국한되지 않는 공동체 구성원 다수의 이해관계와 관련한 공익성, 즉 공익추구라는 본질적인 행위가 자리 잡고 있다는 사실이다. 즉, 공공성에 관한 선행연구들은 공공성이 포함된 혹은 공공성에 기초하고 있는 도시문제의 해결이 곧 공공성의 실현임을 강조하고 있다.

3) 공공성 해석의 실제

다음은 공익적 목적으로 혜택을 받은 토지의 사적 이용에 대한 공적 규제의 한계에 관한 실제 사례에 관한 최근 언론보도 내용을 요약한 것이다.[20)]

주차난 해소를 위해 싼값에 땅을 공급받은 일부 사설 주차장들이 개인 전용 주차공간을 운영해 적절성 논란이 일고 있다. 2019년 6월 20일 ○○시 서구 등에 따르면 주차난으로 악명 높은 서구 ○○동(○○지구)에는 모두 17개의 사설 주차장이 운영되고 있다. 이들 주차장이 조성될 당시 주차장 부지의 분양가는 ㎡당 52만원 정도에 공급됐다. 상가부지(근린생활시설용지)가 ㎡당 95~125만원에 공급된 것과 비교하면 반값 이하인 셈이다. 주차장 부지를 싼값에 분양한 이유는 주차난 해소라는 공익적 역할 때문이다.

주차장 부지는 다른 용도로 쓸 수 없는 것이 원칙이지만 사업자의 수익성을 위해 전체 면적의 30%를 상가나 음식점 등으로 활용할 수 있도록 허용하고 있다. 문제는 1층에 조성한 상가나 음식점 고객이 주차장 공간을 대부분 차지한 데다 특정인을 위한 개인 전용공간까지 만들어 비싼 가격에 판매하고 있다는 데 있다. 이 때문에 주변 상가와 식당 등을 이용하는 일반인 고객들의 주차난 해소에 별 도움이 되지 않고 있다는 불만이 제기되고 있다.

---

20) 천정인 기자, 연합뉴스, 2019년 6월 20일 보도, “VIP만 주차 가능 사설 주차장, 개인 전용공간 판매 논란”.

특히 주차면 150면을 확보한 ○○지구 한 주차장은 한 달에 20만원을 내면 개인 공간을 하나를 내주고 있다. 주차장측은 전용공간에 장애물을 세워놓거나 특정 차량 번호를 붙여놓고 일반 고객이 주차할 수 없도록 관리하고 있다. 전체 주차면의 20%를 이런 방식으로 운영하는 것으로 알려졌다. 이 때문에 일반 고객들은 혼잡한 시간대 비어있는 주차공간을 보고서도 주차할 공간이 없어 차를 돌려야 하는 일이 다반사라고 불만을 제기하고 있다.

그럼에도 불구하고 행정기관은 관련 규정이 없다는 이유로 아무런 조치를 하지 않고 있다. 즉, 주차장법상 공동주택이나 상가 등은 규모별로 반드시 확보해야 하는 주차면수가 정해져 있지만, 주차전용 건물의 경우 최소 주차공간을 확보해야 한다는 규정이 없어서[21] 문제가 되고 있는 주차장 건물을 다른 용도로 변경해 사용하지 않는 한 운영방식에 대해서는 제재할 권한이 행정기관에 없다는 입장이다.

앞서 살펴본 바와 같이 행정의 목적이 공익의 실현에 있고, 공익의 실천은 민주적인 절차에 따라야 함은 당연한 것이다. 이런 시각에서 보면 주차장 부족의 문제가 심각한 상황에서 이 문제를 해결하고자 주차장 부지를 싼값에 분양한 것은 상식적으로 수긍할 만한 것이다. 그러나 이러한 공적 지원을 받은 주차장의 관리에 관하여 공공을 위한 주차장 확보를 규정하는 관련 규정이 없다는 이유만으로 문제가 되고 있는 주차장의 운영에 대하여 행정기관이 아무런 조치를 취하지 않고 있는 것은 공공성이 갖추어야 할 절차적 민주성과 결과의 정당성이라는 두 가지 기본적인 조건을 행정 편의적 시각에서 자의적으로 해석한 결과라 판단된다. 문제의 해결을 위해 사법적 판단을 구할 수도 있겠지만, 행정기관 스스로가 공적 지원을 받은 공공시설을 어떻게 관리하는 것이 해당 시설의 공공성을 확보하는 데에 도움이 되는지를 먼저 고민하여야 한다. 왜냐하면 행정기관의 이러한 노력이 같이 있어야만 비로소 사법적 판단에 의한 문제해결의 공공성과 정당성이 확보되기 때문이다.

21) 주차장법상 공동주택이나 상가 등은 규모별로 반드시 확보해야 하는 주차면수가 정해져 있지만, 주차전용 건물의 경우 최소 주차공간을 확보해야 한다는 규정이 없다.

1.3 공공성과 공익성

공공성은 모든 사람들에게 대하여 열린 마음이나 태도로서, 개인적이거나 이기적이지 않은 것을 의미하며, 공적인 내용이 지향하는 가치, 그러한 가치를 추구하는 활동이 이루어지는 영역으로서 실체적 사실이나 행동의 절차적 측면, 주체적 측면 그리고 내용적 측면에서 서로 대립하는 관계가 아니라 서로 보완적이면서도 서로 모순되는 내용까지도 포함하는 긴장관계를 형성한다.

이와 비교하여 공익이란 개인이 아니라 불특정다수 또는 사회전체를 대상으로 하는 사회일반의 공동이익을 의미한다. 따라서 공공성의 개념과 비교할 때 공익은 공공성에 포함되는, 보다 작은 의미를 지닌다고 볼 수 있다. 그래서 개인적인 이익과 다르게 공동이익의 주체를 누구로 할 것인지 또 공동이익의 범위를 어디까지로 할 것인가에 따라서 공익의 개념도 달라진다. 이런 특성 때문에 공익과 사익이 충돌하는 경우 사익은 당연히 희생된다는 공익우선주의의 공익 실체설(적극설)과 공익이란 사익 간의 조정과 타협 또는 집단 간 상호작용의 산물이라고 주장하는 공익 과정설(소극설) 간의 대립은 현재에도 계속되고 있다.[22]

법률에서 언급되는 공익개념요소는 공동체 다수이익, 보편적 가치, 공개성 등으로 다양한데 헌법에서 공익을 나타내는 대표적인 개념들은 공공질서유지와 공공복리, 공공필요 등과 관련된 개념들이다. 그런데 사회의 많은 영역들이 점점 더 법에 의해 규율되어지고, 모든 사회문제들이 법의 규제 아래 놓이게 되는 이른바 법제화 현상[23]이 확대되는 과정에서 공익개념이 국가활동이나 행정활동의 판단근거로 작용하고 있음에도 불구하고 도시계획 분야에 있어서 공익개념에 관한 구체적

---

22) 소극설에 따르면 공익도 궁극적으로는 사익보호를 전제로 하고 있는 만큼, 사익을 무시한 공익이란 있을 수 없다고 주장한다. 행정학전자사전, 공익의 개념, 한국행정학회, 2020, www.kapa21.or.kr

23) 이상돈, 법학입문, 박영사, 2001, p. 5. "현대사회에서 사람들은 각종 분쟁을 법에 의해 해결하고, 법을 통하여 자신의 권리를 관철하거나 이익을 실현하려는 경향을 보인다. 이런 현상을 법제화(Verrechtlichung)라 부른다."

이고 실증적 연구가 많이 부족한 실정이다. 따라서 도시계획 분야에 있어서 공익개념을 이른바 도시계획 유형별로 연구하여 정당화가능하고 이해가능한 개념으로 정리해가는 노력이 시급하게 요구되고 있다.

제2절 공공성 개념의 역사적 전개

2.1 공공성 개념의 발전

1) 공공성 개념의 역사적 전개

공공성은 인류에게 비교적 최근의 역사적 산물이다. 중세봉건제도의 확립과 함께 토지소유권의 개념은 토지에 대한 관리처분권(영유권)과 그 이용권으로 구분하는 분할소유권(分割所有權)의 관념이 형성되어 관리처분권은 봉건 영주에게 귀속되고 그 이용권은 지세나 소작료를 부담하는 조건으로 평민들에게 허락되었다. 봉건 영주는 토지영유권을 토대로 하여 평민에 대하여 병역동원이나 노무차출 등으로 신분구속적(身分拘束的)인 지배를 할 수 있었고 평민들은 토지를 경작할 수 있게 해준 영주의 은혜에 대한 보답으로 각종의 의무와 부담을 감내하였다. 이 시절 엄격한 신분계급 체계 안에서의 공공성이란 권력자의 배려와 같은 미덕의 다른 모습이었다.

중세시대는 기독교 윤리사상에 기초한 공공성이 강조되었지만, 위계질서의 근간을 이루는 왕권신수설의 강력한 영향력하에 권력은 통치자에 의해 전유되었고, 공적인 것은 사적인 것에 의해 흡수되었다. 국가는 주권자 곧 왕과 동격으로 취급되었으며, 이 과정에서 공공성은 왕의 판단에 의해 결정되었다.

18세기 말과 19세기에 이르는 동안 봉건시대 왕정에 대항하는 시민사회 개념이 발달하기 시작하였다. 사람들은 권력의 정당성을 왕권신수사상이 아닌 사회계약론이나 공리주의적 이념에서 찾기 시작했고, 국가권력을 이성이 지배하는 공공영역 개념과 동일하게 이해하려는 경향이 나타났다. 이 점은 근대 초기 공공성의 의미에 관한 계몽 사상가들의 연구결과들에서 확인된다. 예를 들어 로크(J. Locke)는 선과 악의 판단은 근본적으로 개인들의 평판과 여론, 즉 공적 의견에 의해서 수행된다고 하였으며, 여론을 '철학적 법(Philosophical Law)'이라고 정의하였다.[24] 루소(J. J. Rousseau)는 "공적 활동이 시민들의 주요한 관심사가 되는 것을 멈추고 그들이 그들 자신의 신분보다 재물에 보다 힘을 기울이게 되자마자 국가는 벌써 멸망에 가까워진다"고 하면서 국가와 사회질서 유지에 관하여 공공성의 역할과 의미를 강조하였다.[25]

이러한 점들을 살펴볼 때 공공성이라는 말은 중세 귀족과 성직자에 의하여 이루어졌던 비밀스럽고 의식(儀式)적인 정치질서를 세속화하고, 시민과 대중들이 접근할 수 있게 만드는 것을 의미할 뿐만 아니라 시민과 대중의 의사에 의하여 국가질서가 정당화되도록 하는 근대적인 정치기획의 핵심을 표현하고 있다고 볼 수 있다. 따라서 근대가 성립되는 과정에서 공공성은 중세와 근대를 구분 짓는 결정적인 근거 중 하나로 기능하였다고 볼 수 있다.[26] 또 칸트(I. Kant)가 정의로운 법의 본질적이고 구조적인 요소를 공공성에서 찾은 것을 보면, 18세기 공공성이 근대적 정치질서의 핵심적인 개념으로 자리 잡게 되었음을 알 수 있다.

봉건사회가 무너진 뒤에 성립한 근대시민사회는 근대초기의 계몽사상 및 자연법사상과 로마법의 영향으로 모든 사람을 평등한 인격자로 관념하고 그의 이윤추구 욕구를 바탕으로 한 자유스러운 사회활동(계약자유)과 여러가지 제약이나 부담이 따르지 않는 소유권 즉, 절대적인 소유권의 보장을 요구하였다. 이러한 요구는 이후 개인주의·자유주의 및 자본주의의 급속한 발달과 함께 생산과 부의 비약

24) J. Locke, An Essay Concerning Human Understanding, N.C. Alex Catalogue (e-book: http://www.netlibrary.com/), pp. 254-255.

25) J. J. Rousseau(이태일 역), 사회계약론(외) 제3판, 범우사, 1994, p. 121.

26) 조한상, "헌법에 있어서 공공성의 의미", 공법학연구 제7권 제3호, 한국비교공법학회, 2006, pp. 251-275.

적인 증대와 경제번영의 기반이 되었다.

근대 초기 공공성 개념은 주로 유산가 계층에 의하여 주도된, 이른바 부르주아적 시민사회였다는 점에서 근대적 의미의 공공성 개념과는 분명한 차이가 있다. 즉, 근대 초기의 공공성 개념도 모든 인간의 평등함과 그들 전부의 참여를 통한 정치질서의 구성 및 운영을 추구하였으나 실제에 있어서는 중세의 구체제를 극복하는 과정에서 축적된 재산을 통해 교양을 갖추고 우선적으로 계몽이 이루어졌던 부르주아 세력만이 근대적 시민사회의 주도세력으로 등장하게 되었으며, 이들 부르주아 세력들이 스스로의 권력과 이익을 관철시키기 위한 전략적 행동을 실천하는 과정에서 공공성 개념이 대두되게 된 측면이 강하다.[27] 이처럼 근대 초기자본주의 하에서의 토지소유권의 개념은 개인적 재산권으로서 타의 제약을 받지 않는 절대적사권(絕對的私權)으로서 존중되게 되었으며, 토지소유권의 불가침성, 자유성, 우월성을 의미하는 토지소유권의 절대성은 1789.8.27. 프랑스 인권선언 제17조의「소유권은 신성불가침」이라는 규정으로 극명하게 표현되었다. 바로 이런 근대 시민사회의 문제점들을 정확하게 지적하면서 대두된 이론이 신자유주의(新自由主義, neoliberalism) 이론이다.

1970년대부터 주목받기 시작한 신자유주의 이론은 1976년 노벨 경제학상을 수상한 밀튼 프리드만(Milton Friedman)과 자유주의를 신봉한 로버트 노직(Robert Nozick)에 의해 크게 발전했다. 여기서 신자유주의란 시장에 대한 국가의 개입을 최소화하여 시장의 자율적인 기능을 강화하여 시민사회 문제들을 시장 자체의 자연적인 움직임을 통하여 자연스럽게 조정하고 해결하도록 하는 이론이다. 즉, 신자유주의는 케인스 이론에 기초한 '큰 정부의 실패'에 대한 대안으로 1970년대 이후 세계적 장기불황 속에서 대두되었다. 신자유주의자들은 이 당시 세계적 장기불황은 무리한 복지정책과 공공부문의 확대, 자본에 관한 정부의 지나친 간섭 때문에 초래되었다고 보았다. 이런 배경에서 영국은 국영기업 민영화와 복지예산 삭감을 통하여 세금을 줄이고 노동의 유연성을 확보해 기업에게 유리한 시장상황을 제공했다.

27) 조한상, "시민사회와 공공성: 시민사회에 관한 헌법이론적 연구", 고려대학교 법학박사학위논문, 2006, pp. 25-36.

미국은 '강한 미국'을 주장하면서 복지예산과 환경예산을 축소하고 세금을 감면해 시장의 활성화를 꾀했다.

신자유주의의 도덕적·철학적 정당성을 가름하는 중요한 개념 중의 하나는 '법에 의한 지배' 즉, 법치주의이다. 법치주의는 공공선이나 사회정의 혹은 평등과 같은 집단적·도덕적 목표보다는 법과 법에 따른 정치제도를 통하여 개인들의 다양한 개별적 목적들의 실천을 원활하게 만드는 데에 그 목적으로 두고 있다. 즉 법의 지배라는 것도 사회의 본질적 가치와 덕목을 지키는 것이라기보다는 해당 법이 마련되는 그 당시 그 사회가 선택한 사적 목적의 추구와 관련해서만 가치를 지니기 때문이다. 이런 관점에서 보면 국가가 추구하고 법이 구현할 실체적인 공공성이란 원래 없으며, 법은 '강제의 부재'로서의 자유 혹은 비간섭의 권리로 소극적 자유·권리를 보호하는 것을 목적으로 둔 것으로 이해된다.[28)]

우리나라에서 공공성 담론은 1990년대 후반 국가적 금융위기를 경험하면서 금융위기를 초래한 원인과 대응방안을 찾는 과정에서 신자유주의가 대두되었는데 이 신자유주의에 대한 대응 논리로 부각 되었다. 공공성 담론은 '사회는 없고 오직 개인만 존재한다'는 신자유주의의 분리의 존재론과 대비되는 관계주의 또는 관계의 존재론(ontology of relation)에 기반하고 있다. 그래서 공공성 담론은 '개인 간의 관계'의 존재를 가장 중요하게 생각한다는 점에서 차별화된다.

그러나 신자유주의가 부상하면서 공공 영역과 사적 영역의 구분이 불분명해지거나 구분의 필요성이 부정되면서 공공성 개념은 크게 쇠락하게 되었다. 즉 신자유주의의 성장과 함께 개인의 윤리성 혹은 윤리적 판단이 사회적 윤리성 보다 우선시되면서 인종, 언어, 종교 등 일차적 관계에 기초한 정체성 정치가 크게 확산되었다. 반면에 소통·토론·성찰·타협에 의해 규율되는 공공영역이 크게 위축되었고, 감정과 본능이 우선되는 개인적 영역이 크게 성장했다.

---

28) 고세훈, 공공성을 생각한다, 황해문화, 2014 가을.

신자유주의와 신자유주의에 대응하기 위해 부각된 공공성 담론이 어떠한 철학적 차이점을 정리하면 다음 표와 같다.

신자유주의와 공공성 담론의 철학적 기초 비교

신자유주의 담론		비교기준	공공성담론	
자유, 개인, 시장, 경쟁	분리(개별)의 존재	어떻게 존재하는가?	관계의 존재론	기회, 공동체, 민주주의, 공감
	도구적 인식론	어떻게 보는가?	공감적 인식론	
	개인 책임윤리	무엇을 해야 하는가?	공유적 책임윤리	

자료: 최진석, 박은아, 최은혜, 철도부문 공공성 평가지표 개발, 한국교통개발연구원, 2017, p.11. 수정 재편집.

공공성은 역사적으로 구성될 뿐만 아니라 '가치적'으로도 구성된다. 우리 시대의 공공성 개념에는 민주주의, 평등, 정의, 참여 등의 가치가 포함되어 있다.[29] 가치가 고정된 개념이 아니라 상대적인 개념인 것과 같이, 가치를 기준으로 할 때 공공성은 유동적이며, 상대적인 개념의 특성을 지닌다.

2) 토지 소유권과 공공복리

다음으로 도시계획의 주된 관심사 중의 하나인 토지의 사회적 의미를 신자유주의적 관점에서 살펴본다. 근대 초기자본주의 하에서의 토지소유권 개념은 개인적 재산권으로서 타의 제약을 받지 않는 절대적 사권(私權)으로서 존중되었다. 토지소유권의 불가침성·자유성·우월성을 의미하는 토지소유권의 절대성은 1789년 8월 27일 프랑스 인권선언 제17조의 '소유권은 신성불가침'이라는 규정으로 극명하게 표현되었다. 그러나 이와 같은 개인주의·자유주의에 바탕을 둔 자본주의도 빈부의 격차가 현격해지고 사회계층 간의 분화와 대립갈등이 첨예화하는 사태에 이르게 됨에 따라 토지소유권의 개념은 대폭 수정되었다. 이후 모든 사람들에게 인간

29) 조대엽, "현대성의 전환과 사회 구성적 공공성의 재구성: 사회 구성적 공공성의 논리와 미시공공성의 구조", 한국사회 제13권 제1호, 고려대학교 한국사회연구소 2012, p. 17.

으로서의 생존권을 보장해주기 위해서 토지소유권은 이제 더이상 절대적인 것일 수가 없었고 공공의 이익 내지 공공복리의 증진을 위하여 의무를 부담하거나 제약을 수반하는 것으로 변화되었다. 따라서 토지소유권은 더이상 신성불가침의 것이 아니고 실정법상의 여러 의무와 제약을 감내하지 않으면 안 되는 것으로 변화되었으니 이 개념이 이른바, '토지공개념'이다.

1919년에 제정된 독일의 바이마르(Weimar)헌법 제153조가 "소유권은 헌법에 의해서 보장된다. 그 내용과 한계는 법률로 정한다.", "소유권은 의무를 진다. 소유권의 행사는 동시에 공공의 복리에 대한 봉사이어야 한다"고 규정한 것은 위와 같은 소유권의 개념변화를 잘 표현하고 있다.

우리나라도 재산권 관념의 변천에 상응하여 재산권의 상대성, 재산권 행사의 공공복리 적합의무를 명시하고 있다.[30] 우리나라의 경우 일제의 식민지지배에서 해방되어 미군정기간을 거쳐 1948.7.12. 제헌헌법이 제정되었는데, 이 제헌헌법 제15조에서 위와 같은 재산권 관념의 변천에 상응하여 재산권의 상대성, 재산권 행사의 공공복리 적합의무를 명시하였으며, 그 후 제정된 우리 민법(1958.2.22. 법률 제471호)에서도 소유권의 내용을 규정함에 있어서 "소유자는 법률의 범위 내에서 그 소유물을 사용, 수익, 처분할 권리가 있다"(민법 제211조) "토지의 소유권은 정당한 이익이 있는 범위 내에서 토지의 상하에 미친다"(민법 제212조)라고 규정하면서 '절대 무제한으로 목적물을 이용하고 처분할 권리'라든가 '하고 싶은 대로 이용하는 권리'라는 내용으로 규정하고 있지 않다. 우리 헌법도 재산권은 보장하되 "그 내용과 한계는 법류로 정한다"(헌법 제23조 제1항 후문)라고 규정하여 법률로 재산권을 규제할 수 있음을 분명히 하고 있을 뿐만 아니라 "재산권의 행사는 공공복리에 적합하도록 하여야 한다"(헌법 제23조 제2항)라고 규정하여 재산권행사의 사회적 의무성도 강조하고 있다. 재산권행사의 공공복리 적합의무는 헌법상의 의무로서 입법형성권의 행사에 의해 현실적인 의무로 구체화되고 있는데, 국토의 계획 및 이용에 관한 법, 국토기본법, 건축법, 주택법 등 기타 여러 법률에서 토지소유자에게 각종

30) 헌재 1989. 12. 22. 88헌가13

의 의무와 부담을 과하고 있다.

(1) 토지 재산권과 공익성

토지는 수요가 늘어난다고 해서 공급을 늘릴 수 없다. 따라서 토지에 대해서는 시장경제의 원리를 그대로 적용할 수 없는데, 다른 재화와 구분되는 토지만의 특성으로는 위치적 고정성, 인접성, 본원적 생산성, 환경성, 상린성, 사회성, 공공성, 영토성 등의 특징을 들 수 있다. 바로 이런 이유에서 토지는 다른 어느 재화보다도 공공복리를 앞세워야 할 이유가 있으며, 국민경제의 견지에서나 그 사회적 의미로 보아 다른 재화와 같은 취급을 해서는 안 되는 것이다.

토지의 자의적인 사용이나 처분은 국토의 효율적이고 균형 있는 발전을 저해하고 특히 도시와 농촌의 택지와 경지, 녹지 등의 합리적인 배치나 개발을 어렵게 하기 때문에 사회는 토지에 대하여 다른 재산권의 경우보다 더욱 강하게 사회공동체 전체의 이익을 관철할 것을 요구한다. 우리나라의 경우 그동안 신도시개발과 구도시의 재정비사업 등 대규모 개발사업으로 도시 내부를 포함하여 도시 외 지역의 개발 가용지가 크게 줄어들면서 토지의 공익적 이용과 소유권의 절대성이란 가치가 충돌하는 사례가 자주 나타나고 있다. 개발과정에서 발생하는 높은 지가와 보상금을 둘러싼 갈등과 개발이익의 사유화에 따른 사회적 문제 등이 대표적인 사례이다. 이러한 사항을 반영하여 우리 헌법은 명문으로 "국가는 국민 모두의 생산 및 생활의 기반이 되는 국토의 효율적이고 균형있는 이용·개발과 보전을 위하여 법률이 정하는 바에 의하여 그에 관한 필요한 제한과 의무를 과할 수 있다"(헌법 제122조)라고 하여 일반 재산권 규정(헌법 제23조)과는 별도로 규정하고 있다.

이처럼 재산권 행사의 사회적 의무성을 헌법 자체에서 명문화하고 있는 것은 사유재산제도의 보장이 타인과 더불어 살아가야 하는 공동체 생활과의 조화와 균형을 흐트러뜨리지 않는 범위 내에서의 보장임을 천명한 것으로서 재산권의 악용 또는 남용으로 인한 사회공동체의 균열과 파괴를 방지하고 실질적인 사회정의를 구현하겠다는 국민적 합의의 표현이라고 할 수 있으며 사법 영역에서도 신의성실의 원칙이라든가 권리남용금지의 원칙, 소유권의 상린관계 등의 형태로 그 정신이

투영되어 있다.[31)]

토지문제를 어떻게 해결할 것인가에 대해서는 역사적으로 다양한 견해가 대립되어 왔고, 이러한 논쟁은 토지문제가 산업자본과 국제적인 금융문제와 결합되어 있는 오늘날에도 여전히 지속되고 있다. 이런 토지문제와 관련하여 토지는 시장에서 거래되는 상품의 하나에 불과하기 때문에 시장의 원리에 맞기면 경제주체의 선택에 따라 토지의 효율적인 이용이 자연스럽게 이루어지게 될 것이라는 주장이 있는 반면에 다른 일부에서는 현재의 토지는 각종 외부효과와 토지에 대한 투기적 속성 때문에 본래적 기능인 생산공간과 생활공간으로서의 역할을 수행하지 못하고 있기 때문에 본래의 기능을 회복할 수 있도록 토지의 소유 및 이용에서 공공성을 더욱 강화해야 한다는 주장도 있다.[32)]

토지문제에 관한 이런 상반된 주장에 기초한 토지문제의 해결방안들은 규제완화를 통해 토지의 공급을 확대해야 한다는 주장과 공공에 의한 토지의 계획적 이용을 통해 난개발을 억제하고 개발이익을 환수해야 한다는 입장이 크게 대립되고 있다. 공공에 의한 토지의 계획적 이용을 통해 난개발을 억제하고 개발이익을 환수해야 한다는 입장은 과도한 개발과 소유편중, 높은 보상비와 개발이익의 사유화, 재건사업을 위한 개발이익과 손실보상의 처리 문제 등을 근원적으로 해결하기 위해서는 공공에 의한 토지의 계획적 이용을 통해서 난개발을 억제하고 개발이익을 환수해야 한다는 영국의 우트와트 보고서의 핵심 주장과 같다. 이 우트와트 보고서는 토지이용계획은 개별 토지의 현재 가치에 관계없이 이용목적 달성을 위해 어떤 토지가 최적인가라는 기준에 의해 수립되고 시행되어야 한다고 주장하면서 토지의 최유효이용과 공익우선의 원리를 강조하고 있다. 또 이 보고서는 토지문제 해결을 위해서는 우선 개인차원과 국가전체 차원에서 개발이익을 고려한 토지의 가치가 어디에서 기인하는 지를 분석하는 것이 필요하다고 지적하고 있다.

그런데 다른 나라의 토지제도와 비교할 때 토지소유권의 절대성과 개발이익

31) 헌재 1989. 12. 22. 88헌가13
32) 영국의 우트와트 보고서, 2007, 서순탁, 변창흠, 채미옥, 정희남, 국토연구원. iii.

의 사유화가 상대적으로 심한 것으로 평가되고 또 실제 사용가능한 토지면적이 매우 적은 우리나라의 실정을 고려할 때 규제 완화를 통한 토지의 공급확대는 자칫 보존이 우선되는 녹지지역의 훼손과 면적감소를 초래할 위험을 안고 있다. 이런 점에서 우리나라는 공공에 의한 토지의 계획적 이용을 통한 난개발 억제와 개발이익의 환수 그리고 토지의 공급 확대에 주력해 오고 있다. 즉, 우리나라는 한국토지주택공사(LH)를 포함한 공공기관에 의한 토지의 계획적 이용을 통해 토지문제를 해결하려는 노력을 해오고 있다. 그런데 이런 노력에도 불구하고 최근 불거진 한국토지주택공사(LH) 직원들의 3기 신도시 토지투기 의혹은 공공에 의한 토지의 계획적 이용과 이를 통한 난개발 억제 및 개발이익 환수의 공정성에 관한 의혹만 키우고 있다.

(2) 토지 재산권 제한의 한계

재산권의 본질적인 내용의 침해라 함은 그 침해로 재산권이 그의 본래 목적을 달성할 수 없을 정도로 유명무실해지고 사유재산제도가 형해화(形骸化)[33]되어 헌법이 재산권을 보장하는 궁극적인 목적을 달성할 수 없게 되는 지경에 이르는 경우를 말한다. 사유재산제도의 전면적인 부정, 재산권의 무상몰수, 소급입법에 의한 재산권박탈 등이 본질적인 침해가 된다.

우리 헌법의 사유재산제도의 보장은 타인과 더불어 살아가야 하는 공동체생활과의 조화와 균형을 흐트려뜨리지 않는 범위 내에서의 보장이다. 헌법 제37조 제2항에 의하면 "국민의 모든 자유와 권리는 국가안정보장·질서유지 또는 공공복리를 위하여 필요한 경우에 한하여 법률로서 제한할 수 있으며, 제한하는 경우에도 자유와 권리의 본질적인 내용을 침해할 수 없다"라고 규정하고 있다.

따라서 헌법이 제시하는 재산권 제한의 기본원칙은 우선적으로 법률에 근거한 제한임을 전제로 하되 첫째로 공공복리에의 해당성이 있어야 하고, 둘째로 필요한 경우에 최소한도에 그쳐야 하는 비례의 원칙이 지켜져야 하고, 셋째로 본질적인

33) 형해화란 형식만 남기고 가치나 의미가 없어지게 됨을 의미한다.

내용의 침해가 되어서는 안되는 침해금지의 원칙이 존중되어야 한다. 이외에도 기본권의 하나인 재산권 제한은 다른 기본권의 제한과는 달리 헌법 제23조 제3항에서 "공공필요에 의한 재산권의 수용·사용 또는 제한 및 그에 대한 보상은 법률로써 하되, 정당한 보상을 지급하여야 한다"라고 규정하여 이른바 정당보상의 원리를 준수할 것을 요구한다. 요약하면 재산권 제한은 공공복리에의 해당성, 비례의 원칙, 본질적 내용의 침해금지 원칙 그리고 정당보상의 원칙 등 네 가지 원칙이 만족될 때 제한의 정당성이 확보된다.

2.2 공공성 개념의 시대별 유형

공공성을 구성하는 당대의 가치와 이념, 제도와 규범, 나아가 구성원의 의식이 만드는 복합적인 의미체계로서의 '공공성 프레임'은 긴 역사적 시간대에 걸쳐 있다. 여기서 프레임(frame)은 개인들이 삶의 공간과 세계에서 일어나는 일들을 지각하고, 위치 지우며, 구별하고 이름 붙이는 것을 가능하게 해주는 해석의 틀을 말한다. 이러한 프레임의 논리를 확장할 때, 특정의 역사적 시기에 형성되는 '역사프레임'은 해당 역사시기의 개인, 집단, 조직이 현실의 조건을 해석하고 정치, 경제, 문화적 지향을 설정할 수 있게 한다. 따라서 공공성 프레임은 공공성의 가치와 이념이 역사와 함께 어떻게 변화하였으며, 그 변화는 시대적으로 어떤 차이가 있었는지를 보여준다.

1) 절대 공공성의 시대

강력한 왕권에 바탕을 둔 중앙집권적 절대국가, 전통적 왕조 등에서는 근대 자본주의 사회구성체에 바탕을 둔 공공성프레임과는 다른 공적 질서를 구축하고 있었다. 우리나라 조선왕조의 경우 모든 사회질서가 왕권을 정점으로 신분적으로 구성되어 있었기 때문에 공적 질서 또한 왕권과 일체적으로 결합된 '절대적 공공성'의 프레임을 갖는다고 말할 수 있다. 입법, 사법, 행정이 왕정에 통합적으로 운영된 전제왕정의 통합사회였다. 이런 점에서 조선은 모든 질서가 강력한 왕권에 기반을 둔 국왕 집중적 사회였으며, 국왕 자체가 공공성과 일체화되는 절대공공성의 프레임이 형성된 시대였다.

2) 국가 공공성의 시대

근대국가는 입법에 의해서만 변경할 수 있는 행정적·법적 질서를 갖추고 있으며 행정간부들의 조직화된 활동이 그러한 질서를 지향했다. 무엇보다도 근대 국민국가 질서의 핵심은 헌법적 질서로서의 국가체계이며 그 운영자들이 주권자로서의 국민의 위임을 받아 통치하기 때문에 공공적인 것이 국가행위에 집약되어 있다는 점이다. 우리나라는 제2차 세계대전 종결과 함께 정치적으로는 의회민주주의에 바탕을 둔 대통령중심제, 경제적으로는 자본주의 생산체계, 이념적으로는 자유주의에 기초한 근대민족국가로 출범했다. 그러나 냉전시대를 지나면서 민족주의와 반공이념에 의해 훨씬 더 견고하고 강경한 국가주의 공공성 프레임이 형성되었다.

3) 생활 공공성의 시대

1990년대 민주주의의 확대과정에서 우리나라의 국가주의 프레임은 해체되기 시작했지만 1997년 IMF 관리체제 이후 신자유주의적 시장화 경향이 확대되면서 빠르게 변화되기 시작했다. 이러한 경향과 함께 우리 사회에서 공공성의 위기는 경제적 양극화, 고도의 피로사회, 공적 질서의 해체 등 누적적으로 전개되었다. 이러한 변화를 거친 생활 공공성 시대의 공민성은 온라인을 기반으로 하는 네트워크정치, 콘서트와 같은 형식을 빌린 문화정치, 현장과 함께 하는 현장정치, 서로 다른 사회구성영역의 주체들이 결합하는 협치정치 등을 통해 민주주의를 확장하고 있다. 이상과 같이 공공성의 역사적 프레임은 절대공공성, 국가공공성, 생활공공성이라는 시대마다 다른 사회 구성적 특징을 보여준다.

2.3 우리나라에 있어서 공공성의 시대별 유형

1) 고성장시대의 공공성

고성장시대 공공성의 가치는 빠르게 늘어나는 개발수요를 충족하는 물리적 인프라를 빠른 시간 내에 공급하는 데에 있었다. 이 당시 공공성의 기준은 개발사업별로 일률적으로 적용되었으며 그 실천은 주로 민간에 의한 공공시설 공급으로 구현되었다.[34] 공공부문에서 제공해야 할 공공시설을 민간이 공급하도록 함에 있어서 공공은 인센티브를 활용하여 민간에게 공공성을 확보하도록 노력하였다. 그러나 지역여건을 고려하지 않은 공공시설 공급의 획일적 기준, 주변과의 연계성 부재, 서비스 수준의 하락 등 다양한 형태로 공공성을 훼손하는 문제가 발생하고 있어서 민간에 의한 공공시설 공급에 있어서 공공성 제고를 위한 공공과 민간의 역할 재조명이 요구되었다.[35]

2) 성숙(저성장)시대의 공공성

2008년 세계 금융위기를 거치면서 저투자, 저개발, 저소비가 전세계적으로 보편화되는 저성장시대를 경험하고 있다. 저성장은 성장세가 약화되거나 둔화된 결과로, 양적으로 표현되는 성장률이 상대적으로 낮아진 경제활동의 상태로 고도성장 이후에 성숙단계로 이행하면서 나타나는 경제활동의 상대적 둔화상태를 말한다.[36] 여기서 성숙한 사회란 소비를 통한 행복을 추구하는 경제성장 지향적인 사회가 아니라 자본주의적 시장질서로부터 자유로운 문화적 다양성과 '삶의 질'을 추구하는 개인주의 중심의 사회를 의미한다. 성숙사회에서 가장 중요한 가치는 사람들과의 '관계성'이다. 사람과 사람, 사람과 자연 사이의 관계 속에서 얻어지는 정신적

---

34) 대한국토도시계획학회, 도시개발이익의 합리적 공유방안 마련 연구, 서울시, 2014, pp. 21－25.

35) 대한국토도시계획학회, 앞의 책, 2014, p. 19.

36) 조명래 외, 2001, 저성장시대 도시정책, 서울: 한울.

풍요로움 및 행복이 그 사회의 성숙도를 가늠하는 지표가 된다. 성숙한 사회에서는 과연 나는 내 삶을 주도하고 있는가, 우리 사회는 개인 행복의 토대가 되는 공동체적 기반이 얼마나 풍요로운가, 지방정부는 주민들의 삶의 질을 향상시키기 위해 어떤 노력을 하고 있는가 등과 같은 질문이 사회가치 판단의 기준의 역할을 한다.

성숙(저성장)시대에는 경제활동이 둔화되면서 토지에 대한 개발수요가 감소하여 과거 고성장시대와는 다르게 개발사업이나 정비사업의 사업성 보장이 사업 위치, 규모, 내용 등에 따라서 크게 다르게 나타나며, 이러한 이유로 고성장시대와는 다른 관점에서 접근이 필요하다. 즉, 개발수요 감소에 따라 민간의 수동적인 개발행위에 활력을 불어넣기 위해서는 공공과 민간이 협력적 도구를 통하여 새로운 기준을 제시해야 하며, 이는 공공성 실천의 한계를 개선하는 방향으로 나가야 한다. 이런 이유에서 저성장시대에는 도시의 양적 확대보다는 도시의 질적 관리 강화 측면에서 시민참여 및 개방된 계획과정의 운영으로 유연한 토지이용을 통한 도시 회복력 강화를 위한 개발 유도가 필요하다.

제3절 도시계획과 공공성

3.1 공간과 공공성

공간을 매개로 일상생활과 의사소통이 이루어지는 관계를 건축적 공공성이라 한다. 이 건축적 공공성은 공간적으로 공적영역과 사적영역의 구분을 떠나서 사람들 간의 관계를 통해 하나의 사회성이 형성됨을 의미한다.[37] 그런데 이러한 해석은 공공성의 문제를 단지 공간에 국한된 문제로 잘못 인식할 수도 있게 한다는 점에서 문제가 있다. 즉, 공공성을 이룰 수 있는 요소가 공공공지 등의 건축적 공간만으로

---

37) 임상진, “건축적 공공성의 구현에 관한 연구”, 석사학위논문, 서울대학교 대학원, 1997, p. 7.

국한될 수 있으며 이러한 것들의 확보로 공공성의 문제가 해결되는 것 같은 잘못된 판단을 이끌 수 있다. 따라서 건축 도시공간에서의 공공성의 개념은 도시 전체를 바라보는 시각에서 또 도시의 성장과 변화를 고려하는 차원에서 이해되어야 한다. 그래서 공적 공간을 시민들의 자유로운 활동과 사회적 교류를 이루는 곳으로 정의한다면 건축 도시공간에서의 공적공간은 이 공간을 매개로 주민들 간의 공동체적 의식이 형성되는 곳으로 정의될 수 있다.[38)]

미국의 대표적 건축가 프랭크 로이드 라이트는 건축물의 본질은 그 건물이 이루고 있는 벽이나 천장, 외관이 아닌 그것들로 둘러싸여서 생성되어진 "공간"이라 말하였으며 그렇게 생성된 공간은 과거에 유행했던 특정한 모습이나 양식을 따르는 것이 아닌, 현재의 인간과 그를 둘러싼 환경이 같이 호흡할 수 있는 공간이어야 한다고 하였다. 이러한 그의 생각이 유기적 건축이론을 널리 알리고 실제적인 건축으로 구체화 하였다는 것은 차치하고서라도, 인간의 삶을 영위하는 물리적인 공간을 디자인하는 데에 있어 가장 기본이 될 수 있는 요소를 건축물 자체가 아닌 건축물과 관계를 형성하는 대상물에 두었다는 것에서 큰 의의를 찾을 수 있다.[39)]

건축 도시공간에서의 공공성의 개념은 도시 전체를 바라보는 시각에서 또 도시의 성장과 변화를 고려하는 차원에서 이해되어야 한다. 그런데 오늘날 건축 도시공간에서 물리적인 공간의 경계가 그 의미를 잃어감에 따라서 근대의 이분법적 사고체계에 대한 반발로 모든 대립되는 것들(즉, 공과 사, 내부와 외부 등)의 경계와 구분이 모호해지고 있다.[40)] 이 과정에서 공간은 더 이상 고정되어 있지 않으며 끊임없이 변화하는 유동적인 것이라는 인식이 팽배하게 되었고, 이러한 현대사회의 불확정성의 관점에서 건축 도시공간에서의 공공성을 이해하는 노력이 요구된다.

공적 공간과 사적 공간의 구분은 보통 관리주체와 사용권자 그리고 사용형태

38) 서울시립대학교도시인문학연구소, "도시공간의 인문학적 모색", 도서출판 메이데이, 2009, p. 226.
39) 이현수, "디지털 디자이너", 학문사, 1996.
40) 장은영, "랜드스케이프 건축의 공공성에 관한 연구", 석사학위논문, 서울대학교 대학원, 2002, p. 10.

를 기준으로 구분한다. 즉 해당 공간의 관리자가 공공이거나 혹은 사용권리를 가진 자가 보통의 시민들이며 공간의 사용자를 구분하지 않는 경우 해당 공간은 보통 공공 공간으로 간주한다. 반대로 공간의 관리주체가 특정단체라거나 해당 공간의 사용이 특정한 사람들에게만 배타적으로 허용되는 경우 그 공간은 사적 공간으로 구분된다.

그런데 공공 공간과 사적 공간의 이런 구분이 점점 어려워지고 있다. 공원이나 광장같은 전형적인 공공 공간과 다르게 최근에는 대형 쇼핑몰 속의 공원, 도서관과 같은 상업적 공공 공간(commercial public space)뿐만 아니라 개인소유 빌딩의 1층 공간을 공공에 개방하여 공원으로 제공하는 사적으로 소유된 공공 공간(privately owned public space) 그리고 개인 소유의 건물임에도 공공적으로 사용되는 건물(publicitly used building) 등 새로운 유형의 공공 공간이 많이 생겨나고 있기 때문이다.[41]

서울광장을 예로 들어보자. 서울광장은 공적 공간인가 사적 공간인가? 일견 너무 간단한 질문 같지만 이 문제는 그렇게 간단하지가 않다. 서울광장이 사용허가제에서 신고제로 변경된 데 이어, 광화문 광장, 청계천 광장 등을 신고제로 추진하는 과정을 살펴보면, 서울광장은 처음부터 계속해서 공공 공간, 즉 모든 이의 것이며 누구나 자유롭게 사용할 수 있는 그런 공간은 아니었다는 것을 알 수 있다. 서울광장이 서울시의 소유이며, 서울시를 대표하는 서울시장이 이 광장의 사용과 처분권에 대한 최종 인가권을 갖고 있다면, 과연 서울광장을 공공 공간이라고 할 수 있을까?[42]

르페브르가 정확하게 지적했듯이 현대의 공공 공간은 사적 공간에 비해 자본에 의한 지배가 더 많이 관철되는 공간이다. 뿐만 아니라 공공 공간은 언제나 관료

41) 김민진·김광현, "현대의 공공성이 드러나는 집합적 공간 연구", 대한건축학회 학술대회 논문집 29-1, 대한건축학회, 2009, pp. 480-481.

42) 이승훈, "민주주의 패러다임의 성찰: 공공 영역과 '시민됨'의 문화적 조건", 사회이론 제37권, 한국사회이론학회, 2010, p. 105.

주의의 위험을 안고 있고, 심지어 특정인의 사적 공간으로 전환될 위험을 가지고 있다.[43)]

예를 들어서 도시정비사업의 시행을 통해서 얻어지는 공익은 특정 집단의 이익이 아니라 정비사업 참여자들에게 고르게 배분되어 형평성을 유지해야 하지만 현실적으로 대부분의 도시정비사업들은 사업기간이 길고 이해관계자들의 많아서 조합원 모두의 이익을 공평하게 보장하는 데에 상당한 어려움을 겪고 있다. 특히 이러한 문제들은 정비사업의 신속한 추진에 결정적인 역할을 하는 시공사 선정 등에 있어서 조합원들 간의 의견이 갈라지면서 조합원들 간의 다툼이 발생하고 그 결과 시공사 선정 지연에 따른 사업성 손실의 문제들이 발생하고 있다. 결국 이러한 현상이 나타나는 근본적인 이유는 조합원들이 도시정비사업의 추진을 통해 확보하고자 하는 공공적 가치보다 도시정비사업의 수익 규모에 더 큰 가치를 둔 결과로 볼 수 있다.

도시계획 분야에 있어서 공개성은 도시계획수립 주체들 사이의 소통과 아울러 확정된 도시계획을 적용받는 시민들과의 대외적 소통의 수준에 따라서 결정된다. 오늘날 도시계획은 계획의 수립과 실행의 전체과정을 시민들에게 개방하고 시민들의 참여를 보장하는 형식적 규정을 갖추고 있다. 그러나 현실적으로 시민들에 대한 도시계획 내용의 대외적 개방의 정도와 계획수립 과정에서의 시민참여 수준은 제한적으로 이루어지는 경우가 대부분이다. 이런 현상은 도시계획의 형식적 개방성과 실질적 폐쇄성을 단적으로 보여주는 사례이다.

공간적 차원에서 나타나는 공공성의 문제의 예를 하나 들어보면, 공공성이 많은 경우 소수자를 배제하는 폐쇄적인 형태를 띠고 있음을 쉽게 알 수 있다. 근대의 시민사회가 생산해 내는 공간은 다수자의 공간으로, 이는 소위 보편적·중립적·합리적·이성적일 것으로 상상되는 공적 공간이다. 그러나 현실은 근대 시민사회가 가정하는 소수자들에 대한 일상적·비일상적 실천은 공적 공간에서 배제, 분리된

43) 곽노완, “도시권에서 도시공유권으로”, 마르크스주의 연구 8권 3호, 경상대학교 사회과학연구소, 2011, p. 207.

사적 공간의 영역에서 이루어지길 강요하고 있다.[44)]

실제 도시계획 과정에서 개방성 확보가 어려운 이유는 다양하지만 가장 대표적인 이유는 계획수립 기간이라 할 수 있다. 현재의 자료와 정보를 기반으로 미래의 모습을 그려내는 계획의 특성상 계획수립에는 상당한 시간이 소요된다. 그래서 계획수립 기간이 충분하지 못한 경우 계획수립에 있어서 시민참여 혹은 준비된 계획안에 대한 시민들의 의견수렴과정을 진행하는 것은 주어진 기간 내에 계획을 수립하는 데에 상당한 부담으로 작용한다. 그러나 시민들의 계획 참여를 보장하기 위해 계획수립 기간을 너무 길게 잡으면 계획수립 과정 중에 새로운 변화를 수용해야만 하는 문제가 있다. 따라서 도시계획에 있어서 공개성은 계획의 성격과 목표 그리고 계획수립 기간 등 계획 여건과 현실적 여건들에 대한 종합적 판단을 통해서 결정되는 만큼 개방의 정도나 내용이 정해져 있다기보다는 항상 유동적으로 변화하는 특징을 갖는다.

3.2 도시계획의 사회적, 정책적, 그리고 협력적 측면의 공공성

도시계획의 공공성 확보를 위한 사회적 공공성은 사회적 약자에 대한 관심의 증가와 함께 사람 중심의 도시개발 및 정비를 중요한 과제로 인식하여 주민의 정주성을 고려한 정비사업 추진, 공동체 활동 강화 그리고 공공공간의 조성을 통한 커뮤니티 문화의 보호 등의 도시계획사업을 통해 실천된다.

도시계획의 공공성 확보를 위한 정책적 공공성은 역사, 문화, 자연 등 해당 도시의 장소성을 반영하여 그 도시의 질적 가치를 향상시키려는 노력을 통해서 실천된다.

정책은 바람직한 사회상태를 이룩하려는 정책목표를 달성하는 데에 필요한

44) 박경환, "소수자와 소수자 공간: 비판 다문화주의의 공간교육을 위한 제언", 한국지리환경교육학회지 16-4, 한국지리환경교육학회, 2008, p. 304.

정책수단을 정부가 공식적으로 선정하는 일이라는 점에서 우리 사회는 정책수용의 의무를 지닌다.

계획은 정책과 마찬가지로 계획목표와 계획목표의 달성을 위한 수단선택의 과정으로 구성되며, 계획목표의 크기와 내용에 따라서 하위의 계획목표와 이 하위의 계획목표 달성을 위한 하위수단선택의 과정으로 구성되는 계층적 구조를 갖는다.

정책과 계획 모두는 각각의 목표를 달성하기 위한 것으로서 선정된 수단 혹은 대안의 실행을 필요로 하며,[45] 이를 위하여 구체적인 계획이 요구된다. 즉 정책은 계획 없이 시행될 수 없으며, 어떤 정책이든 그 정책을 실제 시행하려면 그 내용에 맞는 계획이 필요하다. 따라서 정책을 구성하는 하위 단위로서 계획이 있을 수 있으며, 반대로 계획의 추진을 위한 하위 단위로서 정책이 수립될 수도 있다. 이런 관계로 정책과 계획의 관계는 상위와 하위 위계 또는 동등한 위계가 성립된다. 따라서 정책이 반드시 계획에 종속되어야 하는 것이 아닌 것처럼 계획 또한 반드시 정책에 종속되는 관계에 있지 않다. 그러므로 계획과 정책의 관계는 언제, 어떠한 목적으로, 누구를 대상으로 무엇을 달성하는 것을 목표로 하는가에 따라서 정해지는 유연한 관계라 할 수 있다.

여기서 정책과 계획의 수립과 시행의 근거를 제공하는 법률의 구성요소 역시 본질적으로 정책과 매우 유사하다. 즉, 법률은 정책과 마찬가지로 나름의 입법목표를 가지고 있으며, 이 입법목표를 실천하는 수단으로 법률이행의 강제성을 갖는다. 이런 점에서 법률은 법률의 이행을 목표로 하는 하위 단위로서 시행령과 규칙 등의 법적 체계를 갖는다. 원래 법률은 국민의 대표기관인 국회의 의결을 거친 것이며 국가의 중요한 정책은 반드시 국회의 의결을 거쳐야 하므로 법이 곧 정책이라는 주장은 나름의 설득력을 가진다. 왜냐하면 강제력을 동원하여 국민의 권리행사나 행동의 자유를 제한하는 규제정책은 정부에 의한 남용의 가능성이 있기 때문에 국회

---

45) 그래서 계획의 실천이 고려되기 전 단계로서 계획을 수립하는 행위 혹은 계획의 수립과정을 기획이라 부른다. 즉, 기획단계는 계획 수립의 과정을 강조하는 표현이라 할 것이다.

의 의결을 거치는 법률의 형태를 갖출 때 그 정당성이 인정되기 때문이며, 이런 점에서 법학 분야에서는 법률을 정책의 한 형태로 보고 있다.

그렇다면 정부가 준비하고, 국회의 동의를 얻은 정책은 국민의 동의를 얻은 정책으로서 또한 공공성이 담보된 정책으로 볼 수 있을까? 이 질문의 정확한 답이 무엇이라 정의하기 어렵다는 것은 누구나 짐작할 수 있다. 그럼에도 불구하고 계획가라면 이 질문에 대한 답을 구하려는 노력을 반드시 해야하며, 이 과정에서 기준이 되는 것이 바로 공공성과 공익개념이라는 사실에는 이론의 여지가 없다.

도시계획의 공공성 확보를 위한 협력적 공공성은 실제 공공공간의 사용 주체들이 계획수립에 참여하여 공공과 민간이 함께 도시계획을 수립하고 실행함으로써 실천된다. 즉, 도시계획적 측면의 공공성은 사람중심의 도시계획을 중요한 가치로 간주하는 사회적 공공성, 도시가 지닌 역사 · 문화 · 자연의 장소적 가치를 도시계획의 중요한 가치로 간주하는 정책적 공공성, 행정주도 계획에서 공공민간의 합의에 의한 계획을 도시계획의 중요 가치로 간주하는 협력적 공공성의 조화와 실행을 통해서 실천된다.[46]

1) 도시계획시설과 공공성

도시계획 차원에서의 공공성이란 도시공간을 구성하는 토지와 건축물의 공익적 사용을 위한 사회적 합의점으로 볼 수 있다. 왜냐하면 도시계획시설은 설치되는 과정에서 수용의 과정이 포함될 수 있으며, 이 과정에서 수용을 정당화하는 기준이 해당 기반시설의 공공성이기 때문이다.[47] 그래서 도시계획시설이 공공성을 확보하기 위해 반드시 갖추어야 할 두 가지 가치는 토지와 건축물로 대변되는 물리적 환경가치와 시설이용객과 지역사회에 제공되는 공공서비스 가치이다.[48]

46) 대한국토도시계획학회, “도시개발이익의 합리적 공유방안 마련 연구”, 서울시, 2014, p. 25.

47) 김종보, “도시계획시설의 공공성과 수용권”, 행정법연구, 제30호, 행정법이론실무학회, 2011, pp. 277-307. 통상 도시계획시설을 설치하기 위해 개인의 재산권이 수용되는 것은 헌법이 말하는 공공필요(헌법 제23조 제3항) 조건이 충족되는 경우이다.

도시계획시설의 공공성은 시설의 기능이 도시를 위해 필요하고 또 공익을 위한 것일 때 충족된다.[49] 그런데 도시계획시설의 공공성은 시설의 종류와 주변환경 등에 따라 다양한 특징을 가지므로 그 정도에 따라 공공필요의 기준을 충족하기도 하고 그렇지 못하기도 하다. 이처럼 시설의 종류에 따라 공공성에서 차이를 보인다는 점은 국토의 계획 및 이용에 관한 법률에서 반드시 도시계획시설결정을 통해 설치해야 하는 도시기반시설과 그렇지 않은 기반시설을 구별하고 있다는 점에서 확인할 수 있다.[50]

2) 도시계획은 왜 공익을 최우선의 가치로 두어야 하는가?

도시계획이 도시에 대한 계획이라는 점에서 보면 도시계획은 도시에 사는 특정 개인을 대상으로 하는 것이 아니라 그 도시에 살고 있는 전체 주민을 대상으로 하고, 또한 도시 내의 특정 장소를 대상으로 하는 것이 아니라 도시 전체를 대상으로 하는 것은 당연한 일이다. 그러므로 도시계획에 있어서 공동체의 가치가 특정 개인 혹은 도시 내의 일부 지역의 가치보다 우선적으로 고려되어야 하는 것은 충분한 타당성을 지닌다.

그런데 여기서 한 가지 생각해봐야 할 점이 있다. 도시계획이 비록 도시주민 전체와 도시공간 전부를 계획 대상으로 삼고 있다고는 하지만 이것은 어디까지나 도시계획을 설명하기 위한 것일 뿐 실제 도시계획의 내용을 보면 해당 도시계획의 적용 대상과 적용 범위가 언제나 주민 전체와 도시공간 전부가 아님을 쉽게 확인할 수 있다. 예를 들어서 저소득층 주거문제 해결을 위한 공공임대주택 공급의 경우 도시주민 모두가 입주자격을 갖는 것이 아닐뿐더러 공공임대주택의 입지 또한 비

---

48) 김상조·왕광익·권영상·안용진, "공공성을 고려한 도시계획시설의 합리적 공급 방향: 민간참여형 복합이용시설을 중심으로", 국토연구원, 2007, pp. 19-20.

49) 금태환, "국토의 계획 및 이용에 관한 법률 제95조 제1항의 위헌성", 행정법연구, 제27호, 2010, p. 274.

50) 국토계획획법 제43조 제1항 단서, 동법시행령 제35조. 기반시설의 종류에 따라 공공성이 부족해서 수용권이 부여되지 않을 수 있고 또 수용권이 부여될 수도 있다는 의미이다. 대법원 2009.3.26. 선고 2009다228, 235 판결 참조.

싼 토지가격 때문에 도시 전역에서 균일하게 입지하는 경우가 거의 없다. 그렇다면 도시계획이 추구해야 할 공익의 실체는 어떻게 정의하는 것이 바람직할 것인가? 또 다른 질문이 이어진다.

이런 질문에 관한 답을 찾기 위해서는 공공성에 대한 판단 방법 혹은 평가 방법이 필요하다. 이런 관점에서 선행연구에서 제시된 공공성 평가제의 내용을 요약하면 다음과 같다. 공공성 평가제[51]는 주택건설사업이나 개발행위 인허가시 필요한 기반시설의 범위를 확정하고 확정된 기반시설별로 공공성을 평가하여 각 요인별 평가점수에 의해 용적률 인센티브의 등급을 조절하는 제도로 정의할 수 있다.

이러한 공공성 평가의 필요성을 요약하면 다음과 같다. 첫째, 인센티브의 제공은 사업자에게 특별한 혜택을 의미하는 것이며, 이러한 혜택을 받기 위한 전제조건으로서 기부채납되는 부지는 공공에 대한 기여와 직접적으로 연관되어야만 하기 때문이다. 둘째, 같은 면적을 기부채납 형식을 취해 제공하더라도 위치나 면적 등에 따라 공공에 대한 기여도는 완전히 다르게 나타나기 때문에 기부채납되는 부지의 면적 크기가 인센티브의 제공량을 결정하는 기준이 되는 것이 아니라 공공에게 긍정적으로 작용되는 순기능 즉 공공성이 크고 적음에 따라 공공에 대한 기여도는 완전히 다르게 나타나기 때문에 인센티브량도 달라져야 하기 때문이다. 셋째, 인센티브의 제공에 있어서 합리성과 형평성은 행정기관에 반드시 요구되는 원칙이기 때문이다.

공공성 평가제의 주요 내용에는 승인권자의 기부채납 요구 기준과 범위 그리고 공공성을 벗어난 기부채납 요구시의 처리 방법 등이 포함되어야 한다. 현재 시행 중인 행정자치부 공유재산관리규정의 무상귀속 부담부과의 원칙을 토대로 합법성, 합리성, 비례성, 형평성, 실현가능성 등을 중심으로 이를 계량화하는 지표를 통해 평가하도록 설계하는 것이 하나의 대안이 될 수 있을 것이다. 특별히 합리성 · 비례성 · 형평성은 계량화된 지표의 도입이 요구된다. 부당한 기부채납을 요구하는 경

51) 또는 기부채납 합리적 수준 평가제.

우는 도시계획심의위원회의 결정으로 부당한 요구를 무효화하고 새롭게 협의할 수 있도록 운영방안을 마련하는 일도 시급하다. 이런 점에서 공공성 평가제는 주택법 시행령의 별표 고시의 형태를 기반으로 마련하고, 국토계획법 제65조, 도시정비법 제65조의 경우에도 적용되도록 규정하는 것 역시 하나의 대안이 될 수 있을 것이다.[52)]

52) 강운산, “사업자 설치 기반시설의 무상귀속양도제도의 문제점과 개선방안”, 한국건설산업연구원, 2007, p. 12.

제 2 장

도시계획과 공익의 관계

제2장

도시계획과 공익의 관계

도시에서 일어나는 현상들 대부분은 여러 과정을 거쳐서 일어나는 결과인 동시에 또 다른 현상을 초래하는 원인의 역할을 한다. 도시계획에 의하여 주거지역, 상업지역, 공업지역, 녹지지역 등 용도지역의 하나로 지정되면 해당 지역에서의 건축물의 용도, 종류 및 규모 등에 대하여 제한을 받게 된다. 즉 도시계획은 중요한 공익상의 이유가 분명하게 존재하는 경우에 토지소유자의 재산권 행사에 일정한 제한을 할 수 있다. 따라서 도시계획은 도시 전체의 공익을 위한 개인의 재산권에 대한 일정한 침해를 전제로 하고 있다. 이런 이유에서 도시계획에 있어서 공익의 개념은 도시 전체의 공익을 위하여 개인의 권리에 대한 제한과 그 한계가 어떻게 규정되어야 하는가를 결정하는 기준의 역할을 한다. 왜냐하면 도시계획에서 추구하는 공익은 시민 모두가 추구하는 공동체의 가치개념이기 때문이다. 그럼에도 불구하고 도시계획의 입안과 대안의 선택 등 일련의 계획과정에서 구체적으로 공익이 누구의 이익으로 관념되어야 하며 또한 어떻게 판단되어야 하는가와 관련하여 아직까지 명확한 기준을 갖지 못하고 있는 실정이다.

기존 도시계획 분야에서 이루어진 공익에 대한 검토내용을 보면 검토대상이 되는 도시계획 사업의 계획과정에서 공익의 개념이 어떠한 판단기준의 역할을 했는지를 검토하기 보다는 해당 도시계획 사업이 추구하는 공익적 가치의 개념을 광의의 개념에서 살펴보는 정도로 이루어지고 있다. 심지어 이러한 과정에서 제시하는 평가기준들도 어떠한 이유와 배경에서 그러한 기준들이 선정되었는지에 대한 설명 없이 단순히 관련 선행연구에서 사용한 변수들 중에서 확보가능한 변수들을 선택하는 정도로 그 이유를 밝히고 있다.

제1절 공익의 개념적 특징

1.1 공익개념

1) 공익의 의미

공익(公益, public interest)이란 공동체의 가치개념으로 사회 전체의 공동이익, 불특정 다수의 이익을 의미한다. 공익은 공동이익의 주체를 누구로 할 것인지 또 공동이익의 범위를 어디까지로 할 것인가에 따라서 그 개념이 달라진다. 이런 특성 때문에 공익과 사익이 충돌하는 경우 사익은 당연히 희생된다는 공익우선주의의 공익의 실체설과 공익이란 사익 간의 조정과 타협 또는 집단 간 상호작용의 산물이라고 주장하는 공익의 과정설 간의 대립이 오늘날까지 계속되고 있다.[1] 그럼에도 불구하고 공익개념은 도시계획을 통한 사회문제 해결에 있어서 정책결정과 정책평가의 기준은 물론이고 도시계획의 정당성 확보의 이유 또는 근거의 역할을 한다. 오늘날 공공부문의 대부분 활동은 사전에 준비된 계획과 이 계획에 관한 의사결정에 따라 이루어진다. 공공부문 의사결정이 언제나 계량적인 자료에 근거하여 이루어진다면 의사결정이 명확하게 이루어질 수 있을 것이지만, 현실은 공공부문 의사결정 중 상당한 경우가 계량적 자료 혹은 계산결과에 근거하기보다는 정책결정자의 경험과 지식에 근거하여 가치판단을 해야 하는 경우가 많다.[2] 이런 경우 정책결

1) 행정학전자사전, "공익의 개념", 한국행정학회, 2020, www.kapa21.or.kr

정자의 가치판단의 준거가 되는 대표적인 개념이 공익이다.[3)]

그러나 구체적으로 공익이 누구의 이익으로 관념되어야 할 것이며 어떻게 판단되어야 할 것인가라는 것은 여전히 풀어야 할 과제로 남아있다. 공익이 공동체 모두의 공동이익인지 아니면 지배세력의 이익인지, 또는 국가의 이익인지, 사회영역에서도 공익을 인정할 수 있는지 하는 의문은 공익의 본질에 관한 것이다. 그런데 이 문제는 그 당시 사회를 지배하는 사상과 철학 그리고 법제도에 따라 좌우된다. 바로 이런 점이 공익개념을 역사적 관점에서 검토해야 하는 이유가 된다.

우리의 전통적인 공과 사의 관념은 건국 이후의 급박한 국가적 상황하에서 극도로 공동체 중심적, 국가중심적인 관념으로 자리 잡았다. 1960~70년대까지도 공익은 국가이익과 거의 동일시되면서 다른 모든 사익보다 우월한 것으로 관념되었다. 건국 이후 1960~70년대까지의 한국 사회에 있어서의 공익관념은 행정활동의 목표이자 그의 정당화 근거로서, 그리고 어떤 의미에서는 입법, 행정, 사법 등 국가영역 전반에 걸친 국가활동의 근거로서 기능하면서, 법개념으로서의 의미보다는 법적 판단 자체를 근거 지워주는 정치적 이데올로기로서의 의미를 강하게 가지고 있었다. 그러나 1980년대에 와서 경제성장에 따른 사회의 분화, 발전이 이루어지고, 이에 따라 하나의 국가적 문제에 대해 서로 다른 이해방식을 가질 수밖에 없는 소집단적 정체성 인식이 확산되면서 공익관념은 변화되기 시작했다. 이러한 변화는 계층과 직업, 사회적 역할과 기능에 따른 사회분화에 기인한 현상이지만, 이러한 현상을 통해 사회는 이미 하나의 목표, 하나의 이상을 향하여서만 전진할 수 있는 단순한 단계를 벗어나고 있었다. 더구나 1980년대 후반에 결정적으로 이루어진 민주화의 진전은 이러한 다양화된 사회를 향한 사회적 욕구가 폭발적으로 분출되

2) 노무현 행정부는 일부 행정부처를 이전하여 행정중심복합도시건설이 국가이익이라고 접근한 반면에, 이명박 행정부는 행복도시건설은 비효율성이며 세종시 건설만이 오히려 국가의 백년대계라는 국가이익이라 주장한다. 이러한 점에서 볼 때, 공익개념은 가치중립보다는 가치판단의 속성이 있다. 이계만, 안병철, "한국의 공익개념 연구: 공익관련 법률내용 분석을 중심으로", 한국정책과학학회보, 제15권 제2호, 2011, pp. 1-27.

3) 유민봉, "한국행정학", 박영사, 2006, pp. 118-119.

는 결정적인 계기가 되었다. 그러나 1980년대 후반 이후 우리 사회에서 나타나기 시작한 '집단이기주의'와 같은 개인주의의 확산은 사회의 통합성을 위협하는 역할을 하게 되었다. 그러나 1980년대 이후 나타나기 시작한 이와 같은 일련의 변화는 당시 우리 사회구조의 변화를 반영하고 있었다. 즉, 그 당시 우리 사회의 변화는 그 시절 우리 사회가 받아들인 다양한 가치, 상이한 세계관을 포용하는 새로운 사회질서의 형성을 위한 변화였다.

그런데 위와 같은 사회변화는 그 당시까지 당연하게 인식되어 오던 국가적·사회적 가치관에 대한 회의와 논쟁을 불러오게 되었다. 따라서 공익개념도 더 이상 추상적 이해의 수준에서 받아들여질 수 있는 상황이 아니게 되었다. 이러한 상황 속에서 공익개념은 점점 더 이해하기 어려운 개념이 되어갔고, 공익개념에 관한 합리적 해명이 필요하게 되었다. 즉, 무엇이 공익인가에 대한 판단과정에 있어서 민주주의적 원리에 기초한 분명한 설명이 필요하게 된 것이다.

우리나라의 경우 1960년에서 1970년 기간 중의 공익개념은 국가 행정활동의 목표로서 기능하면서 법판단 자체를 근거 지워주는 정치적 이데올로기로서의 의미를 강하게 가지고 있었다.[4] 그러나 1980년대 이후 경제성장과 민주화의 발전에 따라서 다양화된 사회적 욕구가 크게 늘어나면서 공익의 개념도 크게 변화되기 시작했으며, 1990년대에는 재산권 제약과 사회적 약자보호에 관한 공익개념이 나타났다.[5] 이러한 사회적 시대적 요구를 적절하게 수용하기 위해서는 무엇이 공익인가를 판단하는 과정에 있어서 공익의 개념이 더이상 추상적 수준이 아니라 합리적이고 객관적인 차원에서 정의되어야 한다.

그렇다면 공익이란 무엇인가? 공익은 구체적으로 무슨 내용을 담고 있는가? 이에 대해 어떤 합의된 대답이나 설명은 없다. 다만, 공익에 관한 다양한 의견과 이론이 규범적으로 제시되고 있을 뿐이다. 선행연구들을 검토해 보아도 공익이 다양한

4) 최송화, "공익의 법문제화", 법학, 제47권 제3호, 서울대학교, 2006, pp. 10-27.
5) 이계만·안병철, "한국의 공익개념 연구: 공익관련 법률내용 분석을 중심으로", 한국정책과학학회보, 제15권 제2호, 한국정책과학학회, 2011, pp. 1-27.

시각에서 논의되고 있지만 규범적 측면의 연구수준에서 논의되고 있다.[6] 실제적 차원에서 공익개념을 분석하여 구체적인 내용을 제시하는 연구는 상대적으로 미미하고 연구결과도 발견하기가 쉽지 않다.

2) 이익의 개념

공익개념을 명확하게 이해하기 위해서는 먼저 이익이 무엇인지에 대한 이해가 필요하다. "어떤 행위, 조치 또는 정책이 어떤 개인에게 이익이 된다"는 표현은 어떤 행위가 임의의 개인에게 유리한 결과나 긍정적인 사태를 가져다주는 경우를 말한다.[7] 이러한 경우가 우리가 보통 이익이라는 용어를 사용하는 경우이다. 그렇지만 이익은 규범적인 개념(a normative term)의 성격이 강하다. 즉 이익개념은 시간과 상황에 따라서 그때그때 변화하는 것이라기 보다는 일관성과 지속성을 유지하는 사회규칙의 성격을 갖는다. 이런 이유에서 법적 다툼에 있어서 재판부는 다툼이 포함하는 이익을 규명하고, 규명된 이익을 기준으로 다툼의 원인과 결과에 이르는 과정을 살핀 다음 해당 이익이 누구에게로 귀속됨이 정당한가를 판결한다.

(1) 이익개념의 구성요소

이익개념의 구성요소는 다음과 같다. 첫째, 이익개념은 이익을 향유하는 주체를 필요로 한다. 둘째, 이익개념은 이익의 내용 또는 대상이라는 구성요소를 필요로 한다. 이러한 이익개념의 구성요소와 비교하여 볼프(Hans J. Wolff)는 "개인이 어떤 대상을 향하여 가지는 관심"[8]을 이익이라고 설명하였다. 즉 이익은 개인이 자신의 이해관계에 영향을 미칠 대상들에 대해서 가지는 주관적인 관심사를 요소로 한다는 것이다.

---

6) 김항규, "행정철학과 행정법학과의 대화: 헌법상의 공익논의를 중심으로", 한국공공관리학회보, 20(1), 2006; 정정길, 행정학의 새로운 이해, 대명출판사, 2009; Elcock Howard(2006). The Public Interest and Public Administration. Politics. 26(2): 101-109 등 참조.

7) V. Held, The Public Interest and Individual Interest, New York/London, 1970, 18면.

8) H. Wolff, Verwaltungsrecht I, 8. Aufl., München, 1971, 159면.

볼프는 이익의 개념을 '사실적 이익과 진정이익'으로 구별한다. 여기서 사실적 이익이라는 것은 '특정한 주체가 특정의 대상에 대하여 사실상 가지는 주관적 이익'을 말한다. 이와 비교하여 진정이익란 '객관적인 척도에 근거하여 오류 없이 규정되는 이익'을 말한다. 즉, 개인이 원하는가와 상관없이 개인의 선호에 독립해서 존재하는 객관적 이익을 진정이익이라 한다. 이러한 진정이익은 그것이 다른 주체에 의하여서도 인식될 수 있기 때문에 주체로부터 분리될 수 있다. 이익 판단에 있어서 현실의 개인들이 가지는 주관적 소망보다는 인간이라면 누구나 가져야 할 진정한 이익이 핵심적인 역할을 한다. 볼프는 이러한 객관적인 척도의 하나로서 '인격의 자유로운 형성과 발전'을 들고 있다. 볼프에 의하면 개개의 인간 외에 인간의 공동체들 그 자체도 이익의 주체가 될 수 있다. 이들은 자신의 고유한 '자율적인 단체이익'을 가지고 있다는 것이다. 여기에 있어서도 사실적 이익과 진정이익이 구별될 수 있다. 여기서의 진정이익이란 합리적 인식을 통해 공동체의 목적으로부터 도출될 수 있다고 한다.[9)]

(2) 이익의 주체와 대상

이익은 이익을 누리는 주체와 이익의 내용으로 구성되며, 이 조합에 의하여 이익의 크기나 성질이 결정된다. 그런데 이익의 주체인 사람들은 각각의 자신만의 가치관을 가지고 있어서 사람마다 추구하는 이익을 다를 수 있을 뿐만 아니라 자신에게 이익이 되는 것과 원하는 것이 다를 수도 있다. 이처럼 이익이 되는 것과 원하는 것 사이의 관계는 진정이익과 실제이익으로 설명될 수 있다. 여기서 실제이익이란 개인이 실제 소망하는 바를 의미하며, 이런 시각에서 보면 진정이익이란 개인이 추구해야 할 이익이라 볼 수 있다.

이익주체와 이익대상의 구분은 이익의 주체라는 구성요소와 이익의 내용이라는 구성요소 사이의 상호관계를 어떻게 파악하는가에 따라서 달라질 수 있다. 이익주체와 이익내용 사이의 관계와 관련해서 다음과 같은 세 가지 입장을 추정해볼 수 있다.

---

9) 최송화, 공익론, 서울대학교 출판부, 2004, p. 102.

주관주의 : 이익내용 요소가 이익주체 요소에 따라서 결정되며 후자가 전자보다 우위에 선다는 입장

객관주의 : 이익주체 요소가 이익내용 요소에 따라서 결정되며 후자가 전자보다 우위에 선다는 입장

약한 객관주의 : 이익주체 요소와 이익내용 요소는 어느 한편이 다른 한편에 의해 완전히 결정되지도 않으며 일방적으로 종속되지도 않는 관계에 있지만 일정한 관련성은 갖는다는 입장[10)]

이익주체의 주관적 작용을 이익개념의 중심이라고 파악하는 주관주의에서는 이익주체의 소망, 욕구, 선호가 이익개념의 해명에 핵심적인 역할을 하며, 개인이 실제로 원하는 것이 이익의 내용을 이루고, 그 원하는 바를 충족시키는 것이 이익의 목표가 된다. 따라서 이익의 구성과 판단에서 개인의 소망을 강조하며, 선호가 곧 이익의 내용을 구성한다고 간주하는 '선호 위주의 이익관'으로 볼 수 있다.[11)] 이 입장에 따르면 '어떤 행위가 특정인의 이익이 된다'는 표현은 '특정인이 어떤 행위를 원한다'는 표현과 같은 의미라는 것이다.

객관주의는 개인의 선호에 독립해서 존재하는 진정한 이익이 있으며, 이 이익을 이익주체는 자신의 이익으로 받아들여야 한다고 주장한다. 즉, 객관주의는 이익판단에서 개인의 주관적 소망보다는 인간이라면 누구나 가져야 할 진정한 이익을 가장 중요하게 받아들인다. 그리고 개인이 실제 소망하는 바는 '실제 이익'으로, 개인이 추구해야 할 바는 '진정한 이익'으로 파악되며, 후자가 전자보다 우위에 서게 되는데, 이를 '이상 위주의 이익관'이라 한다.[12)]

약한 객관주의는 개인의 선호에 따라서 결정되는 실제 이익과, 개인의 선호와 독립적으로 존재하는 진정이익은 각각 고유한 성질을 가지며, 이 두 이익 사이의

10) 김도균, "법원리로서의 공익: 자유공화주의 공익관의 시각에서", 서울대학교 법학 제47권 제3호, 2006, p.163.

11) 이 용어에 대해서는 B. Barry, "Political Argument: A Reissue with a New Introduction", New York: London, 1990, xliv, p. 178 이하 참조.

12) B. Barry, Political Argument, 앞의 책, xliv 그리고 R. Flathman, "The Public Interest", p. 22 이하 참조.

우위관계는 주어진 상황에서 여러 요인들을 고려하여 정해진다고 주장한다. 약한 객관주의는 진정한 이익이 존재한다고 보는 점에서 객관주의적이지만, 개인의 현실적 소망이 이익의 구성과 평가에서 중요한 역할을 한다는 점에서는 주관주의적이라 할 수 있다. 그러나 약한 객관주의는 진정한 이익이 개인의 실제이익을 결정하며 항상 우위에 있어야 한다는 주장은 일반화되기 어려운 주장이고, 나아가 현실적인 개인의 선호가 이익개념을 구성할 뿐이라는 주장 또한 과장된 면이 적지 않다고 비판한다.[13] 따라서 약한 객관주의는 위 두 이익의 본래 성질이 무엇이며, 서로간에 어떤 관계가 형성되어 있는지에 관한 선행적 이해를 요구한다. 즉, 이익주체의 선호가 이익개념의 구성과 평가에 어떤 역할을 하며, 거꾸로 이익의 내용이 이익주체의 선호 형성에 어떤 영향을 미치는지를 설명하는 이론 개발이 선행될 때 비로소 이 주장의 객관성이 갖추어질 수 있다고 주장한다.

(3) 이익의 판단 구조

'어떤 행위가 나에게 이익이 된다'는 표현은 '내가 지향하는 목적을 달성하기 위하여 어떤 행위가 실현되어야 한다'는 주장을 전제로 한다. 이처럼 '내가 어떤 행위를 원한다'는 사실이 '나는 어떤 행위가 실현되면 좋겠다'는 나 자신의 요구를 포함한다면, 이 주장은 타인들을 향하여 정당화될 수 있는 근거를 필요로 한다. 그러므로 '어떤 행위가 임의의 개인에게 이익이 된다'는 표현은 '어떤 행위가 자신의 이익이 되므로 실현되어야 한다고 개인이 주장할 때, 비로소 그 주장이 정당화될 수 있는 것으로 인정된다'는 정당화 가능성 진술로 이해된다.[14]

이익판별의 진술에서 정당화 가능성의 요소는 정당화하는 원리들이나 기준들이 있음을 전제로 하고 있다는 점에서 무엇이 이익인지를 판단하는 작업은 단순히 실제의 욕구나 선호의 목록을 열거하는 것만은 아니다. 이익판별과정은 실제의 요구나 선호가 사회적으로 승인된 기준체계에 합당하다는 평가를 받는 이익평가과정과 함께 진행된다. 개인의 소망, 욕구, 선호는 이익주체의 주관적 판단의 대상이 된

13) 최송화, 공익론, 서울대학교 출판부, 2004, p. 185 이하 참조. 또한 J. Feinberg, "Harm to Others", Oxford, 1984, p. 38 이하 참조.

14) V. Held, The Public Interest and Individual Interest, 1960, p. 31.

다는 점에서 이익개념의 구성에 중요한 역할을 한다. 하지만 소망의 충족에 대한 요구 그 자체가 이익으로 판별되기에는 불충분하다. 이런 이유에서 이익개념의 구성에 정당화의 기능을 수행하는 가치 기준체계가 전제되어야 한다.[15] 왜냐하면 이익은 결국 개인의 가치 기준에 의해 그 성격이 분명해지기 때문이다.

이익개념 및 이익판단의 두 번째 속성은 이익판단에는 항상 비교 대상이 필요하다는 점이다. 일반적으로 '어떤 행위가 임의의 개인에게 이익이 된다'는 판단은 언제나 이익의 내용을 이루는 어떤 행위가 기타의 대안들과 비교되고 있다는 점이다. 따라서 이익개념 및 이익판단의 두 번째 속성은 다음과 같이 표현할 수 있다.

> 이익판단은 '어떤 행위 1번과 어떤 행위 2번 중(비교되는 행위 혹은 기타 대안들 중) 어느 것이 나에게(이익주체) 이득을 가져다 줄 것(이익이라고 판단되는 해당 행위나 사태)인가'라는 삼가관계(三價關係, triadic relation)로 이루어진 판단[16]이다.[17]

이익판단이 이처럼 언제나 세 가지 변수로 구성된 비교판단이라는 점은 앞으로 '공익이란 존재할 수 있는가?'라는 질문이나 '공익이란 무엇이며 어떻게 식별할 수 있는가?'라는 질문에 답하는 데 매우 중요한 기준을 제시한다. 왜냐하면 이익판단이 삼가관계의 구조를 가진다는 점은 이익 및 공익개념이 단순한 주관적 선호가 아니라 사회적 가치와 연계성을 지니고 있음을 보여 주기 때문이다.

이상 이익개념에 관한 설명을 요약하면 다음과 같다. 이익은 '임의의 개인이 지향하는 최고의 목적을 성취하는 데 필요한 수단이 되는 것'으로서, 일정 정도의 지속성·장기성·심층성을 갖춘 욕구들을 포함한다. 임의의 개인에게 무엇이 이익

15) Benn, "'Interests' in Politics", Proceedings of the Aristotelian Society, Vol. 60, 1960, pp. 127-128.; C. Fried, "Two Concepts of Interests: Some Reflections on the Supreme Court's Balancing Test", Harvard Law Review, Vol. 76, 1963, pp. 755-778.

16) 삼가관계 판단이란 이익판단 주체, 현재 문제가 되는 행위나 정책, 그리고 대안이 되는 행위나 정책의 세 가지 변수로 이루어진 판단을 말한다.

17) B. Barry, Political Argument, p. 192.

인지를 판별하는 과정은 정당화 가능성 평가과정을 담고 있으며, 이는 정당화 평가의 기준들과 원리들을 전제로 한다. 이익판단은 이익주체, 이익이라고 판단되는 행위, 이와 비교되는 대안 행위들이이라는 세 변수들 사이의 삼가관계구조를 이루고 있다.

3) 공익과 사익의 구분

독일에서 최초로 공익개념에 관한 논의를 시작한 듀리그(Dürig)에 따르면 공익은 사익의 집합체가 아니라고 한다. 공익과 사익은 보통 개념적으로 서로 반대인 경우가 많은데, 사안에 따라서 공익과 사익이 공존하는 경우도 많다고 한다. 나아가 듀리그(Dürig)는 공동체의 의지는 개인 의지의 집합체가 아니라 다수의 의지이며, 이익도 개인 이익의 집합이 아니라 다수의 이익에서 일반적·공적 이익이 도출되며, 이러한 이유에서 공익을 판단할 수 있는 제일 확실한 장치는 투표라고 주장하였다. 즉, 듀리그(Dürig)는 가입과 탈퇴가 자유로운 불특정의 인간집합체가 공익을 결정하는 공중(公衆)이며, 이 공중이 공익판단의 주체라고 주장하였다.[18]

듀리그(Dürig)의 공익개념과 다르게 공익개념을 법제도적인 시각에서 정리한 사람은 독일의 행정법학자인 볼프(Wolff)이다. 볼프(Wolff)는 공익을 먼저 일반적 공익과 특별적 공익으로 구분하였다. 일반적 공익이란 국가공동체의 이익을 말하는 것으로 이는 다시 공동체조직의 투표나 행동에서 표출되는 것과 같은 실체적 이익을 말하는 사실적 공익과 흠결 없는 것으로 인정된 공동체의 이익을 말하는 진정한 공익으로 구분된다고 한다.[19] 한편 특별적 공익이란 특정 지역이나 특정 단체에 국한된 공동체의 이익을 의미하며, 일반적 이익과 특별적 이익이 충돌한 경우 통상 일반적 이익의 우월적 가치가 인정된다고 한다. 이처럼 볼프(Wolff)는 다층적이고 복합적인 공익개념의 실체법적 명확화를 위하여 입법적 규율의 중요성을 잘 지적

18) Dürig, Die, konstanten Voraussetzungen des Begriffs "Öffentliches Interesse", Diss. München, 1949, S. 33f.

19) vgl. Wolff, "Organschaft und Juristische Person, Band I: Juristische Person und Staatsperson", 1933, S. 470ff.

하였다. 하지만 사실적 공익과 진정한 공익의 구별이 쉽지 않을 뿐만 아니라 진정한 공익의 실현은 국가의 모든 구성원의 이익과 일치한다는 그의 주장은 독일 기본법 제1조와 제2조에 근거를 두고 있는 자율적이고 성숙된 개인의 인격권의 내용과 배치된다는 점에서 분명한 한계를 지닌다.20)

개인의 사익도 그것이 공동체의 질서와 연관되어 있는 경우 공익의 성격을 가질 수 있기 때문에 공익과 사익의 엄격한 구분은 무의미할 수 있지만 공익은 사익의 대립관념 속에서 그 존재의의가 있다는 점을 고려할 때 공익과 사익의 구분은 여전히 유용하다. 왜냐하면 사익과의 관계에서 절대적 우위를 가지며 초월적이고 절대적인 것으로 간주되었던 전통적인 공익개념은 이제 더 이상 존재하지 않을 뿐만 아니라 현대적 의미의 공익은 그와 경합하는 사익과의 관계에서 단지 상대적으로 우월할 뿐이며 법과 제도에 의해 실현되어야 할 이익으로 이해되고 있기 때문이다.

1.2 공익개념의 다양한 관점들과 선행연구

1) 공익에 관한 다양한 관점들

공익에 관하여 그동안 다양한 학문 분야에서 논의되어 왔고, 이 과정에서 공익개념에 대해서도 다양한 정의가 제시되었다. 여기에서는 공익의 실체를 인정하는 실체적 측면과 다수의 이익들이 조정 및 타협의 과정을 거쳐 수렴되어간다는 과정적 측면을 중심으로 정리한다.21)

첫째, 공익을 '전체효용의 극대화'라는 관점에서 이해한다. 이는 사회구성원이

20) Dazu Kunig, in : Münch/Kunig, Grundgesetz, Kommentar, Art. 1 Rn. 6; Art. 2 Rn. 11.

21) 공익실체설은 전체주의(holism)의 관점에서 공익은 단순한 사익의 집합이 아니라 사익을 초월한 별도의 실체적 개념으로 본다. 반면에 공익과정설은 사익을 초월한 별도의 공익이란 존재할 수 없으며 공익이란 사익의 총합이거나 사익간의 타협 또는 집단 상호작용의 산물이라고 본다. 공익을 방법론적 개체주의의 입장에서 정의하고 있다. 이종수, "새미래의 행정", 대영문화사, 2010, pp. 91－92.

가지고 있는 각각의 사익을 기준으로 공익의 개념을 규정하는 견해로서 사회구성원 전체의 효용(이익)을 극대화하는 것이 공익라고 보는 견해이다. 벤덤(Bentham)의 공리주의 차원에서 공익개념이 이러한 견해에 기초하고 있다. 이론적으로 보면 사회공동체는 개인의 집합이기 때문에 개개인의 이익을 모두 합하면 공동체 전체의 이익이 되고 이것을 극대화하는 것이 공익이라는 것이다.[22]

둘째, 사회 전체에 바람직하거나 올바르게 추론되는 가치의 실현을 공익이라고 보는 입장이다. 사익을 포함한 사회 구성원의 실제 가치관이 어떠한 가와 관계가 없다. 사회가 지향하여야 할 궁극목표 내지 '최고선'이 곧 공익내용이라고 보는 입장이다.[23] 사회공동체 내지 국가의 모든 가치를 포괄하는 절대적인 선의 가치가 있다고 가정한다. 자연법적인 원리에 근거한 인간의 기본권 등 사회구성원 모두가 추구하여야 할 규범적으로 옳은 절대가치가 있다고 본다.[24] 예컨대 정의, 자유, 평등의 가치의 실현을 공익으로 보는 것이다. 또한 인간의 기본권과 같은 귀중한 가치가 공익의 내용으로 취급되는 것도 같은 이치이다. 국민 개개인의 기본권을 보장하는 것이 모든 국민들에게 도움이 됨으로 공익으로 보는 것이다. 개인의 기본권, 그 중에서도 자유를 가장 중요한 가치로 취급하고 자유를 신장시키는 것 자체가 공익이라는 것이다. 자유, 평등의 기본권과 정의, 안정 등과 같은 사회적 가치는 중요한 공익내용이다.[25] 국민의 기본권과 주요한 가치들이 공익이라는 점이다.

셋째, 공유하는 이익으로 보는 입장은 말 그대로 공익을 부분적이며 특수한 이익과 대조되는 사회구성원 간에 보편적으로 공유되는 공동의 이익으로 본다. 예컨대 원활한 대중교통체계 확립, 위생적 식수공급, 양질의 교육서비스 등은 자치단체나 국가구성원 모두의 공동이익이며 공익이다.[26] 공동체의 이익이 공익이라는 점이다. 사회나 국가는 개인으로 구성되어 있지만, 단체로서 사회나 국가는 단순한

22) 유민봉, 한국행정학, 박영사, 2006, p. 119
23) 김항규, "행정에서 합법성의 이념과 헌법에서의 공익판단의 근거", 한국행정논집 제14권 제3호, 2002, p. 564.
24) 유민봉, 한국행정학, 박영사, 2006, p. 199.
25) 정정길, 행정학의 새로운 이해, 대명출판사, 2009, pp. 290-291.
26) 유민봉, 한국행정학, 박영사, 2006, p. 120.

개인의 집합체와는 다른 성격을 가지고 있다. 국가나 사회는 개인의 단순한 집합체 이상의 그 무엇으로서 자신의 인격과 권익을 가지고 있는데, 이것이 바로 공익의 원천이라는 것이다. 즉, 사회 전체로서의 권익과 인격을 추구하고 실현하는 것이 공익이다. 이러한 단체로서의 인격과 권익은 개인의 그것과는 별개로 독립적이다.

넷째, 공익의 실제적 내용보다는 공익이 형성되는 과정 내지 절차에 중점을 두는 입장이다. 이는 이익집단 간의 타협 내지 절차를 거친 결과를 공익으로 보는 견해이다.[27] 즉, 공익이란 집단이익의 상호작용에서 나오는 결과라는 것이다. 이는 사회 속의 수많은 이익집단의 존재를 인정하고 이들 간의 민주적 분쟁해결과 이의 절차 및 이를 통한 타협의 결과가 공익이라는 것이다.[28] 공익은 서로 상충 되는 이익을 가진 집단들 사이에 상호 조정과정을 거쳐 균형상태의 결론에 도달했을 때 실현되는 것이라고 본다.[29]

공익에 관한 이론적 논의를 종합해 볼 때 전체효용의 극대화, 최고선, 공동체 이익 등은 실체론적 입장에서 공익을 정의한 것이다. 그러나 이 관점에서의 공익은 규범적 가치이므로 개인 간의 차이가 존재하는 것은 불가피하고 실제 공익을 결정하는데 있어 누가 결정하느냐에 따라 내용이 달라지며, 소수의 관료가 공익을 결정할 수 있으므로 비민주적이라는 비판이 제기된다. 과정론은 공익을 선험적인 것으로 보지 않고 다양한 이해관계의 민주적 조정과정으로 본다. 그러나 다양한 이해관계의 경합이 자동적으로 조정되어 공익이 된다는 기계적 관념을 가지고 있으며 조직화되지 못하는 소수의 의견은 반영할 수 없게 된다는 한계가 있다.[30]

---

27) 백완기, "정책결정에서 공익의 문제", 한국행정학의 기본문제들, 나남출판. 1996, p. 299. 정정길, "행정학의 새로운 이해", 대명출판사, 2009, pp. 304-305.

28) 김항규, "행정에서의 합법성 이념과 헌법에서의 공익판단의 근거", 한국행정논집, 제14권 3호, 2002, p. 564.

29) 유민봉, 한국행정학, 박영사, 2006, p. 121.

30) 공익의 개념평가는 백완기, 1996, 위의 논문과 김항규, "행정철학과 행정법학과의 대화: 헌법상의 공익논의를 중심으로", 한국공공관리학회보, 제20권 1호, 2006, pp. 138-141. 등의 연구에서 논의하고 있다.

(1) 공익개념의 특성

공익을 어떤 차원에서 접근하든 공익은 다음의 특성을 지닌다.[31] 첫째, 공익은 사람이 만든 개념이다. 그 존재는 인위적 창안이며 수단적 고안품이다. 둘째, 공익은 사회를 구성하는 개인들의 사익과 중첩되는 성질을 갖는다. 공익은 정당한 사익의 집합체이다. 따라서 사익을 고려하지 않고 공익을 정의할 수 없다. 공익은 우리 일상생활의 구석구석에서 중요시되고 적용되고 있다. 셋째, 공익이 정당한 이익이라고 하는 것은 한 사회 내에서 윤리적으로 승인된 이익이라는 뜻이다. 공익은 사회성, 윤리성을 지닌다. 공익이 사회구성원에 대하여 가장 강력한 윤리적, 규범적 기준으로 작용한다. 넷째, 공익은 사회구성원 모두에게 좋은 것이며 구성원 대다수의 이익추구와 모순되지 않는다. 공익은 누구에게나 귀속되는 '무차별적 귀속'의 성격을 지닌다. 공익은 어떤 사람, 어떤 집단에도 그 이익이 귀속된다. 다섯째, 공익은 시간과 공간의 영향을 받는다. 공익은 역사적으로 변천한다. 문화와 정치체제가 다른 곳에서는 공익의 내용도 다르게 규정될 수 있다. 공익의 구체적인 내용은 문제에 직면한 사람들의 가치판단과 상황적응적인 과정을 통해 결정된다. 여섯째, 공익의 일반적인 의미는 추상적이고 모호하며 구체적인 결정과정에서는 공익의 내용을 객관화하고 검증하는 것이 어렵다. 따라서 주관적인 주장들이 충돌하고 갈등을 야기할 수 있다. 그렇기 때문에 누구든지 공익이란 명분으로 자기주장을 합리화시키려고 하고 공익은 오용되거나 남용될 수 있다.[32]

(2) 공익의 역할과 기능

한편 공익을 어떻게 이해하느냐에 따라 공익의 역할과 기능은 다양하지만, 첫째 공익은 정책이나 프로그램을 평가하여 주는 역할을 한다. 정책결정가들이 정책결정을 할 때 평가기준으로 일단 공익을 고려한다는 것이다. 둘째, 현대사회의 다

---

31) 오석홍, 행정학, 박영사, 2005, pp. 173-174. 그리고 박정택, 공익의 정치, 행정론, 대영문화사, 1990, pp. 85-93.

32) 현실적으로 우리가 정확하게 공익을 말하는 것이 아니라 공익에 대한 느낌을 말하는 것이라고 한다. 이러한 느낌은 주관적이고 정치적이고 고도로 개인적 측면을 가지므로 서술하기도 곤란하고 계량화하는 것은 불가능하다는 지적을 한다. 박정택, 공익의 정치, 행정론, 대영문화사, 1990, pp. 90-91.

양하고 복잡한 이해관계들이 상호 조정, 타협될 수 있는 공통기반을 마련해 준다. 공익이라는 요소가 없다면 자기들의 입장과 이익만을 내세움으로써 갈등상태만을 야기할 수 있다. 셋째, 공익은 국가의 권력행위의 정당성을 부여하는 기능을 한다. 공익이라는 관점에서 국가는 필요한 경우 개인의 자유와 권리를 제한할 수 있다. 국가가 권력행위를 할 때 그것을 정당화시켜주는 근거가 공익이다.[33)]

요약하면 공익개념은 막연하고 애매할 수밖에 없는 불가피성이 있다. 따라서 공익개념에 대하여 지나치게 엄격한 논증을 요구하면 공익실현이 어려워지는 측면이 있고, 그렇다고 막연한 공익개념을 그대로 인정하면 공익이 특권으로 존재할 수 있어서 이 둘 사이의 균형을 잡는 것이 중요하다.

2) 공익개념에 관한 선행연구

공익개념은 실체론이든 과정론이든 그 개념파악이 쉽지 않다. 공익개념 분석을 위한 구체적인 기준도 없다. 그럼에도 불구하고 공익개념 분석을 위해서는 준거틀이 필요하다. 이를 위해 선행연구의 이론적 논의를 중심으로 개념 분석을 위한 준거 틀을 설정하기로 한다. 김항규는 헌법 속에 내포된 공익판단의 근거로 자유권적 기본권 존중원리, 평등원리, 최대효용원리, 민주행정원리, 신뢰보호원칙, 복지국가원리를 제기하였고[34)] 백완기는 공공성의 구성요소로 정부에 관계된 것, 정치성·공개성·공익성·공유성·공정성·인권 등을 제시한다.[35)] 선행연구결과들에서 제시된 공익개념의 구성요소는 다음과 같다.

첫째, 일반적인 정부기능들은 공익으로 볼 수 있다. 전통적인 정부기능으로 순수공공재에 해당되는 것과 정부가 담당해야 하는 것으로 합의를 보는 정부기능들, 치안, 국방, 교육, 문화 등의 기능들은 공익이라 할 수 있다.[36)] 공공재를 공급하는

33) 백완기, "정책결정에서 공익의 문제, 한국행정학의 기본문제들", 서울: 나남출판, 1996, pp. 311-315.

34) 김항규, "행정에서의 합법성 이념과 헌법에서의 공익판단의 근거", 한국행정논집, 제14집 제3권, pp. 567-575.

35) 백완기, "한국행정과 공공성", 한국사회와 행정연구, 제18권 제2호, pp. 1-22.

것은 전체에게 도움이 되므로 공익이다. 동일한 공공재이더라도 외부효과가 큰 것이 생산되는 것이 공익성을 띤다. 이런 공공재는 민간단체나 사기업들이 할 수 없는 기능이나 역할을 수행할 때 뚜렷하게 나타난다. 공공재 생산 및 공급은 다시 공공재 생산과 공공시설물의 건설로 분류할 수 있다.

둘째, 정책이나 제도와 관련된 특정한 집단이익의 보장도 공익이다. 여기서 특정한 집단이익은 일부 계층 집단이익이라기 보다는 다수이익이긴 하나 그 범위를 한정하는 경우이고, 그러한 이익은 정당한 이익을 말한다. 법이나 규정에 보장된 이익이 그것이 특정집단을 한정한 경우에도 그것이 정당한 이익이면 공익이다.

셋째, 재산권 제약도 경우에 따라선 공익성을 띤다. 민주국가에서 법적 정당성의 근거하에서 다수의 이익을 위해 소수이익을 제한할 수도 있기 때문이다. 공유물 비극을 막는 것도 전체에게 도움이 되므로 공익이 되고, 여기에다 공익을 실현시키는 규칙도 공익의 내용이 된다. 공유물의 비극을 막으려면 공동체 구성원들이 지켜야 할 규칙도 필요하다.[37] 공공시설 설치를 위해 토지를 수용하는 경우 역시 공익성을 띤다. 도로건설을 위해서 사유재산을 수용당할 때 토지소유자가 피해보상금을 받을 뿐만 아니라 도로가 개설됨으로써 자기도 그만큼 편익을 보기 때문이다.[38]

넷째, 공익은 공동체 다수이익을 제기한다. 여기서 공동체 다수이익은 불특정한 다수 이익보호를 말한다. 공익은 원칙적으로 집단적인 이익이다. 다수의 이익이 공익으로 간주되는 근거는 그 이익이 보다 정당성을 띨 가능성이 있고 또 그 이익이 보다 많은 사람들에 의해서 공유되고 있다는 것을 전제로 하고 있다. 다수의 이익이 공익이 될 수 있는 조건은 집단구성원 간의 게임이 난제로섬(non zero-sum)상

---

36) 정정길, 행정학의 새로운 이해, 대명출판사, 2009, p. 350.

37) 각각의 목장에서 50마리씩 한우만을 사육하기로 약속하는 경우 이를 지켜야한다. 약속에 의하여 수용되는 규칙은 공익을 향상시키는 수단이 되기도 하면서 그것이 없으면 공익이 실현될 수 없으므로 그 자체가 공익의 실질적 내용이다. 정정길, 위의 책, 2009, pp. 289-290.

38) 백완기, "공익에 관한 제학설의 검토, 한국행정학의 기본문제들", 서울: 나남출판, 1996, p. 310.

태이고 자유스러운 토론이 보장되고 이익 자체가 상대성을 띠고 있어야 한다.[39]

다섯째, 사회의 보편적 가치도 공익이다. 인간이 살아가는 사회생활 속에서는 누구에게나 보편적으로 납득할 만한 가치규범이 있다. 사회 내에서 형성된 가치규범은 사람들이 서로의 생활을 위해서 지키기로 약속한 규범들이므로 공동생활을 이끄는 안내자의 역할을 한다. 인간의 자유, 평등을 중심으로 민주적 가치들이 보편화되어 왔는데, 민주사회에서 어떠한 공익도 인간의 가치와 배치되지 않는다. 이러한 점에서 그 시대에 보편화된 가치는 공익의 내용이 되고 환경적 울타리 역할을 하는 것이다.[40] 사회의 보편적 가치는 공공안녕질서, 환경보존, 재해방지, 선량한 풍속유지 등이다. 인간의 존엄성을 위한 가치, 자유권, 평등권, 정의 등을 공익으로 보는 것과 동일하다.[41]

여섯째, 공익은 그 속성으로서 형평성을 지니고 있다. 때문에 사회적 약자의 이익을 흡수하려는 경향이 있다. 이때 사회적 약자는 반드시 다수일 필요가 없으며, 오히려 소수의 약자 이익을 보호하려는 것이 공익의 참모습이다. 언제나 절대적인 다수의 이익만이 공익이 될 수 있는 것은 아니다. 비록 소수와 관련된 이익이라고 할지라도 이러한 소수의 이익이 공적으로 논의될 필요가 있는 이익이라면 이 역시 공익개념에 포함시킬 수 있다. 따라서 사회적 약자의 이익은 공익의 내용을 이룬다.[42] 사회적 약자의 이익이 공익으로 등장하는 배경은 빈곤이 더이상 개인의 실패로 간주되어서는 안 되고 이러한 빈곤은 사회구조적 모순에서 비롯된다는 인식이다. 사회적 약자보호는 어린이, 청소년, 장애인, 노령층, 저소득층에 대한 사회적 배려나 보호이다.

일곱째, 사생활 및 개인정보를 보호하는 것도 공익적 활동에 해당된다. 이는 인간의 기본권에 해당하므로 그것이 소수이든 다수이든 공익내용에 속한다. 민주

39) 백완기, 1996, 전게서, p. 306.

40) 백완기, 1996, 전게서, p. 302

41) 정정길, 행정학의 새로운 이해, 서울: 대명출판사, 2009, pp. 350−351.

42) 백완기, 1996, 전게서, p. 307.

주의 국가에서 개인정보 및 사생활보호는 인간의 기본적 가치로서 이를 보호하는 것 역시 공익이라 할 수 있다.

여덟째, 공정성은 차별받지 않고 억울함을 당하지 않은 경우를 말한다.[43] 사회구성원을 차별적으로 대우해서는 안 된다는 의미이다. 개인이든 집단이든 사회구성원의 이익은 차별을 받지 않고, 이익이 균형적으로 반영되어야 한다.

아홉째, 공개성은 개방적이고 투명하다는 의미로, 정책 및 제도와 관련된 의사결정과정이 열려있다는 말이다. 공익은 공개될 수 있는 이익이어야 하고, 만약 공개될 수 없는 이익은 공익의 의미를 띨 수 없다. 정책내용의 합리적 결정을 위한 민주적이고 전문적인 의사결정과정을 공익으로 본다는 것이다.[44] 공공토론이나 공공회합에서 누구나 참여하여 의견을 개진할 수 있는 절차의 보장, 관련 정보의 공개는 그 자체가 공익지향적이다.

3) 공익 관련 법률 현황

현대국가에서 공익개념은 입법, 행정, 사법을 통해서 실현되고 구체화되며 논증되어야 하는 개념이다. 이 중 행정은 공익을 실현하는 작용이다. 즉 행정에 있어서 공익은 행정권 발동의 근거 또는 한계를 정해 주는, 다시 말하여 행정의 적법성 또는 타당성의 판단기준으로서 매우 중요한 기능을 발휘하고 있다. 이런 이유에서 공익 또는 유사개념은 헌법을 위시하여 수많은 법률에 규정되어 있으며, 행정의 적법성 심사를 담당하고 있는 법원의 판례에도 수시로 등장하고 있다. 그리고 우리의 법원은 행정계획에 관련되는 자들의 이익을 공익과 사익 사이에서는 물론이고 공익 상호 간과 사익 상호 간에도 정당하게 비교교량하여야 한다는 것을 핵심으로 하는 계획재량에 관한 판례[45]를 통해서 현실에서 '공익'이 무엇을 의미하며, 어떠한 경우에 그 공익요건을 충족하는가를 구체적으로 설명하고자 노력하고 있다.

43) 백완기, "한국행정과 공공성", 한국사회와 행정연구, 제18권 제2호, p. 12.
44) 정정길, 행정학의 새로운 이해, 대명출판사, 2009, pp. 336－338.
45) 대판 1996.11.29., 96누8567.

현실적인 시각에서 보면, 입법과 행정에 있어서 최종적 공익판단은 재판을 통해서 확인되고 결정된다. 재판과정에서 공익판단은 행정부가 당해 사건에서 법률적합성, 신의성실, 필요성, 보충성, 상당성, 부당결부금지, 피해최소, 비례의 원칙 등과 같은 공법의 일반원칙에 따라서 공익판단을 했는지 검토하고, 당해 사건에 공익판단의 적절성 여부에 대한 판단과 공익실현절차의 적절성과 절차의 준수 여부에 따라 판단된다.[46] 이처럼 공익개념은 법적으로 논증되어야 하는 개념이다.[47]

그러나 공익은 법초월적인 성격을 갖고 있으며 법체계가 지향하는 추상적이고 일반적인 법의 목적이다. 공익은 법을 존재하게 하는 이유, 법이 존재해야 하는 이유이다. 때문에 공익은 법내재적으로만 존재할 수 없다. 주권개념이 법을 존재하게 하는 권력을 의미하듯이[48] 공익은 법 존재 이유를 의미한다. 따라서 공익개념을 법적 논증으로 구체화한다는 것은 공익개념의 이러한 특징을 유지하면서 법적 관점에서 그것을 구체화하고 논증한다는 것이다. 따라서 입법상 공익규정이 구체화, 영역화, 한계되어 있다고 하더라도 그것을 제한적으로 해석하는 것보다 공익의 추상성과 일반성을 고려하여 전체적인 차원에서 공익을 실현하는 방법을 중심으로 해석해서 공익목적에 합치하도록 하는 해석의 유연성과 재량성이 요구된다. 이것은 사익을 제한할 때 공익을 엄격하게 해석하게 함으로써 사익제한을 어렵게 하기 위해서가 아니라 공익을 더 잘 실현하기 위해서다. 또한 공익은 법적 논리로만 파악될 수 있는 개념이 아니며 정치경제적 상황을 고려한 사회정치적 개념이고 행정의 궁극적 목적으로서 정책의 목표로 설정되는 개념이다. 요약하면 공익은 이러한 사실적이고 사회·문화·정치·경제적 상황들이 함께 작동하여 판단되어야 하는 개념이다.

법률에서 언급되는 공익개념요소는 공동체 다수이익, 보편적 가치, 공개성 등

---

46) 엄순영, "공익개념의 법해석방법과 공익실현주체의 민영화", 전북대학교 법학연구소 법학연구 통권 제50집, 2016, pp. 433-459.

47) 공익개념을 법적 논증개념으로 법문제화하여야 한다는 것에 관한 자세한 연구는, 최송화, 2004, 앞의 책, p. 161.

48) 주권개념의 논리적 특징에 대한 자세한 연구는, 엄순영, "아감벤의 '주권의 논리': 경계공간사유와 잠재성사유", 법철학연구 16권 3호, 2013.

으로 다양하며 공익개념 또한 분야별로 또 시기별로 차이가 있다. 헌법에서 가장 눈에 띄는 것은 공공질서유지와 관련된 개념들이다. 국가의 독립 · 영토의 보전 · 국가의 계속성 · 헌법수호(제66조), 국가안전보장과 질서유지(제23조 2항, 제37조 2항), 공공의 안녕질서(제76조 1항, 제77조 1항), 국가의 안녕질서(제109조)와 같은 표현들이 그것이다. 다음으로는 공공복리(제23조 2항, 제37조 2항)를 들 수 있는데, 이 개념은 가장 대표적으로 공익을 표현하는 것이라 할 수 있다. 또한 공공필요(제23조 3항)의 조항이나 지방자치단체의 임무인 주민의 복리(제117조) 또한 역시 공공복리에 해당되는 것이다. 그리고 환경보전(제35조), 국토의 효율적이고 균형 있는 이용·개발과 보전(제122조), 국민경제상 긴절(緊切)한 필요(제126조), 국민경제의 발전(제127조) 등도 공익을 담고 있는 조항들이라고 할 수 있다. 또한 공중도덕이나 사회윤리(제21조 4항), 선량한 풍속(제109조)과 같은 조항들도 공익을 표현하는 개념들이라 할 수 있다.[49)]

분야별로 공익개념의 구성요소와 그 성격을 비교하여 보면, 건설 분야에서의 공익개념 구성요소는 재산권 제약 및 공동체 다수이익 등으로 대표되며 공익개념의 성격은 재산권 행사의 제한조건에 강한 비중으로 행위제한의 근거로서 공익이 강조되고 있다. 경제 분야에서의 공익개념 구성요소는 공동체 다수이익 및 이익보장 등으로 대표되며 공익개념의 성격은 특정 대상집단 이익보호와 공동체 다수이익에 강한 비중으로 일반이익과 특수이익이 병존하는 공익으로서 성격을 띠고 있다. 이처럼 법률에 나타나는 공익개념은 다차원적일 뿐만 아니라 공익개념의 내용이 포괄적이고 추상적인 특징을 가지고 있다.[50)]

사회의 많은 영역들이 점점 더 법에 의해 규율되어지고, 모든 사회문제들이 법의 규제 아래 놓이게 되는 이른바 법제화 현상[51)]이 확대되는 과정에서 공익개념이 국가활동이나 행정활동의 판단근거로 작용하고 있음에도 불구하고 공익개념의 적

49) 최송화, 2004, 앞의 책, pp. 210－215.

50) 양천수, "공익과 사익의 혼용현상을 통해 본 공익개념", 공익과 인권, 제5권 제1호, 서울대학교 BK21 법학연구단 공익인권법연구센터, 2008, pp. 24－27.

51) 이상돈, 법학입문, 박영사, 2001, p. 5.

용이 요구되는 상황이나 구체적인 적용조건에 대한 적절한 검토가 아직 활발하게 이루지지 못하고 있다. 특히 이러한 문제점에 대한 지적도 거의 없는 실정에서 현행 법률에서 언급되는 공익개념은 공동체와 관련한 이익도 공익이며 국가와 관련을 맺는 이익이라면 일단 공익이라고 간주하고 있는 것으로 보인다. 따라서 공익개념을 실제 사회현상에 적용가능하고 이해가능한 개념으로 우리 사회에서 받아들여질 때 국가활동이나 행정활동의 판단근거로서 공익개념이 그 본래의 사회적 역할을 다할 수 있게 되기 때문이다.

4) 공익개념 관련 법률 및 선행연구의 논점과 시사점

(1) 공익개념 관련 법률 분석의 주요 논점

이상 우리나라 공익관련 법률내용을 중심으로 공익개념을 분석하였다. 분석을 통해 도출된 공익개념에 관한 주요 논점은 다음과 같다.[52]

첫째, 시기별 추이를 보면, 다양한 차원에서 공익개념의 내용이 나타나고 있으나, 1950년대 이후 불특정한 다수이익, 특정 대상집단 이익보호라는 개념이 전반적으로 출현하고 있다. 1990년대에는 재산권 제약, 사회적 약자보호라는 공익개념이 발견되고 있다. 정도의 차이는 있지만 시기별로 공익개념 출현빈도의 상대적 차이도 발견되고 있다.

둘째, 공익개념 요소는 공동체 다수이익, 이익보장, 재산권 제약, 보편적 가치, 공공재 생산 및 공급, 공개성 등의 빈도순으로, 법률에 나타난 공익의 구체적 내용은 불특정 다수이익, 정책 및 제도 관련 특정 대상집단 이익보호 등이 다수 빈도로 발견된다.

셋째, 분야별로 공익개념 구성요소를 살펴볼 때, 노동분야에서 공익개념은 공

52) 이계만·안병철, "한국의 공익개념 연구: 공익관련 법률내용 분석을 중심으로", 한국정책과학학회보 제15권 2호, 2011, pp. 1－27.

개성과 공동체 다수이익, 환경분야는 공동체 다수이익, 경제분야는 공동체 다수이익 및 이익보장, 금융분야는 공동체 다수이익, 건설분야는 재산권 제약 및 공동체 다수이익, 농림수산은 공유물에 대한 행위제한, 보건복지는 공동체 다수이익 및 사회적 약자보호, 정보통신은 이익보장, 행정관리는 공동체 다수이익, 산업분야는 공동체 다수이익 및 이익보장 등이 다수 빈도로 나타나고 있다. 분야별 공익개념의 성격을 보면, 노동분야는 공정한 절차에 강한 비중을 두는 절차 공정성으로서 공익, 환경, 금융, 산림, 행정관리분야는 포괄적 일반이익으로서 공익, 건설과 농림수산분야는 재산권 행사의 제한조건에 강한 비중으로 행위제한의 근거로서 공익, 정보통신과 교통분야에서는 특정한 집단의 정당한 이익보호에 강한 비중으로 지원과 보호 대상으로서 공익, 경제와 산업분야는 특정대상집단 이익보호와 공동체 다수이익에 강한 비중으로 일반이익과 특수이익이 병존하는 공익으로서 성격을 띤다.

(2) 공익개념 관련 선행연구결과들의 시사점

공익개념과 관련한 선행연구들의 결론을 종합해 볼 때, 공익의 개념적 논의와 관련하여 다음의 시사점을 발견할 수 있다.

첫째, 공익개념의 다차원성이다. 법률에서 언급되는 공익개념은 다의적 차원에서 사용되고 있다. 분야별·시기별로 차이를 드러내고, 개념요소도 다양하다. 그러므로 개념 정의도 다차원적일 필요성이 제기된다.

둘째, 개념의 추상성이다. 공익개념 내용이 포괄적이고 추상적이라는 점이다. 구체적인 적용조건이나 상황이 명시되지 않고 있다. 이 점은 공익의 적용과정에서 가치중립보다는 가치판단의 개연성을 시사해 준다. 동일한 상황도 공익 적용자에 따라 다른 평가가 될 수 있다. 공익을 실천할 때도 공익 적용자가 공정한 심판관, 이익갈등의 중재자, 이익집단의 포획자가 될지는 공익 적용자에 따라 다를 것이다. '공익'이란 행정집행에서 행위를 정당화 시켜주는 도구로서 기능할 수 있다는 점이다. 이렇게 본다면 공익은 명목적으로 실체론이지만 실천과정에서 재정의될 수 있다는 '공익 과정론'과 가깝다. 공익개념은 타협과 조정을 통해 재정의되어 만들어질 수 있다.

셋째, 공익개념은 '집단'의 속성을 가지고 있다. 공익은 원칙적으로 집단적인 이익과 관련되어 언급되는 경우가 다수이다. 공익개념이 다수 또는 집단과 관련을 맺는 이익이라는 맥락에서 언급하고 있다. 공동체는 다수로 구성되는 조직체이므로 공동체와 관련을 맺는 이익도 공익이며, 국가도 대표적인 공적 공동체에 속하므로 국가와 관련을 맺는 이익이라면 일단 공익이라는 점이다.

넷째, 공익개념은 공교롭게도 개인적 귀속 가능성의 속성도 드러내고 있다. 공익은 원칙적으로 개인에게 귀속시킬 수 없는 이익이어야 하지만 동시에 개인적 귀속가능성도 공익으로 사용되고 있다. 예컨대 장애인과 같은 사회적 약자의 이익은 개인에게 배분할 수 있는 이익이다.

다섯째, 이렇게 본다면 어떤 경우는 사익을 초월한 공익이 있는 것 같지만 공익은 궁극적으로 사익보호를 전제로 하고 있다. 사익을 무시한 공익은 있을 수 없다. 따라서 공익과 사익은 관념적으로 구별되지만 사익과 무관한 공익이 따로 존재할 수는 없다. 공익개념은 공익과 사익의 혼용현상을 시사해 준다. 결국, 공익의 개념적 속성은 개념의 다차원성, 개념의 추상성, 공익과정론 등으로 요약된다.

제2절 공익이론과 공익유형

2.1 실체설과 과정설

다양한 공익이론 중 가장 대표적 공익이론은 실체설과 과정설이다. 공익 실체설은 공익은 단순한 사익의 집합이 아니라 사익을 초월한 별도의 실체적 개념으로 존재한다고 보는 공익의 전체주의(holism) 관점이다. 실체설은 사회 공동체의 이익으로서의 공익은 사익과 별도로 실체가 존재한다고 주장한다. 반면에 공익 과정설은 사익을 초월한 별도의 공익이란 존재할 수 없으며 공익이란 사익의 총합이거나 사익간의 타협 또는 집단 상호작용의 산물이라고 주장한다.

실체설은 공익이란 사익과 별도로 실체가 존재한다고 본다. 실체설은 집합주의 내지 사회주의적 공익관으로 설명되며, 사회공동의 가치를 개인의 이익보다 중시한다. 따라서 실체설에 따르면 국가의 모든 행위는 공익의 관점에서 결정되고 집행된다고 보며, 개개인도 공익의 범위 안에서 사익을 향유할 수 있음으로써 공익과 사익 간의 개념 혼돈이나 갈등은 발생하지 않는다. 그래서 실체설에서는 개인의 기본적인 인권이나 공공재 등 공공의 이익은 개인의 의사와 무관하게 객관적으로 존재하며, 정책결정자의 역할은 공익이 극대화가 가능한 객관적으로 존재하는 최선의 정책 대안을 발견하는 것이라고 봄으로써 도덕성과 규범성을 강조하면서 사회공동체로서의 집합적 가치를 강조하는 면에서 이론적 특성이 있다. 하지만 실체설은 정당과 정치단체의 역할을 제대로 평가하지 않고, 자연법만이 공익을 대표한다고 간주한다는 점에서 반민주적 성격을 띤다. 또한 공익의 실천에 있어서 공무원의 역할을 지나치게 강조한다는 점에서 소수에 의한 엘리트주의 혹은 행정 독재를 야기하는 문제가 있다.

과정설에 따르면 공익이란 다원적 정치과정을 거쳐 합의된 결과로 본다. 과정설은 개인의 이익과 별도의 사회전체의 이익이란 있을 수 없다고 생각하며, 공익이란 개개인의 이익의 합계로 본다. 이런 점에서 과정설은 실체설에 비교해서 보다 민주적 공익관으로 평가된다. 과정설에서는 정책결정과정에서 대립하는 이익집단 간의 타협과 조정의 결과로서 정책이 결정되고, 그 정책의 내용이 공익을 실천하기 위한 것이기 때문에 결국 공익은 정책결정과정에서 만들어진다고 본다. 하지만 과정설은 공공재의 존재와 공유지의 비극 등에서 발생하는 시장실패적인 요소를 정당하게 고려하지 못한 단점이 있다.

1) 나폴리(Napoli)의 공익 모형

나폴리는 공익을 이해하기 위한 하나의 방법론으로 다차원적 분석 틀을 제시하면서, 공익을 개념적, 조작적 그리고 응용적 차원에서 분류한 공익모델을 제시하였다.[53] 나폴리가 제시한 공익의 개념적 차원 중 첫 번째는 다수 결정의 개념화 차원이다. 이는 다수결의 원칙으로 개인들의 이해의 총합을 공익이라고 정의한다. 이는 다수이론으로도 불리는데 개별 이익의 단순한 집합이 공익이고, 다수결에 의해 결정된 구체적이고 양적인 차원의 공익을 뜻한다. 이 개념화의 단점은 많은 사람들이 정책적 쟁점들에 대하여 완전한 정보와 이해를 갖는 것이 거의 불가능하고, 정책결정에 있어서는 다수의 판단능력 이상의 어려운 기술적이고도 도덕적인 문제들이 존재하고 있는데 이러한 문제들에 대한 전체적인 고려에 한계를 지닌다는 점이다.

공익의 개념적 차원 중 두 번째는 절차의 개념화 차원이다. 이 차원에서의 공익은 공익이라는 결정에 도달하는 과정 또는 그런 과정을 통해서 도출된 결과라고 정의한다. 과정-결과론적 관점에서의 공익은 민주적인 이해-갈등의 과정의 결과와 같고, 이 결과는 실질적으로 공공(public)의 합의로 얻어지는 공익이라는 것이다. 즉 정책 결정들이 다양한 이해관계자들의 의사(inputs)를 반영하여 이루어질 때 공익이 실현된다는 것이다. 이는 공동이론(common theory)으로, 다양한 개별적 이익에 공통적으로 내포되어 사회적으로 공유되는 이익을 공익이라는 해석과도 관련이 있다.[54] 한편, 공익을 주체의 시각에서 해석하면, 공공(public)은 실존하는 특정의 한정적인 집단이 아니라 사회적 가치를 공유하는 불특정다수를 의미한다. 이들 불특정다수로 구성되는 공공이 자유로운 소통의 장소로 사회체제를 상정하고, 이 사회체제에서 표현되고 정의되는 이익 혹은 이해들을 공익이라고 정의한다. 이러한 관점은 공익을 정책결정의 과정이 아닌 사회화 과정의 결과로서 정의하는 점과 기존 사회 집단들의 이익이나 이해를 전제로 하지 않는다는 점에서 차이가 있지만, 공익이 과정과 절차 속에서 발생하는 공공의 이익 혹은 공공의 이해라는 점에서는 절차의 개념과 일치한다.[55]

---

53) Napoli, P. "M., Foundations of communication policy: Principles and process in the regulation of electronic media", 2001, Cresskill, NJ., Hampton Press.

54) 김진웅, "방송 공익성의 철학적, 제도적 분석", 방송과 커뮤니케이션, 1호, 2003, pp. 6-31.

55) 이영주, "방송공공성에 대한 사유와 실천: 네트워크 미디어 환경을 중심으로", 한국언론정보학회 학술대회 '디지털 다매체 시대의 방송 공공성과 공익성', 2007, pp. 27-45.

공익의 개념적 차원 중 마지막은 일원론적 개념화 차원이다. 이 차원에서의 공익은 규범적인 가치들 특히 정책의 내용과 효과들을 평가할 수 있는 구체적인 평가 기준들을 갖는 것을 공익으로 정의한다. 즉, 규범적 가치체계를 절대적이고 결정적인 것으로 인식하며, 한 사회의 규범이나 가치 기준이 공익을 결정한다는 일원론을 의미한다. 플라톤의 '공동선(common good)'과 아리스토텔레스의 '도덕적 선(moral goodness)' 등이 일원론적 차원에서의 공익개념을 대표하는 예들이다.[56]

공익론(공공주의)과 산업론(시장주의)의 비교

구분	공익론(public interest theory)	산업론(industry determination theory)
이론 기초	공동체 주의, 공익을 사익과 구별되는 실질적 가치로 인식	고전적 자유주의, 신자유주의, 사익의 집합을 공익으로 인식
목표 이념	국민의 권익보호, 민주적 여론 형성, 국민 문화 향상	산업적·경제적 가치창출, 국제 경쟁력 강화
가치와 원칙	다양성(diversity) 다원성(plurality) 불편부당성(impartiality) 지역성(localism) 보편적서비스(universal service)	친경쟁(pro-competition) 유효경쟁(effective competition) 규제완화(deregulation) 경제적 효율성(economic Efficiency) 국제화(globalization)
거버넌스 주체	시민사회	국가 행정 영역
규제 시각	시장 실패를 교정	관련 집단의 이해를 반영
규제 정도	시장 실패 가능성, 정부의 시장 개입 필수	정부의 시장개입 최소화, 시장 경쟁 원리 위임
수렴 방식	우선순위 결정(예, 분야별 공익론 또는 산업론 우선) 상위개념 도출(예, 산업적 공익론, 공익적 산업론 등)	

자료: 윤석민, "2008년 초 정권교체 시점의 방송통신 정책기구 개편을 둘러싼 논의의 혼선과 재점들", 언론정보연구 제45권 제1호, 2008, pp. 29-66; 주성희, 김대규, 김성규, 스마트 미디어 시대 방송의 공익성에 관한 연구, 정보통신정책연구원, 2012, p. 23의 내용을 수정 편집함.

56) 김진웅, "방송 공익성의 철학적, 제도적 분석", 방송과 커뮤니케이션, 1호, 2003, pp. 6-31.

공익의 일원론적 개념화에 따르면, 공익은 사회적 실체가 아니라 단지 하나의 사상과 관점으로 보는 이념적인 속성을 갖는다. 일원론적 개념화의 대표적인 예로 공익론(공공주의)과 산업론(시장주의)을 들 수 있다. 공공의 재산을 위탁받아서 운영하는 사업자는 그 특혜에 대한 대가로 일정한 의무를 지게 된다는 공공수탁 모델과 소비자 주권을 우선하는 시장의 힘에 따라 공익을 결정하는 산업론은 공익개념에 관해 서로 다른 규범적인 가치와 원칙들을 갖고 있는데 이를 표로 정리하면 앞의 표와 같다.

이처럼 공익을 이해하기 위한 하나의 방법론으로 나폴리가 제시한 다차원적 분석의 틀은 특정 시점에 있어서 공익관련 정책평가 즉 횡단적인 정책평가 틀로서 큰 의미를 지닌다. 하지만 나폴리의 공익모델은 환경적 요인과 행위자에 따라 공익개념이 변화하고 이에 적응하려는 정책변화의 모습을 관찰하고 평가하는 종단적인 즉, 통시적인 정책평가 틀로서는 적절하지 않다는 점이 한계점으로 지적된다.

2) 헬드(Held)의 공익개념

헬드는 공익을 다수결 공익관, 공통이익 모델 그리고 일원론적 공익관 등의 세 가지 모델로 설명한다. 이 세 모델은 각각 개인의 실제 이익, 개인의 욕구로 이해된 사익을 넘어서는 공동체적 이익 그리고 (도덕적) 정당성의 문제를 핵심으로 하고 있다.[57)]

다수결 공익관에 따르면 공익은 사익들의 집합으로 본다. 최대다수를 이루는 개인들의 이익들의 합을 공익으로 파악한다. 개인이 선호하는 것이 이익을 구성하며 인간은 자신의 이익을 최대한 실현하고자 하며, 옳고 그름을 판단할 때 개인의 이익이 결정적인 역할을 한다. 그리고 정치적 공동체는 개인들의 집합이며, 따라서 공익은 정치적 공동체를 구성하는 개인들 중 다수가 원하는 것들이다. 공익이 "공

57) Held, V., "The Public Interest and Individual Interest", N.Y./London. 1970. pp. 49－93.

중의 구성원인 개인들이 공통되게 지향하는 목적들을 성취하는데 일반적으로 필요한 수단들"을 내용으로 한다면, 이 모델은 공익의 내용을 양적으로 측정하여 경험적으로 확인 가능한 방식으로 구성한다.[58] 개인의 주관적 선호가 이익을 구성한다는 다수결 공익관에서, 어떤 정책이 공익에 속한다는 명제는 공중의 다수를 구성하는 개인들의 이익을 의미한다. 따라서 공익이 모든 개인들에게 이익이 되지는 않으므로 공익과 사익의 충돌은 언제나 가능하다는 입장이다.[59]

두 번째 범주인 공통이익모델은 공익을 '한 정치적 공동체의 모든 구성원이 공통되게 가지는 이익'과 동일시한다.[60] 배리(Barry)에 따르자면 "공익이란 개인들이 공중의 구성원으로서 공통되게 보유하는 이익들이다".[61] 여기서 공통이익을 개인들 사이에 공유되는 이익으로 본다면, 공익은 정치적 공동체(지역, 종교 공동체 등)의 구성원들로서 개인들이 공유하는 이익이다. 따라서 어떤 행위가 공공의 이익이 된다는 언명은 어떤 행위에 대한 개인들의 주관적 선호의 합 이상을 의미한다. 여기서 공유하는 이익으로서 공익에 접근하는 방식은 두 가지로 구분되는데 그 하나는, 공익을 한 정치적 공동체의 구성원들 각각이 수행하는 다양한 역할들과 그에 상응하는 능력들 전체를 종합적으로 고려하여 이득과 손실을 비교하여 구성원 전체에 공통된 순이익들로 파악하는 것이다.[62] 두 번째는, 공익을 '각 개인이 시민으로서 지위 또는 능력에 대해 가지는 이익들로서 불특정 다수의 사람들과 공유하는 이익'으로 파악하는 것이다.[63] 요약하면 공통이익 모델에서 핵심적인 문제는 개인들이 공중의 구성원으로서 공유하는 이익들을 어떤 기준에 따라 판단, 결정하는 가이다.[64]

---

58) 어느 정도의 차이점이 있지만 흄, 벤담과 같은 공리주의자들이 이 견해를 따른다. Held, V., 1970, 앞의 책, p. 68.

59) Held, V., 1970, 앞의 책, pp. 42－43.

60) 헬드(Held)에 따르면 루소의 공익이론이 공통이익 모델의 대표적 선구자이다. Held, V., 1970, 앞의 책, p. 99.

61) Barry, B., "Political Argument: A reissue with a new introduction", N. Y., 1965, p. 190.

62) 그런데 이 해석은 어떤 정책에 따라 각 개인이 향유하는 순이익의 정도가 다를 수 있다는 문제를 지니고 있다.

63) Barry, B., 1965, 앞의 책, p. 223.

마지막으로 일원론적 공익관은 앞의 두 공익관이 공익개념의 구성에서 가치요소를 제대로 반영하지 못하고 있음을 비판한다. 공익개념의 구성과 공익판단 과정에 도덕원리와 가치체계를 고려해야 하며, 일반 대중에게 납득할 만한 근거를 제시하는 정당화 과정의 중요성을 강조한다. 이 입장에서 공익은 규범적 속성을 갖는 개념으로 정책이나 입법을 지도하고 규제하는 역할을 한다.

2.2 진정 공익과 사실 공익[65)]

볼프(Hans J. Wolff)는 이익의 개념을 사실적 이익과 진정이익으로 구별하면서, 사실적 이익을 '특정한 주체가 특정에 대상에 대하여 사실상 가지는 주관적 이익'으로 설명한다.[66)] 이때 어떤 주체의 진정이익란 "객관적인 척도에 근거하여 오류 없이 규정되는 이익"을 뜻한다. 볼프에 의하면 개개의 인간 외에 인간의 공동체들도 이익의 주체가 될 수 있고, 이들은 고유한 '자율적인 단체이익'을 가지고 있다고 한다. 또 이러한 단체이익도 사실적 이익과 진정이익이 구별될 수 있으며, 여기서 진정이익이란 합리적 인식을 통해 공동체의 목적으로부터 도출될 수 있다고 한다.

한편 볼프는 공익을 일반공익과 특수공익으로 구별하고 이들을 다시 사실 공익과 진정 공익으로 구별하면서, 일반공익이란 주로 국가공동체의 이익을 의미한다고 설명한다. 그리고 공동체의 사실적 공익이란 공동체 기관의 작용이나 규율에서 나타나는 사실적 이익을 의미한다고 한다.[67)] 이러한 사실적 공익 뒤에는 직무담당자의 개인적 이익이나 집단적 사익이 숨어 있을 수도 있다. 이에 대하여 공동체의 진정 공익은 오류 없이 인식된 공동체의 이익을 말한다. 그런데 이러한 진정 이익들은 상호 간에 서로 충돌할 수도 있다. 그러한 경우에는 객관적으로 더 높이 평

64) 이에 관한 논의는 김도균, "법원리로서의 공익 : 자유공화주의 공익관의 시각에서", 서울대학교 법학 제47권 제3호, 2006, pp. 174－179.

65) 최송화, 2004, 앞의 책, pp. 102－107의 내용을 주로 참조하였다.

66) H. Wolff, Verwaltungsrecht, Bd. I,8. Aufl., S. 159; Wolff/Bachof/Stober, erwaltungsrecht, Bd. I, 11. Aufl., 1999, §29, Rdnr. 3.

67) H. Wolff, ibid, §161－164, ; Wolff/Bachof/Stober, ibid, §29, Rdnr. 5－12.

가되는 이익에게 우선권을 부여하여야 하며, 이 경우 우선권이 부여될 수 있는 공익의 총제를 공공선이라고 한다.[68] 진정 공익의 실현은 국가구성원 모두의 진정한 이익을 위한 것이기도 한 것이어서 진정한 공익과 진정한 사익 사이에는 모순이 야기될 수 없다고 한다.

한편 특수공익은 국가 내부에 있는 특정한 지역적 혹은 기능적 총체의 공동이익을 의미하는 것으로서 시내 특정지역의 시민들의 이익, 노동자계층의 이익, 지방자치단체의 이익, 직업단체의 이익 등과 같이 국가 또는 그보다 좁은 범위의 공중일반에게 중요한 의미를 가지는 이익들로 설명한다. 이익들 사이의 충돌이 발생할 경우에 있어서 처리방안으로 볼프는 객관적인 가치관계에 따라 상대적으로 높은 가치에 따라서 충돌사항을 처리하여야 한다고 주장한다. 여기서 특수공익은 특히 일반공익에 대하여 상대적으로 높은 가치가 부여된다.

볼프는 행정은 자신의 관점에서 진정한 공익으로 판단되는 이익을 실현하여야 하는 것이 아니라 합법적인 권력보유자 및 그 기관에 의해 구속적으로 표시되는 공익을 실현시켜야 한다고 주장하면서 이를 '규준적 공익'이라고 설명하였다. 이러한 규준적(척도부여적) 공익은 진정한 이익의 표현으로 간주되는데, 규준적 공익이 상위의 법규범이나 상위의 공동이익에 직접적으로 모순된다는 것이 명백하지 않는 한 행정은 이를 준수하여야 한다.[69] 법률이 상세한 규정 없이 단지 공익의 보호만을 규정하고 있다면, 이는 모든 척도부여적 이익을 당연히 고려할 것을 요구하는 것이다. 여기에는 자신에게 부여된 사무에 대하여 행정관청이 가지는 행정의 이익도 포함된다. 입법자들은 공공의 복리의 개념을 개별적인 사익과 공익으로부터 도출된 진정공익으로 이해한다. 그러나 진정공익은 경우에 따라서 개별적인 이익들과 충돌될 수도 있다. 이런 이유에서 볼프는 공공선 내지 공공의 복리라는 것은 다양한 이익들, 특히 다양한 공익들의 합명제(Synthese)로 볼 수 있기 때문에 구체적인 규정 속에서 공익의 구성요건징표가 일반공익을 의미하는지 아니면 특수공익을 의미하는지는 규율의 맥락에 따라 달리 해석해야 한다고 주장한다.

68) H. Wolff, ibid, §162; Wolff/Bachof/Stober, ibid, §29, Rdnr. 8.
69) H. Wolff, ibid, §165; Wolff/Bachof/Stober, ibid, §29, Rdnr. 13.

공익론 연구에 큰 기여를 한 볼프이지만, 볼프의 공익론은 공익을 진정공익과 사실적 공익으로 구별한 것 때문에 비판의 대상이 되기도 한다. 특히 문제가 되는 것은 공동체의 진정한 이익의 실현이 국가의 모든 구성원의 이익을 위한 것이라는 볼프의 견해이다. 만일 이와 같이 견해를 수용한다면, 개인의 사실적 이익을 그보다 더 상위 이익의 확보를 위하여 고려하지 않는 것이 정당화될 수 있는 문제가 발생한다. 이런 문제는 국가가 실현시켜야 할 공익의 차원에서 진정이익과 사실적 이익을 구별하는 데에 있어서도 발생할 수 있다. 헌법국가에서 헌법상의 기관 및 관할권의 배분체계에 관한 규율을 배제한다면 진정공익을 확인할 수 있는 아무런 기관도 존재하지 않게 된다. 요약하면 진정이익에 기초한 이론은 기본법상의 자유민주적·법치국가적 질서의 기초와 충돌할 수 있어서 개인의 자율성을 파괴하고 국가결정절차의 가치를 몰각시킬 우려로부터 자유롭지 못하다는 한계점을 지니고 있다.

2.3 공공재설과 합리설

실체설과 과정설만큼이나 주목받는 공익이론으로 공공재설과 합리설이 있다. 공공재가 지닌 특징을 고려해 공공재 자체가 공익이라는 공공재설과 공익의 근원은 국민이기 때문에 공익이란 정책결정과정을 통해서 이루어진다고 주장하는 합리설은 공익을 바라보는 시각과 태도의 차이가 비교적 분명하다.

공공재설은 공공재 자체가 공익이라는 입장이다. 공공재란 특정 개인이 아닌 전체에게 제공되는 외연성을 특징으로 하는 재화로서, 치안이나 국방, 도로, 법과 질서, 교육처럼 비분할성·비배제성·외연성을 특징으로 하는 공공재가 존재하면 공익도 존재한다고 보는 입장이다. 그러나 외연성이 강한 공공재를 많이 생산하는 것이 공익에 부합되고, 반대로 외연성이 약한 사적재화를 생산하는 것은 그 반대가 된다는 주장은 수긍하기 어려우며, 이점이 공공재설의 한계로 인식되고 있다.

합리설은 정책목표의 원천은 국민에 있다고 전제하고, 관료가 이러한 국민의 의지를 최적의 상태로 실현시키는 것이 공익이라고 보는 입장이다. 공익의 근원은 결국 국민이기 때문에 관료는 먼저 국민의 의지를 발견하여 이를 목표화하고 이러한 국민의 의지를 어떻게 최적으로 실현시키느냐에 따라 공익이 결정된다는 것이다. 따라서 정책결정과정이란 공익을 실현하기 위한 가치중립적인 기술과정이며, 결국 공익이란 정책결정과정을 합리화시킴으로써 이루어진다고 주장한다.

합리설은 공익이란 사익과 다르고 사익의 단순한 집합이 아니라는 차원에서 규범설적인 실체설과 유사하나 공익은 선험적인 것이 아니고 국민의 의지 속에서 발견되는 상대적 개념이라는 점에서 차이가 있다. 그러나 합리설도 공익의 근원이 되는 국민의 의사가 조작될 수도 있고 강자의 이익이 국민의 의사인 양 왜곡될 수도 있으며, 정책결정과정이 국민의 의사를 최적으로 실현하기 위한 가치 중립적이며 기술적인 과정이라고 하는 것은 재량권의 범위가 지속적으로 확대되고 있는 오늘날 행정 현실에 비추어 볼 때 비현실적이라는 지적에 자유롭지 못하다.

제3절 공익판단

3.1 공익판단의 의미와 공익판단 기준

1) 공익판단과 형량이론

형량(Abwägung)이란 이처럼 어떤 대안에 대한 선택 혹은 행위의 결정을 내리기 위하여 비교하여 저울질한다는 의미로 어떤 대안에 대한 최종 판단을 내리기 위한 일련의 과정과 결과를 말한다. 형량이론은 계획의 본질적 특성상 부여되어지는 형성의 자유에 관한 통제방법으로서 도시계획분야에서 매우 중요한 역할을 하고 있다.

독일의 경우 건설법전(BauGB) 제1조 제6항에 형량에 관한 명시적 규정을 두고 있다. 우리나라의 경우 독일처럼 법률상 형량을 규정하고 있지는 않으나 우리 법체계도 형량의 내용을 수용하고 있다는 의견이 다수의견이다. 특히 우리나라 대법원은 도시계획의 특성과 형량이론과의 관계를 판례에서 다음과 같이 명확하게 제시하고 있다. 우리나라 대법원은 행정주체는 구체적인 행정계획을 입안·결정함에 있어서 비교적 광범위한 형성의 자유를 가지는 한편, 행정주체가 가지는 이와 같은 형성의 자유는 무제한적인 것이 아니라 그 행정계획에 관련되는 자들의 이익을 공익과 사익 사이에서는 물론이고 공익 상호 간과 사익 상호 간에도 정당하게 비교교량하여야 한다는 판결을 통하여 형량명령[70]을 인정하고 있다.[71]

이상의 판례에서 인정하는 바와 같이 도시계획과 같은 행정계획을 수립함에 있어서 계획주체는 어느 정도 형성의 자유를 포함한다. 계획수립에 있어서 형성의 자유가 주어지지 않는다면 그 행위는 계획이라기보다는 미리 정해진 일을 이행하는 행정에 가깝다. 따라서 계획수립에 있어서 계획가에게 보장되는 형성의 자유는 계획의 근거가 되는 법률의 입법 목적과 계획내용 그리고 계획이 수립되는 그 시대의 사회적 가치 등 법치주의 체제를 벗어나지 않는 범위에서 인정된다.

2) 계획의 규범 구조적 특징과 계획재량

일반적으로 계획법규는 조건프로그램의 규범 구조를 갖는 일반 행정법규와 다르게 목적프로그램 내지는 목적－수단명제의 규범구조적 특징을 갖는다. 여기서 조건프로그램은 "…할 경우, …하다"라는 법률구조, 즉 구성요건이 충족되면 그에 따른 정확한 법률효과가 발생하는 구조를 의미하며, 목적프로그램은 반드시 도달되어야 하는 목표를 설정하고 이 목표의 실현을 위한 구체적 수단의 선택에는 어느 정도의 자유를 보장하는 구조를 의미한다.[72] Luhmann에 따르면 조건프로그램은

70) 형량이론과 형량명령은 법학적 시각에서 볼 때 구분되는 개념이라 할 것이나, 내용적으로 동일한 의미를 지니고 있어서 본 연구에서는 구분 없이 같은 의미로 사용한다.

71) 1996. 11. 29. 선고 96누8567 판결; 1997. 6. 24. 선고, 96누1313판결; 1997. 9. 26. 선고, 96누10096 판결; 1998. 4. 24. 선고, 97누1501 판결; 2000. 3. 23. 선고, 98두2768 판결; 2000. 9. 8. 선고, 98두11854 판결.

72) 김현준, "계획법에서의 형량명령", 공법연구 제30권 2호, 한국공법학회, 2001, p. 363.

행정작용을 초기조건(input)에 따라 유도하는 것이라고 한다. 즉, 특정한 구성요건이 충족될 경우 특정한 효과가 자동적으로 발생하기 때문에 나머지 조건들은 충족될 필요가 없으며 신호와 반응의 불변적 연결이 중요하다고 주장한다. 반면에 목적프로그램은 행정을 행정이 추구하는 행정목표에 따라 유도하는 것이라고 한다. 즉, 행정은 특정한 목표에 도달하려는 규정과 그에 적합한 수단의 선택에 의해 이루어지기 때문에 주어진 상황에 대한 종합적인 고려와 판단이 필요한 것이다.[73)]

대부분의 계획관련 법률의 경우 특정한 입법목적과 개별 수단을 제시하는 데에 국한되어야 하는 목적프로그램으로 되어 있어서 계획행정은 주어진 계획상황하에서 주어진 목표 중 무엇이, 어느 정도로, 어떠한 방식으로 도달되는 것이 가장 좋은 결과(혹은 가장 중요한 결과)를 유도할 것인가를 스스로 결정하는 계획상의 형성의 자유(계획재량)을 가진다. 따라서 계획행정에 있어 계획상 형성의 자유의 일탈여부는 형량명령이라는 특별한 하자이론에 근거하여 판단되는데, 이런 점은 일반행정재량과 계획재량을 구분하는 기준이 되기도 한다.[74)]

3) 형량이론의 구성요소

(1) 원칙과 규칙

R. Dworkin이 주장한 원칙이론에 따르면 규칙은 어떤 조건이 주어지면 그 규칙이 유효하거나 아니면 무효가 되는 단지 2개의 가능성만이 존재하는 "전부 혹은 전무의 방식"(all or nothing fashion)의 적용을 통해 선택이 가능한 것과 비교하여 원칙은 어떤 조건이 주어지면 어떤 원칙이 상대적으로 더 중요하고 어떤 원칙이 덜 중요한지를 가늠하는 원칙들 간의 위계의 적용을 통해 선택이 가능한데 이렇게 원칙들 간에 위계가 생긴 경우라고 하더라도 상대적으로 작은 중요성을 가진 다른 원칙이 당연히 무효가 되는 것은 아니며, 다른 상황에서는 그 중요성이 뒤바뀔 수도 있다고 한다.[75)]

---

73) W. Hoppe, "Zur Struktur von Normen des Planungsrechts", 1974, DVBl. 641, 643 f.
74) 신봉기, "행정계획에 대한 사법적 통제", 토지공법연구, 10집, 2000, p. 197.

Alexy는 Dworkin의 원칙·규칙에 관한 엄격한 구분명제에 대한 비판적 검토를 통하여 규칙이나 원칙은 둘 다 당위(當爲)의 영역인 규범에 속하며, 명령, 허가, 금지의 형식으로 구성되는데 원칙은 법적·사실적 가능성과 관련하여 가능한 한 높은 정도로 실현되는 어떠한 것을 명하는 규범에 해당하고 규칙은 항상 단지 충족될 수 있거나 없거나 하는 규범으로서 하나의 규칙이 적용되면 그것은 그 규칙이 요구하는 바대로 행할 것이 명해지는 것이며, 그 이상도 이하도 아닌 사실적·법적 가능성의 여지에서 확정을 담고 있다고 주장한다.[76] 따라서 Alexy의 설명에 따르면 규칙과 원칙 간에는 단지 정도의 차이가 아닌 질적인 차이가 있는 것이며, 모든 규범은 하나의 규칙 혹은 원칙이라고 할 수 있다.

이러한 규칙과 원칙 간의 이론적 구분은 계획행정 실무에 있어서 계획원칙 간에 충돌하거나 계획규칙 간에 충돌하는 경우에 그 해결방법을 찾는 데에 유용한 방향을 제시한다. 먼저, 2개의 규칙이 충돌되는 경우에는 법적 효력 개념은 다단계로 나눌 수 없는 점에 착안하여 규칙 중 하나에 포함된 예외규정을 통하여 그 충돌을 해결하거나, 아니면 "신법 우선"이나 "특별법 우선"과 같은 규칙을 통하여 규칙 중 하나를 무효화시킴으로써 해결이 가능하다.[77] 이와 비교하여 2개의 원칙이 충돌하는 상황하에서 하나의 원칙을 선택한다는 것은 다른 하나의 원칙이 당연히 무효화됨을 뜻하는 것이 아니며, 예외규정을 만드는 것도 아니다. 단지 특정한 상황하에서 하나의 원칙이 다른 원칙에 우선할 수 있으며, 또 다른 상황에서는 반대의 결과를 가지고 충돌이 해결될 수도 있다. 따라서 원칙은 구체적인 상황에서 다양한 중요성을 가질 수 있다. 결국 규칙의 충돌은 효력의 차원에서 해결될 수 있는 것과 비교하여, 원칙의 충돌은 중요성의 차원에서 해결방안을 모색해야 한다.[78]

이상과 같은 규칙과 원칙의 규범 구조에 관한 법이론적 해석은 계획법에 적용

75) Ronald Dworkin, "Taking Rights Seriously", Harvard University Press. 1977, p. 14, p. 81.

76) R. Alex, *Theorie der Grundrechte*, 1994, S.72.

77) R. Alexy, a.a.O., 77 f.

78) R. Alexy, a.a.O., S.79.

될 수 있다.[79] 계획규범 중 규칙은 계획주체가 반드시 지켜져야 하는 것으로 계획상 형성의 자유가 전혀 없는 것이다. 따라서 이러한 규칙에 대한 위반은 계획하자에 해당하고 해당 계획의 위법성 문제를 발생시킨다. 이러한 계획법상 규칙을 독일 연방행정법원은 계획엄수규범(Planungsleitsätze)으로 규정하고 있다.[80]

계획법상 원칙에 해당하는 것으로는 계획법상 최적화명령(planungsrechtliches Optimierungsgebot)과 고려의 명령(Berücksichtigungsgebot)을 들 수 있다. 양자 모두 형량과정에 있어서 계획엄수규범처럼 반드시 지켜져야 하는 것이 아니라, 다른 이익을 위하여 적용이 되지 않을 수도 있는 규범이라는 점에서 공통점이 있다. 그런데 계획법상 최적화명령은 통상의 고려를 해야 하는 것이 아니라 "가능한 보다 더" 고려해야 하는 "특별한" 고려라는 점에서 차이가 있다.[81] 그러나 이러한 계획법상 최적화명령과 고려의 명령은 모두 반드시 지켜져야만 하는 규범이 아니며, 그 충돌 시 효력의 유무가 문제되는 것이 아니라, 중요성의 차원에서 해결되는 것으로서, 상황에 따라 그 비중을 달리 할 수 있으며, 형량을 통해서 취해지기도 버려지기도 하면서 충돌을 해결한다는 점에서 둘다 원칙에 해당한다.

(2) 계획상 형성의 자유의 판단

이상 규칙과 원칙의 규범 구조에 대한 이해는 도시계획실무에서의 문제해결에 다음과 같은 도움을 준다. 예를 들어서 지구단위계획을 수립하는 과정에서 범할 수 있는 계획상 형성의 자유(계획재량)의 하자를 계획수립지침 준수 혹은 미적용을 기준으로 판단하는 것은 문제가 있다. 왜냐하면, 지구단위계획의 수립에 있어서 계획상 형성의 자유가 하자 없이 보장되었다는 것은 해당 지구단위계획이 주어진 계획 조건에서 계획목표를 충분하게 달성할 수 있을 정도의 내용으로 수립되었음을 뜻하는 것으로서 계획지침의 준수 혹은 적용만으로는 이러한 결과를 보장할 수 없기 때문이다. 즉, 계획이란 포괄적인 형성의 자유를 가지는 정형화될 수 없는 창의

79) 김현준, "계획법에서의 형량명령", 공법연구, 제30권 제2호, 한국공법학회. 2001, p. 364.

80) BVerwG, Urteil vom 22.03.1985 – 4C 73.82 –, BVerwGE 71, 163 ff. = DVBl. 1985, 899 f.

81) 김현준, 2001, 앞의 논문, p. 364.

적인 활동으로서 계획상 형성의 자유의 하자 여부는 단순히 주어진 계획 조건의 적절한 이행 여부를 확인하는 것으로는 정당한 판단을 내리기 어렵다. 그러므로 계획상 형성의 자유의 적절성 판단은 계획 수립과정의 절차적 정당성 확보만을 확인하는 단순한 광의의 비례의 원칙 적용 여부만을 기준으로 하는 것은 적절하지 못하다.

이를 좀더 구체적인 사례를 들어 설명하면, 지구단위계획은 도시의 일정 구역을 대상으로 수립되기 때문에 해당 지구단위계획의 내용은 이미 확정된 주변의 개발상황과 도시계획들과 조화를 이룰 때 계획목표를 이룰 수 있는데, 이 경우에 있어서도 해당 지구단위계획의 내용과 규모 그리고 위치 등에 따라서 주변의 이해관계가 다르게 나타날 가능성이 높을 뿐만 아니라 최악의 경우 일조권 침해, 조망권 침해 등과 같이 주변에 대한 권익침해를 야기할 가능성이 적지 않다. 따라서 실제 지구단위계획을 추진함에 있어서 주변지역에 대하여 이러한 권익침해가 야기되는 경우, 지구단위계획 수립의 계획상 형성의 자유의 부적절성 혹은 위법 여부의 판단은 해당 지구단위계획의 수립과정의 적절성에 관한 고려와 더불어 지구단위계획 수립주체가 지구단위계획수립과 관련한 여러 이익들에 대하여 충분한 검토를 하였는지, 또 검토과정에서 여러 이익들 간의 비교·교량은 적절하게 하였는지를 등을 종합적으로 고려해서 하여야 한다. 결론적으로 계획상 형성의 자유는 계획 및 계획법의 특수성에 따라서 본래적으로 요구되는 성질로서 이 형량의 방법을 통해서 통제되기 때문에 도시계획가는 물론 도시행정공무원들은 계획규칙과 계획원칙의 차이점에 관한 이해와 더불어 계획행정에 있어서 재량하자론과 형량명령(또는 이익형량)의 차이점을 분명하게 이해할 필요가 있다.

4) 공익판단의 기준으로서 형량명령(이익형량)

우리나라의 경우 아직 명문화된 법규정이 없는 것과 비교하여 독일에서는 계획분야에 있어서 공익과 사익의 충돌에 대한 해결방안으로 일찍이 형량명령(Abwägungsgebot)이 제시되어 공익과 사익을 저울질하여 조화로운 결정을 내리도록 하는 법원칙으로서 건설법전(BauGB) 제1조 제6항에 규정되어 있다.[82] 이 형량명령의 원칙은 여러 가지의 공적·사적 이익들을 비교교량의 주요한 형량의 요소로 포함하고 있다.

독일의 형량명령 원칙의 발전에 큰 영향을 가져온 판결이 바로 도시계획허가 사건에 관한 연방행정법원의 1969년 12월 12일 판결이었다.[83] 이 판결의 내용을 살펴보면 다음과 같다. "계획법에 있어서 기본적인 목적 규정들의 해석 및 적용과는 달리, 개개의 계획이 정당한 이익형량을 하였는 가의 여부에 대해서는 감독관청과 행정법원의 통제가 무제한적으로 인정되는 것은 아니다. 이러한 견해는 계획이 첫째로, 무엇보다도 공적 이익들 사이의 형평 혹은 타협을 요청한다는 사실, 둘째로, 계획의 과정에 있어서 어떠한 한 이익이 다른 사람의 이익이 될 수도 있다는 사실, 셋째, 계획은 필수적으로 이러한 여러 이익들 사이에서 우선되는 이익들에 대한 결정을 포함하고 있으며, 바로 이러한 사실이 계획의 핵심적인 역할이라 할 수 있다."[84] 이 판결을 통해서 독일 연방행정법원은 계획청이 계획의 수립에 있어서 형성의 자유를 가진다는 점을 분명하게 하는 동시에 계획청의 형성의 자유는 이익형량의 원칙에 의해 통제될 수 있다고 규정함으로써 계획청이 수립하는 도시계획 등 행정계획이 공익과 사익의 조화를 도모하는 방향에서 수립될 수 있는 제도적 체계를 마련하였다.

(1) 형량명령(이익형량)의 기본원칙

독일 연방행정법원이 도시계획과 같은 공공계획의 통제를 위해 발전시킨 형량명령(이익형량)의 기본원칙은 다음과 같으며, 이 원칙이 제대로 지켜지지 않은 경우 형량명령의 하자가 발생한다. 우리나라 대법원이 제시한 이익형량의 일반원칙은 다음과 같으며, 우리 법원은 이 원칙들에 입각하여 이익형량을 수행하고 있다.

---

82) 송동수, "독일에 있어 토지에 관한 공익과 사익의 조정: 형량명령을 중심으로", 토지공법연구, 제16권 제1호, 2002, p. 47. 독일의 경우 오래 전부터 형량명령을 법적 용어로 사용하고 있는데, 우리나라의 경우 법원은 형량명령의 표현보다 이익형량의 표현을 더 많이 사용하고 있다. 이런 이유에서 본서에서는 형량명령과 이익형량을 본질적으로 같은 의미로 사용하고, 별도 구분하지 않았다.

83) BVerwGE 34, 301.

84) 강현호, "형량명령의 원칙에 관하여", 성균관법학 제7권 제1호, 1996, p. 219.

"① 공익과 사익 사이에서는 물론, 공익 상호간과 사익 상호간에도 정당하게 비교·교량하여야 하고 그 비교·교량은 비례의 원칙에 적합하도록 하여야 하는 것이므로, ② 만약 이익형량을 전혀 하지 아니하였거나 ③ 이익형량의 고려 대상에 포함시켜야 할 중요한 사항을 누락한 경우 또는 ④ 이익형량을 하기는 하였으나 그것이 불완전한 경우에는 비례의 원칙에 어긋나는 것이다."[85]

위의 이익형량의 기본원칙 중 ① 원칙은 올바른 이익형량을 규정하는 것으로서 '정당한 이익형량'의 조건이라 할 수 있다. 이 원칙은 최소한 다음 세 가지 내용을 포함해야 한다. 첫째, 이익형량의 대상이 되는 사안에서 고려하여야 할 모든 관련 사항들을 이익형량에 포함시킬 것, 둘째, 관련된 고려사항들에 대해서는 각각의 비중들을 적절하게 부여할 것, 그리고 셋째, 상호충돌하는 고려사항들이 적절한 비례·균형관계에 있도록 할 것[86] 등이다. 다음으로 위의 이익형량의 기본원칙 중 ② 원칙과 ③ 원칙은 이익형량의 형식상 기준으로, ④ 원칙은 정당한 이익형량 또는 비합리적 이익형량을 판단할 수 있게 하는 내용상의 기준으로 구분할 수 있다.

다음으로 재산권 우리 헌법재판소가 제시하는 재산권 관련 이익형량의 일반원칙을 살펴본다. "기본권의 사회적 연관성이 크면 클수록 기본권을 제한하는 공익의 정당화 정도도 그만큼 커진다"는 기본권 일반적 이익형량기준의 연장선상에서, 우리나라 재산권 제한에 관한 선도판결 이후 나온 판결들을 종합하여 헌법재판소는 재산권관련 이익형량의 일반원칙을 다음과 같이 제시하였다.[87]

① "헌법은 재산권을 보장하지만 다른 기본권과는 달리 '그 내용과 한계는 법률로 정한다.'고 하여(제23조 제1항) 입법자에게 재산권에 관한 규율권한을 유보하고 있다. 그러므로 재산권을 형성하거나 제한하는 입법에 대한 위헌심사에 있어서는 입법자의 재량이 고려되어야 한다." 일반적으로 재산권의 제한에 대하여는 재산권 행사의 대상이 되는 객체가 지닌 사회적인 연관성

85) 대법원 1997.9.26. 선고 96누10096.
86) 김도균, "법적 이익형량의 구조와 정당화문제", 서울대학교 법학 제48권 제2호, 2007, p. 67.
87) 헌재 2005.5.26. 2004헌가10

과 사회적 기능이 크면 클수록 입법자에 의한 보다 광범위한 제한이 허용된다.[88]

② 한편 "개별 재산권이 갖는 자유보장적 기능이 강할수록(국민 개개인의 자유실현의 물질적 바탕이 되는 정도가 강할수록) 그러한 제한에 대해서는 엄격한 심사가 이루어져야 한다."[89] 즉 재산권의 보호강도와 중요도 또는 재산권의 제한 정도는 한편으로는 사회적 연관성과 사회적 기능, 다른 한편으로는 개인의 자주성 보호기능(자유보장적 기능)의 함수라는 것이다.[90] 특히 토지재산권의 경우에는 사회적 연관성과 파급력이 크므로 토지재산권의 제한과 관련해서는 입법자의 입법형성권의 범위가 넓어진다.[91]

이상의 형량명령의 기본원칙이 제대로 지켜지지 않아서 생기는 형량명령의 하자의 유형은 다음과 같이 구분된다.

첫째, 이익형량의 불개시는 이익형량을 전혀 하지 않은 경우를 말한다. 행정청이 의도적으로 이익형량의 과정을 시작하지 아니한 경우뿐만 아니라 행정청의 기

88) 헌재 1999.4.29. 94헌바37등

89) 헌재 1998.12.24. 89헌마214등, 판례집 10-2, 927, 945.

90) 이러한 헌법재판소의 입장은 독일연방헌법재판소의 판례에서 나타난 재산권이론에서 커다란 영향을 받은 것처럼 보인다. 독일연방헌법재판소는 1979년 6월 12일 소형정원의 임대차계약 시 임대인의 해지권을 엄격하게 규제하는 '소형정원법개정법률'이 위헌인지 여부를 심판하였는데 이 판결에서 동 재판소는 다음과 같은 논리를 제시하였다: "재산권을 공공복리에 적합하도록 사용해야 한다는 헌법상 원칙은 재산권대상의 사용에 의존하고 있는 국민들의 이익을 고려해야 할 의무를 포함하고 있다. 헌법상 재산권보유자가 감수해야 하고 입법자가 실현해야 할 재산권제한의 정도와 범위는, 무엇보다도 재산권의 대상이 사회적인 관계와 사회적인 기능 속에 놓여 있는지 여부와 어느 정도로 사회적인 연관성 속에 있는지 여부를 고려해서 정해져야 한다. 국민들이 타인의 재산권행사에 의존하고 있는 상태가 크면 클수록 입법자의 입법형성의 여지는 그만큼 넓어진다. 이에 비해서 타인의 재산권행사에 의존하지 않거나 아주 제한된 정도로만 의존하고 있다면 입법자의 입법형성권의 범위는 그만큼 좁아진다."

91) 독일연방헌법재판소는 BVerfGE 21, 73(82면 이하)에서, 토지의 속성상 "개별소유자들의 자의에 토지사용을 완전히 맡기는 것을 금지"해야 한다는 요청을 이끌어 내면서 "공평한 사회질서와 법적 질서를 위해서는 토지에 있어서 공익을 다른 재산적 재화의 경우에서보다는 더욱 강력하게 반영해야 한다."고 설시한다.

존의 결정에 기속되어 이익형량의 과정을 포기한 경우도 이익형량의 불개시에 해당된다.[92)]

둘째, 이익형량의 흠결은 행정청이 이익형량을 하긴 하였으나 결정에 중요한 이익들이 형량과정이 포함되지 않은 경우를 말한다. 사물의 본성에 의하여 어떠한 이익이 이익형량의 과정에 포함되어져야만 하는데 그러지 아니한 경우에 이 이익형량의 흠결이 존재하게 된다. 그 반대인 경우도 이익형량의 흠결의 경우이다. 즉, 만일 어떠한 이익들이 사물의 본성에 의하여 이익형량의 과정에 포함되지 아니하여야 되는데 포함된 경우나, 계획된 조치들의 정당한 실시를 위해 필요치 아니한 이익들이 이익형량의 과정에 포함되는 경우에도 이익형량의 흠결이 존재한다.

예를 들면, 지구상세계획을 수립함에 있어 지붕의 식재를 지정한 경우, 지붕식재로 인해 야기되는 제반 문제점, 즉 지붕식재가 건축법상의 화재방지기술적인 면에서 허용되는지 여부, 지붕식재가 실제로 추구하는 목적이 달성될 수 있는지 여부, 지붕식재로 인한 고비용을 부담할 수 있는지 여부 등의 문제점들이 이익형량에 포함되어야 하는데, 이를 포함시키지 않았다면 이는 이익형량의 흠결에 해당한다.[93)] 형량명령의 원칙은 건설법전(BauGB) 제1조 제6항 및 판결에 의하면 법적 성격을 갖고 있어서, 이익형량의 하자가 발견되면 해당 도시계획은 위법한 것이 되며, 독일법상 법규의 위법은 법규의 무효를 가져온다.[94)]

셋째, 이익형량의 오판이란 이익형량을 함에 있어 관련 이익을 객관적으로 잘못 평가한 경우에 해당한다.[95)] 이익형량의 오판이 존재하는가의 여부는 구체적인 사건에 있어서 도시계획의 이유서, 지방자치단체 대표들의 회담기록 혹은 상급관청에의 허가신청서 등을 통해서 알 수 있다.[96)]

---

92) Hoppe in Hoppe/Grotefels, Bauntcht, §7 Rn. 94: Stüer in Hoppenberg. Baurecht, B Rn. 405.

93) OVG Münster UPR 1991. S. 278 ff.

94) 강현호, "형량명령의 원칙에 관하여", 성균관법학, 제7권 제1호, 1996, p. 219.

95) Koch, Baurecht, S. 157: Hoppe/Schlarmann, Rechtsschutz, Rn. 181.

96) Grauvogel §1 Rn. 442.

넷째, 이익형량의 불비례는 이익형량에 있어서 관련된 개개 이익들의 평가 자체는 공정하게 이루어졌으나, 이익들의 상호비교에 있어서 형평성을 잃어버린 경우이다. 지방자치단체가 새로운 상업지역의 지정에 있어서 인근 주택에 사는 주민의 거주보호를 이익형량에 포함시켰고 이 주민의 주거이익을 매우 중요한 이익으로 간주하였다. 새로운 상업지역의 지정이라는 이익은 그에 비하여 낮게 평가하였다. 그럼에도 불구하고, 전체적인 이익형량에서는 상업지역의 지정에 높은 가치비중이 주어졌다면 이는 이익의 상호비교에 있어서 형평성을 잃은 것으로 이익형량의 불비례에 해당된다.97) 독일의 뤼네부르크 고등행정법원의 판결에 의하면, 도시계획에 있어서 일반적 근본 원칙인 도시계획에 관계된 자들의 인간존중의 환경을 유지하는 것을, 지방자치단체의 의회가 기만(欺瞞)한 방법으로 선택된 해결책의 기술적인 실현가능성보다 낮게 평가한 경우에는 이 도시계획은 이익형량의 하자를 지닌다고 판결하였다.98) 이 원칙은 이익형량이 충돌하는 가치들의 최적실현을 목표로 하고 있는 만큼, 이익형량을 함에 있어 비례의 원칙이 필수적으로 준수되어야 하는 당위성을 강조한다.

(2) 형량명령(이익형량)의 기준

이익형량을 통한 공익판단은 다음 세 가지 차원으로 구분될 수 있다.99)

첫째, 이익형량 대상의 식별단계이다. 이 단계에서는 서로 충돌하는 원칙들을 판별하는 단계이다. 예를 들면, 표현의 자유 및 방송보도의 자유와 인격권 보호의 원칙들이 서로 충돌하는 데에 있어서 어떤 이익을 대상으로 공익판단을 하여야 하는 가를 판별하는 단계이다.

둘째, 일반적 이익형량 단계이다. 이 단계는 구체적인 사실관계를 고려하지 않은 상태에서 특정 원칙에 대하여 상대적 우위성을 부여하는 이익형량의 차원이다. 예를 들어서 별다른 사유가 없는 한 일반적으로 표현의 자유 원칙이 인격권보호의

---

97) Hoppe in Hoppe/Grotefels, Baurecht, §7 Rn. 122.

98) OVG Lüneburg NuR 1983 S. 70(72).

99) D. Buchwald, “Konflikte zwischen Prinzipien, Regeln und Elemente im Rechtssystem”, in: B. Schilcher/P. Koller (Hg.), Regeln, Prinzipien und Elemente im System des Rechts, Wien, 2000, p.102.

원칙보다 우선한다고 판단하거나, 또는 국가안전보장의 원칙이 양심의 자유보장의 원칙보다 별다른 사유가 없는 한 일단 우위관계에 있다고 판단하는 이익형량의 단계이다.

우리 대법원이 표현의 자유와 인격권 보호 사이의 이익형량을 할 때 활용하는 이익형량 기준을 일반적 이익형량의 기준으로 파악할 수 있다. 즉 어떤 표현이 타인의 명예를 훼손하더라도 그 표현이 공공의 이해에 관한 사항이며 그 목적이 공공의 이익을 위한 것이고(공공성 요건의 충족), 진실한 사실이거나 진실이라고 믿을 만한 상당한 이유가 있다면(진실성 요건의 충족) 표현의 자유가 우선한다는 대법원의 판단기준은 일반적 이익형량의 기준에 해당한다. 또한 인격권을 침해하는 표현의 자유 원칙을 인격권보호의 원칙과 비교하였을 때 상대적 중요성 정도를 판별하는 기준으로서 "사적인 인물에 관한 표현일 경우에는 표현의 자유보다 인격권이 상대적으로 우선하고, 공적인 인물이나 공공적이고 사회적인 의미를 가지는 사안의 경우에는 표현의 자유가 가지는 비중이 상대적으로 더 커진다"[100]는 이익형량의 기준 역시 일반적 이익형량 차원에 해당한다. 일반적 이익형량단계에서는 특정한 정치철학이나 이데올로기, 윤리관이 작동되어 특정한 가치, 법익, 법원리에 일단 더 큰 비중을 두는 경우가 많다.

셋째, 구체적 이익형량 단계이다. 이 단계는 구체적인 사안과 관련하여 개별적인 상황들을 종합적으로 고려하여 해당 사안에서 원칙들(법원리) 상호간의 우위성을 판단하는 이익형량 차원이다. 별다른 사유가 없는 한 표현의 자유 원칙이 인격권 보호의 원칙보다 우위에 있지만, 구체적인 상황에서 인격권을 보호할 특별한 사유가 인정된다면 해당 사안에서는 인격권 보호의 원칙이 표현의 자유의 원칙보다 더 우위에 있다는 이익형량판단의 차원이다.

(3) 공익판단의 기준으로서 비례성 원칙

비례성 원칙(또는 과잉금지의 원칙)은, 달성하고자 하는 목적(가치)이 정당하고

---

100) 대판 1988. 10. 11. 85다카29; 대판 2002. 1. 22. 2000다37524 참조.

제한되어야 할 가치 역시 정당하다는 전제하에서,[101] '서로 대립하는 가치들 A1과 A2가 주어진 현실조건하에서 그리고 주어진 법적인 조건하에서 가능한 한 동시에 최대한 실현되도록 하는' 최적실현화의 요청을 지향하고 있다. 형량명령과 비례의 원칙은 이익을 조정한다는 점에서 외형상 유사한 면이 있지만 비례의 원칙이 기본권침해를 위한 공익과 그 방어를 위한 사익의 양자적 관계에서의 조정인 것과 비교하여 형량명령은 다자적 관계에서의 조정이라는 점에서 분명한 차이가 있다. 즉, 형량명령은 공익과 사익의 조정인 비례의 원칙을 포함하여 공익상호간과 사익상호간의 조정을 그 내용으로 하고 있다.

비례성 원칙을 수용하는 이익형량은 다음의 세 가지 부분요청으로 구성되는데, 이 세 가지 요청이 곧 공익판단의 기준의 역할을 한다.

첫째, **수단 적합성의 요청**: 목적 A2를 실현하는 데 적합한 수단을 선택하여야 한다.

둘째, **필수성의 요청**(피해 최소성의 요청): 목적 A2를 실현하는 데 적합한 수단들이 있다면 그 중에서 가장 필수적인, 즉 A2의 최대실현과정에서 발생하는 A1의 제한을 최소화하는 수단을 선택하여야 한다.

셋째, **법익균형성의 요청**: 실현하려는 이익과 침해되는 이익을 비교·형량할 때 실현하려는 이익이 침해되는 이익보다 월등하게 더 커야 한다.

이와 같은 비례성 원칙과 이익형량과의 관계에 대하여 우리 법원은 다음과 같이 판시하였다. 국민의 기본권을 제한하는 것으로서 국가안전보장, 질서유지 또는 공공복리를 위하여 필요한 것이 아니거나, 또는 필요한 것이라고 하더라도 국민의 자유와 권리를 덜 제한하는 다른 방법으로 그와 같은 목적을 달성할 수 있다든지, 위와 같은 제한으로 인하여 국민이 입게 되는 불이익이 그와 같은 제한에 의하여 달성할 수 있는 공익보다 클 경우에는 이와 같은 제한은 비록 자유와 권리의 본질적인 내용을 침해하는 것이 아니더라도 헌법에 위반되는 것이다."[102] 이처럼 이익형량

101) 즉, 타당한 가치들 사이의 충돌이라는 전제하에서의 논의이다.
102) 헌재 1990. 9. 3, 89헌가95; 대판 1994. 3. 8, 92누1728

판단과정에서는 한편으로는 실현하고자 하는 원칙(법원리, 예를 들어 인격권보호)의 중요도와 더불어 다른 한편으로는 이에 충돌하는 원칙(법원리, 예를 들어 표현의 자유)이 침해됨으로써 발생할 해악의 정도가 측정되어야 한다.

(4) 형량명령(이익형량)의 대상과 과정

이익형량을 함에 있어서 고려되어야 할 공익은 여러 가지이다. 이익형량의 대상이 되는 공익 중 도시계획과 관련된 공익으로는 토지이용과 도시의 건전한 발전을 위해 필요한 이익들로서 주택 및 주거환경과 관련한 이익, 주민들의 사회적·문화적 욕구와 관련한 이익, 지역의 유지 및 발전과 관련한 이익, 문화재 보호와 관련한 이익 등을 들 수 있다. 이러한 공익의 예시가 엄격히 일치되는 것은 아니며 때로는 겹치기도 하고 때로는 상호 대립하기도 한다. 이러한 공익은 일반적·추상적으로 표현되는 법조문에서는 원칙적으로 모두 동등한 것으로 평가되지만 현실적인 상황에서는 모든 공익이 동등하게 고려되는 것은 아니며 사안에 따른 비중에 의해 각각의 공익이 그 서열이 정해진다.[103)]

이익형량에 있어서 고려해야 할 공익과 대비하여 비교형량되어야 할 사익은 당연히 헌법상 보장된 개인의 재산권이며, 재산권 중에서 가장 대표적인 것은 토지재산권이며, 재산권 외에도 기업의 확충, 기업의 이전 그리고 주관적 공권도 이에 포함된다.[104)] 이처럼 이익형량에 있어서 재산권은 절대적으로 보장되어야 한다는 것은 아니고 고려되어야 할 중요한 이익 중의 하나에 해당한다.[105)]

이익형량과 관계된 공익 및 사익은 어떤 때에 이익형량에서 고려되는 가와 관련하여 독일 연방행정법원은 다음의 기준을 마련하였다. 즉, 이익형량과 관계된 이익들이 첫째, 계획에 대한 결정을 할 때에 행정청이 이익형량에 있어서 중요하다고 인정할 수 있고, 둘째, 실제로 발생할 가능성이 높고, 셋째, 객관적으로 볼 때 낮은 가치를 가지지 아니하고, 넷째, 그 외에 보호의 필요성이 있는 경우이다.[106)]

103) Brohm, Öffentliches Baurecht, 2. Aufl., 1999, S. 229.
104) BVerwGE 59, 87(101 f.).
105) BVerwGE 61. 295 (302): BVerwG NVwZ 1991, S. 873.

앞서 지적한 것과 같이 이익형량을 함에 있어 모든 공익과 사익을 포함하는 것은 현실적으로 불가능하다. 왜냐하면, 모든 공익과 사익이라고 하면 그 범위가 너무나 확대되어 사실상의 이익형량이 불가능해지기 때문이다.

그러므로 이익형량을 위해서는 먼저 이익형량에 중요한 이익을 조사하고 확정하는 과정이 필요하다. 이 과정은 현재 존재하고 있는 이익들에 관한 진단적 조사 뿐만 아니라 앞으로 발생할 것으로 예상되는 이익들에 관한 예측적 조사를 포함한다. 즉 이익형량의 과정은 개별적 계획사항과 관련된 공익과 사익을 현재의 기준뿐만 아니라 미래의 기준에서 조사할 것을 요구한다. 이를 "형량자료의 종합"이라 하는데, 형량자료의 종합이란 형량대상에 포함되어야 할 이익을 한정하고, 그 한정된 범위하에서 주어진 계획상황에 어떤 것이 포섭되어져야 하는냐에 대해 결정하는 과정으로서 경미한 이익이나 보호가치 없는 이익은 고려대상에서 제외시키는데, 이때 선택의 기준은 계획의 목적 및 기본원칙 등에 의해 결정된다.[107)]

이익형량의 다음 과정은 이익형량에 포함되는 것으로 결정된 공익과 사익을 법적·사실적 상황에 근거하여 얼마나 중요한가를 평가하는 과정이다. 예를 들어서 법률에 특별한 규정이 있는 경우, 예컨대 국민들의 긴급한 주택수요의 충족이 특별히 고려되어야 한다는 법률규정이 있는 경우, 그러한 공익은 비중평가에서 다른 공익과 사익들에 대하여 우선적 지위를 얻게 된다. 그러나 이렇게 확정된 이익은 해당 법률이 적용되는 범위 안에서의 상대적 우위의 지위를 유지할 뿐 모든 상황에서 우선적 지위를 가지는 것은 아니다.

이익형량의 마지막 과정은 모든 계획에서 고려되어야 할 공익과 사익들의 간의 상대적 우위에 관한 조정을 하는 과정이다. 즉, 이 과정은 기본적으로 계획목적을 기준으로 일치되는 이익과 반대되는 이익들 중에서 계획에 포함할 이익과 배제

---

106) BVerwGE 59, 87 (102 ff.): BVerwGE NVwZ 1990 S. 555: BVerwG NVwZ－RR 1994, S. 190: BVerwG DVBl. 1994. S. 701.

107) 오준근, "이익형량의 원칙의 실제적 적용방안", 공법연구 제29집 제3호, 2001, p. 69.

할 이익들을 최종적으로 결정하게 된다.

이상 공익과 사익의 판단기준 혹은 조정수단으로서 이익형량의 기능과 역할을 살펴보았다. 지금까지의 내용을 요약하면 다음과 같다. 독일의 연방행정법원은 판례를 통하여 행정청이 이 계획을 수립할 때에 가지는 계획상 형성의 자유를 통제하는 수단으로써 형량명령의 원칙을 도출하고 발전시켜 오고 있다. 특히 독일 연방행정법원은 판례를 통하여 형량명령의 기본원칙들은 이익형량의 과정뿐만 아니라 이익형량의 결과에도 그대로 적용된다는 점을 규정하였으며, 다른 한편으로 형량명령의 원칙은 법치국가의 원칙을 기초로 하고 있음을 밝힘으로써 관련 법규정의 유무에 관계없이 도시계획은 형량명령의 원칙을 따라야 함을 분명하게 하였다.

형량명령(이익형량)의 원칙은 본질적으로 공공의 이익과 개인적 이익 등 다양한 이익의 존재와 함께 또한 이들 이익 상호 간의 갈등이라는 것을 전제로 하고 있다. 같은 맥락에서 도시계획도 그 자체 속에 필연적으로 많은 이익과 사익들의 이해관계를 포함하고 있다. 이러한 이익관계의 갈등 속에서 법치국가의 원칙에 기초한 개인의 기본권만이 중요시 될 수는 없으며, 사회 전체의 안정과 질서를 위한 공익 역시 중요하게 고려되어야 한다. 이런 이유에서 도시계획을 통해서 야기되는 공익과 사익들 간의 갈등은 '형량명령의 원칙'의 적용을 통해서 서로 비교·평가되고 조화를 이룰 수 있게 된다. 형량명령의 원칙은 행정계획에 있어서 행정청이 가지는 '계획형성의 자유'의 내용과 한계를 제시하는 기능을 하며, 행정청이 스스로 이 기준을 판단하고, 따르게 함으로써 행정청이 수립하는 도시계획 등 도시정책의 공익성 실현에 직접적인 영향을 미친다.[108] 결과적으로 형량명령(이익형량) 원칙을 충분하게 고려한 도시계획의 실천은 해당 도시계획이 추구하는 공익실현의 가능성을 높일 뿐만 아니라 행정청(정부)에 의한 도시정책의 공공성 향상에도 긍정적 역할을 할 것으로 기대된다.

108) 정부가 계획을 수립할 때 가지는 형성의 자유는 필수적인 것이다. 그러나 이러한 계획의 형성의 자유는 제한 없는 무한정의 자유가 아니라 사회가 수긍할 수 있는 범위 내에서의 자유이다.

5) 허버트 사이몬(Herbert Simon)의 대안 선택 방법론

도시계획은 도시문제 해결을 위해 적절한 목표를 설정하고 이 목표를 실행할 대안을 선택하는 일련의 과정으로 설명된다. 도시가 유지되고 사람들이 그 도시에 살고 있는 동안 항상 새로운 도시문제가 기존의 도시문제를 대신한다. 이런 점에서 도시계획은 늘 새로운 목표를 수립하고 그 목표에 알맞은 실천 대안을 선택하는 과정이라 할 수 있다.

허버트 사이몬(Herbert Simon)은 대안 선택에 관하여 주어진 문제의 어려움과 해당 대안이 지닌 속성을 기준으로 크게 다음의 두 가지 대안 선택방법을 제시하였다. 그 하나는 문제해결을 위해 적절한 대안을 택한 정도를 의미하는 내용적 합리성이며, 나머지 하나는 대안을 선택하는 데에 사용한 절차의 효과성을 의미하는 절차적 합리성이다.109)

사이몬은 절차적 합리성이란 '그것이 하나의 적절한 숙고과정에 기초한 결정이기 때문에 사람들이 그 결정을 받아드리게 되는 정도'라고 설명한다. 즉, 어떠한 선택이 절차적으로 합리적이기 위해서는 첫째, 그 선택이 적절한 숙고의 결과여야 한다. 절차적 합리성은 내용적 합리성의 열등한 형태가 아니라, 합리성에 대한 또 다른 개념이다. 즉, 숙고의 과정을 통해서 대안들에 대한 탐색과 평가가 이루어지고, 이러한 숙고의 과정을 통해 선택이 이루어질 때 그 선택은, 내용적 합리성과는 무관하게, 절차적으로 합리적인 것이다. 둘째, 절차적 합리성은 어떤 선택을 하는 데 사용한 절차의 유효성을 전제로 한다. 여기서 절차의 유효성이란 그 절차를 통해 나온 선택이 사람들에 의해 받아들여지는 것을 의미한다. 다시 말해서 절차적 합리성이란 숙고의 과정을 전제로 하는 만큼, 관련된 사람들의 행태와 무관하게 따로 존재할 수 없으며, 이러한 논리의 연장선상에서, 어떠한 선택이 이루어졌음에도 관련인들이 그 선택을 받아들이지 않는다면 그 선택을 만든 절차에 대해 절차적 합

109) Simon, Herbert A., "From Substantive to Procedural Rationality." in S. Latsis ed. Method and Appraisal in Economics. Cambridge: Cambridge University Press. 1976, pp. 129–148.

리성을 주장할 수 없게 되는 것이다.

사이먼에 따르면 문제의 복잡성과 불확실성이 대단히 높아 최적의 해결책을 알기 어려워서 내용적 합리성을 추구하기 어려울수록, 그리고 게임상황에서와 같이 문제해결과정에서 학습효과가 나타나는 정도가 클수록 문제해결 방식으로서 절차적 합리성의 유용성은 커진다고 주장하면서, 절차적 합리성을 제고하기 위한 네 가지의 일반적 행위유형을 제시하였다. 첫 번째 유형은 예측에 사용하는 자료의 개선, 새로운 자료의 획득, 예측모형의 개선 등과 같은 지능행위이고, 두 번째 유형은 재고 확보, 보험 등과 같이 예측 오차의 효과를 완충하기 위한 행위이며, 세 번째 유형은 상품 및 시장 다변화 등과 같이 경쟁자의 행태에 따른 영향을 줄이기 위한 행위이다. 그리고 마지막 유형은 위험이 큰 상황에서 선택지의 범위를 확대하기 위한 행위이다.[110)]

요약하면 사이몬은 도시문제 해결을 위한 대안선택에 있어서 문제의 복잡성과 불확실성이 높아 최적의 해결책을 알기 어려운 경우 절차적 합리성 위주의 판단이 문제의 해결에 더 적합하다는 것이다.

6) 미국과 독일의 공익개념과 공익판단

영국과 미국 그리고 독일의 공익개념에 관한 인식의 차이는 이 국가들의 사법제도의 특징과 연결되어 있다. 이 국가들의 사법제도가 이렇게 다른 특징을 지니게 된 근본적인 이유는 궁극적으로 정의에 대한 영미의 절차적인 사고와 독일의 실체적인 사고와 관련이 있다. 정의의 주된 내용을 자유와 평등으로 보는 미국의 사고에 비하여 독일의 정의관은 윤리로부터 도출된 목적이념과 연결되어 있다. 영미에서는 정의에 관한 가장 기본적인 틀, 즉 만인의 자유 및 평등과 같은 원칙을 정해 두고 이 원칙에 따라 자유시장 안에서 자기의 이익을 위하여 열심히 노력하도록 한다. 그러나 독일에서는 인간이 누려야 하는 구체적인 권리의 목록을 미리 자세히

110) Simon, Herbert A., "Rationality as Process and as Product of Thought." American Economic Review 68(2). 1973, pp. 1－16.

정하여 두고 이 목적에 도달될 수 있도록 노력한다. 이러한 과정에서 행정의 개입이 상대적으로 커지게 되는데, 이러한 경향은 앞에서 언급한 대로 독일은 '시민혁명'을 거치지 아니하고 위로부터의 혁명에 의하여 성공했다고 하는 역사 및 전통과 관료사회의 특수성과 관련이 있다.111)

공익판단을 통해서 그 사회가 이루고자 하는 궁극적인 목적이 정의의 실천에 있다고 가정하는 경우, 영국과 미국은 공익판단의 대상이 가지는 실체적인 내용보다는 공익판단이 이루어지는 절차 혹은 과정에 더 큰 의미를 두고 있다고 할 수 있으며, 이와 비교하여 독일의 경우에는 공익판단이 이루어지는 절차 혹은 과정보다는 공익판단의 대상이 가지는 실체적인 내용을 좀 더 중요하게 다루는 경향이 있다는 것이다. 공익판단에 있어서 이러한 차이가 있다는 사실은 공익개념을 해석하는데 그 문화 및 전통의 특징을 이해하는 것이 얼마나 중요한지를 잘 보여 준다. 그럼에도 불구하고 공익개념의 등장과 관련하여 영국과 미국 그리고 독일은 공익개념의 활성화가 근대 산업사회에서 나타나는 소외와 권리침해의 현상을 해결하기 위하여 등장하였으며, 이러한 문제는 전통적인 공익개념 혹은 사법제도로 해결할 수 없는 한계를 극복하기 위해서 사용되었으며, 그리고 그 내용에 있어서는 실체적인 내용보다는 절차적인 과정이 강조되고 있다는 공통점을 지니고 있다는 사실에 유의해야 한다.

7) 공익판단의 도시계획적 의미

공익을 어떤 이익상황이 특정한 법적 주체의 개별적 이익에만 관련되는 것이 아니라 국가나 공공단체, 기타의 사회의 여러 공공영역이나 계층 또는 집단의 공공성과 관련하여 그 정당성이 판단되어져야 할 때의 공동체 이익으로 정의하는 경우, 구체적 이익상황에서 충돌할 수 있는 다양한 차원과 범위를 가진 수많은 공공성을 가진 이익들 사이에서 보편적이고 합리적인 사회적 의미를 구하는 공익판단의 과정이 요구된다.112)

111) 최송화, 앞의 책, 2004, p. 343.
112) 최송화, 앞의 책, 2004, p. 312.

현대 다원주의 사회에서 사실적 공익만을 공익으로 본다면 공익판단은 결정의 과정이겠지만, 적어도 다수결에 의해서 결정되는 공익을 거부할 수 있게 하는 객관적인 진정공익도 공익으로 본다면 공익판단은 인식의 과정이기도 하다.[113] 따라서 공익판단에 있어서 핵심적인 과제는 객관적인 진정공익을 어떻게 인식할 수 있는지 혹은 합리적으로 획득할 수 있는가를 밝히는 것이다.

우리나라의 경우 민주화가 이루어지기 전까지 공익의 판단자는 사실상 행정부였고, 행정부의 공익판단의 위법성 여부를 논단하는 것은 쉬운 일이 아니었다. 그래서 민주화가 이루어지기 전 시절에 있어서 공익은 무정형적인 형태의 사익제한을 위한 명분으로서 자의적으로 해석되기도 하였을 뿐 아니라 획일적이고 권위적인 사회질서를 상징하는 개념이기도 하였다. 그러나 민주화가 이루어진 오늘날 행정권의 활동은 법이 규정한 범위에서 정당성을 지니는 만큼 행정권에 의한 공익판단도 당연히 법적 구속의 대상이 된다. 예를 들면, 행정청이 채택한 공익이 과연 공동체적 차원에서 정당하게 받아들여질 수 있는 진정공익인가 아니면 행정청 자신의 이해관계나 압력단체의 이해관계를 대변하는 것인가에 관한 공익판단은 법적 심사의 대상이 된다. 공익판단에 관련한 이상의 논의에 따르면 올바른 공익판단은 공익이 실질적으로 바르게 판단되었을 경우뿐만 아니라 공익판단의 과정 또한 정당했을 경우에만 가능하다.

올바른 공익판단의 구성요소는 올바른 계획이 갖추어야 할 구성요소와 크게 다르지 않다. 왜냐하면, 올바른 계획은 계획목표가 올바르게 수립되어야 할 뿐만 아니라 계획목표와 이를 실천할 계획실천 수단의 선택과정이 정당하게 이루어졌을 때 가능하기 때문이다. 바꾸어 말하면 계획수립과정이 정당하였다고 하더라도 선택된 계획목표가 올바르지 못하면 제대로 된 계획이라 할 수 없으며, 계획목표가 올바르게 제시되었다 하더라도 그 계획목표의 선정과정이 정당하지 못하였다면 그 계획은 올바른 계획이라 할 수 없다. 이처럼 공익판단과 계획수립에 있어서 올바른 공익 혹은 목표의 선정과 정당한 절차의 준수가 각각 독립된 기준으로 작동하지 아

113) 최송화, 앞의 책, 2004, p. 179.

니하고 동시적으로 만족해야 하는 기준으로 작동하는 이유는 공익과 계획 모두에 있어서 판단의 주체와 그 수혜자 혹은 대상자가 특정의 개인이 아니라 불특정 다수의 우리 사회 구성원 전체이기 때문이다. 즉, 공익판단과 계획(수립) 모두 불특정 다수의 사람들이 가지는 다양한 가치들을 모두 수용하는 차원에서 이루어져야 하기 때문이다.

공익판단이 법규에 구체화되어 있는 경우 그 법규적 요구사항으로서의 공익판단은 원칙적으로 위법 혹은 적법의 문제를 야기하는 법적 문제에 해당한다. 이처럼 공익판단은 법률요건 판단의 형태로도 이루어질 수 있을 뿐 아니라 법률효과 판단의 형태로도 이루어질 수 있다. 판단여지[114]와 재량을 구별하는 입장에서는 법률요건 판단에 있어서의 공익판단은 원칙적으로 법적 문제로서 적법 혹은 위법 차원의 문제이지만 법률효과 판단에 있어서의 공익판단은 재량의 문제로서 원칙적으로 적당 혹은 부당이 문제될 뿐이고 재량권의 범위를 벗어날 경우에만 위법의 문제가 발생한다.

공익에 관한 판단은 행정활동에 있어서도 필수적이므로 법규상 요구되거나 구체화되지는 않았으나 일반적인 행정활동의 고려로서 이루어지는 공익판단은 기본적으로 적법 혹은 위법의 문제를 야기하지는 않는다. 공익판단에 구체적인 지침이 주어진 경우와 그렇지 않은 경우에 있어서 공익판단은 차이가 있다. 공익판단에 지침이 주어지지 않은 경우, 지침 선정방식과 선정기준에 약간의 차이가 있을 수 있기 때문이다. 그럼에도 불구하고 공익의 본질적인 의미로부터 도출되는 합목적성의 원칙에 따른 구속력은 공익의 법적인 판단에서 뿐 아니라 일반적인 행정에 있어서 공익판단의 경우에도 그대로 적용된다. 그러므로 가장 이상적인 공익판단은 해당 공익개념이 제시하는 수준과 범위 안에서 해당 공동체의 진정한 이익을 가장 적절하게 반영하는 판단이다.

114) 판단여지라 함은 요건을 이루는 불확정개념의 해석 및 적용에 있어서 이론상 하나의 판단만이 가능한 것이지만, 둘 이상의 판단이 모두 적법한 판단으로 인정될 가능성이 있는 것을 말한다. 불확정개념이란 '공공의 안녕과 질서', '중대한 사유', '환경의 보전' 등 그 개념 자체로는 그 의미가 명확하지 않고 해석의 여지가 있는 개념을 말한다. 박균성, "행정법 기본강의(12판)", 박영사, 2020, p. 165.

3.2 공익사업의 공익성 판단기준

도시계획 사업의 공익성 판단은 사업의 목적과 대상은 공공복리의 증진과 불특정 다수의 시민들로 전제하고 있다고 가정한다. 도시계획 사업의 공익성 정도 여부는 일차적으로 입법자(또는 관련 법과 기준)가 판단을 하며 최종적으로는 행정청(주관 행정부서)이 판단하게 된다. 이때 행정법의 일반원칙의 하나인 '광의의 비례원칙'에 의거하여 판단하게 된다. 즉, 수단의 적합성, 수단 중 최소침해성, 협의의 비례성 등을 순차적으로 따져보아서 공익성을 판단하게 된다. 공익성의 판단과정을 위한 구체적인 절차는 토지보상법 제20조의 사업인정절차에 마련되어 있다. 이때 사업인정권자인 국토교통부장관은 광의의 비례원칙에 의거 사업의 수행으로 얻는 공익과 그로 인해 침해되는 사익을 비교형량하여 얻는 공익이 큰 경우에 사업인정처분을 하게 되며 이후에 취득에 관한 협의가 결렬되면 강제적 취득을 위해서 수용재결처분이 행해지게 된다.

사법기관 및 행정기관은 토지수용을 위한 공익사업의 공익성 판단기준[115]으로 '공공의 필요'를 제시하고 있다. 또한 대법원[116]은 '공익성이 있는 경우에도 그 사업의 내용과 방법에 대하여 사업인정처분에 관련된 자들의 이익을 공익과 사익 간에서는 물론, 공익 상호간 및 사익 상호 간에도 정당하게 비교·교량 하여야 하고, 그 비교·교량은 비례의 원칙에 적합하도록 하여야 한다'고 판시하고 있다.

---

115) 대법원 2005.11.10. 선고 2003두7507 판결; 대법원 1987.9.8. 선고 87누395 판결; 1994.1.11. 선고 93누8108 판결; 헌법재판소 1994.2.24. 선고 92헌가15 결정; 헌법재판소 1995.2.23. 선고 93헌바29 결정; 헌법재판소 1995.10.26. 선고 95헌바22 결정; 헌법재판소 1996.4.15. 선고 95헌바9 결정; 헌법재판소 1998.3.26. 선고 93헌바12 결정; 헌법재판소 2006.7.27. 선고 2003헌바18 결정; 헌법재판소 2008.4.24. 선고 2006헌바98 결정.

116) 대법원 2004두14670.

1) 공공의 필요

헌법 제23조 제3항은 "공공필요에 의한 재산권의 수용·사용 또는 제한 및 그에 대한 보상은 법률로서 하되, 정당한 보상을 지급하여야 한다"고 규정하고 있으며, '공공필요'는 헌법 제37조 제2항보다 넓은 개념으로 해석되고 있다.

헌법재판소에 따르면 '공공필요'는 "국민의 재산권을 그 의사에 반하여 강제적으로라도 취득해야 할 공익적 필요성"으로서, '공공필요'의 개념은 '공익성'과 '필요성'이라는 요소로 구성되어 있는바, '공익성'의 정도를 판단함에 있어서는 공용수용을 허용하고 있는 개별법의 입법목적, 사업내용, 사업이 입법목적에 이바지하는 정도는 물론, 특히 그 사업이 대중을 상대로 하는 영업인 경우에는 그 사업시설에 대한 대중의 이용·접근가능성도 아울러 고려하여야 하고, '필요성'이 인정되기 위해서는 공용수용을 통하여 달성하려는 공익과 그로 인하여 재산권을 침해당하는 사인의 이익 사이의 형량에서 사인의 재산권침해를 정당화할 정도의 공익의 우월성이 인정되어야 하며, 사업시행자가 사인인 경우에는 그 사업 시행으로 획득할 수 있는 공익이 현저히 해태되지 않도록 보장하는 제도적 규율도 갖추어져 있어야 한다고 지적하면서, 적합성의 원칙, 필요성의 원칙, 상당성의 원칙과 과잉금지 원칙 등의 판단기준을 제시하고 있다.[117)]

2) 비례의 원칙

개별사업이 공익사업으로 인정되기 위해서는, 당해 공익사업으로 인한 공익이 사익보다 우월하다는 것이 확인되어야 하며, 이로 인한 이익은 국가와 그 구성원인 불특정의 국민들에게 제공될 수 있어야 한다. 이러한 공익성의 우월은 공공필요와 같은 개념으로, 그 판단은 헌법상의 기본원리의 하나인 비례원칙에 따른다. 대법원은 "비례의 원칙(과잉금지의 원칙)이란 어떤 행정목적을 달성하기 위한 수단은 그 목적달성에 유효·적절하고 또한 가능한 한 최소 침해를 가져오는 것이어야

117) 헌법재판소 2014.10.30. 선고 2011헌바129, 172 전원재판부 결정.

하며, 아울러 그 수단의 도입으로 인한 침해가 의도하는 공익을 능가하여서는 안 된다는 헌법상의 원칙을 말한다"고 판시[118] 하고 있다. 또 헌법재판소는 위헌법률 심사시 법률의 위헌 여부를 판단하는 심사기준으로서 비례원칙은 목적의 정당성, 방법의 적절성, 피해의 최소성, 법익의 균형성을 그 내용으로 설시(說示)[119]하고 있다. 헌법재판소는 "공용수용은 헌법 제23조 제3항에 의하여 국민의 재산권을 그 의사에 반하여 강제적으로라도 취득해야 할 공익적 필요성이 있을 것, 수용과 그에 대한 보상은 법률에 의거할 것, 정당한 보상을 지급할 것 등의 요건을 모두 갖추어야 한다"고 명시[120]하고 있다.

이상 공익판단에 관한 우리 법원의 입장은 비교적 명확하고 일관적이다. 즉, 우리 법원은 비례의 원칙을 공익판단의 기준으로 하고 있으며, 이를 기준으로 도시계획에 따른 공용수용의 필요성과 정당성을 판단하고 있음을 알 수 있다. 이러한 공익판단 기준으로서의 비례원칙에 관하여는 제2장 제3절 공익판단에서 자세하게 소개하고 있다.

3) 행정기관의 기준

행정기관의 업무처리지침이나 사업인정고시에 나타난 공익의 판단기준도 역시 '공공의 필요성' 여부이다. 국토교통부 지역개발 및 지원에 관한 업무처리지침의 일부 개정안[121]에는 "공공의 필요성이 인정되는 사업을 구체화하여 규정할 필요에 의한다"고 명시하고 있으며, 법령상 명확한 규정이 없는 경우에는 지방자치단체의 장이 지역의 여러 여건 등을 감안하여 '공공필요성' 여부를 개별적으로 판단하도록 규정하고 있다. 국토교통부장관이 공익사업을 인정하여 고시하는 경우에도 '공공필요성'에 따르고 적절한 보상이 법적으로 이루어지도록 규정하고 있다. 국토교통부장관은 토지보상법에 따라서 사업인정[122] 혹은 개별법에 따른 사업인정의제[123]

118) 대법원 91다29927 판결.
119) 헌법재판소 선고 93헌바29 결정.
120) 헌법재판소 선고 95헌바22결정; 선고 93헌바12 결정.
121) 국토교통부 지역개발 및 지원에 관한 업무처리지침의 일부 개정안 2015.9.16.

를 통하여 해당 사업의 공공성을 인증하고 있다.

3.3 공익판단 사례

1) 공공가치 실패 모형의 적용 사례

(1) 공공가치 실패 모형의 등장 배경과 그 내용

공공부문에 있어서 정책결정은 언제나 상충하는 가치들 중의 하나를 선택하는 과정이며, 이때 선택되는 가치를 통상 공공가치라 부른다. 그 이유는 해당 정책이 어떤 현실적 목표를 가진다 하더라도 해당 정책의 궁극적인 목적은 공공가치의 실현과 다름 아니기 때문이다. 우리나라의 경우 1980년대 이후 정부의 역할과 공공영역의 확대에 따른 행정의 비능률성 개선을 목적으로 신공공관리 체제가 공공부문에 도입되면서 시장주의적 경쟁원리와 성과지향적 정책추진이 정부와 공공부문의 핵심적 운영원리로 자리잡게 되었다. 이에 따라서 정책의 효율성과 효과성, 즉 경제적 가치를 평가하고 측정하는 것이 정책 평가의 핵심적 사항이 되었다. 이러한 변화는 한편으로는 한정된 자원의 효율적 운영으로 정책의 효율성과 효과성을 제고하는 긍정적 효과를 생산하였지만, 다른 한편으로는 정부와 공공부문이 담당해야 할 공공정책 등의 업무와 역할을 민간부문이 담당하게 되면서 과도한 비용 절감을 통한 경영효율화에 치중한 나머지 정책의 공공성이 상실되는 공익성 상실의 문제를 초래하였다.

공공부문 정책 결정의 궁극적 목적은 공공가치의 실현이어야 하며, 그에 관한 평가 또한 공공가치 실현의 측면에서 이루어져야 한다. 이를 위해서는 해당 정책이

---

122) 사업인정은 국토교통부장관이 해당 사업이 토지보상법 제4조에서 열거하고 있는 공익사업에 해당함을 인정하면서 일정한 절차를 거칠 것을 조건으로 수용권을 설정하는 행위(토지보상법 제20조)이다.

123) 사업인정의제는 '개별법상 인허가 등(지구 또는 구역지정, 개발계획승인 등)이 있는 경우 토지보상법상 사업인정이 있는 것으로 의제하는 것'으로 개별법에 의해 사업인정이 의제되면 토지보상법상 사업인정과 동일한 효력이 발생한다.

공공가치 실현의 목적을 달성했는지를 가늠하게 하는 적절한 판단기준을 필요로 하며, 이를 공익판단의 근거라 할 것이다. 현재 공공부문 정책평가에 있어서 주로 적용되는 기준들은 효율성·효과성·경제성 등의 경제적 가치에 기반을 두고, 정책평가 또한 경제학적 분석틀과 분석도구에 의해 이루어지고 있다. 즉, 공공가치 실현을 목적으로 하는 공공정책의 평가를 사회적 가치에 근거한 가치 분석적 접근이 아니라 경제적 기준에 근거한 경제적 방법으로 분석평가함으로써 공공정책의 목적과 정책평가의 수단 간에 적합성과 비례성 원칙을 무시한 것으로서 시급히 개선되어야 할 과제가 아닐 수 없다.

(2) 공공가치의 범주와 공공가치

Kluckhohn의 정의대로 '행동의 양식, 수단, 목표의 선택에 영향을 미치는 바람직한 것'을 '가치'124)라고 한다면 정책의 목적과 수단을 선택하는 데 영향을 미치는 바람직한 가치가 바로 공공가치이다.

정부실패에 대한 대안으로 정립된 신공공관리의 개념은 관료국가의 병폐 개선을 위하여 경제성 및 효율성에 주목하여, 절차적 규칙의 완화, 시장경쟁 원리 및 민간부문 경영방식의 적용을 지나치게 강조한 나머지 성과측정이 어려운 상황에서도 계량적 성과를 강조하고 또 측정과 비교가 불가능한 비경제적 가치들을 소홀히 다루는 문제점 등의 한계점을 초래했다. 이러한 신공공관리의 약점을 바로잡기 위하여 1995년 Moore의 저술에서 제시된 공공가치의 개념이 제시된 이후 Bozeman, Alford & O'Flynn 그리고 최근에는 Warwick Business School의 John Bennington 등에 의해 공공가치의 개념은 계속 연구되고 있다.

Moore는 공공서비스에 내재한 공공적 가치들은 시장의 경제적 효율적인 계산을 통해서는 완벽하게 포착할 수 없다고 설명하면서, 공공가치를 '협의의 경제적 가치를 넘어서서 일반시민에게 편익을 제공하는 것뿐만 아니라 일반시민으로서 그들이 공동적으로 필요로 하는 가치를 고려하는 것'으로 정의하였다.125) Moore는 공

---

124) Kluckhohn, C., Values and Value Orientations in the Theory of Action: Toward a General Theory of Action, 1962, New York: Harper.

공가치의 효율적인 달성을 위해 공공가치와 운영역량 그리고 정당성과 지지의 세 가지 핵심 사항으로 구성되는 '전략적 삼각축'(strategic triangle) 모형을 제시하였다. 이 모형의 핵심은 다음과 같다. 첫째, 공공관리자는 자신이 속한 조직이 가치를 생성하는 데 성공하기 위해서 그 조직의 존재에 대한 이유, 그 조직의 활동을 통하여 세상이 더 나아지는 측면에 관한 확실한 설명을 할 수 있어야 한다. 둘째, 공공관리자들은 공공조직이 목표하는 결과를 달성하기 위하여 조직의 재정, 인재, 기술 등의 운영자원을 효율적으로 또 효과적으로 운영하는 운영역량을 갖추어야 한다. 셋째, 공공관리자들은 공공조직이 공공가치를 추구하는 데에 있어서 어떻게 정당성과 지지를 확보할 것인가에 대한 대안을 가지고 있어야 한다. 조직의 공공가치 추구에 관한 정당성과 지지의 확보는 시민, 선출직 대표, 언론과 같이 필요한 재정자원과 정당성을 부여하는 다른 주체가 그러한 판단에 동의할 때 가능하다. 그러므로 공공관리자들은 시민, 선출직 대표, 언론 등 정당성을 부여하는 긍정적 환경이 조성될 수 있도록 하는 '정치적 관리'(political management)에 노력하여야 한다.[126]

Bozeman과 Jorgensen은 공공부문에서 추구해야 할 공공가치에 관한 연구를 통해 핵심적 공공가치를 72개로 선정하였고 그 공공가치들을 7개의 범주로 나누어 설명하였다.[127] 그 범주의 내용은 공공부문의 사회에 대한 기여, 이익의 의사결정에 의한 전환, 공공행정과 정치인과의 관계, 공공행정과 환경의 관계, 공공행정의 조직 내부양상, 공무원의 행태, 공공행정과 시민과의 관계 등이다. 또 72개 공공가치 중에서 핵심이 되는 공공가치 8가지를 선정하였는데 그것은 인간의 존엄성, 지속가능성, 시민참여, 개방성, 보안, 타협, 청렴성, 견고성 등이다.[128]

---

125) Hefez, A, M. Warner, "Privatization and Its Reverse: Explaining the Dynamics of the Government Contracting Process", Journal of Public Administration Research and Theory, 2004, p.174

126) M. More, Creating Public Value, 1995, Harvard University Press.

127) 이종혁·이창근, "공공가치 목적 지향의 정책PR 전술 탐색", 사회과학연구, 제20권 제3호, 2013, pp. 55－80.

128) 박근후, "공공정책과정의 가치와 공공관계", 정치커뮤니케이션 연구, 제29권, 2013, pp. 79－113

공공가치의 범주와 해당 공공가치

공공가치의 범주	공공가치
공공부문의 사회에 대한 기여	공익, 사회적 응집력, 이타주의, 인간의 존엄성, 지속가능성, 미래지향성, 체제의 권위와 안정성
이익의 의사결정에 의한 전환	다수결원칙, 민주주의, 국민의 의지, 공동의 선택, 시민참여, 소수집단 및 개인의 권리보호
공공행정과 정치인과의 관계	정치적 충성, 책무성, 대응성
공공행정과 환경의 관계	개방성과 보안, 옹호와 중립, 경쟁과 협력, 이익의 균형, 타협 등
공공행정의 조직내부양상	견고성(robustness), 적응성, 안정성, 신뢰성, 적시성, 혁신, 열정, 위기대비(risk-readiness), 생산성, 효과성, 절약, 기업적 접근 등
공무원의 행태	책무성, 전문성, 정직성, 윤리적 인식, 청렴성
공공행정과 시민과의 관계	합법성, 개인의 권리 보호, 동등한 대우, 법치주의, 정의, 평등, 합리성, 공평성, 전문성, 소통, 시민 참여 및 자기개발, 친근성 등

자료: 이종혁·이창근, "공공가치 목적 지향의 정책 PR 전술 탐색", 사회과학연구, 제20권 3호, 2013, pp. 55－80 재구성

Bozeman은 위와 같이 분류된 핵심 공공가치들을 근거로 정책이 공공가치 실현의 목적을 달성했는지를 평가하고 진단하기 위한 분석 틀을 고안하였으며, 이것이 바로 공공가치모형(Public Values Mapping, 이하 PVM 모형)이다. PVM 모형은 정책의 공공가치 실현의 정도를 분석하기 위해 개발되었으며, 현재까지 여러 분야의 정책 및 사업에 적용하고 있는 실험단계의 분석틀이다. 이 모형이 추구하는 궁극적 목적은 공공가치가 사회에 미치는 영향, 즉 정책의 결과를 예측하기 위한 것이다. 즉 이 모형은 사회적 개선을 이끌어 내기 위한 분석과 그것을 성취할 수 있는 개선사항의 도출을 목적으로 한다.

(3) 공공가치 실패와 그 판단 기준

PVM 모형에서는 공공가치의 실현도 시장실패와 같이 실패할 수 있다고 가정

함으로써 '공공가치 실패'의 개념을 정의한다. 모형에서 정의하는 '공공가치 실패'란 정책결정과정에서 핵심적 공공가치에 대한 충분한 숙의가 이루어지지 않아 공공가치의 실현을 위해 제공되어야 할 재화나 서비스가 공공부문과 사부문(private sector) 어디에서도 적절하게 제공되지 못할 때 혹은 상황을 말한다. 예를 들어서, 기회균등의 보장이 합의된 공공가치라면 그것이 모든 사람에게 똑같이 적용되지 않을 때 이를 '공공가치의 실패'라고 규정할 수 있다. PVM 모형에서 제시하는 공공가치 실패 판단기준은 해당 정책의 공공가치 실패의 가능성을 진단하는 기준들이다.

Bozeman은 PVM 모형의 공공가치 실패 판단기준을 본인의 저서 Public values and public interest에서 8가지로 제시하였고,[129] 이어 2011년 Daniel Sarewitz와 공동 발표한 'Public value mapping and science policy evaluation'에서는 판단기준들을 수정·보완하여 다음과 같은 총 6가지의 판단기준을 정리하였다.[130] 가치의 표명 및 종합화 메커니즘, 불완전한 독점, 편익의 비축, 자원의 보존과 대체가능성, 단기 시간 지평(short time horizon), 공급자의 희소성이 그것이다. 이를 공공가치 실패의 정의를 기준으로 정리하면 다음의 표와 같이 정리된다.

공공가치 실패 판단 기준

공공가치 실패 판단 기준 (Public value failure criterion)	공공가치 실패의 정의 (Public value failure definition)
가치 표명 및 종합화 메커니즘 (Mechanisms for values articulation and aggregation)	정치적 절차(political processes)와 사회통합과정(social cohesion)에서 효과적인 의사소통을 보장하지 못할 때 공공가치의 실패 가능성 존재
불완전한 독점 (Imperfect monopolies)	어떠한 재화나 서비스가 정부 독점에 의해 제공되는 것이 공공가치 실현에 있어 적합함에도 불구하고 사부문(private sector)에서 제공될 때 이는 정부의 불완전한 독점으로 공공가치의 실패 가능성 존재

129) Bozeman, Barry. Public Values and Public Interest. Georgetown University Press. 2007.

130) Bozeman, Barry·Daniel sarewitz. "Public value mapping and science policy evaluation". Minerva. No.49. 2011. pp. 1－23.

공급자의 희소성 (Scarcity of providers)	공공재화나 서비스의 공급자가 원활하게 존재하지 않을 때 혹은 공급자가 공공가치의 재화를 원활하게 공급하지 않을 때 공공가치의 실패 가능성 존재
단기 시간 지평 (time horizon)	정책결정이 장기적 관점을 고려하지 않고 이루어질 때 공공가치의 실패 가능성 존재
자원의 보존과 대체가능성 (substitutability versus conservation of resources)	보존해야 할 가치 있는 자원을 대체가능한 자원으로 취급할 때 공공가치의 실패 가능성 존재
편익의 비축 (Benefit hoarding)	고르게 배분되어야 할 공공재화나 서비스의 편익이 특정 개인이나 집단에 의해 비축(hoarding)될 때 공공가치의 실패 가능성 존재

자료: Bozeman, Barry · Daniel sarewitz, "Public value mapping and science policy evaluation", Minerva. 49, 2011, pp. 1−23.

(4) 공공가치 실패모형 적용을 통한 공익성 진단 사례

공공가치와 관련한 선행연구에서 서민승은 공익사업법에 의한 공익사업의 '공익성'을 진단하기 위해 Bozeman의 공공 가치 실패 모형(Public Value Failure Model; 이하 PVM)[131]을 우리나라 산업단지 조성사업에 적용하여 공공가치 실패가능성을 검토하였다. 이 연구에서 채택된 공공가치는 첫째, 국민에게 부여하는 권리 · 이익 ·혜택, 둘째, 국민이 사회, 공동체, 국가 등에 부담 해야 하는 의무, 그리고 정부 공공정책의 바탕이 되는 원리에 대해서 가치를 부여하고 준거기준을 정립하였다. 공공가치의 개념은 공 · 사 부문을 불문하고 규범적 · 사회정치적 가치를 포함하지만, PVM 모형은 특히 정부의 공적 개입이나 사업의 공적 가치 실패현상의 평가에 적합하다는 점에서 산업단지 조성사업의 공익성 평가에 적용가능한 것으로 판단되었다.

분석결과 산업단지 조성사업에 있어서 정부 독점의 필요성(공공가치 실패가능

131) PVM(Public Value Model)모형은 보즈만(Bozeman) 교수가 본인의 저서 *Public Values and Public Interest*에서 논의한 공공가치 실현을 진단하기 위한 정책평가 분석틀이다. 공공가치의 실패를 진단하는 도구로도 사용한다.

성 중), 서비스 제공기관의 존재(공공가치 실패가능성 하), 이해관계자의 참여 장치 구축(공공가치 실패가능성 중) 등 법률에 요건이 명시되어 있는 일부 항목을 제외하고는 대부분의 기준에서 공공가치 실패가능성이 높은것으로 나타났다. 또한 선행 연구는 산업단지조성사업의 규범적 정당성을 검토하는 기준으로 정당한 독점, 편익의 배분, 공급자의 존재, 시간 지평 및 대체가능성과 자원보전의 차원을 제시하였고, 절차적 정당성은 가치표명 및 종합화 메커니즘과 공공정보의 불완전성 차원을 제시하였다.

결론적으로 PVM 모형을 적용하여 공익성을 진단하는 경우, 분석과정에서 도출되는 '공공가치 실패기준'은 정책의 성과관리에서 추가적으로 고려해야 할 가치들이 무엇인가를 파악할 수 있으며, 더 나아가 공익실현을 위한 공공정책에 있어서 특별히 공공실패가 예상되는 부분이 무엇인지를 사전에 검토할 수 있게 함으로써 공공정책의 성과관리에서 배제된 공공가치를 반영할 수 있도록 하는 데에 활용할 수 있다.

제4절 도시계획의 판단기준으로서 공익

오늘날 도시학의 가장 기본적인 개념을 말한다면 그것은 아마도 앙리 르페브르가 말한 '도시에 대한 권리'가 될 것이다. 도시계획을 역사적 변화의 관점에서 보면 현대 도시계획은 '도시에 대한 권리'의 주체와 객체를 분명히 하고 한계 지우며 그것을 실현하는 방법을 찾고자 하는 노력이라고 해도 크게 틀린 말은 아니다. 도시계획은 한정된 도시 공간영역에서 이루어지는 시민의 일상활동이 필요로 하는 최소한의 시설들과 기능의 공급을 통해서 도시의 공간적 질서를 마련하는 것에서부터 시작되었지만, 사실 이러한 도시의 공간적 질서는 그 당시 도시를 다스리던 지배자(혹은 국왕)의 통치 효율성 확보 차원에서 이루어진 경우가 대부분이다. 도시계획의 이러한 탄생배경은 오늘날 도시계획에도 상당 부분 그대로 남아있다. 현재의 도시계획은 과거의 도시계획과 비교할 때 계획의 수립과 실행에 있어서 시민 참여와 과정의 공개가 제도화된 것을 제외하면 그 옛날 지배자의 계획 결정과 오늘날 자치단체장의 계획결정의 권한과 범위는 크게 달라졌다고 보기 어렵다. 그렇다고 해서 현재의 도시계획이 과거의 도시계획과 비교하여 크게 개선되지 못하였다는 것을 강조하는 것은 아니다. 오히려 도시계획이 처음으로 도입된 그 시기의 사회와 비교하여 볼 때 오늘날의 사회가 크게 변화하지 않았다는 점에서 볼 때 그러하다.

그런데 도시계획이 자치단체장을 비롯한 도시행정의 규범에 관련된 것이라고 한다면, 시민들의 도시에 대한 권리 개념만이 도시계획의 중심 주제가 될 수는 없다. 시민 개개인들로 구성된 도시를 단순히 시민들의 수적 집합으로 볼 것인지 아니면 도시라는 고유한 정체성을 공유하는 공동체로서 인정할 것인지에 대해 견해가 일치하지 않을 수는 있어도, 적어도 시민들의 권리만이 실현되고 공동체적 관심사가 다스려지지 않는 도시는 유지될 수 없다는 점에 대해서는 사람들의 의견이 일치할 것이다. 그 공동체적 관심사의 핵심이 바로 '공익'이다. 즉, 공익은 시민들의 도시에 대한 권리개념만큼이나 본질적인 도시계획의 기본개념이다.

공익개념은 도시학의 전유물은 아니다. 공익개념의 전제가 되는 공·사의 구별은 그 자체가 중요한 사회철학적 함의를 가지고 있을 뿐 아니라 일반 사회과학과 국가학에서도 공익은 하나의 이념으로서 또는 가치로서 중요한 의미를 가지고 있다.

사회철학, 일반 사회과학 및 행정학에서의 공익과 그 관련 개념에 대한 논의의 발전은 도시계획이 실천하고자 하는 공익개념 형성의 기반을 이루는 것이다. 그러나 도시계획에서의 공익개념의 논의는 이 개념을 단순히 분석의 관점이나 추상적 가치개념으로서가 아니라 도시계획의 계획원칙으로 위치 지운다는 점에서 일반 사회과학에서 추구하는 관심보다 훨씬 실제적인 측면이 있다.

도시계획적 관점에서 '공익'을 어떠한 시각에서 바라볼 것인가라는 것은 우선 개인과 사회의 관계를 어떻게 이해할 것인가라는 것과 밀접하게 관련되어 있을 뿐 아니라, 개인이 중심이 되는 권리에 대한 제한과 한계가 어떠한 원리에 의해 이루어져야 하는가 라는 질문과도 밀접한 관련이 있다. 이처럼 공익개념은 본래적으로 도시계획에 관련된 것이고 나아가서 정치학, 경제학, 행정학 등 사회과학 일반과 철학의 연구의 대상이 되는 것이지만 그 실천적 의미는 도시학에서 가장 현저하게 드러난다. 도시학 그 중에서도 도시계획은 공익개념을 계획원칙으로 삼지 않으면 안 될 본질적 방향성을 가지고 있다. 어쩌면 공익론은 도시계획체계를 형성하는 도시계획법의 핵심 이론이라 할 수 있다. 도시계획법의 각 이론체계는 모두 개인의 권리와 공익을 그 가치체계의 중심에 놓고 양자 사이의 균형을 유지하려는 것으로 보아도 과언이 아니기 때문이다. 이런 이유에서 공익개념의 이해와 실천은 도시연구의 기본 출발점이자 도시계획의 궁극적 실천목표이어야 한다. 바로 이 점이 도시계획과 공익에 관한 연구가 필요한 이유이자 의의이다.

4.1 도시계획과 공익

1) 계획과 도시계획

계획은 시대의 필연적 산물로서 K. 야스퍼스는 "계획화는 어느 목적으로 행할 것인가를 준비하는 것이며, 계획은 인간의 생존에 있어서 고유한 것이기는 하지만 전체 계획을 위한 완전한 지식이 존재하지 않으므로 계획은 한정적인 범위에서 가능하다"고 주장한다.[132)]

칼 야스퍼스(Karl Jaspers)는 하이데거와 함께 실존철학을 창시한 독일의 철학자이다. 실존개명(實存開明)은 야스퍼스의 철학적 사유의 본질을 규정하는 방법개념이다. 과학적 사유와 대비되어 인간의 실존이 자기 자신에 관해 알려고 하는 바의 실존적 자기 이해를 의미한다. 실존은 고립하는 것이 아니며 다른 실존에 의하여, 또한 다른 실존과 더불어서만이 실존으로서의 현실이 된다. 즉, 우리들은 결코

132) 칼 야스퍼스(重田英世譯), 역사의 기원과 목표, 理想社, 1964, p. 320.

전체라는 것을 알 수 있는 것은 아니고 언제나 전체 가운데에 있다. 어떤 행위시에도 예상 못한 결과가 주어질 수 있다. 계획이 수립되는 것은 기계적인 것, 합리적인 것의 영역에서만 가능하고, 생명의 영역에 있어서는 불가능하다.

K. 포퍼는 플라톤 이래의 이상주의(utopian engineering)가 전체 사회의 이상상(理想像)을 발견할 수 있도록 하였는데, 그것은 필연적으로 권위주의로 귀결되었으며, "우리들은 사회 전체를 합리적으로 계획하여야 한다는 야심적인 요구에 응하여 얻어진 지식을 지닌 것은 아니다"라고 말하면서,[133] 계획이 지닌 근본적 한계를 지적하는 이른바 단편적 사회공학을 제시하였다.

F. 하이에크가 계획화를 사회주의와 같은 것으로 보아, 독재로 이끌 위험성을 강조한 것은 잘 알려져 있다. 예컨대 하이에크는 다음과 같이 말하였다. "계획화가 인기를 넓히는 것은 모든 사람이 물론, 우리들의 공통의 문제를 가능한 한 합리적으로 취급하고자 한다는 점, 그렇기 때문에 우리들이 가능하다는 선견지명을 활용하기를 바라는 것에 기인한다. 그런 의미에서는 완전한 운명론자가 아닌 모든 사람은 계획론자이고, 모든 정치활동은 계획행위이다. 그래서 계획화에 선한 것과 악한 것, 현명하고 선견지명이 있는 것, 우열에 있어 근시적인 것과 상위(相違, 서로 다름)가 있는 것에 지나지 않는다. 계획화된 사회를 열망하는 사람들이 현재, 이 말을 쓴 것은 그러한 의미가 아니다. … 계획론자가 요구하는 것은 이른바 계획활동을 단일계획, 즉 사회의 모든 자원이 일정한 방향으로 특정 목적에 투입되는 것은 어떻게 의식적으로 지도해야 한다는 것을 규정한 단일계획에 따라서 중앙기관이 지도한다는 것이다."[134]

---

133) K. Popper, 'The Open Society and its Enemies', vol.1. Routledge & Kegan Paul, 5th edition., 1966. pp. 161－162. 칼 레이먼드 포퍼 경(영어: Sir Karl Raimund Popper) 영국의 철학자이자 20세기 가장 영향력 있었던 과학 철학자이다. 고전적인 관찰－귀납의 과학 방법론을 거부하고, 과학자가 개별적으로 제시한 가설을 경험적인 증거가 결정적으로 반증하는 방법을 통해 과학이 발전한다고 주장하였다.

134) F. A. 하이에크 저(一谷藤一郎 二一谷映理子 譯) 숙종의 도동경창원사 47집. 프리드리히 하이에크(Friedrich Hayek)는 영국의 경제학자이자 정치철학자이다. 그는 신자유주의의 아버지로 불린다. 화폐적 경기론과 중립적 화폐론을 전개하였고, 자유주의의 입장에서 계획경제에 반대했다. 사회주의 및 전체주의, 좌파의 경제 정책을 비판

계획이란 주어진 상황 속에서 해결을 필요로 하는 문제의 처리방안을 선택하는 일련의 과정이다. 따라서 계획이란 주어진 상황이 고정된 상황인지 아니면 유동적인 상황인지에 직접적인 영향을 받는다. 또한 해결을 필요로 하는 문제를 어떠한 기준에 의하여 어떻게 정의하느냐에도 직접적인 영향을 받는다. 이런 이유에서 칼 야스퍼스가 주장한 것과 같이 계획이 비록 인간의 생존에 고유한 것이지만 하나의 전체 계획을 위한 전체지(全體知)라는 것이 존재하지 않는다는 주장이 설득력을 갖는다.

도시계획의 본질적인 목적에 대하여 우리나라 헌법재판소는 "행정청이 거주의 안녕과 건전한 생활환경을 보호하고 토지의 경제적·효율적 이용과 공공의 복리에 기여함에 있다"라고 판시한 바 있다.[135] 국토의 계획 및 이용에 관한 법률에 근거하여 수립되는 도시계획은 도시지역을 주거지역, 상업지역, 공업지역, 녹지지역으로 구분하여 지정하게 된다. 도시계획에 따라서 특정지역으로 지정되면 해당 지역에서의 건축물의 용도, 종류 및 규모 등에 대하여 제한을 받게 된다. 그러므로 도시계획에 의한 토지이용의 제한은 토지라는 개인 재산권 행사를 제한하는 것이지만, 도시계획에 따라서 지역별로 특정 용도의 건물 건축을 재산권에 내재하는 사회적 제약의 범주를 넘지 않는 범위에서 제한하는 것이라는 점에서 일방적인 재산권 제한에는 해당되지 않는다. 즉, 도시계획에 의한 토지재산권의 제한은 재산권의 본질적 내용인 사용·수익권과 처분권[136]을 인정하는 차원에서 이루어져야 한다.

또한 토지재산권의 행사의 제한은 국토의 계획 및 이용에 관한 법률에서 각 용도지역별로 상한 용적률을 정하고 있고, 이 범위 내에서 각 지방자치단체 조례로

하고, 케인스의 이론에 대항하여 자유시장 경제체제를 옹호하였다. 1970년대 서구 복지국가가 복지병과 경기침체 현상을 안게 되면서 자유시장 중시와 계획경제 비판을 요체로 한 그의 이론이 재조명되었고, 1980년대 레이거노믹스와 대처리즘을 필두로 하는 신자유주의 출현의 이념적 기반이 되었다.

135) 헌법재판소 2002.8.29. 2000헌마556 전원재판부.

136) 최명진·김종호·동재욱, "행정심판을 통한 건축 불허가 처분 유형에 관한 연구", 대한부동산학회지, 제42호, 2016, p. 52.

용적률을 정하도록 하고 있다.[137] 따라서 토지의 공간적 활용범위는 해당 지방자치단체의 조례에 의해 정해지는 용적률에 의해 결정되어지고, 이외에 추가로 문화재보호구역, 시설보호지구 등의 구분에 의해 다시 제한될 수 있기 때문에 각 지역별로 토지의 이용가능 범위는 각각 다르게 정해진다.[138] 즉 토지가 위치하는 지역별로 토지재산권 행사의 제한 내용이 다르다. 이런 차이가 나타나는 가장 근본적인 이유는 도시가 지닌 자연적·사회적 특성이 다 다르기 때문에 이러한 도시별 특성을 도시계획에 반영하기 위한 것이다. 그래서 도시계획은 법률에 근거를 두고 입안·결정되는 구속적 계획이지만, 계획의 입안과 결정에 있어서 해당 도시의 특수성을 충분히 반영하기 위해서 행정청에게 행정재량과는 다른 광범위한 내용의 계획재량이 부여된다.[139] 이와 관련하여 우리 대법원도 "도시계획법 등 관계 법령에는 추상적인 행정목표와 절차만 규정되어 있을 뿐 행정계획의 내용에 대하여는 별다른 규정을 두고 있지 아니하므로 행정주체는 구체적인 행정계획을 입안·결정함에 있어서 비교적 광범위한 형성의 자유를 가진다…"[140]라고 판시하면서 계획재량의 특수성을 인정하고 있다.[141] 즉, 우리 대법원도 개별 도시가 수립하는 도시계획의 지역적 특성과 독창성 등의 독립성과 자율성을 인정하고 있다.

(1) 도시계획의 법적 성질

도시계획을 포함한 행정계획의 법적 성질에 대하여 학설은 입법행위설(법규명령설), 행정행위설, 개별검토설(복수성질설) 및 독자성설 등으로 구분되어 있었다.[142] 이러한 혼란은 행위형식과 법형식의 구분이 명확히 인식되지 못한 것에서 비롯한다.[143] 그러나 오늘날 행정계획은 현대행정의 포기할 수 없는 행위형식 또는

---

137) 국토의 계획 및 이용에 관한 법률 제78조(용도지역에서의 용적률).

138) 이상훈·석호영, "용적이양제 도입 및 활용에 관한 공법적 연구", 토지공법연구, 제66집, 2014, p. 57.

139) 재량과 계획재량의 차이점에 관한 참조는 김남진, "행정법의 기본문제", 법문사, 1996, p. 294.

140) 대판 1996.11.29, 96누8567.

141) 강구철, "계획재량의 통제에 관한 연구", 법학논총, 제11권, 국민대학교 법학연구소, 1999.

142) 행정계획의 법적 성질에 관한 국내학설 참조는 박윤흔, 행정법강의(상), 법문사, 1997, p. 277.

독자적인 행위형식으로서 행정계획[144] 등으로 인식되고 있으며, 또한 행정계획에 사용될 수 있는 법형식은 다양할 수 있다는 점에 공감하고 있다.[145]

도시계획은 법률에 근거를 두고 입안·결정되는 구속적 계획이지만, 입안결정에 관하여 행정청에게 광범위한 내용의 재량권이 부여되어 있어 계획재량에 속한다. 여기서 재량이란 법이 허용하는 범위 내에서 행정청이 행정에 구체적 타당성을 기하기 위하여 가지게 되는 활동의 여지를 말한다. 따라서 계획재량은 통상적으로 이야기하는 행정재량과는 다른 여러 가지 특수성을 지니고 있다.[146] 이와 관련하여 우리 대법원도 도시계획을 일반행정과 다른 계획행정으로 구분하면서 계획의 특수성을 고려한 계획재량의 특수성을 인정하고 있다.[147] 이를 근거로 하여 도시계획은 이해관계인의 의사에 구속받지 않고 입안 결정한다. 그러나 도시계획에 의한 개인의 재산권 침해의 사례가 늘어나면서 도시계획에 대한 사법심사에 사회적 관심이 크게 증가하고 있으며, 그 통제를 가능하게 하는 이론으로서 계획재량론이 계획법의 중심개념으로 주목받고 있다.[148]

이처럼 재량이란 그 자체 양면성을 가지는 것으로 행정작용에 있어서는 필수불가결한 것이며, 도시계획에 있어서도 그 역할의 양면성은 필수불가결한 것이다. 그래서 행정재량이란 행정주체가 행정작용을 함에 있어서 동등의 가치를 지니는 여러 가지의 행위 중 어느 하나를 선택하여 행할 수 있는 여지를 의미한다. 행정주체에게 행위선택의 자유가 주어졌다고는 하나, 그 범위 내에서 아무 행위나 하도록

143) 정남철, "계획변경청구권의 법적 문제: 도시계획변경신청권의 예외적 인정에 대한 비판적 고찰", 토지공법연구 사단법인 한국토지공법학회, 제48집, 2010년 2월.

144) Schmidt-Aßmann, Das allgemeine Verwaltungsrecht als Ordnungsidee, 2. Aufl., 6. Kap. Rdn. 96f.

145) Kück, in: Hoffmann-Riem/Schmidt-Aßmann/Voßkuhle (Hg.), Grundlagen des Verwaltungsrechts, Bd. II, § 37 Rn. 30.

146) 재량과 계획재량의 차이점에 관해서는, 김남진, 행정법의 기본문제, 법문사, 1996, p. 294.

147) 강구철, "계획재량의 통제에 관한 연구", 법학논총, 제11권, 국민대학교 법학연구소, 1999.

148) 신봉기, "계획재량 및 형량명령이론의 재검토", 고시계, 1989년 12월, p. 174.

허용된 것이 아니라 동등의 가치가 있는 행위 중에서 선택하여야 할 의무를 내포하고 있다. 법규범이 행정청에게 선택의 여지를 부여한 것은 행정청이 복잡다양한 생활 속에서 구체적인 경우에 개별적인 정의를 추구하도록 하기 위한 것이며, 행정청에게 자의적인 재량행사를 허용한 것은 아니다. 그러므로 행정재량이라 함은 행정청이 법규범의 테두리 내에서 선택영역(選擇領域)을 가지는 경우에, 이러한 선택영역에 속한 동등한 가치를 지니는 행정행위들 중 어느 하나의 행정행위를 선택할 수 있는 여지를 의미한다.[149] 이처럼 재량은 행정에게 자유나 자의를 부여하는 것은 아니므로 자유로운 재량은 없고 다만 의무에 합당한 재량 혹은 법적으로 기속된 재량만이 존재한다.

행정재량에 근거한 도시계획 수립과 운영과정에 재량이 많이 주어질수록 계획의 효율성, 구체적 타당성을 기할 수 있다. 반면에 도시계획 수립과 운영과정에 부여되는 재량이 적을수록 업무처리의 통일성 그리고 법적 안정성을 기할 수 있는 장점이 있다. 이런 이유에서 계획재량이 지닌 양면성의 문제와 관련한 선택의 문제는 결론적으로 재량권을 행사하는 도시계획수립 결정권자의 역량으로 귀결될 수 있다. 다시 말해서 도시계획에 있어서 재량이란 계획활동을 함에 있어서 마치 칼처럼 필요한 하나의 도구로서 작용한다. 도구는 결국 누가 그 도구를 어떻게 활용하는가에 따라 다른 결과를 초래할 수 있다. 그러므로 도시계획은 계획가의 개인적 경험과 능력에 영향을 받기도 하지만 본질적으로는 계획재량의 적용 범위와 적용 방법을 결정하는 권한을 지닌 계획수립결정권자의 역량에 가장 큰 영향을 받는다.

특히 계획재량과 관련하여서는 각종 계획의 수립처럼 공무원에게 주어지는 재량의 범위가 넓으므로, 이에 대해서는 보다 전문성을 갖춘 공무원이 재량권을 행사하도록 하는 것이 필요하다. 그렇다면 재량론에 있어서는 이제 법규범으로의 제한적 역할에서 벗어나서 실제로 재량권을 행사하는 공무원의 재량행사과정을 투명화하는 방안을 마련하는 것이 중요하다. 이러한 투명화 방안의 일환으로 공무원의

149) 김해룡, "행정재량론에 관한 재고찰", 계명법학, 제1집, 1997, p. 48.

재량행사과정에 있어서 고려하여야 할 기준들을 설정할 필요가 있으며, 재량행사과정에 이해관계인이 절차적으로 참여할 수 있는 길을 열어두는 것이 필요하다. 나아가서 공무원의 교육을 강화하고 공무원의 대우를 개선함으로써 자긍심을 갖도록 하는 방안 등도 현실성 있게 정비되어야 한다. 이러한 점에서 공익의 실천수단으로서 도시계획에 있어서의 재량권 행사는 재량권 행사절차의 투명화, 재량권 행사기준의 상세화, 공무원에 대한 교육의 강화 및 공무원의 전문성 및 자긍심 함양이라는 커다란 방향에서 이루어져야 한다.

다음은 이상의 논의의 기초를 이루는 행정계획의 의미와 계획재량의 의미를 확정한 우리나라 대표적 판례이다.

대법원 1996. 11. 29. 선고 96누8567 판결 [도시계획시설결정처분무효확인등]

판결요지

행정계획이라 함은 행정에 관한 전문적·기술적 판단을 기초로 하여 도시의 건설·정비·개량 등과 같은 특정한 행정목표를 달성하기 위하여 서로 관련되는 행정수단을 종합·조정함으로써 장래의 일정한 시점에 있어서 일정한 질서를 실현하기 위한 활동기준으로 설정된 것으로서, 도시계획법 등 관계 법령에는 추상적인 행정목표와 절차만이 규정되어 있을 뿐 행정계획의 내용에 대하여는 별다른 규정을 두고 있지 아니하므로 행정주체는 구체적인 행정계획을 입안·결정함에 있어서 비교적 광범위한 형성의 자유를 가진다고 할 것이지만, 행정주체가 가지는 이와 같은 형성의 자유는 무제한적인 것이 아니라 그 행정계획에 관련되는 자들의 이익을 공익과 사익 사이에서는 물론이고 공익 상호 간과 사익 상호 간에도 정당하게 비교교량하여야 한다는 제한이 있는 것이고, 따라서 행정주체가 행정계획을 입안·결정함에 있어서 이익형량을 전혀 행하지 아니하거나 이익형량의 고려대상에 마땅히 포함시켜야 할 사항을 누락한 경우 또는 이익형량을 하였으나 정당성·객관성이 결여된 경우에는 그 행정계획결정은 재량권을 일탈·남용한 것으로서 위법하다.

(2) 도시계획의 행정처분성을 인정하지 않은 판례

이 판결에서 대법원은 도시계획의 행정 처분성을 인정하지 않은 판결을 아래와 같은 이유를 들어서 내렸다. 그러나 이 판결은 일단 도시계획결정이 있으면 법률의 규정에 의하여 그 구역 내의 토지소유자에게 현상유지의무가 부과되고, 또한 각 도시계획별로 국민의 권리의무에 구체적·개별적 영향을 미치므로 도시계획에는 행정행위로서의 성질이 인정되고, 나아가 국민의 도시계획결정을 추상적 법규로 해석할 만한 근거가 없으며, 끝으로 도시계획결정에 대한 재판에 특별히 다른 절차가 마련되어 있는 것도 아니라는 점에 비추어 보면 도시계획에 대한 다툼의 가능성을 열어두는 것이 더 타당할 것으로 보인다.

□ 도시계획의 행정처분성을 인정하지 않은 판례

택지개발촉진법상 택지개발사업 시행자의 택지공급방법결정행위가 행정처분에 해당하는가에 대하여 대법원(대판 1993.7.13. 93누36)은 "택지개발촉진법 제18조, 제20조의 규정에 따라 택지개발사업 시행자가 건설부장관으로부터 승인을 받아 택지의 공급방법을 결정하였더라도 그 공급방법의 결정은 내부적인 행정계획에 불과하여 그것만으로 택지공급 희망자의 권리나 법률상 이익에 개별적이고 구체적인 영향을 미치는 것이 아니므로, 택지개발사업시행자가 그 공급방법을 결정하여 통보한 것은 분양계약을 위한 사전준비절차로서의 사실행위에 불과하고 항고소송의 대상이 되는 행정처분으로 볼 수 없다"고 판시함으로써 계획의 행정처분성을 인정하지 않은 판결을 내렸다.

이 판결에서 대법원은 판결의 이유를 다음과 같이 상세히 설명하였다. "택지개발촉진법 제18조 제1항은 택지를 공급하고자 하는 자로 하여금 건설부장관의 승인을 받도록 규정하고, 같은 조 제2항은 공급하는 택지의 용도, 공급의 절차·방법 및 대상자 기타 공급조건에 관한 사항은 대통령령으로 정하도록 규정하고 있으며, 같은 법 제20조 제1항, 제4항은 택지개발사업의 시행자가 택지를 공급받을 자로부터 그 대금의 전부 또는 일부를 미리 받고자 하는 경우 건설부장관의 승인을 받도록 규정하고 있는바, 이와같이 택지개발사업의 시행자가 건설부장관으로부터 승인을 받아 택지의 공급방법을 결정하였다 하더라도 그 공급방법의 결정은 내부적인 행정계획에 불과하여 그것만으로 원고들과 같은 택지공급희망자의 권리나 법률상 이익에 개별적이고 구체적인 영향을 미치는 것은 아니라 할 것이므로, 피고가 한국주택사업협회와 한국중소주택사업자협회에 위와 같은 공급방법을 결정하여 이를 통보한 것은 분양계약을 위한 사전 준비절차로서의 사실행위에 불과하고 이를 항고소송의 대상이 되는 행정처분으로 볼 수는 없다."

□ 이 판례의 교훈 및 개선 검토사항

우리나라의 법제하에서 도시계획이 실현되는 형식적인 과정을 살필 때, 도시계획의 처분성을 인정하지 않고 이를 입법행위로 보아야 할 근거는 약하다. 특히 도시계획의 기본법 역할을 하는 국토의 계획 및 이용에 관한 법률의 법문의 구조상 도시계획결정을 추상적 법규로 해석할 만한 근거가 없고, 그에 대한 재판에 특별히 다른 절차가 마련되어 있는 것도 아니라는 점에 비추어 보면 이에 대한 다툼의 가능성을 열어두는 것은 필요하다.[150] 그리고 일단 도시계획결정이 있으면 법률의 규정에 의하여 그 구역 내의 토지소유자에게 현상유지의무가 부과되고, 또한 각 도시계획별로 국민의 권리의무에 구체적·개별적 영향을 미치므로 도시계획에는 행정행위로서의 성질이 인정되어야 한다고 보아 항고소송으로 다툴 수 있도록 하는 것이 국민의 권리구제라는 관점에서 타당하다. 왜냐하면 도시계획이 국민의 권리의무에 구체적인 영향을 미치는 경우인데도 당해 도시계획에 근거한 처분이 있었을 때 그 처분의 취소를 구하도록 하는 것보다는 도시계획 자체의 처분성을 인정하여 직접 도시계획의 취소를 구할 수 있도록 하는 것이 국민의 권리를 조속히 구제함은 물론이고 해당 도시계획에 근거하여 수립되는 다른 행정계획의 혼란을 줄이는 역할을 할 수 있기 때문이다.

(3) 도시계획의 행정처분성을 인정한 판례

우리나라 대법원은 "도시계획법에 의한 용도지역변경은 행정처분으로서 독립하여 행정쟁송의 대상이 되므로 이에 대한 제소기간이 지난 후의 수용재결이나 이의재결의 단계에서는 용도지역변경처분에 당연무효라고 볼 만한 특별한 사정이 없는 한 그 변경처분의 위법을 이유로 재결의 취소를 구할 수 없다"고 판시[151]하여 도시계획의 행정처분성을 인정한 바 있다. 즉, 도시계획을 행정행위로 인정하고, 행정행위에 대한 법적 대응인 항고소송의 대상임을 인정하고 있다. 도시계획의 행정처분성을 인정한 이 판례를 통해서 과거 도시계획의 행정처분성을 인정하지 아니한 우리 법원의 도시계획에 대한 인식과 태도가 변했음을 알 수 있다.

150) 김종보, 건축행정법, 도서출판 학우, 2003, pp. 534－535.
151) 대판 1997.4.8. 96누11396.

또한 대법원은 행정청이 용도지역을 자연녹지지역으로 지정결정하였다가 그보다 규제가 엄한 보전녹지지역으로 지정결정하는 내용으로 도시계획을 변경한 것에 대한 도시계획변경결정 취소청구에 관한 판결[152]을 통해서 도시계획에 의한 용도지역 지정 및 변경의 정당성, 계획재량의 정당한 행사의 판단 기준으로서 공익개념 그리고 행정처분의 적법 여부 판단기준을 제시하면서 도시계획의 행정처분성을 인정하고 있다. 이 판결의 내용을 정리하면 다음과 같다.

□ 도시계획에 의한 용도지역 지정 및 변경의 정당성 판단기준으로서 공익

어떠한 토지를 어떠한 용도지역으로 지정할 것인지의 여부는 그 토지에 대한 도시계획상의 필요에 의하여 정하여지는 것이고, 그 중 용도지역을 보전녹지지역으로 변경하는 기준에는 그 현황은 물론 무질서한 시가화 방지, 공해 또는 재해의 방지, 녹지보전 등을 위하여 필요한 차단지대 및 완충지대로서 적절한 위치, 규모, 형태를 가지고 있는지 여부도 고려되는 것이다. 따라서 사건토지와 유사토지에 대한 규제가 완화되고 있음에도 사건토지의 규제내용이 강화되는 방향의 도시계획이 결정되었다 하더라도 그러한 사정만으로 형평의 원칙에 위배되는 것은 아니다.

□ 도시계획에 부여된 계획재량의 판단기준으로서 공익

도시계획구역 안에서의 녹지지역은 보건위생·공해방지, 보안과 도시의 무질서한 확산을 방지하기 위하여 녹지의 보전이 필요한 때에 지정되고, 그 중 보전녹지지역은 도시의 자연환경·경관·수림 및 녹지를 보전할 필요가 있을 때에, 자연녹지지역은 녹지공간의 보전을 해하지 아니하는 범위 안에서 제한적 개발이 불가피할 때 각 지정되는 것으로서 위와 같은 용도지역지정행위나 용도지역변경행위는 전문적·기술적 판단에 기초하여 행하여지는 일종의 행정계획으로서 재량행위라 할 것이지만, 행정주체가 가지는 이와 같은 계획재량은 그 행정계획에 관련되는 자들의 이익을 공익과 사익 사이에서는 물론이고 공익 상호간과 사익 상호간에도 정당하게 비교·교량하여야 하고 그 비교·교량은 비례의 원칙에 적합하도록 하여야 하는 것이므로, 만약 행정주체가 행정계획을 입안·결정함에 있어서 이익형량을 전혀 행하지 아니하였거나 이익형량의 고려대상에 마땅히 포함시켜야 할 중요한 사항을 누락한

152) 대법원 2005.3.10. 선고 2002두5474 판결.

경우 또는 이익형량을 하였으나 그것이 비례의 원칙에 어긋나게 된 경우에는 그 행정계획결정은 재량권을 일탈·남용한 것으로 위법하다.

□ 행정처분의 적법 여부 판단기준으로서의 법령과 사실 상태

행정처분의 적법 여부는 특별한 사정이 없는한 그 처분이 있을 때의 법령과 사실 상태를 기준으로 판단하여야 한다.

이상에서 알 수 있듯이 우리 법원은 도시계획에 의한 용도지역 지정 및 변경을 전문적·기술적 판단에 기초하여 행하여지는 행정계획으로서 재량행위로 인정하고 있으며, 재량행위의 인정범위는 무제한적인 것이 아니라 그 행정계획에 관련되는 자들의 이익을 공익과 사익 사이에서는 물론이고 공익 상호 간과 사익 상호 간에도 정당하게 비교·교량함에 있어서 비례의 원칙에 적합하는 경우로 분명한 제한을 두고 있다. 여기서 주목할 만한 것은 우리 법원이 도시계획의 특성과 범위를 이렇게 설정함에 있어서 그 판단의 근거로 삼고 있는 것이 공익개념이라는 사실과 판단의 방법으로 제시하고 있는 것이 이익형량이라는 점이다.

여기서 이익형량은 도시계획 관련 법령에 추상적인 행정목표와 절차만 규정하고 있을 뿐 행정계획의 내용에 대하여는 별다른 규정을 두고 있지 아니하여 행정계획을 입안·결정함에 있어서 행정주체에게 부여된 광범위한 형성의 자유 즉, 계획재량의 통제를 가능하게 하는 핵심적인 방법론이다. 최근 도시계획에 의한 개인의 재산권 침해의 사례가 늘어나면서 도시계획에 대한 사법심사 사례가 증가하고 있는데, 이익형량은 이러한 사법심사에 있어서 해당 도시계획의 정당성을 공익개념에 기초하여 판단하게 하는 핵심적 방법론의 역할을 하고 있다. 이익형량은 독일에서 발전된 계획재량의 법리에서 소개되었는데, 이와 비교되는 방법론으로 프랑스에서 발전된 비용편익형량이론(費用便益衡量理論) 역시 공익판단에 매우 유용한 법리이다. 비용편익형량이론이란 "개개의 개발사업을 통하여 실현되는 공익과 그 개발사업이 사적 또는 공적 제이익에 미치는 침해[153]를 비교교량한 결과" 후자가 전자보

153) 사적 소유권에 대한 침해, 재정상의 비용, 기타 사회적, 공익적 지장 등.

다 큰 경우에는 당해 개발사업에 대한 공익성 인정이 부인됨을 의미한다.[154)]

그렇지만 행정계획의 처분성을 인정하는 경우에도 행정기관은 광범위한 계획재량을 가지므로 소송을 통한 권리구제가 어렵다는 문제가 여전히 해결해야 할 과제이다. 따라서 이상의 학설이나 판례에 비추어 볼 때 계획의 처분성에 대한 판단기준은 대체로 다음과 같은 유형을 기준으로 구별할 수 있다. 첫째, 구속력의 유무를 기준으로 내부적 행위인가 외부적 행위인가의 구별이고, 둘째, 규제의 정도를 기준으로 일반적·추상적 규제인가 또는 개별적·구체적 규제인가의 구별이고, 셋째, 규제의 효과를 기준으로 직접 법적 효과를 갖는가 아니면 부수적 효과 또는 사실상의 효과에 지나지 않은가의 구별 등이다.[155)]

현행 행정소송법에 따르면 행정계획과 같은 공권력의 행사에 대하여 행정소송을 제기하기 위해서는 그 처분성이 인정되어야만 한다. 도시계획에 대하여 소송을 하기 위한 이러한 법적 요건을 고려할 때, 도시계획이 관계된 주민들의 권리를 제한하거나 그들에게 법적인 의무를 부과하는 경우라면 이러한 도시계획은 그 처분성이 인정되어야만 한다. 그래야만 권리 제한을 받거나 법적 의무를 부과받은 주민들이 사법적 판단을 통해서 자신들의 권리를 보호받을 수 있게 되어 궁극적으로 도시계획을 통한 공익의 실현과 이 과정에서 주민들의 권리 보호라는 사익의 균형을 이룰 수 있기 때문이다. 그래서 만일의 경우 도시계획에 대한 법적 성질을 순수이론적으로만 고찰하여 이에 대한 사법적 판단을 수용하지 않고 있는 상태에서 그 처분성을 부인하게 되면 이러한 결정은 형식에 치우쳐 국민의 권리보호라는 헌법이념을 무시하게 되는 것임은 물론 도시계획을 통한 공익의 실현이 형식적인 일이 되기 때문이다. 결론적으로 도시계획의 처분성은 일반론적으로 정의할 수 없기 때문에 개별 계획마다 나름의 상황과 계획목적 등을 종합적으로 판단하여 결정함이 요구된다.[156)]

---

154) 김남진, "행정의 적법판단기준으로서의 공익", 고시연구, 제30권 제1호, 2003, pp. 173－182.

155) 손성태, "도시계획제한과 그 권리구제에 관한 연구", 동국대경영논총, 제21집, 1997, p. 302.

156) 강현호, "도시계획과 행정소송", 토지공법연구 제7집, 1999, p. 112.

2) 도시계획과 공익

도시계획에 있어서 공익의 개념은 도시계획의 주체인 동시에 그 대상이 되는 개인과 사회의 관계를 어떻게 이해해야 하는가와 밀접하게 관련되어 있다. 즉 도시계획에서 추구하는 공익은 시민 모두가 추구하는 공동체의 가치개념이다. 하지만 도시계획의 입안과 대안의 선택 등 일련의 계획과정에서 구체적으로 공익이 누구의 이익으로 관념되어야 하며 또한 어떻게 판단되어야 하는가와 관련하여 아직 통일된 의견은 물론 명확한 기준을 찾지 못한 실정이다.[157]

20세기 초에 탄생한 가치이론은 가치와의 관련이라는 관점에서 사회과학의 독자적 방법론 구성을 시도하였다. 이러한 시도는 역사, 정치, 사회, 이데올로기 등 실정법 이외의 일체를 배제하는 법실증주의에 젖어 있던 법학 영역에 하나의 신선한 충격을 던져 주었다. 가치이론의 등장을 계기로 법학 중 헌법학 분야에서 가치이론적 토대 위에 많은 이론들이 주장되었다.[158] 그 결과 오늘날에는 헌법이 일정한 가치에 기초하고 있으며 그러한 가치의 핵심을 이루는 근본 가치는 인류사적 보편가치인 기본권을 통해 확인될 수 있다는 것이 일반적으로 인정되고 있다. 즉 헌법질서를 가치적 질서 내지 가치적 결단에 기초하고 있는 질서로 이해하고 있다. 이처럼 헌법을 가치질서로 파악하는 견해가 널리 인정되고 있음에도 불구하고, 다른 한편으로 헌법의 가치질서가 국가와 사회에 대하여 과연 어느 정도의 구속력을 행사할 수 있고 또 해야 하는지에 관하여는 아직도 격렬한 논쟁이 이어지고 있다.

이처럼 가치와 관련된 문제들의 해결이 어려운 이유는 그 무엇보다도 가치가 주관성을 갖는다는 사실에서부터 비롯된다. 즉 사람들마다 어떤 것이 얼마나 가치 있는지에 대하여 각각 다른 생각을 가지고 있다. 따라서 가치의 문제가 법적으로나 혹은 도시계획과 같은 공적 계획을 통해서 정립될 수 있기 위해서는 개인에 따라 다른 형태로 형성된 주관적인 가치 관념을 객관화시키는 과정이 필수적이다. 이러한 가치의 객관화는 결국 모든 사람이 동시에 인정하는 가치, 즉 모든 사람이 중요하

157) 최송화, 2004, 앞의 책, p. 24, p. 176.
158) 가치이론적 방법론은 법실증주의에 대한 비판에서 출발한다.

다고 인정하며, 따라서 보호할 필요가 있다고 공통적으로 생각하는 것을 통하여 확보될 수밖에 없다. 그러므로 가치의 객관화는 결국 공익적 사고와 판단에 의해 이루어질 수 밖에 없다. 도시계획이 시민 모두가 보다 나은 삶을 누릴 수 있도록 만드는 것을 목표로 하고 있다는 점에서 도시계획과 공익의 관계는 주어진 계획조건이나 대상 도시의 지역적 상황에 따라서 형성되는 사후적 관계가 아니라 태생적 관계를 지닌다고 보아야 한다. 그러므로 도시계획이 공익의 실천을 그 내용으로 해야 하는 것은 계획가의 선택 혹은 계획수립권자의 정치적 결정에 의한 것이 아니라 도시계획의 태생적(근본적)인 조건에 의해서 자연스럽게 확정되는 것이다.

그런데 기존 도시계획분야에서 이루어진 공익에 대한 검토내용을 보면 검토의 대상이 되는 도시계획사업의 계획과정에서 공익의 개념이 어떠한 판단기준의 역할을 했는지를 검토하기보다는 해당 도시계획사업이 추구하는 공익적 가치의 개념을 광의의 개념에서 살펴보는 정도로 이루어지고 있다. 심지어 이러한 과정에서 제시하는 평가 기준들의 경우에 있어서도 왜 어떠한 이유와 배경에서 그러한 기준들이 선정되었는지에 대한 설명 없이 단순히 관련하는 선행연구에서 사용한 변수들 중에서 확보 가능한 변수들을 선택하는 정도로 그 이유를 밝히고 있다. 이러한 현상이 나타나는 가장 근본적인 이유는 본서에서 논의하고 있는 바와 같이 도시계획 분야에 있어서 그동안 공공성과 공익에 관한 충분한 연구가 제대로 이루어지지 못했기 때문이라 생각된다. 다음으로 도시계획이 다루어야 하는 가치개념이 지닌 본질적 어려움 역시 이러한 현상을 초래하고 있는 하나의 이유가 될 것이다.

가치와 관련된 문제해결이 어려운 이유는 가치가 주관성을 갖는다는 사실에서부터 비롯된다. 따라서 가치의 문제가 도시계획을 통해서 해결되려면 개인에 따라 다른 형태로 형성된 주관적인 가치 관념을 객관화시키는 과정이 필수적이다. 그런데 가치들간의 비교는 불가능하다는 비교불가능성(incomparability) 또는 통약불가능성(incommensurability; 通約不可能性)에 관한 논쟁은 현재진행형이다. 가치판단 혹은 가치의 비교가 가능하다 함은 해당 가치들 사이에서 "…보다 못하다"(worse than), "…보다 낫다(좋다)"(better than), "…와 같다"(equally good)는 판단 중 어느 하나를 적용할 수 있는 경우를 이른다. 이에 반해서 가치판단 혹은 가치의 비교가 불가능하다 함은 위 세 가지 비교판단을 전혀 적용할 수 없는 경우이다. 즉 가치들을 비교하여 '…보다 낫다'라거나 '…보다 못하다' 또는 '동등한다'라는 판단을 내릴 수 있게 하는 '척도(尺度) 또는 공통의 측정 기준이 없는 상태'를 비교불가능성 또는 통약불가능성이라 하며,[159] 생명과 관련한 가치, 행복과 관련한 가치 등이 이러한 예에 해당한다. 이들 가치들의 경우 다른 가치와 비교하여 "…보다 못하다"(worse than), "…보다 낫다(좋다)"(better than), "…와 같다"(equally good)는 판단의 대상이 되지 못함은 당연한 것이다.

4.2 공익개념에 관한 우리나라 사법부의 판단

과거 우리 사법부는 공익개념에 대한 분석 없이 개별 상황에서의 일반적 합리성을 기준으로 공익을 판단하는 경향이 강했다고 평가된다.[160] 그 당시까지 공익의 개념은 모호하고 어려우면서도 모든 것을 지배하는 개념이라는 비난[161]으로부터 자유롭지 못했으며 공익개념의 필요성에 대한 회의적인 주장[162]에 대해서도 별다른 대응을 못 하였다.

그러나 최근 우리 사법부의 판례는 공익을 법원리로서 수용하려는 노력을 보이고 있다.[163] 공익과 사익 간, 공익과 공익 간의 비교교량을 구체적으로 설명한 판결들이 이러한 사례에 해당한다.[164] 이상의 판례들을 요약하면, 도시계획 관계 법

159) M. Adler, "Law and Incommensurability: Introduction", University of Pennsylvania Law Review Vol. 146, 1998, p. 1169.

160) 최송화, 2004, 앞의 책, p. 242.

161) G. Colm, "The Public Interest: Essential Key to Public Policy", in: Carl J Friedrich (ed.), 「The Public Interest」, Literary Licensing, 2013, p. 115.

162) 공익개념에 대한 회의론은 도대체 공익개념이 내용을 갖춘 목표인가, 과정인가, 아니면 근거가 희박한 신화인가?라는 질문에 대해서도 명확한 답을 제시하지 못한다는 점에 대한 반성을 주요 내용으로 한다. F.J. Sorauf, "The Conceptual Muddle", in: C. Friedrich (ed.), The Public Interest, Literary Licensing, 2013, p. 183.

163) 이와 관련해서는 도시계획의 법적 성질에 관한 설명에서 제시한 판례의 내용 등을 참조하기 바란다.

164) 대표적으로 대법원 97누1501, 96누10096, 96누8568, 2002두5474 판결 등 참조.

령에는 도시계획의 추상적인 목표와 절차만이 규정되어 있을 뿐 도시계획의 내용에 관하여는 별다른 규정을 두고 있지 아니하므로 도시계획 수립주체는 구체적인 도시계획을 입안·결정함에 있어서 비교적 광범위한 형성의 자유를 가지는 것이지만, 도시계획 수립주체가 가지는 이와 같은 형성의 자유는 무제한적인 것이 아니라 그 도시계획에 관련되는 자들의 이익을 공익과 사익 사이에서는 물론이고 공익 상호 간과 사익 상호 간에도 정당하게 비교·교량하여야 한다는 제한이 있음을 분명하게 하고 있다. 즉, 우리 법원은 도시계획에 부여된 비교적 광범위한 재량권의 판단 기준으로서 공익개념을 인정하고 있다.

1) 지하공간의 사용에 관한 공익성 판단

2006년 서울 동대문구 소재 D교회는 도로 하나를 사이에 둔 예배당과 비전센터를 연결하는 지하 통로를 만들려고 동대문구청에 공공 도로 지하 점용을 신청했다. 이 신청에 대하여 동대문구청은 D교회가 점용을 신청한 지하 공간이 불특정다수인이 이용하는 공공시설이 아닐 뿐만 아니라 사인 소유 건축물의 연결을 위한 것으로서 구청이 관리하기도 곤란하다는 이유에서 도로 점용을 불허했다.[165]

D교회는 지하에 통로를 만들기 때문에 일반 공중의 도로 이용에 지장을 주지 않고, 그 곳에 매설물이 없고 추가로 매설물을 설치할 계획도 없어 공공의 이익을 침해하지 않는다는 주장으로 동대문구청을 상대로 '건축 불허가 처분 취소' 소송을 제기했다. 1심의 서울행정법원은 구청의 행정처분이 정당하다고 판단하였는데, 2심 고등법원은 D교회의 주장을 받아들였다. 이 사건은 2008년 11월 대법원이 2심 판결을 파기하고 사건을 고등법원으로 환송하면서 정리되었는데, 결과적으로 D교회 소송은 2009년 3월 최종 기각되었다.

대법원은 D교회의 주장과 다르게 공익과 사익을 비교하고 비례·형평 원칙을 따져도 공공 도로 점용을 허가할 이유가 없다고 판단하였다. 즉 이 지하통로의 설

165) 구권효, "교회의 공공 도로 점용은 공익적일까? 동대문구 D교회 대법 판례로 보는 사랑의 교회 도로 점용", 「뉴스앤조이」, 2016년 6월 15일, www.newsnjoy.or.kr

치는 D교회가 주장하는 바와 같은 순기능적 측면도 있다고 볼 수 있지만, 지하 구조물 설치를 통한 도로 지하 점유는 원상회복이 쉽지 않을 뿐 아니라 그 유지·관리 및 안전에 상당한 위험과 책임을 고스란히 구청이 인수하게 되는 것과 비교하여 해당 지하 통로는 교회 건물 및 그 관련 시설의 이용에 제공되는 것 외에는 구청이나 관내 주민 일반의 공적 혹은 공공적 이용에는 필요하지 않아 구청이 이를 인수할 합리적 사정이 없다고 판단한 것이다. 이처럼 최근 우리 사법부는 도시계획의 판단기준으로 공익을 보다 객관적인 차원에서 활용하고 있다.

2) 토지수용에 있어서의 공익성 판단

재산을 금전적 가치가 있는 권리로만 보면 공용침해에 대하여 보상만 충분히 행해지면 문제가 해결되는 것으로 생각할 수 있다. 그러나 재산은 단순히 금전적 가치가 있는 권리가 아니다. 재산은 개인의 자유로운 인격의 발현과 인간 존엄을 유지하기 위해 필요한 것으로서 인권의 한 형태로 보는 것이 타당하다. 따라서 재산이 보존되지 않고 보상될 뿐이라고 한다면, 그것은 원칙적으로 재산권의 보장이라고 말할 수 없다.[166] 보상에 의한 재산권의 가치보장은 재산의 변화 또는 재산권의 기능변화를 강요하는 것이고, 그것은 재산권자의 삶의 형태와 질을 바꾸어 놓는 것이다. 이러한 점에서 가치보장보다는 존속보장이 우선되어야 한다는 주장이 설득력이 있다.[167]

현대국가에서 복리행정의 증대와 공익사업의 확대에 따라 사유재산에 대한 공용수용의 필요성이 증대되고 있다. 헌법은 재산권의 내용과 한계에 관한 법률유보 조항을 두고 있고(제23조 제1항 제2문), 공공복리에 적합하도록 재산권을 행사해야 할 의무를 부과하며(제23조 제2항), 공공필요에 의하여 재산권에 대한 공용침해를 허용하면서 그에 대해 손실보상을 지급하도록 규정하고 있다(제23조 제3항). 이에 따라

166) 김연태, “공용수용의 요건으로서의 ‘공공필요’”, 고려법학 제48호, 2007, pp. 83-10과 p. 87.

167) 송희성, “재산권의 존속보장과 가치보장에 관한 연구: 공용침해의 요건과 손실보상의 일부를 중심으로”, 경희대학교 대학원 박사학위논문, 1991, p. 44.

서 헌법재판소는 공용수용의 요건을 공익성, 적법성 그리고 정당보상으로 제시하고 있다.[168)]

그동안 공용수용에 대한 논의는 공용수용에 대한 재산권의 존속보장의 측면에서 법·제도적 통제장치를 마련하는 것에 주안점을 두기보다는 공용수용권의 강화, 공익사업의 확대, 절차의 간소화 그리고 손실보상액의 조정에 관심이 집중되었다. 공용수용에 관한 일반법인 공익사업을 위한 토지 등의 취득 및 보상에 관한 법률(토지보상법)은 공용수용의 요건에 관하여 구체적인 규정을 두지 않고 단지 공용수용을 할 수 있는 사업 즉, 공익사업을 열거하고 있을 뿐이다(토지보상법 제4조). 공용수용의 근거가 되는 개별법에서도 수용의 목적 또는 전제조건에 대한 상세한 규정을 두고 있지 않다. 예를 들면 도시개발법 제21조 제1항은 "도시개발사업은 시행자가 도시개발구역의 토지 등을 수용 또는 사용하는 방식이나 환지 방식 또는 이를 혼용하는 방식으로 시행할 수 있다"고 규정하고 있고 같은 법 제3항은 "제1항에 따른 수용 또는 사용의 방식이나 환지 방식 또는 이를 혼용할 수 있는 도시개발구역의 요건, 그 밖에 필요한 사항은 대통령령으로 정한다"고 규정하고 있다. 그런데 제3항에서 규정하고 있는 대통령령(도시개발법시행령 제43조 제1항)에서는 "계획적이고 체계적인 도시개발 등 집단적인 조성과 공급이 필요한 경우 수용 또는 사용방식으로 사업을 할 수 있다"고 규정하면서 어떤 경우가 '계획적이고 체계적인 도시개발 등 집단적인 조성과 공급이 필요한 경우'에 해당하는 가에 대하여서는 아무런 기준을 제시하지 않고 있다.[169)] 이처럼 공용수용의 대상이 되는 공익사업의 범위에 관한 법 규정의 개방성과 공공성의 개념에 대한 명확한 기준을 제시하는 데에 관련 연구의 축적과 판례 연구의 성과가 미흡하였던 결과, 공용수용의 공정성에 관한 개선과제는 향후 계획적이고 체계적인 도시개발을 위해 시급히 해결되어야 한다. 공

168) 헌법재판소는 공용수용을 "공공필요에 의한 재산권의 공권력적·강제적 박탈"이라고 정의하면서 그 요건으로 첫째, 국민의 재산권을 그 의사에 반하여 강제적으로라도 취득해야 할 공익적 필요성이 있을 것(공익성), 둘째, 법률에 의거할 것(적법성), 셋째, 정당한 보상을 지급할 것을 제시하고 있다(정당보상). 헌재 1998. 3. 26. 93헌바12; 헌재 1998. 12. 24. 97헌마87.

169) 공용수용과 관련한 사업인정의 문제는 본서 3.5 사업인정과 사업인정의제의 판단기준으로서 공익에서 보다 상세하게 설명하고 있다.

용수용의 문제점을 대표하는 실제의 사례를 소개하면 다음과 같다.

법원은 워커힐 관광 호텔사업을 구 토지수용법 제3조 소정의 문화시설에 해당하는 공익사업으로 인정하고 공용수용권을 부여한 것이 적법하다고 판시한 바 있었다.[170] 이 판결은 이후 행정편의주의에 입각한 판결로 부정적으로 평가되고 있다.[171] 한편 대법원은 다른 판결에서 "도시계획법시행령 제2조 제2호에 문화시설을 도시계획시설의 하나로 규정하고 있을 뿐 달리 문화시설의 내용이나 종류 등 그 정의를 규정한 규정을 도시계획법이나 동 시행령에 두고 있지 아니하나, 일반적으로 문화시설이라 함은 문화를 창달하고 향상시킴에 필요한 시설을 의미하는 것이므로 도시계획법상 도시계획에 의하여 설치될 문화시설은 학교, 도서관, 문화관, 극장, 음악당, 박물관, 미술관, 기념관, 전시관 등을 지칭한다 할 것이다"고 하여 관광호텔을 문화시설에 포함되는 것으로 열거하고 있지 않다.[172] 이처럼 공용수용의 대상이 되는 공익사업의 범위는 시대적 가치 변화를 반영하여 변화하고 있으며, 그 결과 공익개념의 본질적 내용 또한 고정불변의 것이 아니라 점차로 변화하는 것임을 알 수 있다.

헌법 제23조 제3항은 '공공필요'가 존재하는 경우에 한하여 공용수용이 허용됨을 명시하고 있는바, '공공필요'는 현행법상 공용수용의 일반적 요건에 해당하는 것이다. 그런데 헌법이 규정한 '공공필요'는 대표적인 불확정 법개념으로써 그 의미가 다의적이고 추상적이며, 정치·경제·사회적 제반 상황과 국가의 정책적 목표에 따라 그 내용과 결정기준이 다르게 나타난다. 예를 들어서, 헌법 제23조 제3항의 '공공필요'의 개념과 제37조 제2항의 '공공복리' 개념의 관계에 대하여 전자가 후자보다 넓다고 보는 견해[173]와 양자의 개념범위가 같다고 보는 견해[174]가 대립하고 있다. 그러므로 '공공필요'의 개념을 자의적으로 해석하는 경우에 공용수용의 적법

---

170) 대법원 1971.10.22. 선고 71다1716 판결.

171) 김남진, "사인을 위한 공용수용", 법학논집 제24집, 1986, p. 2.

172) 대법원 1984.5.9. 선고 83누167 판결.

173) 권영성, 헌법학원론, 법문사, 2006, p. 556.

174) 계희열, 헌법학(중), 박영사, 2004, p. 552. 각주 94.

성을 확보할 수 없게 되고, 그 결과 재산권의 존속보장은 무의미해질 것이다. 따라서 재산권의 존속보장을 도모하기 위해서는 공용수용의 허용요건에 관한 판단은 엄격하고 구체적이어야 한다.

3) 풍력발전의 자원으로서 바람의 공익성 판단

일반적으로 전력생산은 행정 또는 공기업은 물론 민간기업에 의해서도 이루어질 수 있으나, 전력은 최종적으로 공공에 의하여 소비되고, 그래서 국민생활에 가장 필수적인 재화이자 생존배려적인 영역이기 때문에 요금을 납부하지 않아도 서비스를 중단하기 어렵다. 즉, 공동체 구성원이 전력을 사용하는 경우에는 어떤 특정 소비자 이외의 다른 소비자를 전력의 소비로부터 배제하는 것이 불가능한 비배제성[175]과 모든 사람이 동시에 동일한 서비스를 이용하는 집합적인 소비(비경쟁성) 특성이 고려된다.

육상 풍력자원의 공공적 관리는 육상 풍력자원이 사회의 일반 구성원에게 공동으로 속하거나 두루 관계되는 관리, 즉 육상 풍력자원이 해당 지역 공동체 구성원에게 공동으로 속하거나 두루 관계되는 공공재로[176] 공익을 위하여 관리됨을 의미한다. 마찬가지로 풍력 자체가 무대가(無對價)인 육상 풍력자원을 사용하여 전력을 생산한 후에 유가로 판매하여 그 대금을 해당 지역 공동체 주민의 복리증진을 위하여 사용할 수 있다는 점에서 공공재인 풍력자원을 이용하여 얻은 전력 또한 공익을 위하여 관리되고 사용되어야 함은 당연하다. 그렇다면 육상 풍력자원의 공공적 관리에서 공익개념은 어떻게 정할 것인가?

---

175) 사유재의 경우에는 대가를 지불한 사람만이 그 재화를 소비할 수 있고, 대가를 지불하지 않는 사람은 그 재화의 소비에서 배제된다. 즉 그 재화의 사용으로 이득을 보는 사람이 그 재화의 공급에 드는 비용을 부담한다는 이른바 '수익자부담원칙'이 철저히 적용된다.

176) 여러 사람이 동시에 소비할 수 있으며, 어떤 한 사람의 소비가 타인의 소비가치를 감소시키지 않고 똑같은 소비수준을 가지게 되며, 또한 잠재되어 있는 모든 소비자를 배제할 수 없는 재화와 용역을 말한다. 공공재에 있어서 '공공'이란 재화나 용역의 소비적 특성과 관련된 것이지 생산적인 면과 관련된 것은 아니다.

풍력자원을 공공적으로 관리하는 기준으로서 공익이 요구된다면 공익의 존재 여부는 공익과 사익 간의 관련 하에서 공·사 이익의 비교형량을 통해서 결정되어야 한다. 오늘날 공익의 존재 여부와 관련해서 점차 해석의 범위를 넓혀가는 경향을 보이고 있다. 여기서 공익과 사익을 비교형량 하는 데는 비례원칙 또는 과잉금지원칙이[177] 중요한 의미를 가진다. 예를 들어서 제주특별자치도지사가 제주특별법 관련규정에 따라 육상 풍력발전시설 개발 예정지구의 지정처분과 같은 행정계획을 입안·결정하는 경우에는, 제주특별자치도지사에게 광범위한 계획재량이 부여되어 있다. 아무리 계획재량권이 부여되어 있을지라도 이 지정처분을 하는 경우 제주특별자치도지사는 관련된 이해관계자 등의 이익을 공익과 사익 사이에서는 물론 공익 상호 간과 사익 상호 간에서도 정당하게 비교·교량 하여야 하며, 그 비교·교량은 비례성 원칙에 적합하여야 한다.[178] 만약 제주특별자치도지사가 이 지정처분을 하는 경우 위와 같이 이익형량을 전혀 하지 아니하였거나 이익형량의 고려대상에 포함시켜야 할 중요한 사항을 누락한 경우, 이익형량을 하기는 하였으나 그것이 비례성 원칙에 어긋나게 이루어진 경우에는 그 행정처분은 재량권을 일탈·남용한 것으로 인정되어 위법하게 된다.[179] 왜냐하면 공익이라는 불확정개념을 해석·적용함에 있어서는 그 사정을 객관적으로 판단하여야 할 뿐만 아니라 비례의 원칙에 입각한 정당화 요건을 고려하여 판단할 필요가 있기 때문이다.

177) 백승주, 행정법총론강의, 동방문화사, 2009, p. 77.

178) 행정주체가 구체적인 도시계획을 입안·결정함에 있어서 비교적 광범위한 계획재량을 갖고 있지만, 여기에는 도시계획에 관련된 자들의 이익을 공익과 사익에서는 물론, 공익 상호 간과 사익 상호 간에도 정당하게 비교·교량하여야 한다는 제한이 있는 것이므로, 행정주체가 도시계획을 입안·결정함에 있어서 이익형량을 전혀 하지 아니하거나 이익형량의 고려대상에 마땅히 포함시켜야 할 사항을 누락한 경우 또는 이익형량을 하였으나 정당성·객관성이 결여된 경우에는 그 행정계획결정은 재량권을 일탈·남용한 위법한 처분이라 할 수 있고, 또한 비례의 원칙(과잉금지의 원칙)상 그 행정목적을 달성하기 위한 수단은 목적달성에 유효·적절하고 또한 가능한 한 최소침해를 가져오는 것이어야 하며 아울러 그 수단의 도입으로 인한 침해가 의도하는 공익을 능가하여서는 아니 된다(대법원 1998.4.24. 선고 97누1501 판결).

179) 대법원 2000.9.8. 선고 98두11854 판결; 대법원 2000.3.23. 선고 98두2768 판결; 대법원 1997.9.26. 선고 96누10096 판결.

4) 공익사업에 있어서 공익성 판단

한국토지주택공사 또는 도시공사와 같은 공공사업시행자가 시행하는 사업의 공익성 정도 여부는 일차적으로 입법자(예를 들어서 토지보상법)가 판단을 하며 최종적으로는 관할 행정청(예: 국토교통부장관)이 행정법의 일반원칙의 하나인 광의의 비례원칙에 의거하여 판단한다. 즉, 수단의 적합성, 수단 중 최소침해성, 협의의 비례성 등을 순차적으로 따져보아서 해당 사업의 공익성을 판단하게 된다.

공익성의 판단을 위한 구체적인 절차는 토지보상법 제20조의 사업인정절차에 마련되어 있다. 이때 사업인정권자인 국토교통부장관은 광의의 비례원칙에 의거 사업의 수행으로 얻는 공익과 그로 인해 침해되는 사익을 비교형량하여 얻는 공익이 큰 경우에 사업인정처분을 하게 되며 이후에 취득에 관한 협의가 결렬되면 강제적 취득을 위해서 수용재결처분이 행해지게 된다.

그러나 현실적으로는 토지보상법에 의한 사업인정을 거치기 보다는 개별법(택지개발촉진법 등)의 사업인정의제조항을 통하여 간단하게 공익성을 인정하게 되는데 이것은 많은 문제점을 유발하고 있다.

이를 해결하기 위해 토지보상법 제정시 사업인정의제조항을 갖고 있는 많은 개별 법률을 통일적으로 규율하려는 시도도 있었으나, 기존 제도를 유지하려는 이해가 더욱 커서 결국 과거의 문제 상황이 현재에도 그대로 상존하고 있다. 공익성을 판단하는 절차인 토지보상법의 '사업인정'을 사문화시키는 개별 법률들의 사업인정 의제조항은 앞으로 해결하여야 하는 과제가 되고 있다.

이와 관련하여 사업인정을 거치지 않는 협의취득 또는 협의사용절차의 경우에도 당해 사업을 공익사업이라고 표현하고 있으나 이는 명목상 공익사업은 될 수 있어도 실질적으로 수용 또는 사용할 만큼의 공익성은 인정받지 못한 것이다. 즉, 토지보상법은 협의취득 또는 협의사용절차와 공용수용 또는 공용사용절차를 함께 규정하고 있는데 공용수용 또는 공용사용절차는 반드시 사업인정을 거쳐야 하나,

협의취득 또는 협의사용절차는 사업인정을 거치지 않고 취득 또는 사용하는 경우인데, 이때에도 토지 등의 취득 또는 사용의 이유 내지 목적은 공익사업이라고 표현하고 있다.

5) 도시관리계획 수립에 있어서 공익성 판단

도시관리계획 수립에 있어서 공익성을 판단한 대표적 사례로 서울시 노원구청의 도시관리계획 변경 결정 취소에 관한 서울행정법원의 판결을 살펴본다.[180] 이 사건의 원고는 토지 및 건물 소유자로서 서울특별시장과 노원구청장에 대하여 도시관리계획 변경 결정취소를 요청하였다. 판결결과 서울특별시장이 2013. 3. 21. 서울특별시 고시 제2013-83호로 고시한 도시관리계획 변경 결정은 취소되었다. 아래에서 서울행정법원이 도시관리계획 수립에 있어서 관련된 공익판단을 어떻게 진행하였는 지를 살펴본다.

1. 도시관리계획 결정의 경위

가. 원고 ○○○은 서울 노원구 □□동 568-2 대지 385㎡(이하 '이 사건 토지'라 한다)와 그 지상 건물의 소유자이다. 원고 △△△은 이 사건 토지 지상 건물을 원고 ○○○으로부터 임차하여 1층에서 건축 자재 도소매업을 영위하고 있고, 2층에서 가족과 함께 거주하고 있다.

나. 피고 보조참가인(이하 '노원구'라 한다)은 2011. 9. 7. □□동 지역 내 공공체육시설을 확충할 필요가 있고, □□근린공원 중 불법시설로 훼손된 지역의 산림을 복원하며, 주민쉼터 등을 조성하여 공원회복을 도모하는 동네뒷산 공원화 사업을 추진하는 과정에서 이와 연계하여 수영장이 포함된 실내체육관을 건립하는 것이 타당하다는 이유로 "□□동 제2구민체육센터 건립계획"(이하 '최초 건립계획'이라 한다)을 수립하였다. 위 계획에 따르면 □□동 제2구민체육센터(이하 '이 사건 시설'이라 한다)는 서울 노원구 □□1동 산 106-2 등 6필지에 있는 □□근린공원 내에 지하 2층, 지상 2층, 연면적 7,000㎡의 규모로 건설될 예정으로 국

180) 서울행정법원 사건 2013구합55338 도시관리계획 변경결정 취소 판결.

비 59억 8,400만 원, 시비 69억 3,000만원, 구비 70억 3,300만 원 합계 199억 4,700만원이 상당이 소요되며, 2013년 1월경 공사에 착공하여 2014년 9월경 준공을 목표로 하고 있었다. 그런데 최초 건립계획에서 예정하고 있는 건립예정지에는 이 사건 토지와 그 지상 건물은 빠져 있었다.

다. 서울특별시 노원구청장은 2011. 10. 25. □□공원화 사업과 이 사건 시설 건립부지 현장 점검 과정에서 입구에 있는 이 사건 토지를 포함한 4필지(이하 '이 사건 토지 등'이라 한다)를 추가로 매입할 것을 지시하였다.

라. 노원구는 2011. 12. 23. 이 사건 시설 건립 관련 추진대책을 마련하였는데, 그에 따르면 2012년 상반기 중 토지매입비 18억 원을 확보하는 방안이 포함되어 있다. 이에 따라 노원구는 2012. 1. 10. □□근린공원 주변의 주거환경 및 도시환경을 저해하고 있는 이 사건 토지 등을 공공이 이용 가능한 쾌적한 광장 공간의 공공공지로 조성하여 이 사건 시설과 광장이 □□근린공원과 잘 어우러지는 친환경 공간이 될 수 있도록 한다는 방침을 세우고, 이 사건 토지 등을 광장 용도의 공공공지로 결정하여 도시계획시설사업으로 추진하기로 하는 내용의 공공공지 조성계획을 수립하였다.

마. 노원구청장은 2012. 1. 12. □□동 제2구민체육센터 건립을 위하여 이 사건 토지 등을 도시계획시설(공공공지)로 지정하기 위한 도시관리계획에 대하여 이해관계인과 일반인의 의견을 청취하고자 하니 의견을 제출하라는 내용의 서울특별시 노원구 공고 제2012-21호 도시관리계획(안) 열람 공고를 포함한 공문을 이 사건 토지 등의 해당 필지 토지 소유자에게 발송하였다. 노원구청장은 위 공문에서 도시관리계획의 입안 취지가 방치된 노후 건축물 등으로 도시미관 및 주거환경을 저해한다는 다수 민원이 있어 위 지역을 녹지, 광장 등 휴게 공간으로 조성하는 것이 바람직하다는 주민 요구에 따라 공공의 이용이 가능하도록 도시계획시설인 공공공지로 결정하려는 데에 있다고 밝혔다.

바. 2012. 2. 22.자 노원구 도시계획위원회 심의

1) 노원구청장은 2012. 2. 1. 노원구 도시계획위원회에 이 사건 토지 등에 관한 도시계획시설(공공공지) 결정 심의요청을 하였다. 여기에서 노원구청장은 ① 위 토지 지상에 있는 건재상 철거 후 광장공간을 조성하는 사업으로 자연환경에

부정적인 영향은 없고, ② 일조, 바람, 에너지, 경관 등에 영향이 없으며, ③ 공사 중 폐기물, 소음 및 진동 등이 발생할 것이나, 소음, 분진 등은 방진망, 가설방음 펜스 설치로 주변 영향을 최소화하는 것이 필요하다는 환경성 검토 결과를 기초로, □□근린공원 주변에 위치한 이 사건 토지 등은 향후 이 사건 시설 건립으로 쾌적한 공간 조성이 필요하고, 지역 환경 개선을 위하여 공공시설로 관리·활용하는 것이 타당하다는 의견을 제시하였다. 이 의견에 대하여 원고 ○○○는 이 사건 토지를 공공공지 지정에서 제외해달라고 요청하였다.

2) 노원구 도시계획위원회는 2012. 2. 22. 이 사건 토지 등을 공공공지로 지정하는 안건에 대하여 심의한 결과 이 사건 토지 등을 공공공지로 지정할 당위성과 합리적 판단자료가 부족하다는 이유로 심의를 보류하였다. 2012년도 제1차 노원구 도시계획위원회 심의 회의록에 따르면 이 사건 토지 등을 공공공지로 지정하는 안건에 대하여 노원구 관련 국장은 "현재 공원지역은 보상이 거의 종료되었다. 구청장 이하 구 간부들이 현장방문 시 구민체육센터가 건립되고 나면 건재상이 있는 부분 때문에 앞이 막혀버리는 일이 발생한다."라고 하였고, 이에 대하여 일부 심의위원들은 다음과 같이 이 사건 토지 등을 공공공지로 지정하는 데에 반대하는 발언을 한 것으로 확인된다.

① 이 지역은 애초에 계획에 포함이 되어 있지 않았다. 사유지인 이곳을 공공공지로 결정하여 사업을 추진하는 것은 위험하다. 이 사건 시설이 성공할지 못할지도 모르고 예산도 확보되지 않은 상황인데 도시계획시설로 결정하는 것은 맞지 않다. 예산도 확보되지 않은 상황에서 추진하는 것보다는 순차적으로 이 사건 시설이 건립되고 성공여부를 본 다음에 공공공지 지정이 필요하면 나중에 추진하면 되는 것인데, 미리 공공공지로 결정하여 강제 수용하는 것은 사유재산권을 침해하는 위험한 일이다.
② 이 공공공지 지정이 왜 필요한지를 설명해주어야 위원회에서 판단하는 것이지 우선 수용부터 하자는 것은 사유재산을 침해하는 것이다.
③ 공원을 확장해서 공원조성계획의 일부로 계획을 수립한 것이 아니라 공공공지로 지정해서 사업을 추진한다는 것은 행정편의적인 발상이다.

사. 원고 ○○○은 2012. 9. 11. 위 서울특별시 노원구 공고 제2012－21호 도시관리계획(안) 열람 공고에서 이 사건 토지 등을 시계획시설(공공공지)로 지정한 이유로 밝히고 있는 입안 취지의 의미에 대하여 설명을 요청하였고, 이에 노원

구청장은 2012. 9. 13. 위 공고의 입안취지 내용 중 다수민원 및 공원설치 주민요구 등은 이 사건 토지 등 외에 다른 지역의 토지의 공공공지 결정 안을 함께 공고하면서 일간신문의 지면 공간 제약 등으로 이 사건 토지 등 외에 다른 지역 토지의 입안취지를 명기한 것이고, 이 사건 토지 등의 입안취지가 아니라고 밝혔다. 또한 노원구청장은 위 회신에서 이 사건 시설 건립사업에 이 사건 토지 등을 추가부지로 계획하게 된 것은 노원구청장 현장 점검 과정에서 구두지시에 따라 추진된 사항으로서 위 토지 등은 이 사건 시설 입지 부지와 □□로 사이에 위치하고 있어 체육센터 차량 출입구 및 광장(보행 공간)으로 조성하는 것이 반드시 필요하다고 하였다.

아. 2012. 9. 14.자 노원구 도시계획위원회 심의

1) 노원구청장은 2012. 9. 3.경 노원구 도시계획위원회에 다시 이 사건 토지 등에 관한 도시계획시설(공공공지) 결정 심의요청을 하였다. 노원구청장은 위와 같이 다시 심의를 신청하면서, 노원구 도시계획위원회가 2012. 2. 22. 심의보류를 한 사항, 즉 공공공지 조성의 당위성에 관한 자료를 보완하였는데, 이 사건 시설은 훼손된 □□근린공원 복원과 함께 추진하는 것으로 구민을 위한 체육시설 설치 및 자연녹지공간의 복원을 목적으로 하고, 이 사건 토지 등은 구민체육센터 건립부지 입구에 있는 건재상 등으로 도시 미관과 주거환경을 저해한다는 민원이 있는 지역으로 이 지역을 자연녹지공간 복원계획에 추가하여 이 사건 시설의 출입구와 공공이 이용 가능한 쾌적한 광장공간의 공공공지로 조성하는 것이 타당하다고 주장하였다.

2) 노원구 도시계획위원회는 2012. 9. 14. 이 사건 토지 등은 다수의 민원이 발생한 지역으로 민원사항의 처리방향을 검토한 후 다시 상정하라는 이유로 다시 심의를 보류하였다. 위 도시계획위원회에서는 다음과 같은 위원들의 반대 견해가 제시되었다.

① 1,400명이 건재상 부지를 제외하고 사업을 해달라고 요청했는데, 이 안건은 반대하는 분들과 조율이 되지 않았다. 민원이 들어왔으면 최소한 그 민원에 대한 대안을 가지고 와야 하는 것은 아닌가.

② (간사가 민원을 낸 사람은 건재상을 임대받은 사람이라고 답변하자) 소유자도 협의가 안 된 것으로 안다.

자. 서울특별시(이하 '서울시'라 한다) 도시공원위원회

1) 이 사건 토지 등에 관하여는 2012. 5. 15.경부터 서울시 도시공원위원회에서 공원조성계획과 관련된 심의가 진행되었는데, 서울시 도시공원위원회 소위원회는 2012년 9월 25일 2012년도 제14차 회의에서 □□근린공원 조성계획과 관련하여 다음과 같은 사항을 검토, 반영하여 본위원회에 상정하도록 하는 내용의 자문을 하였다.

자문의견 : 체육관 진입부가 공원 입구로 기능할 수 있도록 진입부 사유지를 공공공지 보다는 공원으로 결정하여 건축물을 앞쪽으로 배치하는 방안 검토

- 기존 공원이용자의 불편이 없도록 공원출입구로의 역할 및 기존 산책로와 연결될 수 있도록 조성
- 건축물을 앞쪽으로 배치하여 도로면에서 보는 높이를 조정하는 방안 검토

2) 노원구가 2012. 9. 25. 제14차 서울특별시 도시공원위원회 소위원회에 제출한 심의 자료의 조성계획도(이하 종전계획도'이라 한다)와 위 소위원회의 자문결과를 반영하여 2012. 11. 20. 서울시 도시공원위원회에 제출한 심의자료의 조성계획도(이하 '변경계획도'이라 한다)를 토대로 2012. 11. 20. 개최된 서울시 2012년 제10차 도시공원위원회 심의에서는 위 제14차 서울특별시 도시공원위원회 소위원회의 결정 내용에 대하여 여러 가지 비판적인 의견이 제시되었고, 결국 수권소위원회에 안건을 회부하여 종전계획도를 기초로 일부를 수정하기로 결정되었다.

차. 노원구청장은 2013. 2. 5. 피고(서울특별시)에게 □□근린공원 동네뒷산 공원화 사업과 함께 추진 중인 이 사건 시설 건립사업의 원활한 추진을 위하여 추가부지를 도시계획시설(공원)로 결정하고자 하니 1977. 7. 9.자 건설부 고시 제138호 도시계획시설(공원)에 관하여 경미한 사항에 관한 변경 결정을 하여달라고 요청하였다. 한편 노원구청장은 피고에게 위와 같은 요구를 하면서 이 사건 토지 등에 대한 토지매입비 18억 원을 이미 확보하였다고 밝혔다. 그런데 노원구청장의 위 요청에 대하여 피고는 2013. 2. 7. 공원편입부지에 대한 보상재원 조달방안을 제시하고, 토지소유자와 협의하여 그 결과를 제출하며, 토지이용계획확인서를 정리할 것을 요구하였다.

카. 피고는 2013. 3. 21. 서울특별시 고시 제2013－83호로 1977. 7. 9. 건설부 고시 제138호로 도시계획시설(공원)로 최초 결정된 □□근린공원에 대하여 이 사건 토지를 도시계획시설(공원)로 지정하는 내용을 포함하여 경미한 내용을 변경하는 도시계획시설(공원) 변경결정을 하였다(이하 '이 사건 도시관리계획'이라 한다).

1. 변경결정 취지: □□ 제2구민체육센터 건립사업(이하 '이 사건 사업'이라 한다)의 원활한 추진을 위하여 추가 부지를 도시계획시설(공원)으로 결정하고자 함
2. 도시계획시설(공원) 변경결정 조서

구분	시설명	종류	위치	면적(㎡)			최초 결정일	비고
				기존	변경	변경 후		
변경	공원	근린공원	노원구 ㅁㅁ동 00 일대	260,500	증가) 803	261,303	건설부 고시 제138호 (1977. 7. 9.)	자연녹지지역 (□□ 근린공원)

2. 이 사건 도시관리계획의 적법 여부

가. 원고들의 주장

노원구가 □□근린공원에 이 사건 시설을 건립하고자 한다면 이 사건 토지 등을 별도로 도시계획시설(공원)에 포함하지 않고 □□근린공원의 기존 면적인 260,500㎡ 내에 충분히 건립할 수 있다. 그럼에도 피고는 이 사건 토지를 이 사건 시설 건립을 위한 부지에 포함하여야 할 필요가 있는지 여부, 그로 인하여 달성하고자 하는 공익의 유무와 그 정도, 그 때문에 원고들이 입게 되는 손해의 유무와 그 정도, 회피 방법이 존재하는지 등 제반 사정을 제대로 검토하지 아니한 채 이 사건 토지를 이 사건 도시관리계획에 편입하였다. 따라서 이 사건 도시관리계획은 이익형량을 전혀 하지 아니하였거나 이익형량의 고려 대상에 마땅히 포함시켜야 할 중요한 사항을 누락한 경우 또는 이익형량을 하였으나 그것이 비례의 원칙에 어긋나게 된 경우에 해당하여 위법하다.

나. 판단

1) 행정계획이라 함은 행정에 관한 전문적·기술적 판단을 기초로 하여 특정한 행정목표를 달성하기 위하여 서로 관련되는 행정수단을 종합·조정함으로써

장래의 일정한 시점에 있어서 일정한 질서를 실현하기 위한 활동기준으로 설정된 것이다. 그런데 관계 법령에는 추상적인 행정목표와 절차만이 규정되어 있을 뿐 행정계획의 내용에 관하여는 별다른 규정을 두고 있지 아니하므로 행정주체는 구체적인 행정계획을 입안·결정함에 있어서 비교적 광범위한 형성의 자유를 가진다. 다만 행정주체가 가지는 이와 같은 형성의 자유는 무제한적인 것이 아니라 그 행정계획에 관련되는 자들의 이익을 공익과 사익 사이에서는 물론이고 공익 상호간과 사익 상호간에도 정당하게 비교·교량하여야 한다는 제한이 있으므로, 행정주체가 행정계획을 입안·결정함에 있어서 이익형량을 전혀 행하지 아니하거나 이익형량의 고려 대상에 마땅히 포함시켜야 할 사항을 누락한 경우 또는 이익형량을 하였으나 정당성과 객관성이 결여된 경우에는 그 행정계획결정은 형량에 하자가 있어 위법하게 된다.[181)]

2) 위 도시관리계획 결정의 경위에 나타난 사정은 다음과 같다.

① 피고는 이 사건 토지가 이 사건 도시관리계획에 포함되어야 하는 이유로 도시미관, 쾌적한 공간 조성, 지역 환경 개선, 감속차로 설치 등을 통한 교통안전과 정체해소 등을 제시하고 있다. 그런데 최초 건립계획에는 이 사건 토지는 이 사건 시설의 건립예정 부지에 포함되어 있지 않았으나, 노원구청장이 2011. 10. 25. 현장점검 과정에서 이 사건 토지 등의 매수를 지시하자 비로소 위 토지가 이 사건 시설의 건립예정 부지에 포함되었다.

이러한 경위에 비추어 보면 과연 이 사건 토지를 위 도시관리계획에 포함시키는 과정에서 피고가 제시하고 있는 위와 같은 필요가 제대로 고려되었는지 의문이다. 오히려 노원구청장의 현장지시에 따르기 위하여 특별한 고려 없이 일방적으로 위 토지를 편입하고, 그와 관련된 이유를 사후적으로 덧붙이고 있는 것이 아닌가 하는 의문이 든다. 피고는 위와 같은 이유가 설득력을 얻기 위해서 필요한 최초 건립계획에 이 사건 토지 등이 빠져 있었던 이유에 대해서는 납득할 수 있는 설명을 하지 못하고 있다.

② 원고 송○○은 이 사건 토지와 그 지상 건물의 소유자이고, 원고 ○○○은 위 건물에 거주하면서 적법하게 건축자재 도소매업을 하고 있다. 원고 △△△은 이 사건 도시관리계획으로 토지의 개발 등 이용관계가 달라지거나 위 토지가

181) 대법원 2006.9.8. 선고 2003두5426 판결; 대법원 2007.4.12. 선고 2005두 1893 판결 등 참조.

수용되어 소유권을 상실할 수 있고, 원고 ○○○은 자신의 영업을 폐지하여야 할 위험에 처하게 된다. 그런데 이 사건 도시관리계획을 결정하면서 원고들의 정당한 이익에 대한 고려가 제대로 되었는지 의문이다. 피고가 제시하고 있는 이유, 즉 도시미관, 쾌적한 공간 조성, 지역 환경 개선, 감속차로 설치 등을 통한 교통안전과 정체해소 등의 이유가 공익을 위하여 중요하고 반드시 필요한 것이기는 하다. 그러나 공익을 이유로 원고들의 사익을 배제하기 위해서는 이를 정당화할 수 있는 구체적인 이유가 있어야 한다. 피고는 위와 같은 공익이 이 사건 토지를 위 도시관리계획에 편입함으로써 실제 달성될 수 있는지에 관하여 객관적인 자료를 제시하지 아니한 채, 단지 자신들의 내부 검토 자료만을 제시하고 있다. 이 사건 토지를 그대로 둘 경우 단지 위와 같은 우려가 있다거나 이 사건 토지를 편입하여 위와 같은 우려를 불식시킬 수 있을 것이라는 단순한 예측만으로 원고들이 적법하고 정당하게 이룩한 삶의 터전을 박탈할 수 없다.

③ 나아가 이 사건 토지를 위 도시관리계획에 편입하지 않고도 목적을 달성할 수 있다면 이 사건 토지를 편입할 정당성은 상실된다. 그런데 이 사건 도시관리계획에서는 이 사건 시설의 설계를 일부 변경하거나 대체지를 마련하는 등의 방법으로 이 사건 토지를 편입하지 않고도 이 사건 시설을 건립하는 방안은 고려된 바 없어 보인다.

④ 설령 이 사건 도시관리계획에 공익상 중대한 필요가 있어 이 사건 토지를 수용할 필요가 있다고 하더라도, 원고들에게 충분한 손실보상, 특히 대체지 마련이 반드시 필요한 데, 위 도시관리계획에는 이러한 내용이 전혀 포함되어 있지 않고 계획 수립 과정에서 그에 대한 고려가 있었던 것으로 보이지도 않는다.

⑤ 한편 이 사건 토지 등을 공원으로 지정하여 도시관리계획시설에 편입하고자 하였던 것은 체육관 진입부가 공원 입구로 기능할 수 있도록 진입부 사유지를 공공공지 보다는 공원으로 결정하여 건축물을 앞쪽으로 배치하는 방안을 검토하라는 2012. 9. 25.자 2012년도 제14차 서울시 도시공원위원회 소위원회의 자문에 따른 것으로 보인다. 그런데 위 자문 결과에 대하여는 서울시 도시공원위원회에서 비판이 제기되었고, 그 결과 수권소위원회에 회부되었는데, 이러한 과정에 비추어 보면 과연 위 소위원회의 자문 결과가 이 사건 토지가 도시관리계획에 편입되어야 할 당위성과 정당한 이유, 관련 이익의 적정한 비교 등에 대한 타당한

검토 하에 나온 것인지 의문이다. 또한 위 수권소위원회의 심의 결과를 통해 소위원회 지문결과의 효력이 계속 유지되는 지도 확인할 자료가 없다. 그럼에도 노원구는 위 소위원회의 자문 결과에 따라 이 사건 토지를 공원으로 하여 도시관리계획에 편입하는 것을 강행하였는바, 그 이유를 납득하기 어렵다.

⑥ 노원구청장은 2012. 9. 3.경 노원구 도시계획위원회에 다시 이 사건 토지 등에 관한 도시계획시설(공공공지) 결정 심의요청을 하면서 이 사건 토지 등은 구민체육센터 건립부지 입구에 있는 건재상 등으로 도시 미관과 주거환경을 저해한다는 민원이 있는 지역이라고 설명하고 있다. 그러나 노원구청장은 이미 2012. 9. 11.경 주민 민원은 도시관리계획 입안의 취지가 아니라는 취지를 분명히 한 바 있다. 또한 노원구청장이 언급한 위 민원이 실제 있었는지를 확인할 수 있는 아무런 자료가 없다. 오히려 갑 제9호증에 따르면 이 사건 토지 등을 도시관리계획에서 제외해 달라는 민원은 실제 존재하였던 것으로 확인되고, 2012. 9. 14.자 노원구 도시계획위원회 심의에서도 위 민원이 해결되지 아니하였음을 이유로 심의를 보류하였다. 피고는 이 부분에 관하여 아무런 해명을 하지 못하고 있다.

⑦ 한편 노원구 도시계획위원회는 두 차례에 걸쳐 심의를 보류하였고, 그 과정에서 심의위원들은 이 사건 토지 등을 도시계획시설로 지정할 당위성과 합리적 판단 자료가 부족함에도 무리하게 사업을 진행하는 것에 우려를 표명하였다. 그럼에도 피고는 위 도시계획위원회의 심의가 보류된 이유와 그 의미를 고려하지 않고 이 사건 토지를 도시관리계획에 편입하였다.

⑧ 노원구는 토지매입을 위한 비용을 충분히 마련해두었다고 주장한다. 노원구는 토지매입 관련 예산을 이미 확보하였다고 주장하면서 그와 관련된 자료를 제출하고 있으나, 이는 서울시가 2014년 1월경 2014년 예산을 확정하고 시비보조금을 교부하겠다는 내용으로서 이 사건 도시관리계획 결정 고시 이후에 확보한 예산이다. 여기에 비추어 보면, 이 사건 도시관리계획 수립 당시에는 정당한 보상계획 및 관련 예산이 실제 확보되어 있었는지도 의문이다. 설령 노원구가 충분한 토지매입비용을 마련해두었다고 하더라도 그것만으로는 부족하고, 원고들이 원하는 손실보상이 무엇인지, 특히 원고 ○○○의 경우 영업을 계속하기를 원하는지, 만약 영업을 계속하기를 원한다면 이를 위해 어떤 방안을 마련할 수 있는 지에 관하여 검토를 했어야 한다.

⑨ 한편 피고와 노원구는 이 사건 도시관리계획에 따라 이 사건 시설이 건설되면 인접 도로와 접하는 구간이 50.2m인데, 만약 이 사건 토지와 주차장 출입구를 위 도시관리계획에서 제외할 경우 이 사건 시설과 인접도로가 접한 구간이 12.9m 밖에 남지 않아 매우 협소하게 되어 비상주차공간을 확보할 수 없고, 감속차로와 지하주차장을 설치할 수 없게 된다고 주장하고 있다. 그런데 위 감속차로와 관련된 주장은 이 법정에서 비로소 제기된 것으로서 이 사건 도시관리계획 결정 과정에서 감속차로와 관련된 검토가 있었다고 볼만한 자료가 없다. 또한 실제 위 감속차로가 설치되지 않을 경우 발생할 수 있는 위험이나 교통에 미칠 영향을 확인할 수 있는 객관적인 자료도 제시된 바 없다. 노원구는 감속차로의 설치 필요성과 관련하여 노원구 디자인건축과장이 2014. 4. 1. 노원구 문화체육 과장에게 가감속차로의 설치가 필요할 것으로 판단되니, 부지확보 및 별도 협의절차를 추진하여 달라는 내용의 공문을 제시하고 있다. 그러나 이는 이 사건 소송 계속 중에 노원구 내부 부서 간의 공문으로서 이를 근거로 위 감속차로가 반드시 설치되어야 한다고 볼 수도 없다.

3) 위와 같은 사정을 종합하여 보면 이 사건 도시관리계획은 그 입안·결정 과정에서 달성될 수 있는 공익과 그로 인해 침해되는 원고들의 사익의 형량을 전혀 행하지 아니하였거나 공익과 사익의 이익형량이 정당성과 객관성을 결여하였다. 따라서 이 사건 도시관리계획은 형량에 하자가 있어 위법하다.

5) 공익성 개념에 관한 우리나라 사법부 판단 요약

행정계획상의 하자에 대해서 형량하자의 유형을 과거 재량권의 일탈남용 또는 단순히 비례의 원칙으로 본 것과 달리 독자적인 형량하자로 위법을 인정한 울산도시계획시설 취소사건[182] 이후 도시계획 관련 사건에서 우리 법원은 형량명령의 개념을 도입하여 공익판단을 보다 구체화하고 있다. 이를 최근 판례에서 나타난 특징을 중심으로 요약하면 다음과 같다.

행정계획에 대하여 처분성을 인정한 최초의 판결인 도시계획(구 도시계획법 제12조) 판결에서 "고시된 도시계획결정은 특정 개인의 권리 내지 법률상이 이익을

182) 대법원 2006.9.8. 선고 2003두5426.

개별적이고 구체적으로 규제하는 효과를 가져오게 하는 행정청의 처분이라 할 것이고, 이는 행정소송의 대상이 되는 것이라 할 것이다."고 판시하였다.183) 그러나 도시기본계획(구 도시계획법 제10조의2)과 관련한 사건에서는 도시기본계획은 일반적인 정책방향이 제시에 불과하다고 하여 처분성을 부인하고 있다.184)

토지수용 이의재결 처분 취소등 사건에서 대법원은 "(개발제한구역) 지정에 관련된 공익과 사익을 전혀 비교교량하지 아니하였거나 비교교량을 하였더라도 그 정당성과 객관성이 결여되어 비례의 원칙에 위반되었다고 볼 만한 사정이 없는 이상, 그 개발제한구역지정처분은 재량권을 일탈·남용한 위법한 것이라고 할 수 없다."고 판시하였다.185)

대법원은 1997년 택지개발 예정지구 지정처분 취소사건에서 이익의 비교교량을 해야 한다는 것을 전제로 하여 "이익형량의 고려대상에 포함시켜야 할 중요한 사항을 누락한 경우 또는 이익형량을 하기는 하였으나 그것이 비례의 원칙에 어긋나게 된 경우에는 그 행정계획은 재량권을 일탈·남용한 위법한 처분이다."고 판시186)함으로써 형량의 누락·결함·과오평가에 대해서 개별적으로 언급하고 있다. 이 판례에 대하여 형량하자의 판단범위를 누락, 결함, 과오평가에 제한시켰다는 비판이 있다.187) 이러한 판례의 입장은 주택건설사업계획 사전결정 불허가처분 취소판결188)과 도시계획결정 취소 판결189)에서도 유지되었다.

행정계획상의 하자에 대해서 형량하자의 유형을 과거 재량권의 일탈남용 또는 단순히 비례의 원칙으로 본 것과 달리 독자적인 형량하자로 위법을 인정한 판결

183) 대법원 1982.3.9. 선고 80누105.
184) 대법원 2002.10.11. 선고 2000두8226.
185) 대법원 1997.6.24. 선고 96누1313.
186) 대법원 1997.9.26. 선고 96누10096.
187) 신봉기, "형량하자 있는 행정계획에 대한 사법심사", 행정판례연구 제5권, 서울대학교 출판부, 2000, p. 115.
188) 대법원 1998.4.24. 선고 97누1501.
189) 대법원 2000.3.23. 선고 98두2768.

은 울산 도시계획시설(학교) 결정취소 판결[190]에서 비로소 찾아볼 수 있다. 이 판결은 형량명령 위반을 독자적 위법성으로 인정한 최초의 판결로 분류된다.[191] 이 판결에서 대법원은 "행정주체가 행정계획을 입안·결정함에 있어서 이익형량을 전혀 행하지 아니하거나 이익형량의 고려 대상에 마땅히 포함시켜야 할 사항을 누락한 경우 또는 이익형량을 하였으나 정당성과 객관성이 결여된 경우에는 그 행정계획 결정은 형량에 하자가 있어 위법하다."고 판시하였다.

이러한 판례의 입장은 도시계획시설 결정취소 판결,[192] 소위 원지동 추모공원 사건에서도 이어지며, 비교적 최근의 판결로는 부산·진해 경제자유구역 명지지구 개발사업실시계획승인취소 사건[193]에서도 찾아볼 수 있다. 그런데 부산·진해 경제자유구역 사건에서 대법원은 형량하자의 논지를 울산 도시계획시설(학교) 결정취소 판결(2003두5426) 및 도시계획시설결정취소 판결(2005두1893)과 동일하게 유지하고 있으나, 결론부분에서 "이 부분 상고이유의 주장과 같이 형량하자, 비례의 원칙 등에 관한 법리를 오해하거나, 논리와 경험의 법칙에 위배하고 자유심증주의의 한계를 벗어나 사실을 인정한 위법 등이 없다."고 판시함으로써 형량하자를 비례의 원칙과 별도의 쟁점으로 보는 것처럼 설시하고 있다. 그러나 형량하자와 비례원칙이 구체적으로 어떤 기준에서 어떻게 구분되는지에 관한 설명은 불분명하다.

울산도시계획시설 판례에서부터 최근의 판례까지 공통점은 형량하자가 있는 경우, 재량권의 일탈·남용을 거치지 않고 곧바로 위법을 구성한다는 점을 분명히 하고 있으나 구체적으로 어느 부분에서 어떠한 통제가 있어야 하고 어떠한 하자가 발생하였는지 하자의 유형별로 검토하고 있지 않다. 이런 점은 가장 최근의 판결인 천안 도시관리계획 결정(변경)등 취소 판결(대법원 2014.07.10. 선고 2012두2467)에서도 나타난다. 이 판결에서 대법원은 제한적으로 형량하자의 유형을 적시하고 정당

190) 대법원 2006.9.8. 선고 2003두5426.

191) 강현호, "계획적 형성의 자유의 통제수단으로서 형량명령", 토지공법연구 제43집 제1호, 2009, p. 220.

192) 대법원 2007.4.12. 선고 2005두1893.

193) 대법원 2011.2.24. 선고 2010두21464.

성과 객관성 결여시 위법하다는 기존의 판례와 동일한 입장을 취하면서도 어떤 부분에서 어떤 부분의 형량상 하자가 있었는지 구체적인 제시를 하지 않고 있다.[194]

이상의 판례를 보면 우리 법원은 공익판단에 있어서 형량명령 개념을 도입하여 공익판단의 기준으로 활용하고 있음을 알 수 있으나, 공익판단의 핵심이 되는 이익형량의 구체적 내용에 관하여서는 공통적으로 적용할 수 있는 기준의 적용 없이 사안에 따라 판단하고 있음을 알 수 있다. 따라서 우리 법원은 앞으로 보다 객관적이고 합리적인 공익판단의 기반을 마련하기 위하여 앞으로의 판례에서는 형량명령의 법치국가적 의미를 먼저 살피고 난 뒤에, 개별 사안을 개별 형량하자 판단에 대입하여 논증하여 판시함으로써 해당 사안에 있어서 구체적으로 어떤 부분에서 어떤 부분의 형량상 하자가 있었는지를 구체적으로 제시할 수 있도록 노력함이 요구된다. 그래서 우리 법원의 이러한 노력이 결실을 맺을 때 비로소 이익형량에 기초한 공익판단의 정당성과 객관성을 확보하게 됨은 물론 나아가 올바른 공익개념과 공공성 개념의 정립이 가능하게 될 것이다.

4.3 도시계획의 판단기준으로서 공익의 제도화

도시계획에 있어서 공익판단은 도시계획을 수립하는 행정부의 입장과 도시계획의 결정내용을 수용하는 시민의 입장의 양 측면을 가진다. 도시계획을 수립하는 행정부 차원에서는 가능한 한 관련 이익상황에서 진정한 공익을 여하히 적절하게 제도적으로 실현할 수 있을 것인가 또는 최소한의 공익판단의 지침을 줄 수 있도록 규정할 것인가가 가장 일반적인 과제가 된다.

1) 공익개념의 구체화와 추상적 공익개념의 의미

도시계획에 있어서 공익판단을 제도화하기 위해서는 공익개념이 공익판단에

194) 최승필, “행정계획에서의 형량: 행량명령에 대한 논의를 중심으로”, 토지공법연구 제73집 제1호, 2016, p. 242.

서 유용한 도구성과 기능성을 확보하는 것이 요구된다. 공익개념이 도시계획체계 안에서 구체적 의미를 가지는 도구성을 갖기 위해서는 공익개념이 근본적으로 가치적 개념이어서 어느 정도의 추상성을 수용하지 않을 수는 없지만 그래도 가능한 범위에서 공익개념의 추상성을 어느 정도 극복해야만 한다. 왜냐하면 공익개념의 추상성 정도가 높을수록 도시계획에 있어서 공익개념의 도구적 기능은 약화되기 때문이다. 따라서 공익은 가능한 범위에서 구체적인 형태로 기술되어야 한다. 표준화 혹은 규준적인 공익의 존재를 인정하기 어려운 현대적 상황하에서는 공익개념의 상세화, 영역화, 구체화는 공익과 공익, 공익과 사익 등과 관련되는 이익상황에 있어서의 필요한 공익판단의 합리화를 위하여 반드시 필요하다.

공익개념의 상세화, 영역화, 구체화의 과제는 더 이상 법학 혹은 사법부만의 과제일 수 없다. 도시계획에 있어서 공익의 구체적 이익상황에 관한 실증적 분석과 판단은 도시계획의 공공성을 확보하기 위한 필수적 과제이다. 이를 위해서 도시계획의 실행과정에서 나타나는 다양한 이익상황의 유형화와 그에 따른 이익형량의 모델의 개발은 미래 Digital Twin City, 포용도시, 지속가능한 도시의 조성을 위한 도시계획 분야의 중요한 과제가 아닐 수 없다. 이러한 이유에서 본서에서는 도시계획의 수립과 실행과정에서 실제로 대두된 공익개념을 유형화 혹은 범주화하고 이렇게 유형화된 공익개념의 일반적 이익상황을 대표적 판례를 통해 분석하여 도시계획 분야에 있어서 직접 활용가능한 공익개념과 그 구성요소들을 제시하였다.

2) 도시계획에 있어서 공익판단의 제도화 과제

오늘날의 공익은 절대적인 의미를 가지는 것이 아니라 일정한 한계 안에서만 그 우월적 지위를 인정받는다. 따라서 어떤 공익은 다른 공익에 의하여 제한되어질 수 있고, 심지어 사익에 의해서도 공익의 한계가 결정되어질 수도 있다. 이와 같은 현실 하에서 도시계획과 관련된 공익판단에 있어서 '이익형량'이 핵심적인 논증방법으로 대두될 수밖에 없다. 예를 들어서, 낙후지역 발전을 위해 공적 예산을 지원하는 경우 균형발전이라는 공익과 적절한 재정의 운용이라는 공익은 서로 충돌할 수 있는 것이고 이러한 공익의 충돌이 도시계획적 결정의 문제로 대두되는 경우 양

대안의 선택에 있어서 충돌되는 양 공익의 이익형량은 필수적인 것이다.

공익을 단순히 도시계획사업 추진의 필요성 혹은 당위성의 근거로 활용하는 경우 이익형량은 행정절차상 조건을 충족하는 역할에 한정되기 쉽다. 그러나 공익을 도시계획 수립과 실천의 궁극적인 목표로 인식한다면 이익형량은 단순히 행정절차상의 문제가 아니라 도시계획과 관련한 입법, 행정 그리고 사법적 판단의 모든 영역과 관련된 종합적이고 합리적인 판단을 요구하는 계획적 판단의 과제가 된다. 바로 이러한 이유에서 도시계획에 있어서 공익판단을 제도화하기 위해서는 먼저 도시계획 관련 법률들의 입법 단계에서부터 충돌하는 공익 상호 간 또는 공익과 사익 간의 이익형량을 위한 고려가 필요하다.

3) 도시계획에 있어서 공익판단의 절차적 정당화 방안

오늘날과 같이 가치의 다양화가 널리 받아들여지고 있는 시대적 상황에서 보편적으로 인식되는 공익개념을 규명하고자 하는 일은 무의미한 일인지도 모른다. 이런 현실에서 널리 통용될 수 있는 공익개념을 규명하는 일은 공익개념과 관련한 일련의 논의를 정리하고 판단해 나가는 절차의 공정성을 담보함으로써 사회적 수용가능성을 높일 수 있다. 즉, 공익개념이 사회적으로 수용될 수 있을 정도가 되기 위해서는 공익판단과 관련되는 이해관계자에게 공평하게 이익대변의 기회를 주고, 판단자는 제3자로서 편견이 배제된 상태에 있으며 또한 충분히 객관적인 판단을 할 수 있는 능력과 자질이 보장되는 등의 절차적 공정성이 담보되어야 한다.[195] 따라서 도시계획에 있어서 공익판단이 제대로의 역할을 하기 위해서는 앞서 설명한 바와 같이 도시계획 관련 법률들의 입법 단계에서부터 충돌하는 공익 상호 간 또는 공익과 사익 간의 이익형량을 위한 고려가 필요함은 물론, 이러한 과정에서 도시계획 전문가와 관계 공무원들만이 아닌 다양한 분야의 다양한 의견이 반영될 수 있는 개방적 과정과 민주적 절차의 보장이 반드시 필요하다.

---

195) 이러한 요소들은 영미법상의 자연적 정의(Natural Justice)의 원칙에서 도출되는 쌍방청문의 원칙, 편견배제의 원칙 등과 일맥상통하는 것이다.

4) 도시계획에 있어서 공익판단의 과제

행복은 누구나 갖고자 하는 삶의 목표 혹은 삶의 이유로 이해된다. 누구나 행복해지기를 원하고 행복을 얻기 위해 노력한다. 더 좋은 도시를 만들기 위해서 계획을 준비하고 노력하는 일련의 행위들 또한 이와 다르지 않다. 그러므로 도시계획가들은 행복이 무엇인지, 일상생활에서 행복은 어떻게 얻을 수 있는지에 대하여 심각하게 고민하고 또 행복을 얻는 데에 필요한 지혜를 갖추기 위해 계속 노력해야 한다. 행복을 주제로 한 아테네 철학자들의 심오한 토론을 빌려오지 않더라도 행복이란 누구에게나 필요한 것이며, 또 그 행복의 모습과 내용은 사람마다 다 같지 않다는 것을 알 수 있다. 바로 이런 이유에서 도시계획가들의 고민이 깊어진다. 행복추구는 엄연히 개인적인 것이고, 집단화되기 어려운 성질의 것인데 도시계획가들이 고민하고 만들어내어야 하는 기준들은 개인적인 것보다는 불특정 다수의 시민들을 대상으로 하는 것들이 대부분이기 때문이다. 도시계획가들이 제안하는 기준들은 다수의 시민들을 그 대상으로 하기 때문에 제안된 기준의 적용에 있어서 일관성과 형평성 유지가 필요할 뿐만 아니라 가능한 범위에서 구체적으로 제시되어야 경계의 문제[196]를 최소화할 수 있다.

이런 이유에서 정의롭고 합당한 공익판단은 도시계획의 정당성을 확인하는 핵심적인 과정이자 절차가 아닐 수 없다. 도시계획의 목표가 공익의 실현에 있는 이상 도시계획의 수립과 이행과정에서 이루어지는 올바른 공익판단은 선택이 아니라 필수적인 과제이다. 공익에 대한 다원적 이해의 등장, 공익에 대한 절차적 정당화의 요구의 증대, 국익과 공익의 분화 등 공익관념에 대한 최근 우리 사회의 인식 변화는 전통적 공익판단의 구조를 근본적으로 바꾸어 놓을 것을 요구하고 있다. 바로 이런 이유에서 바로 지금이 도시계획과 공익의 관계를 재검토하고, 필요한 사항에 대한 제도적 정비를 마련하기 위하여 도시계획 전문가들이 서로 힘을 모아 노력해야 할 때이다.

196) 2020년 발생한 코로나19사태에 대한 정부대책의 발표에서 이와 관련한 여러 사례가 나타나고 있다. 예를 들어서 서민생계지원금 지급기준과 관련하여 나타난 '경계의 문제'는 정부의 정책수행 능력에 대한 비판까지 불러왔다.

제 3 장

도시계획체계와 공익

제3장
도시계획체계와 공익

도시계획제도는 도시계획의 실행력을 담보하는 법적 근거를 기반으로 도시계획 수립대상 및 그 절차와 내용을 강제할 뿐만 아니라 정해진 과정과 절차에 의해 수립된 도시계획을 통하여 시민들의 일상활동에 대해서도 경찰력을 갖는다. 일반적으로 획일화되고 경직된 도시계획제도는 계획수립의 대상이 되는 도시가 지닌 자연적·사회적 여건의 다양성을 제대로 반영하지 못하는 형식적인 도시계획을 양산하는 부작용을 지니지만, 도시의 특성을 반영한 유연한 도시계획제도는 그 도시가 가진 자연환경을 최대한 보전하는 이상적인 공간 활용을 가능하게 한다. 이런 점에서 보면, 전체 국토면적 대비 실제 사용가능한 토지면적이 극히 적은 환경에도 불구하고 그 동안의 도시계획이 도시기반을 갖추는 데에 크게 기여하였다는 점에서 긍정적 성과가 있음은 분명한 사실이지만, 도시가 지닌 특성을 충분히 반영하지 못 하였던 점들은 문제로 지적된다. 바로 이 문제들이 추후 도시계획이 해결해야할 과제이다. 잘 정비된 도시계획제도는 도시가 가진 자원의 효율적인 이용과 자연환경과의 조화를 통하여 도시의 지속적인 발전을 유도함은 물론 도시의 변화를 예측 가능하게 한다는 점에서 공익의 달성에 결정적인 역할을 한다.

제1절 체계의 이해와 공익

계획은 미래에 있을 변화를 관리하기 위한 현재의 노력이라 할 수 있다. 따라서 계획이 추구하는 미래상은 고도로 추상화된 가치로부터 지표화가 가능한 목표, 그리고 목표와 수단을 이어주는 보다 구체적인 행동목표로 계층화될 수 있어야 한다. 이처럼 계획목표의 단계적 설정은 자연스럽게 계획체계(즉, 계획공간의 계층구조)와 직접적인 관련성을 가지며 특히 계획의 대상이 공간적 범위를 가지는 경우 공간의 크기를 기준으로 하는 계층구조와도 직접적인 관련성을 가진다. 일반적으로 공간계획은 계획의 공간적 범위와 크기에 따라 국토계획, 지역계획, 도시계획 및 지구단위계획 등으로 구분할 수 있다.

1.1 체계와 체계이론

가치의 관점에서 사회과학의 독자적 방법론을 구성하려고 시도한 20세기 초에 등장한 가치이론은 역사, 정치, 사회, 이데올로기 등 실정법 이외의 일체를 배제하고 실정법만을 법으로 인정하는 법실증주의에 젖어 있던 법학 분야에 신성한 충격을 주었으며, 이를 계기로 특히 헌법학에 있어서는 가치 이론적 토대 위에서 많은 이론들이 주장되었고,[1] 이러한 과정에서 가치이론은 전통적인 방법론과 경합·충돌하면서 법학을 포함한 사회과학 분야의 지배적인 이론으로 자리를 잡게 되었다.

공익의 실천을 위한 도시계획에 있어서 가치와 관련된 문제들의 어려움은 무엇보다도 가치가 주관성을 갖는다는 것, 즉 사람들마다 어떤 것이 얼마나 가치 있

1) 가치이론적 방법론은 법실증주의에 대한 비판에서 출발한다.

는지에 대하여 각기 다른 생각을 갖고 있다는 사실에 있다. 이런 이유에서 같은 지역을 대상으로 수립하는 같은 내용의 계획이라고 하더라도 계획수립 주체가 누구냐에 따라서 그 계획의 성격이 변하기 마련이다. 즉 계획수립 주체의 가치관에 따라서 해당 계획의 방향이 달라지기 마련이다.

이런 이유에서 도시계획은 계획수립 주체와 무관하게 도시계획에 반드시 포함해야 할 핵심적인 사항들은 물론 계획수립의 절차 및 과정에 대하여 법률로 규정하고 있다. 그럼에도 불구하고 도시계획은 고유의 자연환경과 사회환경을 보유하는 도시를 대상으로 한 계획이라는 점에서 도시계획 수립에 있어서 계획수립권자에게 부여된 계획재량 또한 법률로 보장되고 있다. 바로 이런 이유에서 도시계획에 있어서 가치이론은 매우 중요한 역할을 담당하고 있다.

그러므로 도시계획의 수립과 실천과정에서 그 시대 사회적 가치가 계획 내용에 올바르게 반영되기 위해서는 개인에 따라 다른 형태로 형성된 주관적인 가치 관념을 객관화시키는 과정이 필수적이다. 이러한 가치의 객관화는 결국 모든 사람이 동시에 인정하는 가치, 즉 모든 사람이 중요하다고 인정하며, 따라서 보호할 필요가 있다고 공통적으로 생각하는 것을 통하여 확보될 수밖에 없다.

이와 관련하여 법학에서는 헌법을 가치질서로 파악하는 견해가 대체로 인정되고 있다. 즉 일부 학자들을 중심으로 헌법의 가치질서가 국가와 사회에 대하여 과연 어느 정도의 구속력을 행사할 수 있고 또 해야 하는지에 관하여 다툼이 있다. 그럼에도 불구하고 법학 분야에서는 적어도 헌법 자체가 일정한 가치에 기초하고 있으며, 그 가치를 실현시키기 위한 여러 제도를 도입하고 있다는 점에 대해서는 하나의 의견을 나타내고 있다. 이와 비교해 볼 때 도시계획 분야에서 공통적으로 수용되는 가치체계 혹은 가치이론은 무엇일까? 이에 관한 심도 있는 논의와 연구가 이루어지고 있는가? 이들 질문에 대해 명쾌한 답변을 찾거나 주장을 내세우는 일이 쉽지 않은 실정이다. 하지만 한 가지 분명한 사실은 도시계획이 추구하는 바가 궁극적으로 사람들의 삶의 질을 높이고 공공복리를 실천함에 있는 만큼 공익을 도시계획이 추구하는 가치질서로 이해하는 일은 당연한 일이라 할 것이다.

1) 체계이론

18세기 물리학 영역에서 출발하여 자연과학에서 발전을 이룬 체계이론은 모든 조직체는 상부 체계와 이의 부분을 이루는 하부 체계로 구성되며, 이들 상부 체계와 하부 체계는 상호의존적 관계에 있어서 체계 내 한 부분의 변화는 체계 전체를 변화시킨다는 점을 강조한다. 마찬가지로 체계이론은 체계 외부 환경의 변화 또한 체계 자체의 변화를 초래한다는 점을 강조한다. 사람들의 행동이 환경과의 상호작용의 산물이라는 점에서 우리 사회의 특징은 체계이론을 통해서 충분히 설명된다.

체계이론에 따르면 하부 체계의 구성으로 상부 체계(전체체계)가 만들어지지만 전체체계는 하부 체계의 합보다 더 큰 능력과 효과가 있는데 이를 시너지(synergy)라고 한다. 전체체계는 상호의존적이며 상호작용하는 부분들로 구성된 전체이다. 이런 체계가 기능적으로 완전체가 되기 위해서는 구성요소 전체가 질서 있게 상호연관성이 있어야 한다. 여기서 체계를 이루는 구성요소들로는 경계, 하부체계, 항상성, 역할,[2] 관계,[3] 투입(input)과 산출(output), 환류, 공유영역, 분화 등이 있다. 이들 구성요소들은 체계의 조건에 따라서 다르게 구성된다.

체계이론을 도시계획에 적용해보면 도시 전체의 성격 혹은 이미지에 대한 도시 구성요소들의 역할과 작용을 이해할 수 있을 뿐만 아니라 역의 관계에서 도시 전체의 성격 혹은 이미지가 도시 구성요소들에 미치는 영향을 이해할 수 있게 해준다.

일단의 구성요소들의 집합체에 의하여 하나 이상의 기능을 수행하는 것을 체계라 하는 경우, 공간체계는 공간을 이루는 구성요소들의 집합에 의하여 하나 이상의 기능을 갖는 공간구성을 의미하며 같은 맥락에서 법체계는 “모든 법제도와 법규들을 커다란 통일체로 결합시키는 내적 연관” 또는 “통일적 관점에 따른 인식의 질서”로 정의할 수 있다.[4]

---

2) 체계 속의 각 개인은 그 체계에서 특정 역할을 맡는다.

3) 둘 또는 그 이상의 사람이나 체계 사이의 “상호 정서적 교류, 역동적 상호작용, 감정, 인지, 행동의 관련성”을 뜻함.

체계이론(system theory)은 학문 간의 상호교류를 그 출발점으로 하여 모든 연구방법을 '통합'시켜 최소한 2개 이상의 영역에서 적용될 수 있는 유질동상(類質同相)적인 법칙을 발견하려고 한 방법론이다. 이 이론은 본래 Ludwig von Bertalanffy의 일반체계이론(General System Theory)[5]에서 비롯된 것으로써 그 구성이나 전개과정이 생물체계, 특히 동물체계와 유사하다. 즉 동물은 음식물을 섭취·소화·흡수하며, 그로부터 흡수된 영양소는 순환계에 의해서 신체의 각 조직세포에 호흡작용에 의하여 활성화된 에너지로 방출되며, 이 에너지에 의하여 근육운동 등의 생리적 기능을 수행하게 된다. 그리고 그 구조와 기능은 신경계와 내분비계에 의하여 조절되어 항상성(恒常性: homeostasis)을 유지하고 있다.[6] 이와 같은 내용의 일반체계이론은 정치학 분야에서 발전되어 정치체계 이론으로 성립되었으며, D. Easton과 G. A. Almond의 이론이 대표적이다.

Easton에 있어서 정치체계는 "사회에 대하여 가치가 권위적으로 배분되는 상호작용의 과정"으로 투입과 산출의 기능을 다양한 구조들이 수행하며, 수행된 기능은 환류과정을 통하여 조정·변화되며, 체계를 둘러싼 환경으로부터 영향을 받아 일정한 반응을 하게 된다.[7] 이에 대하여 Almond는 '기능주의적 접근방법'을 통하여 Easton의 이론을 재구성하고 있다. 그에 의하면 정치체계는 국내외의 환경과 상호작용을 하면서 '사회가 집단적 목표를 형성하고 추구하기 위하여 보유하는 수단'을 의미한다.[8] 이러한 정치체계는 환경 또는 체계 자체로부터 나오는 투입, 체계 내에서의 변환, 환경으로의 산출, 그리고 산출이 환경과 상호작용을 하여 체계에 영향을 미치는 환류 등의 과정으로 구성되어 적응과 통합의 기능을 수행한다.

---

4) Friedrich K. v. Savigny, System des heutigen römischen Rechts, 제1권, 1840, p. 214.

5) L. von Bertalanffy, General System Theory: Foundation, Development, Application, New York: George Braziller, 1940. L. von Bertalanffy. 현승일 옮김. 일반체계이론, 서울, 민음사, 1990.

6) 윤용희. 한국정치의 체계분석. 서울. 법문사. 1991. p. 18.

7) D. Easton. A System Analysis of Political Life. Chicago. The University of Chicago Press. 1979. pp. 21-25.

8) G. A. Almond and G. B. Powell, Jr.(eds). Comparative Politics Today: A World View. Boston. Little, Brown and Co., 1984. p. 3.

체계가 적응과 통합의 기능을 수행하기 위해서는 이를 담당할 조직을 필요로 한다. 즉, 체계는 조직을 구성하고, 구성 요소에 합당한 기능과 역할 혹은 권한과 의무를 배분한다. 여기서 조직이란 같은 목적을 지닌 사람의 집합 혹은 사회적 존재로서 행동하는데, 이런 특징 때문에 체계는 목적을 공유하는 부분의 합으로도 설명된다. 이런 시각에서 볼 때 법적 체계의 과제는 법률들 간의 정합성을 어떻게 확보하느냐가 관건이 되며, 도시계획 체계의 과제는 다양한 유형의 도시계획들을 어떻게 수용하고 협조하여 계획들 간의 조화와 협력을 이끌어내느냐가 관건이 된다.

최근 우리 사회는 복잡하고 다양한 도시문제가 발생하고 있다. 또 이를 해결해야 할 시대적 흐름 속에 놓여 있다. 이처럼 다양한 도시문제 해결을 위해서는 도시계획과 관련한 법들과 제도가 체계적이어야 한다. 그런데 도시계획법은 그 법체계와 운영에 적지 않은 문제점들을 가지고 있으며, 이러한 대부분의 문제점들은 현재 진행형이다. 이런 도시문제의 해결을 위한 첫걸음은 도시문제의 이해에서부터 시작되며, 바로 이 과정에서 공익과 사익의 경계와 구분에 대한 구체적 이해가 전제되어야 한다.

1.2 공공공간과 도시계획

1) 공공공간

공공공간에 대한 가장 일반적인 정의는 시민에게 개방되어 공공이 함께 이용하는 공간이라는 개념이다. 즉, 공공공간은 공공에게 개방되어 열려 있고(개방성), 공공에게 편익과 이익을 제공하며(공공성), 다양한 활동과 커뮤니케이션을 촉발시키는(매개성, 역동성) 공간이다.[9] 이러한 점에서 공공공간은 모든 시민들의 이용을 위해 개방한 외부공간으로서 활동이 이루어지는 공간으로 범위를 설정할 수 있으며, 이에 따라 비록 사적 공간이라 할지라도 모든 시민들에게 개방하여 이용할 수

9) 이상민, 차주영, 임유경, 도시 공공공간 개선방향 설정을 위한 개념 정립 및 현황 조사연구, 건축도시공간연구소(AURI), 2007.

있도록 하는 공개 공지 등은 공공공간으로 포함시킬 수도 있다.10) 한편, 법률적 개념으로서 공공공간은 "가로·공원·광장 등의 공간과 그 안에 부속되어 공중이 이용하는 시설물"로 정의되어 있어11) 공간적 개념뿐만 아니라 공간 안에 부속된 시설물까지 포함하고 있다.

공공공간의 가치에 대하여 영국의 CABE(Commission for Architecture&Build Environment)는 공공공간은 단순한 지역주민의 쉼터로서의 역할만이 아니라 다음과 같은 다양한 가치를 제공한다고 주장한다.12) 첫째, 경제적 가치로서 높은 수준의 공공공간의 확보는 한 도시의 매력도를 증진함으로써, 투자를 유도하는 직접적인 계기가 되므로 경제적 가치를 지닌다. 둘째, 사회 시스템이 복잡해지고 발전해 나갈수록 육체적·정신적 건강에 대한 중요성이 강조되는데, 공공공간은 여가공간을 창출하므로 건강에 미치는 영향이 크다. 셋째, 교육적 가치로서 특히 어린이·청소년들의 학습의 장으로 공공공간이 기능할 수 있기 때문에 급격한 도시화에 따라 과거와 비교하여 축소되고 있는 공공공간이 점차 중요한 가치를 지닌다. 넷째, 범죄감소와 예방효과인데, 디자인이 우수하고 관리가 잘되는 공공공간은 항상 사람들이 머물게 되어 자연스럽게 범죄를 감시하고 예방하는 효과를 낳는다. 다섯째, 사회통합 기능으로서, 공공공간은 주민들 누구나가 자연스럽게 만나고 대화할 수 있는 장을 제공함으로써 커뮤니티 구성원간의 유대를 강화시킨다. 여섯째, 환경적 가치로서, 특히 녹지를 가진 공공공간은 도시의 환경적 부조화를 해결하는 핵심 공간으로서, 도시생태계 복원에도 중요한 역할을 한다.

유사한 시각에서 미국의 PPS(Project for Public Space)도 공공장소(Public Place)의 중요한 역할을 다음 네 가지로 제시하고 있다.13) 첫째, 주요 도시들은 멋진 공공장소를 지니고 있는데, 주민들에게 이 공간은 중요한 커뮤니티 공간으로서 역할을

10) 국가건축정책위원회, 도시 내 공공공간의 활용실태 조사 및 효율적 조성을 위한 제도개선 연구, 2012.

11) 건축기본법 제3조

12) CABE(Commission for Architecture&Build Environment), It's Our Space: a Guide for Community Groups Working to Improve Public Space, 2007.

13) PPS(Project for Public Space), Placemaking with Project for Public Spaces, 2000.

하면서 도시 정체성(identity)을 부여한다. 둘째, 경제적인 측면에도 영향을 주는데, 예를 들어 뉴욕의 센트럴 파크 등 공원의 존재는 실제로 주변 지가에 긍정적인 영향을 준다. 셋째, 공원이나 수변공간, 녹지 등은 자동차 이용을 줄일 뿐만 아니라 사람들의 환경에 대한 인식을 제고하여 환경적으로도 이익을 제공한다. 넷째, 공공장소는 사람들에게 무료 예술공연 등 색다른 문화적 체험의 기회를 제공함으로써 문화적 활동의 배경을 제공한다.

2) 공간과 도시계획

도시계획에서 공간(空間, space)은 계획의 대상이자 계획의 단위가 되는 가장 핵심적인 개념이다. 도시계획의 목적이 '삶의 질 향상을 도모'하는 것이라고 할 때, 구체적 삶은 특정 시간과 공간에서 형성되는 경험이라고 할 수 있기 때문이다. 그러므로 도시계획에서는 일찍이 공간과 관련된 지역사회, 장소, 생태환경 등의 개념을 계획의 필수요소로 고려해 왔다. 그러나 이들 개념들은 공간을 인간행동의 배경이나 영향요인들의 총합 또는 결과로 보기 때문에 정작 우리가 살아가는 구체적인 삶의 공간에 작동하는 제도와 규율, 다양한 권력관계, 상징과 이데올로기 등이 어떻게 형성되고 변화하며 영향을 미치는지에 대한 역동적 이해를 반영하기에는 한계가 있었다. 즉, 인간을 둘러싼 환경의 중요성을 강조해온 오늘날 도시계획은 정작 현대 공간학에 대한 이해를 담보하지 못하고 공간을 중성적이고 추상적인 차원에서 이해해 온 경향이 있다.[14]

공간은 사전적으로는 물리적 범위이자 채워질 가능성을 갖고 있는 빈 곳을 의미한다. 그러나 완전히 빈 공간은 불가능하므로(비어있다고 생각하는 공간에도 공기나 먼지, 바닥, 벽 등이 존재한다.) 결국 우리가 관심을 갖는 공간은 수학적이거나 물리적인 공간이라기보다 인간에게 의미 있는 목적 지향적인 공간이다.[15]

---

14) 최명민, 박향경, 이현주, "Lefebvre의 공간이론에 근거한 '공간기반 사회복지실천'의 가능성 탐색", 한국사회복지학, 제69권 제4호, 2017, pp. 99-125.

15) 몸문화연구소, 공간의 몸, 몸의 공간, 서울: 쿠북, 2017, pp. 7-8.

이러한 맥락에서 공간에 대한 분석을 독자적 학문으로 발전시킨 20세기 프랑스 철학자 Henri Lefebvre[16)]는 공간을 중층적이고 복합적인 '사회적 공간'으로 보았다.[17)] 그러나 그는 공간을 지배적 기능뿐 아니라 연대와 소통, 차이와 횡단의 가능성이 구현되는 장소로도 이해하면서 보다 능동적이고 적극적인 개념을 제시하였다. 이는 공간을 생래적으로 주어진 수동적 장소나 사회적 관계의 배경 정도로 바라보던 기존 개념과 차별화된 것이었다.

Lefebvre는 공간에 대한 중성적 견해를 비판하면서 자본주의 현실에서 공간, 특히 도시 공간은 시장에 의해 파편화, 균질화, 계층화되고 있다고 하였다. 이용자의 필요에 따른 사용가치보다는 이윤확보를 위한 교환가치가 우선되면서 공간의 환원과 축소를 통해 추상화가 일어나기 때문이다.[18)19)] Lefebvre는 이처럼 인간이 일상적으로 체험하는 구체 공간이 시장논리에 의해 추상 공간으로 변질되는 현상을 공간의 식민화로 지칭하고 추상 공간은 사용가치와 교환가치가 충돌하며 착취와 배제와 같은 자본주의의 취약성이 드러나는 모순 공간이라고 보았다. 그러나 이러한 추상화로 인한 모순이 존재하는 지점에서 기존 공간논리와 차별화된 '차이(의) 공간(differential space)'이 창출되기도 한다.[20)] 이처럼 현대사회에서 공간은 권력과 윤리의 문제를 포함하는 사회적 공간이자, 인간주체가 이용하고 개입하는 구체적 삶의 공간으로 이해되고 있다.[21)]

---

16) 강현수, 도시에 대한 권리: 도시의 주인은 누구인가?, 서울: 책세상, 2010.

17) 사회적 공간이란, 사회적으로 조직되는 사회적 생산물인 동시에 사회경제적 관계의 토대로 기능하는 공간을 의미한다. 따라서 각 시대는 그 시대의 생산양식에 맞는 공간을 생산해 왔는데 자본주의 역시 그에 부합하는 공간을 생산하고 그 안에서 자본주의적 사회관계가 재생산된다고 보았다.

18) 양영란 역, 공간의 생산, Lefebvre, H., 1974, La Production De L'espace, 2011, 서울: 에코리브르.

19) 땅값, 집값과 같은 가격논리가 획일적 기준으로 작동하는 현대자본주의 공간에서는 공간 고유의 특성이나 사용주체의 권리는 쉽게 무시되며 공간 사유화에 의한 독과점, 이윤창출을 위한 과도한 개발, 주거지역에 따른 계급화 현상들이 나타나곤 한다(강현수, 도시에 대한 권리: 도시의 주인은 누구인가?, 서울: 책세상, 2010).

20) 양영란 역, 공간의 생산, Lefebvre, H., 1974, La Production De L'espace, 2011, 서울: 에코리브르.

21) Soja, E., Seeking Spatial Justice, Minneapolis: University of minnesota Press. Wakefield, J. C., 1996, "Does social work need the eco-systems perspective?

제2절 도시계획체계

2.1 도시계획의 법적 특징

도시계획은 도시에서 서민생활과 산업 그리고 여타 활동들이 쾌적하고 효율적으로 또한 안전하게 이루어질 수 있도록 장래를 예측하고 토지·건물·도시시설 등 도시의 중요한 물리적 요소를 계획하는 기술이자 과학이며 정책이다. 즉, 도시계획은 도시의 발전을 계획적으로 유도하고 질서 있는 시가지를 형성하며, 시민의 건강과 문화생활을 목적으로 하여 토지의 합리적 이용을 도모하는 계획이다.[22] 그러므로 도시계획은 다양화되어 있는 도시의 여러 기능을 원활하게 하고, 그 기능을 충분히 발휘할 수 있도록 도시의 구성에 통일성을 부여함과 동시에 토지의 이용을 합리화함을 목적으로 하는 종합적 계획이라고 할 수 있다. 행정의 입장에서 볼 때 도시계획은 국토의 계획 및 이용에 관한 법률(이하 국토계획법: 구도시계획법)에서 오래 전부터 채택되어 온 행정계획으로서 주로 토지상의 건축행위를 규제하기 위해 발전된 행정작용의 하나이다.

도시계획의 개념정의에 관한 국토계획법 조항[23]은 도시계획의 종류를 나열하고 있을 뿐, 도시계획의 법적 개념을 적극적으로 정의하고 있지 않다. 도시계획을

Part 1. Is the perspective clinically useful?", Social Service Review, 70(1), 2010, pp. 1－32.

22) 박병주, 김철수, 신편 도시계획, 형설출판사, 2001, p. 122.

23) 국토계획법 제2조 제4호: 도시(관리)계획은 특별시·광역시·시 또는 군의 개발·정비 및 보전을 위하여 수립하는 토지이용·교통·환경·경관·안전·산업·정보통신·보건·후생·안보·문화 등에 관한 다음의 계획을 말한다.
가. 용도지역·용도지구의 지정 또는 변경에 관한 계획
나. 개발제한구역·시가화조정구역·수산자원보호구역의 지정 또는 변경에 관한 계획
다. 기반시설의 설치·정비 또는 개량에 관한 계획
라. 도시개발사업 또는 정비사업에 관한 계획
마. 지구단위계획구역의 지정 또는 변경에 관한 계획과 지구단위계획

도시설계 및 도시통제의 수단으로 보고 이를 공학적으로 설명하고 있을 뿐 법적인 한계나 도시계획과 유사한 개념과 구별하기 위한 아무런 장치도 없다. 특히 동호가목에 따르면 용도지역의 종류를 다시 어떻게 나열하는가에 따라 도시계획의 개념범위가 달라질 수 있다는 점에서 체계적인 개념정의와는 거리가 멀다. 또한 도시계획 개념의 가장 중요한 요소로서 도시를 계획하기 위해 도시계획이 개별 필지에 미치는 각종의 법적 효과에 대해서는 국토계획법은 명확한 규정을 두고 있지 않다. 이러한 개념정의로는 국민들이 도시계획에 의해 자신의 어떠한 지위가 어떻게 변경되는가를 이해할 수 없고, 도시계획의 처분성을 인정해서 취소소송을 폭넓게 허용하고 있는 대법원의 판결들도 결국은 내용을 알 수 없는 주문(呪文)으로 몰락한다.[24]

도시계획은 법적으로는 도시기본계획과 도시관리계획으로 구성된다. 도시관리계획의 법적 성질에 대해서는 국내에서 입법행위설·행정행위설·독자성설의 대립이 있으나,[25] 대법원 판례는 행정행위설에 따라 항고소송의 대상과 관련하여 '처분성'을 인정하고 있다.[26] 한편, 국토계획법은 도시기본계획의 개념정의에서 "관할구역에 대하여 기본적인 공간구조와 장기발전방향을 제시하는 종합계획으로서 도시관리계획수립의 지침이 되는 계획을 말한다"(동법 제2조 3호)고 규정하여 도시기본계획이 장기성·종합성·방침성(지침성)을 갖는 계획임을 명시하고 있다.

도시계획의 법적 정의를 내리기 위해 우선 국토계획법이 정하는 도시계획의 기능에 주목해야 한다. 또한 국토계획법 자체가 명시적으로 정하고 있지는 않아도 도시계획이 담당해야 할 규범적인 기능도 역시 도시계획의 개념 속에 포함되어야 한다. 이런 점들을 고려해서 도시계획의 개념을 정의하면 도시계획은 "도시 또는

---

24) 김종보. "도시계획의 핵심기능과 지적제도의 충돌", 법제논단. 법제처. 2006. 11. 2006년도 토지법제연구회 제1차 세미나 자료.

25) 도시관리계획의 법적 성질에 대한 내용은 박윤흔, 행정법강의(상), 박영사, 2004, pp. 276－ 279.

26) 대판, 1982. 3. 9, 80누105. 그러나 이 판례의 해석과 관련하여 항고소송의 대상문제(처분성)와 행정행위설을 별개의 문제로 파악하여야 한다는 입장도 있다. 박균성, 행정법론(상), 박영사, 2004, pp. 185－187 참조.

시가지(市街地) 내 토지의 합리적 사용을 위해 규율 대상지역의 ① 법적 성격을 확정하고(용도지역 지정) 대상지역 내 ② 도시계획시설, ③ 건축단위와 ④ 건축단위별 건축허용성 그리고 ⑤ 건축허가요건을 정하는 행정계획"이어야 한다.[27]

법적 성질의 측면에서 볼 때 도시계획의 특수성은 다음의 두 가지로 구분될 수 있다.[28]

첫째, 도시계획은 행정청의 계획재량행위에 속한다. 도시계획은 법률에 근거를 두고 입안 결정되는 구속적 계획이지만, 입안 결정에 행정청의 재량권이 부여되어 있어 계획재량에 속한다. 일반적으로 국민에게 권리이익을 부여하는 수익적 행정행위는 재량행위로 국민의 권리이익을 박탈하거나 의무를 부과하는 부과적 행정행위(침익적 행정행위)는 기속행위로 구분한다. 물론 수익적 행정행위도 특정인에게 조건 없이 권리이익을 부여하는 것은 아니고 공익상 그에게 권리이익을 부여하여도 공익에 해가 없거나 또는 공익을 증대시킬 수 있다는 전제 하에 하는 것이기 때문에 공익적 고려 없이 하는 행정행위는 정당성을 가질 수 없다. 그러나 도시계획은 공익을 크게 증대시키는 반면 작은 사익을 침해할 수 있는 것이어서 재량행위로 구분된다. 그래서 일반의 행정처분은 행정주체가 신청인의 의사에 반하여 행할 수 없으나 도시계획은 이해관계인의 의사에 구속받지 않고 입안·결정된다. 입안과정에서 이해관계인이나 주민의 의견제출, 청문, 공청회 등의 실시가 있을 수 있으나 계획주체는 이에 구속되지 않을 뿐 아니라 이들 절차의 채택 여부도 법령에 규정이 없으면 계획주체의 재량에 따라 결정된다.

둘째, 도시계획은 고도의 변경가능성 내지 변경필연성이 있다. 법률이 일정한 결과를 강제적으로 이루려는 규범인데 반하여, 도시계획은 일정한 결과를 목표로 설정하고 목표달성에 가능한 요인을 프로그래밍하는 고유의 이론구조를 특징으로 한다. 즉, 도시계획은 장래의 지침이기 때문에 고정적·장치적·확정적인 것이 아니고,

27) 김종보. 도시계획의 핵심기능과 지적제도의 충돌, 법제논단. 법제처. 2006. 11. 2006년도 토지법제연구회 제1차 세미나 자료.

28) 유희일, "도시계획에 대한 항고소송", 대전대 사회과학논문집, 제16권 2호, 1997, p. 10.

계획기간 중에도 시간의 경과에 따른 상황의 변화 예측의 오류를 발견함으로써 수정 가능성을 가지고 또한 현실적으로 수정될 수밖에 없으며, 따라서 계획은 유동적·불확정적이고 가변적·탄력적·적응적인 유연성을 나타낸다. 그리하여 도시계획은 잠정성을 띠고 사정변경에 따라 부단한 수정이 가능하다는 것을 그 속성으로 한다.

도시계획이 수립되면 도시계획구역 내 토지소유자는 도시계획에 반하는 건축물을 건축할 수 없게 된다. 즉, 도시계획은 장래 건축하고자 하는 건축주에 대하여 그에 적합한 건축물을 짓도록 강제하는 효과를 갖는 것이고, 이는 건축법상의 건축허가에 의하여 담보된다. 이처럼 도시계획은 대부분의 경우 국민의 권리의무를 직접 변동시키기 보다는 그에 후속하는 개별적인 집행행위(예, 건축허가)를 통하여 국민의 권리관계를 변동시키게 된다. 그러므로 도시계획에 후속하여 도시계획의 결정내용을 실현하기 위한 행정청의 개별적 처분은 "구체적 사실에 관한 법집행으로서의 공권력의 행사"에 해당된다.[29]

2.2 도시계획에서 공익의 이해가 필요한 이유

도시계획이 수립되면 도시계획구역 내 토지소유자는 도시계획 내용에 맞지 않은 토지이용을 할 수 없게 된다. 도시계획은 도시의 모든 토지에 관한 개발가능성과 개발내용 그리고 개발의 범위를 정하기 때문이다. 따라서 도시계획에 의해 영향을 받지 않는 국민은 거의 없다. 예컨대 개발제한구역이나 상업지역은 도시계획에 의해 정해지는 것으로 이 두 지역 토지의 가격 차이는 도시계획에 따른 해당 토지의 개발가능성에 기인한 것이다. 또 토지나 주택가격이 상승하면 전세가격도 올라가므로 해당 토지소유자들 뿐만 아니라 일반 서민들도 도시계획의 영향력에서 자유로울 수 없다. 그러므로 도시계획 결정은 도시계획 결정으로부터 기대되는 사회적 편익과 반대로 도시계획 결정에 따라서 부담하게 될 사회적 비용에 대한 충분하고도 적절한 이익형량이 이루어진 다음에 이루어져야 한다. 즉, 공익과 사익에

---

29) 행정소송법 제2조 제1항 제1호.

대한 충분하고도 적절한 검토라는 내용적 충족요건과 이러한 내용적 충족요건이 도시계획의 결정 이전단계에서 이루어져야 한다는 절차적 충족요건이 동시에 만족될 때 공익을 위한 결정이라는 정당성을 가진다. 왜냐하면, 계획의 정당성은 계획수립의 배경이나 목표의 중요성에 따라 정해지는 것이 아니라 계획수립과정의 민주성과 계획목표의 사회적 수용 여부에 따라서 결정되기 때문이다.

1) 도시계획의 전문성

도시계획은 도시의 건전한 발전이라는 목적을 위해서 여러 가지 수단들을 종합하는 구상이다. 이러한 도시계획은 도시의 건전한 발전이라는 추상적 목표를 설정하고 이를 달성하기 위하여 다양한 수단들을 동원한다. 이런 과정에서 다양한 도식들이 응용되고 각종의 기술적·공학적 지표들이 사용된다.[30] 이러한 내용들은 일반인들로서는 알기 어려운 용어와 개념들로 이루어져 있다. 도시계획의 전문성으로 인해서 법학전공자들과 같이 다른 전공의 전문가들이 이러한 기술적 개념에 접근하는 것이 쉽지 아니하다. 그러므로 법학전공자들 중에서도 도시계획을 기술적·공학적으로 보다 깊이 연구하는 것이 요청되는데, 이러한 사회적 요구는 도시계획전공자들에게도 같은 원리로 적용된다. 즉, 도시계획전공자들 중에서도 법학을 보다 깊이 연구하는 것이 요청된다. 실용학문으로서 도시계획은 법적 기반 위에서 작동하고 있기 때문이다.

2) 도시계획의 정책성·복합성

도시계획은 자연적 순리에 따른 결정뿐만이 아니라 그 자체로서 강한 정책적 수단으로 이용되고 있다. 어떠한 지역의 개발과 관련하여 고찰해 볼 때 도시계획을 통한 계획적 결정에는 그 지역을 특정한 방향으로 발전시키려는 정책적 의도가 담겨 있다. 어떠한 지역의 아름다운 자연환경을 보호하기 위해서 자연보호 구역이라는 도시계획결정을 하는 것은 이러한 지역에 대한 개발을 제한하여 환경을 보존하

30) 김원, 도시계획론, 1991.

여야 하겠다는 행정청의 정책적 의도를 담고 있다. 일정한 지역을 택지개발구역으로 결정을 하는 것은 이 지역에 일단의 주택지를 공급함으로써 지역을 주거를 중심으로 하는 지역으로 개발하려는 의도를 담고 있다. 이러한 도시계획의 정책성은 필연적으로 도시계획의 수립을 복잡하게 만든다. 왜냐하면 어떤 지역에 대한 정책적 결정을 내리기 위해서는 다양한 요소들을 고려해야 하기 때문이다. 도시계획결정은 그 자체로 환경보존과 개발이라는 요소의 충돌, 공익과 사익의 충돌, 공익과 공익의 충돌, 현재와 미래의 충돌 등 수많은 이해관계를 내포하고 있다.

3) 도시계획의 절차성

도시계획을 수립하기 위해서는 일련의 계획수립절차를 필요로 한다. 도시계획결정이 이루어지기까지는 기초 자료의 조사·분석·평가와 이해관계자들의 참여가 필수적이다.[31] 이러한 과정을 거치는 동안 도시계획의 정당성에 대한 검토가 뒤따른다. 그러나 도시계획의 절차성은 그 전문성으로 인해서 일반인들의 실질적 참여에는 많은 제한이 뒤따른다. 그러므로 도시계획의 수립에 있어서 절차를 보다 투명하게 만들 필요가 있다.

2.3 도시계획체계

1) 도시기본계획과 도시관리계획

현행 국토계획법은 도시기본계획의 구체적인 실현수단으로서 도시관리계획은 그 입안에 있어 도시기본계획에 부합할 것을 규정하고 있다(법 제25조 제1항). 도시관리계획이 도시기본계획에 일치하지 않는 경우에 양자의 관계와 그 법적 효과는 어떻게 될지가 문제 된다. 그러나 이에 관해 선행연구들은 일반적으로 도시관리계획이 도시기본계획과 다른 내용을 가진다고 하여도 그것만으로 당해 계획이 위법하지 않다는 입장을 보여주고 있고,[32] 판례[33]도 동일한 태도이다. 다만, 그 구체

31) 김남진, 행정법 Ⅱ, 1995, p. 481.

적인 논거로 도시관리계획과 도시기본계획이 동시에 존재하는 지역에 있어서는 원칙적으로 양 계획 중에 도시관리계획만이 법상 건축허가의 유일한 기준이 되어야 한다고 하며,[34] 이는 도시기본계획이 도시관리계획 입안의 지침으로서 행정내부적인 효력을 갖는데 그친다는 점[35] 및 도시기본계획을 법률에 규정하게 된 입법취지와 계획법의 전체체계에 비추어 당연한 것이라고 한다.[36] 이러한 입장은 도시기본계획과 도시관리계획의 불일치(不一致)에 관한 문제는 도시관리계획수립주체가 해결하여야 할 행정내부적인 사정이고 이들 양 계획의 불일치로 인하여 국민의 권리의무에 영향을 줄 수 없다는 견해라고 할 수 있다.

앞서 살펴보았듯이, 도시 및 토지개발과 관련된 개별 법령은 일반적으로 공공복리의 증진을 목적으로 하고 있지만 공공복리에 대한 명확한 개념정의를 규정하고 있는 법률은 없다. 공공복리의 개념규정은 추상적이며 상징적인 성격을 가지고 있으나 민주적 결정인 사회합의의 과정을 거치게 되면 구체적인 내용으로 나타난다. 도시기본계획과 도시관리계획에서의 공공성도 도시계획과정을 통해서 구체적인 내용으로 나타난다. 예를 들어 도시계획에서의 공공성은 국가적 이해관계(국가계획; 국토기본법)와 지방자치적 이해관계(도시계획; 국토의 계획 및 이용에 관한 법률)에서 공익항목을 선정하고 이는 여러 가지 형태로 제시된다. 이때 해당 도시의 공간구조와 발전방향을 제시하는 도시기본계획의 경우 큰 틀에서의 공공성을 나타내며 구체적인 토지이용의 방향이 담긴 도시관리계획에서는 국지적 지역성을 띤 공공성[37]을 나타낸다.

---

32) 김동희, 행정법Ⅱ, 박영사, 2004, p. 425 참조.

33) 도시계획법은 … 도시계획을 도시기본계획의 내용에 적합하도록 입안하여야 한다고 규정하고 있으나, 도시기본계획이라는 것은 도시의 장기적 개발방향과 미래상을 제시하는 도시계획 입안의 지침이 되는 장기적·종합적인 개발계획으로서 직접적인 구속력은 없는 것이므로, 도시계획시설결정 대상면적이 도시기본계획에서 예정했던 것보다 증가하였다고 하여 그것이 도시기본계획의 범위를 벗어나 위법한 것은 아니다(대판 1998.11.27., 96누 13927).

34) 김종보, 건축행정법, 학우출판사, 1999, p. 107.

35) 석종현, 신토지공법론, 경진사, 1994, p. 300.

36) 김종보, 1999, 앞의 책, p. 107.

37) 장택영, 기부채납에 의한 인센티브제도 운영의 합리성 제고를 위한 연구, 서울시립대학교 박사논문, 2005. 2.

특히 도시관리계획의 경우 용도지역 지구 구역 및 도시계획시설의 지정으로서 도시민들이 도시생활의 영위에 필요한 절대적인 공공성을 구축해 놓았으며 각종 도시개발 및 도시계획사업을 통해 공공성을 구체화시켜 나갈 수 있도록 하고 있다. 이 가운데 지구단위계획의 진행과정 속에서는 아주 구체적이고 세밀한 공공성 요소들의 실천을 진행한다. 대표적인 요소는 공동건축, 지정용도, 건축선지정, 쌈지공원, 보행자통로, 공개공지, 공동주차장, 차량진출입구간 설정, 건축물의 외관 및 환경친화적 사항들로 볼 수 있고 이들 요소는 계획적 접근이 가능하며 실현성이 담보되어 있는 도시계획 체계상의 공공성으로 볼 수 있다.[38]

2) 토지이용계획체계

국토이용체제를 일원화하면서 (구)도시계획법과 (구)국토이용관리법을 단순 통합함으로써, 기존 도시지역과 비도시지역 내에서 유사한 기능과 성격을 가진 용도지역을 대부분 그대로 수용하였다. 도시지역 내 녹지(보전·생산·자연), 관리지역, 농림지역, 자연환경보전지역이 대부분 농지나 산지임을 고려할 때, 이들 용도지역을 과거처럼 세분하는 것이 효율적인지 의문이 제기된다.

국토계획법은 전국에 대해 도시(군)기본계획 및 도시(군)관리계획을 수립하도록 하여 다른 법률에 의한 토지이용·개발 및 보전에 관한 계획의 기본이 되도록 하였다. 그러나 일부 개별법에서 "다른 법률에 우선한다"라고 규정함으로써 국토계획법에 의한 도시계획을 초월한 구역지정이 가능하여 토지이용계획체계를 훼손하는 결과를 초래하고 있다. 예를 들어서 경제자유구역의 지정 및 운영에 관한 법률의 경우 "이 법에 의한 경제자유구역개발계획은 다른 법률에 의한 개발계획에 우선한다"(제3조)라고 하여 기존의 토지이용계획체계를 무시하고 있다. 또 적지 않은 개발관련 특별법도 토지보상비 등의 부담을 이유로 보전목적의 용도지역에 개발목적의 개별 구역을 지정함으로써 국토 전체의 효율적인 공간관리 및 토지이용계획의 실효성을 저해하고 있는 실정이다. 이처럼 국토계획법상 도시계획으로 결정·지정

38) 강운산, 사업자 설치 기반시설의 무상귀속양도제도의 문제점과 개선 방안, 한국건설산업연구원, 2007, p. 55.

된 용도지역·용도지구에 개별 구역이 중첩 지정되면서 지역지구의 목표가 혼란을 겪을 가능성이 크다. 실제 일부 개별 구역은 용도지역·용도지구와 무관하게 설정되고 있으며, 보존과 개발 등 상반된 목적의 개별 구역이 동시에 지정될 경우 국토관리의 예측가능성에 심각한 문제가 제기되고 있다.

3) 행위제한 체계

(구)도시계획법을 기반으로 하고 있는 국토계획법에서도 전국토의 95% 이상을 차지하는 비도시지역을 계획적으로 관리하기에는 한계가 있기 때문에 개별법에 의한 개별구역에 여전히 크게 의존하고 있다. 예를 들어서 산림에 대한 개발행위허가를 산림법에 위임함으로써 일선 시·군의 개발행위허가 관련부서가 도시과 및 산림과로 이원화되어 인·허가 시 담당부서 간 마찰 발생이 가능성이 있다. 또한 개발행위허가제도가 산림에는 적용이 되지 않아 여전히 비도시지역의 난개발 위험이 존재하는 동시에, 개발행위허가제가 적용되는 농지와 형평성 문제가 제기되고 있으며 개별법령 간 개발행위허가 기준 및 절차가 달라 국토의 난개발 가능성이 상존하고 있다.

또 국토계획법 상 관리지역에서는 3만㎡ 미만의 개발인 경우 개발행위허가를 받아야 하고, 3만㎡ 이상의 개발인 경우 지구단위계획을 수립한 후에야 가능하지만, 산지관리법 상 산지에서는 3만㎡ 이상도 지구단위계획 수립 없이 개발이 가능한 경우가 있어서 관리지역의 난개발이 우려된다. 또한 소관부처에서 필요에 따라 행위규제 규정을 개정함으로써 지역지구 간 행위제한의 균형을 유지하기가 곤란한 문제점이 대두된다. 행위제한의 위임을 명시한 개별구역에 대해서는 행위제한이 전적으로 개별 법률에 위임되었기 때문에 국토계획법상 용도지역의 행위제한을 적용받지 않는 것으로 오해가 가능하며, 국토계획법 상 용도지역·용도지구의 행위제한 내용과 개별법 상 개별 구역의 행위제한 내용이 상충 될 경우, 어떤 규정을 우선적으로 적용해야 하는지 불명확하다.

제3절 도시계획체계의 문제해결에 있어서 공익개념의 활용

도시계획 분야에서 공익이라는 말은 도시라는 단어만큼 자주 사용하는 표현이지만 공익이라는 말이 어떤 의미로 사용되는지 또 정확하게 무엇을 의미하는지에 관하여 구체적인 정의를 내리고 사용하는 경우는 매우 드물다.[39] 현재 도시계획학에서 공익을 구성하는 기본요소를 건강과 안전, 편의, 자원절약, 환경의 질, 사회적 형평성, 선택의 기회 및 쾌적성 등으로 설명한다.[40]

공익은 사익과 구별되는 개념이기 때문에 일부가 아닌 모든 사람의 이익이라는 의미를 내포하고 있지만 그렇다고 공익을 다수결의 원칙에 의해 판단할 수 있는 것은 아니다. 왜냐하면 어떤 극단적인 경우에는 단 1%의 사람만이 찬성하는 내용도 공익이 될 수 있기 때문이다. 공공부문은 다양한 집단의 이익이 치열한 경쟁을 하는 와중에서 어떤 특정 집단의 이익이 선택되기도 하고 여러 집단의 이익이 갈등과 타협을 통해 하나로 수정 통합되기도 한다. 공공부문의 결정은 어떤 결정이건 집단의사결정의 성격을 지니게 된다.

이와 비교하여 시장에서의 결정은 사적인 결정이다. 시장에서는 기업의 이익을 극대화하고 개인은 효율을 극대화하여 가장 효율적인 자원배분이 이루어진다. 시장에서는 각자의 이익추구행위가 전체에 가장 바람직한 행위로 자동 연결되는 것이다. 다만 이러한 설명이 타당성을 갖기 위해서는 주어진 시장상황에 대하여 시장 참여자 모두가 동의하는 경우 가능하다. 예를 들어서 현재 시장에서 가용한 자원의 한계에 대하여 앞으로 새로운 대안이 나올 수 있을 것이라는 미래 희망적 사항을 온전히 배제하는 것을 전적으로 받아들이는 경우에 주어진 현실에서의 배분을

39) 윤성식, "행정과 공익", 한국행정포럼 제99호, 2002, pp. 11－13.

40) Philip R, Berke, et al. Urban Land Use Planning. Fifth Edition. Illinois: University of Illinois Press. 1995, pp. 48－58.

최적의 배분으로 받아들인다는 것이다.[41] 물론 시장은 형평성의 달성에는 취약하지만 효율성이라는 관점에서 보면 가장 바람직한 결과가 무엇인가에 대해 알 필요 없이 각자는 각자의 이익을 열심히 추구하면 된다.

이에 반해서 공공부문에서는 어떤 특정집단이 정치적 경쟁에서 승리하면 그 집단의 이익이 바로 공익으로 위장하게 된다. 다양한 집단의 이익을 충분히 고려하여 바람직한 타협점을 찾는 경우는 그리 많지 않다. 공공부문에서는 어떤 문제도 무엇이 가장 바람직한가에 대해 논쟁을 거치지 않을 수 없으며, 논쟁을 거쳐서 도달한 결과에 대해서도 공익이라는 주장을 하기도 쉽지 않다. 사익은 일부라는 의미를 내포한 단어이고 공익은 전체라는 의미를 내포한 단어이지만 사실상 만장일치가 없는 민주사회에서 공익은 항상 일부의 이익에 불과한지도 모른다. 이런 관점에서 보면 공공부문에서는 공익이 무엇인가에 대해 생각하고 주장하고 갈등을 겪을 필요가 없다. 왜냐하면 그것은 결코 도달할 수 없는 종착지를 찾는 방황에 불과하기 때문이다.

그렇기 때문에 차라리 공공부문에서의 공익 추구는 민주주의의 가장 중요한 가치인 민주성, 투명성, 효율성, 효과성, 합법성, 합리성 등의 가치가 충족되고 실현될 수 있는 환경을 갖추어 나가는 것이 더 현실적인 방법일 수도 있을 것이다. 도시계획이 추구하는 가치가 정형화된 구성의 한시적 결과가 아니라 미래세대를 대상으로 하는 과정의 연속에 기반하는 연속적이고 비정형화된 구성을 갖고 있다는 점에서 시대와 장소와 환경에 적합한 공익개념을 이해하려는 노력은 항상성을 갖고 지속되어야 할 과제이다.

41) 바로 이런 시각에서 볼 때 정부의 간섭 없이 자원의 효율적 배분이 시장기능을 통해서 이루어질 수 있다는 주장은 매우 비현실적인 주장이라 할 것이다.

3.1 법체계의 문제점 해결의 기준으로서 체계정당성의 원리

1) 법체계의 모순과 불일치가 발생하는 이유

현대국가에서 법령은 수적으로도 많을 뿐만 아니라, 법률조항은 복잡하고 이해하기 어려운 양상을 보이고 있으며, 어떤 경우에는 법규범 사이에 불일치와 모순이 존재하는 경우도 있다. 즉, 많은 법률 자체가 문제되기도 하지만 통일적인 체계성을 결여함으로 인하여 법률 상호 간에 모순 혹은 충돌하여 법률의 해석과 집행에 있어서 혼란이 발생하고 비체계적인 법률로 인하여 법적 안정성의 저하가 초래될 수 있다는 것이 문제이다.

법체계의 모순과 불일치가 발생하는 이유는 여러 가지가 있겠지만 우선 입법의 영역이 넓어지고 법령의 절대적인 수가 많아지고 기본법, 특별법, 특례법 등의 양산으로 법질서의 체계가 복잡해졌기 때문에 많은 법령이 일관되고 통일된 체계를 유지하기가 어려워졌다는데 주된 이유가 있다.

특히 어떠한 입법의 필요성이 대두되는 경우 행정편의적인 측면이 지나치게 고려되도록 입법을 추진한 결과 특정집단에게 이익을 부여하는 결과를 가져오는 경우도 있으며, 입법자는 사회적인 문제가 발생하는 경우에 조속한 문제해결을 촉구하는 여론에 떠밀려 '졸속입법'을 하기 쉽기 때문에 기존의 법체계와 일치하지 않는 무리한 입법을 강행하는 경우가 있는 것이다. 또한 국회나 대통령의 임기 내에 어떠한 문제를 해결하거나 집행하기 위하여 '실적입법'을 하는 경우도 있는데, 이러한 경우에도 기존의 법체계와는 상충된 입법을 할 가능성이 있다. 이 같은 법체계의 모순과 문제점 시정의 기준이 되는 원칙이 체계정당성의 원칙이다.[42)]

---

42) 홍완식, "체계정당성의 원리에 관한 연구", 토지공법연구 제29집, 2005, pp. 459-482.

2) 체계정당성의 개념

개별 법률규정이나 개별법은 다른 법률규정 및 법률과의 관계에서 모순이 발생하지 않도록 입법되어야 한다. 즉, 개별 법률규정이나 개별법은 독립적으로 존재하는 것이 아니라 다른 법령과 상호 유기적으로 결부하여 전체적인 법제도와 법령의 체계를 구성하는 것이며 이들 규정 사이에는 조화의 관계 내지는 균형의 관계가 존재하여야 한다.[43] 체계정당성 또는 체계적합성이란 입법기능에서 존중되어야 하는 원칙으로서 법규범 상호 간에는 규범구조나 규범내용면에서 서로 상치 내지 모순되어서는 아니 된다는 원칙이다.[44]

헌법재판소는 체계정당성의 원리는 동일 규범 내에서 또는 상이한 규범 간에 (수평적 관계이건 수직적 관계이건) 그 규범의 구조나 내용 또는 규범의 근거가 되는 원칙면에서 상호 배치되거나 모순되어서는 안 된다는 하나의 헌법적 요청[45]으로 규정하였다. 또한 체계정당성이라 함은 일정한 법률의 규범 상호 간에는 그 내용과 체계에 있어서 조화를 이루고 상호 모순이 없어, 결국 모든 규정의 내용과 체계가 상호 모순과 갈등 없이 그 본래의 입법목적의 실현에 합치되고 이바지하는 것을 말한다[46]라고 설명하고 있다. 그러므로 요약하면, 체계정당성이란 입법자가 입법을 함에 있어서 법체계와 일치하거나 법체계에 적절한 결정을 하여야 한다는 것을 의미한다.[47]

유동적이고 가변적인 현대사회의 다양한 현상에 탄력적으로 대응하고자 특별한 사안에 대해 예외적이고도 특별한 법률의 형태로 제정하거나 또는 특별한 예외조항을 두는 경우 일반적인 사항을 규정한 법체계와의 충돌로 법적 안정성을 해칠 우려가 있다. 또 일반법안의 입안에 있어서도 전체법률을 체계적으로 조감하고 모

43) 박영도, 입법학용어해설집, 한국법제연구원, 2002, p. 300.
44) 허영, 한국헌법론, 2005, p. 890.
45) 헌재 2004.11.25. 2002헌바66.
46) 헌재 1995.7.21. 94헌마136.
47) Peine, Franz-Joseph, Systemgerechtigkeit, 1985, S.25.

순 없이 입안하기 또한 쉽지 않다. 그러나 그러한 한계가 있음에도 불구하고 입안시 전체 법령간의 유기적인 고찰을 통해 법체계상 모순이나 충돌이 없도록 하여야 한다는 점을 인식하고 이를 위해 노력하도록 하는 데 기준의 역할을 하는 원리를 체계정당성의 원칙이라 할 수 있다.[48)]

3) 체계정당성의 헌법적 근거와 기능

체계정당성의 원리는 규범 상호간의 구조와 내용 등이 서로 모순됨이 없이 체계와 균형을 유지하도록 입법자를 기속하는 헌법적 원리라고 볼 수 있다. 이처럼 규범 상호간의 체계정당성을 요구하는 이유는 입법자의 자의를 금지하여 규범의 명확성, 예측가능성 및 규범에 대한 신뢰와 법적 안정성을 확보하기 위한 것이고 이는 국가공권력에 대한 통제와 이를 통한 국민의 자유와 권리의 보장을 이념으로 하는 법치주의원리로부터 도출되는 것이라고 할 수 있다.[49)] 즉, 체계정당성의 원칙은 국가공권력에 대한 통제와 이를 통한 국민의 자유와 권리의 보장을 이념으로 하는 법치국가원리로부터 도출된다.[50)] 헌법상의 제도에 관한 체계정당성의 요청이 존중되지 아니하면 이는 제도상의 결함이라고 할 수 있다. 체계정당성의 원리에 대한 위반이 바로 위헌으로 되는 것이 아니고, 과잉금지원칙이나 평등의 원칙 등 일정한 헌법의 규정이나 원칙을 위반하여야만 비로소 위헌으로 된다. 입법자가 체계정당성의 위반을 정당화할 합리적인 사유가 있으면, 이에 관한 입법재량이 인정된다.[51)]

우리나라에서 실정법규로는 헌법·법률과 행정법규인 대통령령·총리령·부령·자치법규인 조례와 규칙 등이 있다. 이들 법령들은 각각 독립적인 체계를 갖는 별개의 법령이지만, 법질서 전체가 내용적으로나 논리적으로 모순된 체계를 지니고 있으면 안 될 것이다. 법률을 시행하기 위한 하위의 위임입법은 법형식은 다르

48) 국회사무처 법제실, 헌법재판소의 위헌결정 사유와 입법상 유의사항, 2000, p. 46.
49) 헌재 2004.11.25. 2002헌바66.
50) 권영성, 헌법학원론, 2005, p. 789.
51) 허영, 헌법이론과 헌법, 2005, p. 717.

지만 그 상위법령과 내용상 일치되어 상위법령과 하위법령이 전체적으로는 하나의 통일된 법령체계를 이루어야 한다. 법령이 통일된 국민적 의사를 표현하고 보편적으로 타당하기 위해서는 모든 법령이 상호간에 불일치하거나 모순되지 않은 통일된 법체계를 구성하고 있어야 한다. 따라서 전체의 법령은 헌법을 정점으로 하여 법령의 규정들이 상호간에 모순되지 않는 체계를 형성하여야 한다.

이러한 모순 없는 법령체계를 형성하기 위해서는 새로이 입법되는 법령은 그보다 상위의 효력을 지니는 법령의 취지와 내용에 모순·저촉되는 것이 아니어야 함은 물론, 동등한 효력을 지니는 다른 법령과도 모순·저촉되어서는 아니 된다.[52] 법은 헌법, 법률, 위임입법 등으로 구성되는 수직적인 단계구조를 지니고 있으며, 동일한 법규범의 효력단계에서는 일반법－특별법과 구법－신법 등의 수평적인 법령구조를 지니고 있다. 이러한 법령의 수직적 및 수평적인 구조와 체계하에서 입법권이 권력분립원칙에 의하여 수평적으로 분배되고 보충성원칙에 의하여 수직적으로 분배될 경우, 각 규율권한을 가진 단체나 개인들이 행하는 규율기능들이 지속적으로 상호 모순된다면 각 단체나 개인들은 하나의 국가, 하나의 법공동체로 통합될 수가 없다. 따라서 입법권은 수직 및 수평적으로 분배될지라도, 분배된 입법권에 의하여 규율된 입법은 통일성을 유지하도록 할 필요가 있다. 체계정당성의 요청은 동일법률 내는 물론 수평적·수직적 법규범상호 간에도 규범의 구조나 내용면에 있어서 모순·충돌이 없어야 한다.

3.2 계획권한 조정의 기준으로서 조화의 원칙과 역류의 원칙

중앙정부와 지방자치단체간의 계획권한에 대한 분쟁이 발생할 우려가 있을 시, 독일의 학설과 판례를 통하여 형성되어진 조화의 원칙 내지 골격계획의 원칙 등은 우리나라의 경우에 있어서도 고려됨이 요구된다.[53]

52) 법제처, 법령입안심사기준, 1996, p. 31.

53) 강문수, "개정 '국토의 계획 및 이용에 관한 법률'의 평가와 전망: 제22조의2(도시기본계획과 국가 계획의 관계)를 중심으로", 한국법제연구원, 2007. p. 25.

1) 조화의 원칙과 역류의 원칙

국가 또는 지방자치단체는 모두 헌법에 의한 독자적인 계획권한을 향유하게 되었다. 따라서 국토계획의 체계는 무엇보다 이러한 계획주체로서의 독립성, 즉 국가의 계획권한과 지방자치단체의 계획고권이 각각 보장되어야 한다는 명제를 전제로 한다.

계획주체의 독립성을 바탕으로 이해할 때 국토계획의 체계 안에서는 각 권한주체 간의 권한중복 내지는 상충으로 인한 갈등이 나타날 수 있는데, 이런 경우 조화의 원칙에 근거하여 해결하여야 한다. 여기서 조화의 원칙은 헌법상 보호되는 양 법익은 서로 충돌되더라도 각자가 모두 효력을 발휘할 수 있도록 상호 조정되어야 한다는 원칙이다. 즉, 법익 간의 충돌이 생기는 경우에도 성급한 법익형량을 통해 다른 법익을 희생하여 어느 하나의 법익만이 실현되어서는 안되고, 오히려 일정한 한계를 설정함으로써 양법익이 최상으로 실현될 수 있도록 하여야 한다는 것을 의미한다.

이 경우에 양자가 최적으로 조화될 수 있는 이러한 한계는 구체적인 경우에 비례의 원칙에 따라 설정될 수 있다. 이러한 조화의 원칙에 따르면 어떠한 우월한 공익이 존재한다고 해서 바로 지방자치단체의 계획고권의 침해가 정당화되는 것이 아니라, 당해 지방자치단체의 권한을 충분히 고려한 후에도 그 권한을 침해할 수밖에 없는 초지역적 공익이 합리적으로 요구될 때 그 침해가 정당화될 수 있는 것이다. 그러나 이러한 경우에도 지방자치단체의 권한이 완전히 배제되어서는 안 되고, 지방자치단체에게는 여하한 경우에도 법체계 안에서 주어진 기능을 실현할 수 있는 최소한의 여지가 남아있어야 한다.

이러한 조화의 원칙을 국토계획과 관련하여 보다 구체화 시키면 다음과 같다. 먼저 국토계획은 상황변화에 적응하면서 보다 나은 방향으로 계획목표를 수정하고 집행하는 것으로서 지속적인 피드백과정을 전제로 한다. 이러한 계획의 특성으로부터 국가와 지방자치단체의 종합계획 사이에는, input 차원에서 지방자치단체는 독립한 계획주체로서 독자적인 계획상의 형성의 여지를 통해 발전시킨 계획목표나 목적들을 이와 관련된 국가의 계획목표와 더불어 지방자치단체의 계획에 반영하고, output 차원에서 이렇게 형성된 지방자치단체의 계획은 국가의 계획목표 내지 목적과 더불어 국가계획에 반영되어야 한다는 원칙을 도출해 볼 수 있다.

이러한 관점에서 조화의 원칙은 각 계획주체들이 헌법 및 개별 법률에 의하여 부여된 권한을 바탕으로 독자적으로 계획목표를 설정하고, 이를 관련된 타 주체의 계획목표와 조정할 수 있는 계획상의 형성의 가능성을 보호하는 기능을 한다고 할 것이다. 특히 지방자치단체의 관점에서 국가의 국토계획이 지방자치단체의 계획상의 형성의 의지를 잃게 한다면, 이는 피드백과정의 단절로서 자치권을 침해하는 것이 된다.

또한 독일 연방공간정서법 제1조 제3항은 이른바 역류원칙을 규정하고 있는데, 이에 따르면 "부분지역(Teilräume)의 발전, 질서 및 보전은 전체지역의 여건과 필요에 적합하여야 한다. 전체지역의 발전, 질서 및 보전은 부분 지역의 여건과 필요를 고려하여야 한다라고 규정하고 있다. 이는 전체적인 공간에 대한 계획 간의 조정과 조화를 위한 것으로서 결국 조화의 원칙을 구체화하는 것이라 할 수 있다.[54]

2) 골격계획의 원칙

위에서 살펴본 조화의 원칙을 보충하는 기능을 가지는 실체법상의 계획원칙으로서 골격계획의 원칙이 있다. 이 원칙에 따르면 국가의 국토계획은 기본적인 골격 내지 윤곽만을 형성하는 계획이어야 하고, 이를 점차 구체적으로 형성하는 것은 하위의 계획주체에게 맡겨져야 한다는 것이다. 이러한 골격계획의 원칙과 관련하여 국가의 계획이 어느 정도까지 구체적일 수 있는가 하는 것이 문제시될 수 있다. 독일의 경우 이러한 초지역적인 계획의 구체화 정도를 일반적으로 네 가지 단계로

54) 강문수, "개정 '국토의 계획 및 이용에 관한 법률'의 평가와 전망: 제22조의2(도시기본계획과 국가 계획의 관계)를 중심으로", 한국법제연구원, 2007, pp. 27-28.

구분하고 있다. 구체화의 허용성 여부를 두고 많은 논란이 있어 왔지만, 지방자치단체의 계획고권의 관점에서 보면, 원칙적으로 초지역적 계획은 범지방자치단체의 지역 또는 지방자치단체의 영역 그 자체를 대상으로 하는 계획이므로, 지방자치단체의 일부 지역이나 더 나아가서 특정구획에까지 구체적으로 획정하는 것은 허용되지 않는다고 보아야 할 것이다.

그러나 예외적으로 초지역적인 계획이 부득이하게 이러한 정도로 구체적인 지방자치단체 내부의 영역에 대해서 정하여야 할 필요가 있는 경우, 이 경우에도 이를 정당화할 수 있는 특별히 우월한 공익이 반드시 존재하여야 한다고 할 것이다. 또한 이때 조화의 원칙 내지 역류원칙에 근거하여 볼 경우에도, 지방자치단체가 이러한 지방자치단체의 내부에 대한 구체적인 계획을 실현하는 경우에는, 해당 지방자치단체가 상위의 계획의 내용을 지역계획으로 전환하는 과정에서 지방자치단체에게 어느 정도의 탄력성이 인정되어야 할 것이다. 왜냐하면 지방자치단체가 단지 상위계획의 집행자로서 고유한 형성가능성을 전혀 가지지 못한다면 이는 지방자치단체의 권한을 침해하는 것이 될 것이기 때문이다.

3.3 도시계획체계 문제 사례: 생활SOC(Social Overhead Capital) 정책

1) 생활SOC(Social Overhead Capital) 정책의 추진 배경과 목표

정부는 인구감소시대의 본격화에도 불구하고 국민모두가 어디에서 거주하더라도 문제없이 일상생활을 영위할 수 있도록 삶의 질을 보장함으로써 모든 지역이 상생적으로 발전할 수 있는 여건 마련을 목표로 하는 생활SOC 정책을 추진중에 있다. 생활SOC 정책의 주된 영역은 보육·복지·문화·체육시설 등 일상생활과 밀접한 인프라를 대상으로 하며, 국민 전 생애에 걸쳐 기본생활을 보장하는 포용국가의 실천을 정책의 목표로 하고 있다.

2) 생활SOC 정책의 법적 기반

현재 생활SOC 정책의 근거가 되는 별도의 법률은 없고 다만 생활밀착형 사회기반시설 정책협의회 설치 및 운영에 관한 규정만이 마련되어 있을 뿐이다. 즉, 현행 법률상 생활SOC를 직접적으로 규율하는 법률은 없고 다만 이와 유사한 개념을 국토의 계획 및 이용에 관한 법률 (이하 "국토계획법"이라 함), 사회기반시설에 대한 민간투자법(이하 "민간투자법"이라 함), 도시재생 활성화 및 지원에 관한 특별법 (이하 "도시재생법"이라 함) 등에서 개별적으로 규정하고 있다.

국토계획법 제2조 제6호에서는 기반시설을 교통시설, 공간시설, 유통·공급시설, 공공·문화체육시설, 방재시설 등으로 규정하고 있다.[55] 특히 국토계획법 제3조의2에서 국토교통부장관은 도시의 지속가능하고 균형 있는 발전과 주민의 편리하고 쾌적한 삶을 위하여 도시의 지속가능성 및 생활 인프라(교육시설, 문화·체육시설, 교통시설 등의 시설로서 국토 교통부장관이 정하는 것을 말한다) 수준을 평가할 수 있도록 정하고 있다. 이에 따라 마련된 '도시의 지속가능성 및 생활 인프라 평가 지침'(국토교통부훈령 제1191호)에서는 생활 인프라를 '거주민이 주거, 근로, 교육, 휴식, 육아, 이동 등의 일상생활을 영위하는데 필요한 모든 기반시설'이라고 정의하고 있다.

민간투자법 제2조 제1호에서는 사회기반시설을 "각종 생산 활동의 기반이 되는 시설, 해당 시설의 효용을 증진시키거나 이용자의 편의를 도모하는 시설 및 국

---

55) 국토의 계획 및 이용에 관한 법률 제2조(정의) 이 법에서 사용하는 용어의 뜻은 다음과 같다.
   6. "기반시설"이란 다음 각 목의 시설로서 대통령령으로 정하는 시설을 말한다.
      가. 도로·철도·항만·공항·주차장 등 교통시설
      나. 광장·공원·녹지 등 공간시설
      다. 유통업무설비, 수도·전기·가스공급설비, 방송·통신시설, 공동구 등 유통·공급시설
      라. 학교·공공청사·문화시설 및 공공필요성이 인정되는 체육시설 등 공공·문화체육시설
      마. 하천·유수지(遊水池)·방화설비 등 방재시설
      바. 장사시설 등 보건위생시설
      사. 하수도, 폐기물처리 및 재활용시설, 빗물저장 및 이용시설 등 환경기초시설

민생활의 편익을 증진시키는 시설"이라고 규정하고 있다.56)

도시재생법 제2조 제1항 제11호에서는 "기초생활인프라"를 "도시재생기반시설 중 도시주민의 생활편의를 증진하고 삶의 질을 일정한 수준으로 유지하거나 향상시키기 위하여 필요한 시설"이라고 규정하고 있다. 여기에서의 도시재생기반시설은 국토계획법 제2조제6호에 따른 기반시설 혹은 주민이 공동으로 사용하는 놀이터, 마을회관, 공동작업장, 마을 도서관등 대통령령으로 정하는 공동이용시설을 의미한다.

현행 법률에서는 개별 법률의 입법 목적에 따라 그 범위와 대상을 사회기반시설, 기초생활인프라 등의 다양한 용어로 정의하고 있으며 이를 통해 간접적으로 생활SOC와 관련성을 가지고 있다고 볼 수 있다.57)

이외에도 생활SOC와 관련하여 조례를 살펴보면 대표적으로 서울특별시가 2019년에 제정한 '서울 특별시 저층주거지 생활밀착형 사회기반시설 공급에 관한 조례'가 있다. 이 조례는 일상생활에 밀접한 생활SOC시설을 10분 도보권 내에 설치하여 도시재생사업의 시민 체감도를 향상시키는 '10분 동네' 생활기반시설 공급에 대한 행·재정적 근거를 제공하기 위하여 마련되었다. 이 조례에서 생활밀착형 사회기반시설(이하 "생활기반시설"이라 한다)을 "일상생활에서 시민의 편익을 증진시키는 도서관, 보육시설, 노인여가복지시설, 청소년·아동복지시설, 생활체육시설, 문화시설, 공원, 주차장 등으로서 제4조에 따른 생활기반시설 공급기본 계획에서 정하는 시설"이라고 정의하고 있다. 또 같은 조례 제4조에서는 생활기반시설 공급기본계획을 수립하도록 하고 있다.58)

---

56) 과거 사회간접자본시설에 대한 민간투자법 이었으나 2005년 법 개정을 통해 사회기반시설에 대한 민간투자법 으로 법제명을 변경하였다. 이는 그 대상을 기존 사회간접자본에서 사회기반시설로 변경함을 의미하는 것으로 구체적으로 민간투자사업의 대상이 되는 사회기반시설을 법률에 열거하는 방식으로 규정하고 있는 기존의 법률을 개정을 통해 이 범위를 포괄적으로 정의하되, 군사기밀을 취급하는 시설등 민간부문에서 운영하는 경우 공공의 이익을 해칠 우려가 있는 시설은 제외하도록 하는 조문(제2조 제1호, 제2조제2호)을 신설하였다.

57) 조진우, "생활SOC정책의 문제점과 개선과제", 토지공법연구 제90집, 2020, p. 180.

3) SOC와 생활SOC(Social Overhead Capital)의 구분

기본적으로 SOC의 범위는 시대와 국가에 따라 일정하지 않고 차이를 보이고 있기 때문에 개념 역시 불명확하다. 또한 SOC 시설의 종류가 다양할 뿐만 아니라 그 외부 효과의 파급범위가 포괄적이기 때문에 SOC의 개념이나 범위는 포괄적이고 애매하기도 하다.[59]

일반적으로 SOC는 '개개의 경제 주체의 생산 및 소비활동에 직접 동원되지 않으나, 국가 전체의 경제활동에 중요한 기반을 제공하는 교통, 통신, 전력 등 공공시설인 자본 설비'라고 정의할 수 있다. 즉 SOC는 공공재적 성격을 가지는 유형의 재화와 무형의 서비스를 의미한다.

생활SOC는 "사람들이 먹고, 자고, 자녀를 키우고, 노인을 부양하고, 일하고 쉬는 등 일상생활에 필요한 필수 인프라"라고 정의할 수 있다. 생활밀착형 사회기반시설 정책협의회 설치 및 운영에 관한 규정(이하 "생활협의회운영규정"이라 함) 제2조에 의하면 생활밀착형 사회기반시설(생활SOC)에 대해서 보육·의료·복지·교통·

58) 서울특별시 저층주거지 생활밀착형 사회기반시설 공급에 관한 조례 제4조(생활기반시설 공급기본계획의 수립) ① 시장은 저층주거지 여건에 최적화된 생활기반시설을 공급하기 위하여 3년 단위로 서울특 별시 생활기반시설 공급기본계획을 수립한다. 다만, 필요한 경우 기본계획 수립 이전에도 시범사업을 시행할 수 있다.
② 제1항의 기본계획에는 다음 각 호의 사항이 포함되어야 한다.
1. 생활기반시설 현황 분석 및 진단 2. 생활기반시설 공급 기본목표 및 추진방향 3. 서울시 생활기반시설 공급 기준 (최저기준) 4. 생활기반시설 권역별·지역별 종합적·체계적 공급에 관한 사항 5. 생활기반시설 공급지역 선정 절차 및 방법 등에 관한 사항 6. 생활기반시설 관리·운영에 관한 사항 7. 재정 집행 계획 8. 그 밖에 시장이 생활기반시설 공급에 필요하다고 인정하는 사항
③ 기본계획은 도시재생 활성화 및 지원에 관한 특별법 제2조제1항제3호에 따른 서울특별시도시재 생전략계획 및 국토의 계획 및 이용에 관한 법률 제2조제3호에 따른 서울특별시도시기본계획과 서울특별시 생활권 계획에 부합하여야 한다.
④ 시장은 기본계획 수립 또는 변경 시 관할 구역의 구청장 등에게 필요한 자료를 요청할 수 있다.
⑤ 제4항에 따라 협조 요청을 받은 구청장 등은 특별한 사유가 없으면 시장에게 필요한 자료를 제공 하여야 한다.

59) 홍성웅, 사회간접자본의 경제학, 박영사, 2006, p. 21.

문화·체육시설, 공원 등 일상생활에서 국민의 편익을 증진시키는 모든 시설"이라고 정의하고 있다. 따라서 과거의 SOC는 고도성장시기의 경제성장을 뒷받침하는 경제발전의 사회간접자본이라고 한다면, 생활SOC는 지역 내의 사회적 공간을 연결하여 지역공동체를 뒷받침하는 포용 사회가치를 실현하는 수단으로써 사회적 자본으로 양자를 구분할 수 있다.[60)]

생활SOC는 주민의 일상생활과 보다 "밀접하게" 편익 증진에 기여한다는 점이 기존의 SOC와 구별되는 가장 큰 특징이다.

4) 생활SOC 정책의 계획체계 문제

(1) 생활SOC 개념의 불명확성

현재 생활SOC는 생활 인프라, 생활밀착형 인프라 등의 많은 유사 표현이 다양하게 사용되고 있지만 이에 대하여 명확한 법적 정의가 없다. 생활SOC의 개념에 대해서는 국무총리 훈령인 생활밀착형 사회기반시설 정책협의회 설치 및 운영에 관한 규정 제2조에서 "보육·의료·복지·교통·문화·체육시설, 공원 등 일상생활에서 국민의 편익을 증진시키는 모든 시설"로 정의하고 있는 것이 유일하다. 하지만 이 규정은 생활SOC를 규율하는 것이 아니라 생활밀착형 사회기반시설에 대한 정책협의회에 관한 사항을 규율하는 것을 목적으로 하는 규정이다.

생활SOC 3개년계획에서는 생활SOC의 개념에 대해 이를 넓게 해석할 경우 일상생활의 기본 전제가 되는 안전과 기초인프라 시설까지 포괄할 수 있는 열려있는 개념이다.[61)]

이로 인해 생활SOC와 유사개념 간의 구분은 더욱 불명확해지고 있다. 기존의 대규모 토목사업과는 달리 생활SOC는 주민생활과 밀접한 기반시설이라는 차별성

60) 진성만, "지속가능한 생활SOC사업을 위한 논의: 사업소개 및 고려되어야 할 정책적 사항", 지방자치이 슈와 포럼 제25호, 2019, p. 67.

61) 국무조정실 생활SOC 추진단, "생활SOC 3개년 계획(안)", 2019, p. 1.

을 강조하고 있지만 기존의 SOC의 외연이 확장되면서 등장한 개념으로 인식되는 경향이 강하다.[62] 무엇보다 다른 개념들은 개별 법률상 명확한 정의가 규정되어 있는 것과 달리 생활SOC는 법률상 개념이라기보다는 정책상의 개념으로서 사업추진에 한계점을 지닌다.

(2) 생활SOC 관련 계획제도의 한계점

생활SOC는 정책추진 과정에 있어서 다양한 정책수립과 관련된 사업의 선정에 이르는 과정이 다른 정책들에 비해 대규모임에도 불구하고 매우 단기간에 추진되고 있어서 기존의 계획제도와의 정합성 등에 문제점을 갖고 있다.

도시기본계획과 도시관리계획의 유기적인 연계성이 미흡하다는 문제가 있는 상황에서 지방자치단체의 입장에서는 생활 SOC에 대해 어떠한 계획을 수립하여야 하는 것인지 불명확하다. 지방자치단체는 생활SOC와 관련하여 개별 사업 중심으로 사업을 추진하고 있을 뿐 주민들의 수요를 기반으로 한 종합계획을 마련하지 못하고 있다. 생활SOC 정책이 종합계획과 해당 사업 선정까지 급히 추진되면서 관련 계획이나 법제에 대한 논의가 활발하지 못하였고 무엇보다 지방자치단체가 생활SOC에 관한 종합적인 계획을 수립하여 추진하는 토대가 충분히 마련되지 못하였기 때문이다. 생활SOC 복합화 사업의 경우 사업 간의 연계를 통해 시너지효과를 기대하여야 함에도 불구하고 현재는 사업 간의 보다 치밀한 연계보다는 단순히 사업들을 한곳에 모아두는데 그칠 가능성이 크다.[63]

생활SOC 사업은 현재 복합화 사업을 중심으로 지방자치단체들이 경쟁적으로 추진하면서 관련시설이 전국적으로 건설되고 있다. 하지만 조만간 건설이 종료한 이후 시설의 유지운영이 본격화될 때 이에 대한 구체적인 방향은 충분히 논의되지 못하고 있다. 생활 SOC 복합화사업의 경우 사업의 특성상 주민들의 이용이

62) 정부가 생활SOC를 통해 지역의 일자리 창출을 도모하고 경기를 부양하겠다고 하면서 이러한 오해는 심해지고 있다. 이는 기존의 SOC 사업추진에서 정부가 제시하는 내용이기 때문에 단순히 규모의 차이일 뿐 건설업을 중심으로는 큰 차이를 느끼지 못하고 있기 때문이다.

63) 조진우, “생활SOC정책의 문제점과 개선과제”, 토지공법연구 제90집, 2020, p. 185.

중요하고 관련 시설이 한 곳으로 집중되어 있다는 점에서 해당 시설을 주민들이 이용하는데 편리하게 운영될 수 있는지 여부가 사업의 성패를 결정할 것으로 예상된다.

5) 생활SOC 정책의 개선과제

(1) 생활SOC 정책의 법적 기반 마련

현재 생활SOC 정책의 근거가 되는 별도의 법률은 없고 다만 생활밀착형 사회기반시설 정책협의회 설치 및 운영에 관한 규정만이 마련되어 있을 뿐이다. 생활SOC사업이 다른 사업과의 혼동을 피하고 지속적으로 추진될 수 있도록 하기 위해서는 이에 대한 보다 명확한 법적 기반이 마련되어야 한다. 현재의 국무총리훈령만으로는 생활SOC는 단기간의 정책에 그칠 가능성이 높으며 지방자치단체가 현재의 생활SOC사업 이후에 추가적으로 이러한 사업을 추진하고자 하는 경우에도 이에 대한 법적인 토대가 명확하지 않다.

생활SOC가 현재의 사업을 포함하여 단기간의 정책이 아닌 지속적으로 추진되기 위해서는 법적 기반을 마련하여 용어의 혼란을 조정하고 생활SOC를 계획하고 운영하는 전 과정에 대한 유사정책과의 혼동을 최소화하고 정책의 일관성과 안정성을 담보함이 요구된다. 법적 기반 마련을 통해서 국가재정법에 규정한 법령에 따라 추진하는 사업의 근거법으로 기능하고, 국가재정법상 예비타당성조사 면제 사업의 한계를 해소할 수도 있을 것이다.[64]

이 과정에서 생활SOC의 용어를 단순히 현재의 국무총리훈령에 둘 것이 아니라 법률의 단계에서 보다 명확하게 규정할 필요가 있다. 생활SOC는 기존의 많은 법률에서 용어는 다르지만 유사한 개념과 범위로 혼용되면서 시설의 범위가 불명확하고 혼동이 발생하고 있다. 실제 생활SOC는 공공시설, 커뮤니티시설, 기반시설

---

64) 홍성진, “생활인프라 정책기본법 제정에 관한 연구”, 토지공법연구 제86집, 2019, p. 187.

등의 유사시설과 개념이 중복되고 생활편의시설, 돌봄센터, 육아 및 아동지원센터, 치매요양시설 등 복지시설은 물론 장애인 재활센터, 보육시설 등 주민 커뮤니티 시설을 포함한다.

이에 대해 생활SOC 3개년계획에서는 생활SOC의 개념에 대해 안전과 기초인프라 시설까지 포괄할 수 있는 열려있는 개념이라고 언급하고 있지만 이로 인해 생활SOC의 혼란을 가중시킬 뿐이다. 결국 생활SOC는 그 필요성에도 불구하고 정책적 결정에 의해 등장한 SOC의 또 다른 표현에 불과하고 일회적인 정책으로 그칠 우려가 크다는 비판에서 자유롭지 못할 수 있다. 따라서 생활SOC는 이러한 유사 용어를 고려하여 개념을 보다 명확하게 할 필요가 있다.

생활SOC에서의 수요와 공급에 대한 균형을 맞추기 위한 사전 수요조사도 명문화되어야 한다. 중앙정부에서 집중하는 분야와 지방자치단체가 요구하는 분야와는 차이가 있을 수 있으며 지역주민들의 요구, 관련 예산 배분은 모두 다를 수 있기 때문에 시설 공급이나 지원 이전에 이에 대한 명확한 수요를 조사하고 그 타당성을 검토할 수 있도록 법률에 규정 하는 것도 고려될 수 있다.[65]

(2) 생활SOC 정책의 중심이 될 생활SOC 종합계획 수립

생활SOC가 지역주민의 요구를 충족시키기 위해서는 개별 사업 중심으로 추진될 것이 아니라 지역에 어떠한 시설에 대한 요구가 있으며 필요한 사업은 무엇인지, 어떠한 단계를 거쳐 체계적으로 이를 확보할 것인지 등을 포괄하는 생활SOC공급에 대한 종합계획 수립을 긍정적으로 검토하고, 도입함이 요구된다. 왜냐하면, 지역에 맞는 효과적인 시설 공급을 위하여 인구, 환경, 기존 시설, 도시의 물리적인 환경 및 주변 개발계획을 고려한 광역 차원의 종합적인 계획이 수립되어야 하기 때문이다.[66] 또 지역별로 요구되는 생활SOC에 대한 공간배치 및 접근성 강화 전략,

65) 생활SOC 사업의 적합도 검토에 있어서 경제적 가치뿐 아니라, 사회 전반에 걸친 효용을 고려한 '사회적 가치(Social Value)' 혹은 '창출가치(Value Creation)'에 대한 평가가 같이 이루어져 지역 공동체의 삶의 질 유지·향상에 기여할 수 있는 필수 시설이 누락되지 않도록 하는 방안의 규정 마련도 고려될수 있을 것이다. 구형수, "생활SOC 정책의 주요 이슈와 전략적 추진방향", 국토정책 Brief 696호, 2018, p. 8.

재원 조달계획은 물론 생활SOC에 대한 서비스 수준 평가까지 아우르는 계획제도가 도입되어야 한다.[67]

이외에 추가로 고려되어야 할 점은 생활SOC의 핵심 중 하나인 주민생활의 밀접, 즉 주민의 접근성이 용이한 시설이어야 한다는 점이다. 과거와 달리 주민생활은 한 지역에 한정된 것이 아니며 생활패턴이 변화함에 따라 광범위하게 변화하고 있다. 이로 인해 행정단위에 국한되지 않고 각종 시설을 이용하기 위하여 주변 시군의 경계를 넘나드는 일이 적지 않다. 이러한 상황에서 기초지방자치단체별로 각각 생활SOC를 추진하도록 하는 경우 인근 지역에 유사·중복 시설이 위치할 수 있다. 따라서 기초지방자치단체가 상호 협력을 통해 역할을 분담하여 생활SOC사업을 추진한다면 주민의 관점에서는 단기간에 원하는 시설이 확충되어 이용할 수 있다는 장점이 있다.

따라서 기초지방자치단체 단위의 종합계획 수립에서 발생할 수 있는 문제를 고려하면 주민생활권을 기준으로 한 생활SOC 종합계획이 마련되어야 한다. 즉 지역의 여건은 물론 지방자치단체가 기존에 수립하고 있는 각종 계획과 연계하여 지역주민들에게 보다 효과적이고 필요한 사업이 보다 체계적으로 추진되기 위하여 지방자치단체가 생활SOC계획을 수립하기 위한 명확한 법적 근거가 요구된다. 이를 위해 앞에서 논의한 기본법에서 이를 마련하는 방안과 기존의 도시계획법을 개정하여 이를 명문화하는 방안 마련이 필요하다.

이런 배경에서 새로운 계획제도를 신설하기 보다는 기존 도시계획의 큰 틀을 유지하면서 도시기본계획의 하위 계획으로 생활SOC의 기능을 도모하는 입법이 보다 적절할 것이다.

무엇보다 생활SOC는 중앙정부보다는 지방자치단체가 주도가 되는 사업이기

66) 김유란, “도시재생 거점시설 역할을 위한 생활SOC 복합화 방안”, 국토연구원, 2020, p. 36.

67) 구형수, 앞의 논문, p. 6.

때문에 개별 사업은 물론 종합계획 역시 지방자치단체가 주도하여야 한다. 따라서 지방자치단체의 계획고권의 강화는 관계기관의 승인이나 결정에 의할 것이 아니라 다른 계획과의 조화나 조정을 통해 해결하는 방향의 전환도 필요하다.[68] 지방분권이 가속화됨에 따라 계획고권에 대한 중앙정부와 지방자치단체간의 갈등이 심화될 가능성이 커지는 상황에서 권한 해결은 승인보다는 조화를 기반으로 이루어져야 한다.[69]

3.4 도시계획체계 문제의 개선과제

현대사회는 복잡하고 유동적이다. 매일 지금까지 경험해보지 못한 새로운 일들이 일어나고 있다. 도시문제도 마찬가지이다. 이처럼 다양한 배경을 지닌 도시문제의 신속한 해결을 위한 방안으로 우리 사회는 여러 이름의 특별법을 입법해오고 있다. 문제는 특별법들이 너무 많이 입법됨으로서 기존 법체계의 체계정당성이 위협받는 실정에 이르렀다는 것이다. 사실 특별법과 같이 특별한 예외조항을 둔 입법은 일반적인 사항을 규정하고 있는 기존의 관련 법률과 상호 모순 혹은 충돌을 가져와 법적 안정성을 해칠 우려가 크다.[70]

도시계획제도는 보다 나은 생활환경을 희망하는 시민 개개인의 욕구 충족의 기반과 욕구 충족의 범위 그리고 욕구 충족의 방법을 제시하는 한편으로 도시의 기본적 질서 유지 및 도시의 발전과 변화에 대한 예측 가능성을 제공한다. 도시계획체계는 특정 도시의 도시계획을 입안·승인·집행하는 과정에 참여하는 다양한 주체 간의 일련의 상호작용을 규율하는 틀을 의미한다.[71] 그래서 도시계획제도는 도

68) 정훈, “지방자치단체의 계획고권과 국토의 균형개발”, 토지공법연구 제84집, 2018, p. 67.

69) 같은 취지로 임현, “독일의 토지계획법제“, 토지공법연구 제50집, 2010, p. 37.

70) 홍완식, “체계정당성의 원리에 관한 연구”, 토지공법연구 제29권, 한국토지공법학회, 2005, p. 462.

71) 계기석, “광역시 군 지역의 도시계획체제 개선 연구”, 도시행정학보, 제21집 제3호, 2008, pp. 21－43면.

시계획체계의 구조적 특징의 영향을 받기 마련이다.

도시계획제도는 시민 개개인의 삶의 질 향상을 위한 국지적, 한시적, 미시적 사항들에 대한 개선 노력과 도시민 전체를 대상으로 하는 공공복리의 증진과 도시공간 전체를 대상으로 하는 광역적, 장기적, 거시적 사항들에 대한 개선 노력을 모두 필요로 하기 때문에 이 두 가지 측면을 어떻게 조정하고 개선해 나갈 것인가 하는 것이 현재 도시계획제도가 우선적으로 풀어야 할 과제이다.

1) 법체계상의 개선과제

도시계획 체계구축의 법적 과제에 있어서 가장 우선적으로 고려되어야 할 사항은 도시계획과 관련된 기존 법체계상의 문제들이다. 법체계상의 첫 번째 문제는 기본법과 집행법 간의 일관된 체계성 결여를 들 수 있다. 국토기본법과 국토계획법은 그 명칭을 기준으로 볼 때 국토기본법이 국토에 관한 계획 및 정책의 기본에 관한 사항을 정한 기본법이고 국토의 계획 및 이용에 관한 법률은 기본법의 내용을 보다 구체화하는 내용을 담은 개별법의 관계로 파악할 수 있으나, 그 내용을 살펴보면 국토계획법에도 국토의 계획 및 이용에 관한 기본적인 내용들이 많이 있어서 사실상 양자 모두 기본법적 성격을 가지고 있어서[72] 양자 간에 부조화를 이루고 있다.

예를 들면, 현재 도시재생활성화 및 지원에 관한 특별법(도시재생특별법)은 불필요한 사업의 중복, 관련법 사이의 일관성 결여 등의 문제를 지니고 있을 뿐만 아니라 통합적 법적용의 원리 훼손과 법 단계구조의 훼손으로 우리나라 도시 관련법체계의 체계정당성에 심각한 문제를 던져 주고 있어서 이의 개선이 시급한 실정이다. 이를 위한 대안으로 도시재생특별법 외의 별도의 법률 제정 또는 관련 규정 개정 혹은 추가 방안, 기본법과 사업법으로 재정비하는 방안, 도시재생 관련법률을 통폐합하여 (가칭)도시주거재생에 관한 기본법을 제정하는 방안, 기존의 국토의 계획 및 이용에 관한 법률을 기본법으로 위치하고 도시 및 주거환경정비법, 도시재정

72) 오준근, 도시계획 관련 법제의 체계적 정비방안, p. 121.

비 촉진을 위한 특별법, 도시개발법, 그리고 도시재생특별법 등을 개정한 다음 하위의 개별법으로써 우리나라 도시 관련법체계를 재정비하는 방안 등의 제안되고 이다.[73)]

법체계상의 두 번째 문제는 위임입법의 원칙에 위배되는 문제이다. 위임입법의 원칙에 따르면 중요하고 본질적인 사항은 상위법에서 규정하고 보다 덜 중요하고 세부적인 사항들은 하위법에 위임하도록 하는 것인데 현재의 국토기본법과 국토계획법 등 도시계획 관련법들이 법률에서 정하여야 할 중요한 사항들을 시행령과 시행세칙 등에 위임하고 있는 경우가 상당하다. 이러한 현상은 단지 도시계획 관련법들에 국한되지 않고 우리나라의 다른 입법부문에서도 흔히 나타나는 현상이긴 하지만 국민의 재산권에 대하여 직접적인 규제의 내용을 담고 있는 도시계획 관련법제의 경우 이러한 문제점들은 조속히 시정되어야 할 사안이다.

법체계상의 세 번째 문제는 지방자치단체의 계획고권을 사실상 제한하고 있는 획일적인 규정의 문제이다. 지방자치의 가장 본질적인 부문 중의 하나는 해당 지방자치단체가 가진 고유의 지리적·사회적·경제적 여건을 고려한 도시계획의 수립권한을 보장하는 일이다. 즉, 지방자치단체에 대한 계획고권의 보장은 지방자치의 근간을 이루는 일인 것이다. 그런데 도시계획 관련법제의 경우 지방자치법 시행 20년이 됨에도 불구하고 과거의 중앙집권식 계획수립 행태에서 크게 변하지 않은 수준이다. 각 지방자치단체가 서로 다른 그 지역적 여건을 고려하여 나름대로 차별화하여 규율할 여지가 사실상 거의 없어서 단지 제목만 조례로 바꿔 법내용을 그대로 다시 옮겨놓는 실정이다.

법체계상의 네 번째 문제는 용도규제 중심의 관리방식으로 인한 토지이용의 혼란 및 복잡화의 문제이다. 도시계획에 있어서 토지를 어떻게 효율적이고 합리적으로 이용할 것인가가 중요한 문제로 대두된다.

---

73) 조성제, "도시재생활성화및지원에관한특별법의 개선방안", 법학연구, 43, 2015.

2) 계획체계상의 개선과제

계획체계상의 개선과제로는 첫째 계획체계의 복잡성 및 중복성의 문제를 들 수 있다. 국토기본법 및 국토계획법상의 계획내용이 복잡하고 또 중복되는 내용이 많아 혼란을 초래하고 있다. 예들 들어서, 국토기본법은 국토종합계획, 도종합계획, 시군종합계획, 지역계획 및 부문별계획의 5가지 계획체계를 형성하고(동법 제6조) 있는 것과 비교하여 국토계획법은 광역도시계획, 도시기본계획, 도시관리계획, 지구단위계획의 4단계의 계획체계를 도입·형성하고 있다.

계획체계상 두 번째 과제는 서로 다른 계획들의 계획내용이 중복되거나 대치되어 조화를 이루지 못하는 경우 이를 조정할 수 있는 실질적 규정이 결여되어 있는 문제이다. 현행 국토기본법 및 국토계획법상의 계획내용이 복잡하고 또 상호 중복되어 있어서 운영과정에서 상호 충돌이 발생할 여지가 많다. 그럼에도 불구하고 중복되는 다수의 계획 사이에 그 효력의 우선순위가 명확히 설정되어 있지 않아서, 계획 상호 간의 관계 및 우선순위 등을 조정할 실질적인 규정이 결여되어 있다.

셋째, 계획체계상 세 번째 과제는 특별법의 양산에 따른 계획체계의 무력화의 문제이다. 우리나라 입법상의 특징의 하나로 특별법의 양산을 들 수 있는데, 이러한 지적은 도시계획 관련법제의 경우도 예외가 아니다. 특히 수도권 집중현상을 완화 내지 해소하고 국토균형발전을 추진했던 참여정부에서 특별법제정[74]이 많았으며 이후 이명박 정부에서도 참여정부 시절에 못지않은 다수의 도시계획 및 개발관련 특별법이 제정되었다.

74) 그 중 대표적인 것으로 신행정수도건설을 위한 특별조치법, 지방분권특별법, 국가균형발전특별법을 들 수 있다.

제 4 장

도시조사 및 분석의 판단기준으로서 공익

제4장

도시조사 및 분석의 판단기준으로서 공익

도시계획에서 올바른 조사와 조사결과의 적정한 해석은 계획의 수준과 가치를 결정한다. 따라서 인구 및 사회활동 등 도시에 관한 조사의 범위와 조사방법은 조사결과를 사용하고자 하는 계획의 목적과 계획 내용 그리고 계획목표 시간에 의하여 사전에 확정된 기준에 따르는 것이 일반적이다. 이렇게 확보된 도시조사의 결과는 도시활동의 특징을 설명해줄 뿐 아니라 도시활동의 변화추이와 미래예측을 가능하게 한다. 그러나 이러한 조사결과의 해석은 조사대상의 선정방법(표본)과 조사방법의 특성에 맞추어 매우 제한적이고 수동적으로 이루어져야 할 필요성이 있다. 왜냐하면 전수조사의 어려움을 극복하지 못하는 이상 제한적 표본조사의 결과는 근본적으로 조사 참여자의 의사를 나타낼 뿐 도시전체의 특성을 반영하지 못하는 태생적 한계를 가지기 때문이다. 따라서 도시조사의 기획과 설계 그리고 조사의 시행에 있어서 도시계획가는 조사의 목적과 조사방법을 선택할 때 해당 조사가 추구하고자 하는 궁극적 공익가치가 무엇인지 파악하고 이를 근거로 하여 조사의 정당성을 확인하는 노력이 필요하다.

최근 빅데이터(Big Data)가 우리 생활과 산업 전반에 걸쳐 커다란 영향을 미치고 있으며, 도시의 모든 활동이 빅데이터로 저장되고 있는 현실에서 도시조사의 분석과 판단의 기준으로서 공익개념의 중요성은 크게 주목받고 있다. 방대한 양의 데이터에서 숨겨진 정보를 찾아내는 데이터 마이닝(data mining)은 생산자 중심에서 소비자 중심으로의 패러다임의 전환, 도시 활동 전반에 관한 데이터의 축적, 분석에 기반한 의사결정의 과학화에 많은 기여를 하고 있지만 데이터의 선정에 따른 선택편향(selection bias)의 문제와 관찰선택효과(selection effect)의 문제로부터 전혀 자유롭지 못할 뿐만 아니라 데이터 마이닝이 제시하는 상관관계는 통계적 개연성의 표현일 뿐 도시활동의 인과관계를 설명하지는 못한다.

도시에서의 삶은 지금까지 경험해보지 못했던 새로운 경험을 통해서 반복적인 일상에서 벗어나 새로운 즐거움을 추구하는 역동적인 삶의 추구를 가능하게 한다. 그런데 이러한 도시 현상에 대한 올바른 이해가 없다면 도시의 역동성을 제대로 즐길 수 없을 뿐만 아니라 심한 경우 삶이 피곤해질 수 있으며, 이런 결과가 초래되면 결과적으로 그동안 진행되어온 도시정책의 실패로 귀결될 수 있다. 그런데 이렇게 다양한 도시 현상 중에서 상관관계는 있으나 인과관계[1]가 없는 사례들도 적지 않다. 즉, “다리를 확장하면 교통정체를 해소할 수 있다”거나 “CCTV를 더 많이 설치하면 범죄를 줄일 수 있다” 등의 주장이 이러한 예에 해당한다. 이런 주장들은 상관관계는 있으나 인과관계는 없을 수도 있다. 왜냐하면 다리가 확장되면 단기적으로 해당 다리의 교통처리 능력이 높아져 교통체증이 해소될 수 있으나 장기적으로는 해당 다리로 더 많은 차량들이 몰리게 되면서 교통정체 해소에 별다른 도움이 되지 못할 수가 있으며, 특정 지역에 CCTV를 많이 설치하면 해당 지역의 범죄발생이 줄어들 수 있으나 다른 지역에서의 범죄발생이 늘어나는 풍선효과가 발생할 수도 있기 때문이다.

그러므로 사회 현상에 대한 올바른 설명을 위해서는 변수들 간의 관계가 상관관계만 있는지 아니면 원인과 결과의 인과관계까지 있는지를 구분한 다음, 상관관계를 넘어 인과관계까지 있는 관련 변수들을 기반으로 현상을 설명함이 요구된다. 이렇게 해야 비로소 해당 사회 현상에 대한 왜곡되지 않는 해석의 제시가 가능하

1) 보통 상관관계는 두 변수 간에 맺고 있는 관계의 밀접도를 기준으로 설명되며, 인과관계는 변수 간의 관계를 원인과 결과의 관계로 설명된다.

기 때문이다. 그래서 상관관계는 있으나 인과관계가 없는 경우는 '우연의 일치는 아닌가?' '제3의 변수는 없는가?' '역의 인과관계가 존재하지 않는가?'라는 3가지를 기준으로 구분할 수 있으며, 이 세 가지 기준의 존재 여부는 현실과 반사실을 비교하는 랜덤화 방식, 메타분석, 자연실험 방식, 이중차분법, 조작변수법, 회귀 불연속 설계법, 매칭법, 최적선법 등 다양한 과학적 실험방식의 활용을 통해 확인할 수 있다.2)

자료의 홍수시대로 표현되는 빅데이터 시대에 계획가가 경계해야 할 사안 중의 하나는 축적된 자료들이 보여주는 규모적 특징에 치중한 현상의 이해가 아니라, 축적된 자료들이 보여주는 현상적 특징을 초래한 원인과 결과에 대한 이해가 선행되어야 한다는 사실의 정확한 인식이다. 계획가가 이런 자세로 도시현상을 이해해야 도시문제의 근본적 해결을 기대할 수 있다. 따라서 빅데이터가 제시하는 데이터의 의미를 제대로 이해하고 바르게 활용하기 위해서는 도시 전반에 관한 통찰력을 기반으로 하여야 하며, 이를 위해서는 도시에 대한 이해력을 확대하는 노력을 병행하여야 한다.

이런 시각에서 보면 빅데이터 시대에 있어서 공익개념의 이해는 도시계획에 있어서 근본적으로 요구되는 지적요건으로 볼 수 있다. 이러한 현실에도 불구하고 기존 도시계획 서적들은 도시조사와 분석에 있어서 공익개념이 어떠한 역할을 하는지 또 어떻게 해석되어야 하는 가에 대하여 명료한 설명을 제시하고 있지 못하다. 이런 배경에서 제4장에서는 도시조사 및 분석의 판단기준으로서 공익의 기능과 역할에 대하여 도시계획 사례를 중심으로 살펴보고, 도시조사와 관련한 최근 우리 법원의 사법적 판단을 소개한다.

2) 나카무로 마키코 쓰가와 유스케, 윤지나 번역, 원인과 결과의 경제학, 리더스북, 2018.

제1절 도시계획과 도시조사

조사를 통한 현장의 이해를 바탕으로 계획을 수립하는 과정은 경험이나 직관에 의한 계획을 통해서 기대할 수 없는 현실적인 문제해결 방안의 제시가 가능하다는 점에서 분명한 장점을 지닌다. 현장조사를 통해서 지금의 문제가 나타나게 된 배경과 원인을 파악할 수 있을 뿐만 아니라 조사를 통하여 처음 발생한 문제가 시간의 흐름에 따라서 어떻게 변화했는지 알 수 있다. 도시계획이 도시의 미래비전을 제시하고 앞으로 나아가야 할 방향을 제시하는 역할을 담당하고 있지만, 이런 미래지향적 계획수립이 도시계획의 주된 역할이라고 단정 짓는 일은 신중하지 못한 것 같다. 왜냐하면 도시계획은 현재의 도시 상황에 기반하여 수립되어야 하고, 이렇게 현재 상황에 기반하여 계획이 수립될 때만이 해당 도시계획의 계획적 가치가 사회적 지지를 얻을 수 있기 때문이다. 현실의 상황과 동떨어진 계획은 말 그대로 계획을 위한 계획일 뿐이다. 그럼에도 불구하고 지나온 과거를 돌아보면 현실의 상황을 제대로 파악하지 아니한 채 통계자료와 정책적 판단만을 고려한 경험에 의한 계획 혹은 직관에 기초한 계획들이 적지 않게 수립되었고 또 그런 계획들이 실제 실행되기도 하였다.

도시계획에 있어서 조사의 중요성은 페트릭 게디스의 노력이 계획과정으로 수용되면서 더 이상 경험과 직관에 의한 계획이 아닌 현황 혹은 현장의 상황에 기초한 계획수립의 일반화·보편화의 형태로 자리잡게 되었다. 그러나 조사 그 자체가 주관적 판단이 배제된 객관성을 보장하는 데에는 분명한 한계가 있다. 왜냐하면 조사의 기준을 어디에 두느냐에 따라서 해당 조사로부터 얻어지는 조사결과의 객관성이 크게 영향을 받기 때문이다.

1.1 도시계획 기초조사 정보체계 도입배경

도시계획을 과학적이고 합리적으로 시행하기 위해서는 도시의 현재 상태에 대한 정확한 진단이 필요하다.[3] 이런 이유에서 1971년 구 도시계획법에 도시계획 기초조사 제도가 최초로 도입되었다. 그런데 1980년대 이후 확장위주의 도시정책을 추진하는 과정에서 도시계획 수립을 위한 기초조사는 형식적인 조사와 부실한 자료관리·운영으로 합리적 의사결정 지원 역할을 다하지 못하였다. 이에 따라서 새로운 기초조사 정보체계를 구축하여 데이터에 기반한 시계열적인 분석과 시각화를 통해 증거기반의 도시계획 수립이 요구되었다.

기초조사 제도는 도시계획의 수립 또는 변경에 필요한 도시의 인구, 경제, 사회, 문화, 토지 이용, 환경, 교통, 주택 등을 조사하거나 측량하는 것으로 정의된다. 이후 2002년 국토계획법 제정으로 광역도시계획, 도시기본계획, 도시관리계획 수립 시 기초조사를 실시토록 규정되었다. 2015년 국토계획법 개정에서는 도시·군기본계획, 도시·군관리계획 수립 기초조사에 토지적성평가 및 재해취약성의 분석 및 실시 규정이 포함되었다. 그리고 2018년에는 기초조사 정보체계 구축 및 5년마다 자료갱신 규정이 추가되었다. 현재는 국토의 계획 및 이용에 관한 법률(이하 국토계획법이라 한다)에서 도시·군기본계획, 도시·군관리계획, 광역도시계획 등 개별 계획마다 기초조사를 의무적으로 실시하도록 규정하고 있다. 도시계획 기초조사는 계획결정과정에서 계획수립에 필요한 다양한 정보들을 제공할 뿐만 아니라 결정된 계획들이 집행되는 상황들을 정기적으로 점검하고 환류함으로써 계획을 재조정하는 역할을 한다.

---

3) 대한국토도시계획학회, 도시통계분야의 현황과 과제(Ⅱ): 도시계획 기초조사 및 도시모형을 이용한 통계자료 활용, 도시정보 제355호, 2011, p. 3.

1.2 도시계획 기초조사의 법적 근거

국토계획법에서 규정하고 있는 도시계획 기초조사는 법 제20조(도시·군기본계획 수립을 위한 기초조사 및 공청회) 및 관련 규정(도시기본계획수립지침)을 기초로 법 제13조(광역도시계획의 수립을 위한 기초조사), 제27조(도시·군관리계획의 입안을 위한 기초조사 등)에서 이를 준용하여 시행하도록 되어 있다. 즉, 국토계획법 제13조, 제20조, 제27조 그리고 같은 법 시행령 제11조 등이 도시계획 기초조사의 법률적 근거이다. 현행 기초조사는 도시기본계획을 포함하여 개별 공간계획 입안 시에도 사용할 수 있도록 상세 정도를 깊이 있게 하도록 규정하고 있으나, 실제로는 각각의 계획수립 시 별도로 기초조사를 수행하고 있으며 기초조사 세부항목은 원칙적으로 동일하다.

이러한 현재의 도시계획 기초조사는 기본적으로 개별 계획마다 별도로 조사하여 내용이 중복되고, 너무 광범위한 내용을 요구하여 조사의 실효성, 조사의 중복성, 데이터의 효율성, 조사 간의 체계성 등의 문제가 있어서 예산대비 효과성이 매우 떨어지는 상황이다. 무엇보다 조사 실시체계와 성과 활용 등에 대한 세부적인 규정이 미비하여 현실적으로는 제대로 활용되지 못하고 있다. 따라서 개별 계획수립 시 중복하여 실시되는 기초조사를 일원화하고, 이를 정기적으로 실시하여 일관된 조사결과를 토대로 도시계획 입안시 활용함으로써 예산의 절감과 조사화 효율을 기하는 정책대안의 마련이 필요하다.[4] 하지만 국토와 도시를 대상으로 하는 다양한 정책들이 수시로 세워지고 추진되는 현실 속에서 개별계획 시 중복하여 실시되는 기초조사를 일원화하는 일은 결코 쉬운 일이 아니다. 왜냐하면 기존에 수립되어 있는 도시계획 이외에 정책적 필요에 따른 계획이 수립되는 경우, 해당 계획 고유의 계획목적을 실현하고자 하는 경우가 대부분이고 이럴 경우 계획의 공간적 범위와 시간적 범위 등이 기존 계획과 일치하지 않는 경우가 있고, 이를 경우 해당 계획의 수립을 위한 별도의 기초조사가 필요하기 때문이다

4) 대한국토도시계획학회, 도시통계분야의 현황과 과제(Ⅱ): 도시계획 기초조사 및 도시모형을 이용한 통계자료 활용, 도시정보 제355호, 2011, p. 4.

도시계획은 기초조사의 결과를 바탕으로 수립되어야 한다. 그래야만 도시의 변화를 체계적으로 분석하고 이해할 수 있으며 이러한 이해를 통하여 합리적인 공간계획을 수립해 나갈 수 있기 때문이다. 이런 기본 조건을 실제 계획과정에 충분하게 반영하려면 우선 기초조사와 도시계획의 관계를 보다 분명하게 정의하고, 정의된 사안들을 계획 절차적으로 포함하는 과정이 필요하다. 그리고 이 과정에서 기초조사체계의 일원화, 기초조사의 내실화 및 계획 활용 의무화, 기초조사를 통한 모니터링체계 도입 그리고 유관 조사체계 간(관계 부처 간) 통합 및 연계활용의 노력 등이 요구된다.

1.3 도시계획 기초조사의 자료유형 및 활용목적

주민 생활에 직접 도움이 되는 도시계획의 수립과 운영을 위해서는 여러 형태의 자료가 필요하다. 이들 자료 중에는 인구수, 용도별 토지면적, 위치, 사용자 수와 같이 계량적으로 파악이 가능한 수치 형태의 자료를 포함하여 계획면적이 너무 크다, 허가기준이 너무 엄격하다 등 공무원이나 민원인의 개인적인 생각에 근거한 정성적 자료도 필요하다.

보통 수치 형태의 자료들의 경우 통계청에 정하고 있는 자료 형식에 맞추어 일정 시기마다 해당 자료에 대한 조사를 실시하고, 조사결과를 근거로 하여 자료를 생산한다. 통계청이 주기적으로 발표하고 있는 인구총조사, 주민등록인구현황 등의 자료가 이에 해당한다. 이 통계자료들은 조사 주체가 정부이고 조사가 전문 인력에 의하여 주기적으로 이루어진다는 점에서 자료의 객관성과 신뢰성이 보장된다. 이런 이유에서 통계자료는 계획가들이나 행정가들이 가장 선호하는 계획자료이다.

그러나 도시계획이 추구하는 본질적인 목표가 도시에 사는 사람들과 도시가 위치한 자연과의 조화를 이루는 데에 있는 만큼, 도시계획은 이들 통계자료 이외에 도시민들의 태도와 느낌 그리고 생각에 관한 정성적 자료는 물론이고 자연환경의 상태에 관한 자료도 필요하다.

그런데 기존 통계자료와 달리 이러한 자료들은 객관적 기준에 의해서 확보하기 어려운 속성을 지니고 있다. 왜냐하면 특정한 환경에 대한 시민들의 느낌이나 평가는 특정한 환경이 형성된 지역적 상황은 물론이고 느낌을 받는 시점 혹은 평가 시점에 있어서의 사회적·시대적 상황에 대해서 직간접적인 영향을 받기 때문이다. 그러므로 이들 정성적 자료의 분석은 자료가 얻어진 지역의 역사적·문화적 배경 위에서 해석해야 의미가 있는 것이다. 그러므로 만일 여러 지역에 관한 정성적 자료들을 획일적 기준을 적용하여 수평적 관점에서 비교하는 것은 그 결과의 해석에 있어서 매우 신중한 자세가 요구된다. 이러한 특성은 대표적 사회적 가치인 공익의 개념이 시대적으로나 지역적으로 다르게 나타나고 시간의 흐름 속에서 계속하여 변화하는 것과 매우 유사하다. 도시계획을 위한 기초조사에 대한 정보구축은 자료 유형 및 활용목적에 따라 아래와 같은 유형으로 구축한다.

1) 속성 기반 자료의 구축

기초조사 정보는 인문·사회적 현상의 공간 정보 뿐만 아니라 통계나 텍스트 형태로 존재하는 각종 인문·사회적 자료를 포함하기 때문에 자료의 전산화 및 시각화가 필요하다. 속성 기반 자료의 구축항목으로는 국가환경종합계획 및 시책, 도시의 성장과정 및 발전연혁, 행정조직, 유·무형문화자원, 고용현황, 연령별 인구, 지역총생산, 경제활동인구, 재정자립도, 지방세수입, 지방채발행, 재산세, 교부금 등이 있다.

2) 필지 기반 자료의 구축

도시·군관리계획은 개인 재산권에 관련한 구체적 계획으로서 필지 단위로 수립된다. 필지기반의 PNU코드값[5]을 가진 자료에 대해서는 현재 부동산종합공부시

5) PNU코드값은 19자리의 필지 고유의 코드로, 연속지적과 토지대장, 개별 공시지가 자료 등을 서로 연계하기 위한 키(key)값으로 사용되며, 시군구(5)+읍면동(3)+리

스템(KRAS)상의 연속지적도를 기반으로 자료를 구축하여 도시·군관리계획에서 활용한다. 필지 기반의 자료 구축항목으로는 국·공유지 및 사유지 현황, 공시지가 현황, 지목별 현황, 주거·상업·공업지역 토지이용 현황, 토지이용에 대한 시군의 GIS자료 등이 있다.

3) 건축물 기반 자료의 구축

도시·군기본계획의 기준이 되는 인구의 변화와 이들 인구의 활동을 수용하는 기본 시설물로서 건축물의 관한 조사는 건축물의 개별 위치 단위로 자료를 구축한다. 건축물 기반의 자료 구축항목은 도로명 주소, 건축물에 대한 시군의 GIS자료, 유형 및 규모별 주택수, 빈집 현황, 주민등록인구, 연령별 및 성별 인구, 주간활동인구, 1·2·3차 산업별 인구, 가구별 가구원수, 전출·전입인구 변동추세 등이 있다.

4) 개별 주제도 기반 자료의 구축

환경적으로 민간함 지역, 재해가 자주 발생하는 지역 등 특별한 주제를 포함하는 개별 주제도 기반 자료는 행정기관이 주최가 되어 구축하는 1차 원자료에 대한 구조화 편집과 2차 가공을 통해 주제별로 자료를 구축을 한다. 인구관련 항목은 인구밀도 및 분포, 관내·외 전출·입 현황을 기준으로 구축한다. 도시계획관련 항목은 용도지역, 용도지구, 용도구역, 기반시설, 주요 개발사업을 기준으로 구축한다. 환경관련 항목은 지질도, 토양도, 생태자연도를 기준으로 구축한다. 인문사회관련 항목은 지정문화재, 관광지 현황도를 기준으로 구축한다. 재해재난관련 항목은 재해개선지구, 재해발생 등을 기준으로 구축한다.

---

(2)+일반토지[1]/임야[2]구분(1)+본번(4)+부번(4)로 구성됨.

5) 행정구역 기반 자료의 구축

도시·군기본계획은 행정구역 또는 생활권 단위의 계획으로, 필지 단위 또는 개별로 산재되어 있는 정보를 행정구역 단위로 취합하여 도시·군기본계획에 직접 활용하기 때문에 행정구역 기반 자료는 행정구역 단위로 추출하여 재가공을 통한 자료 구축이 필요하다. 행정구역 기반의 자료 구축항목은 행정동·법정동, 연령별 및 성별 인구, 주간 활동인구, 산업별 인구, 건축물 동수밀도, 대지밀도, 호수밀도, 주택보급률, 인구밀도, 가구수 변화 등이 있다.

6) 집계구(통계청) 기반 자료의 구축

통계청 등 집계구단위에 대한 통계자료에 대한 자료 구축으로 관련 속성정보와 집계구 도형과의 연계를 통해 집계구 기반의 정보를 구축한다. 집계구 기반의 구축항목은 인구밀도, 연령별 및 성별 인구, 노령 및 장애인 인구, 야간 거주 인구, 주간 활동 인구, 1·2·3차 산업별 인구, 산업별 총 매출액, 사업체수 및 종사자수, 가구수 변화 등이 있다.

7) 격자 기반 자료의 구축

필지, 건축물, 집계구 기반 자료는 규칙적인 형태로 정리되기 어려운 반면, 동일한 격자 단위 자료의 구축은 동일한 규모의 지역 간 비교에 있어서 해당 비교지역 자료의 전체 현황, 밀도, 분포 등을 쉽게 확인할 수 있게 한다. 격자 기반 자료 구축항목은 인구밀도, 건축물 동수밀도, 대지밀도, 호수밀도 분석 등이 있으며, 접근성 분석으로는 문화시설, 공공도서관, 공공체육시설, 보육시설, 어린이집, 유치원, 노인여가 복지시설, 보건의료시설, 종합병원 응급의료시설의 접근성 분석 등이 있다.

8) 시계열 기반 자료의 구축

시계열 기반 자료는 매년 생성되는 자료를 시계열로 확인가능하도록 정리한 자료로서, 조사기간 중 해당 자료의 변화과정(추이, 추세) 등을 확인할 수 있게 한다. 일반적으로 조사기간은 최근 10년의 기간이 많이 활용된다. 시계열 기반의 자료 구축항목은 기온, 강수량, 일조, 주풍방향, 풍속, 안개일수, 지진발생 기록, 행정구역 변천 현황, 도시·군계획구역 현황, 도시·군계획 변천 현황, 통계청 인구추계 현황, 지가·지목별 변화 현황, 주택보급율 변동추이 등이 시계열 기반 자료에 해당된다.

9) 분석 기반 자료의 구축

도시계획 의사결정을 지원을 위한 분석 기반 자료 구축은 도시계획의 목적과 내용에 따라서 분석 대상자료의 종류와 범위 그리고 분석방법 등이 결정된다. 분석 대상자료는 보통 기초자료와 융복합자료를 포함하며 계획목적에 따라서 지자체별 특성 자료에 관한 분석이 필요한 경우 이를 포함하여 자료를 구축한다. 분석 기반의 자료 구축항목은 일반적으로 표고 분석, 경사도 분석, 수계 분석, 주요 특화산업인구(입지계수 분석), 중심지 분석, 바람길 분석, 열섬 현상 분석, 서비스 범위 분석(대중교통, 공공시설 등) 등이 있다.

제2절 도시의 변화와 도시조사

2.1 과밀주거 판단의 사례

과밀주거는 사용 중인 주거면적이 쾌적한 일상생활에 필요한 공간을 제공하지 못하는 상황을 말한다. 과밀주거는 쾌적하고 편안한 생활을 어렵게 할 뿐 아니라 거주자들의 신체적 건강과 정신적 건강에도 부정적 영향을 미친다. 이런 이유에서 과밀주거는 주거복지뿐만 아니라 삶의 질의 관점에서 중요한 주택정책 과제의 하나로 고려된다.

인구감소와 빈집 문제가 주목받고 있지만 우리나라 과밀주거 문제는 여전히 시급하게 해결해야 할 정책과제의 하나이다. 그럼에도 불구하고 최근 과밀주거 문제에 대한 사회적 관심은 크게 줄어든 것 같다. 어떻게 해서 이런 일이 가능할까? 우리나라에서 사용하고 있는 과밀주거의 판단지표에 대해 살펴보면 그 이유의 대강을 알 수 있다. 즉 우리나라에서 사용하고 있는 과밀주거의 지표가 정교하지 못하다는 것이다. 예를 들어서 우리나라 과밀주거의 판단에 사용되는 '3인 이상 단칸방 거주가구 비율'은 전체 과밀주거 중 극히 일부의 사례만 다루기에 과밀주거를 나타내는 지표로 보기 어렵다. 최저주거기준의 '방수 기준' 및 '면적 기준' 미달가구 비율은 최저주거기준의 침실분리원칙이 구체적이지 않은 데다, 이를 활용해 미달가구를 측정하는 과정이 중대한 오류를 지니고 있기 때문에 그 결과를 신뢰하기도 어렵다. 따라서 이를 토대로 과밀주거 문제는 거의 사라졌으며, 보다 상향된 주거기준을 도입해 유도하여야 한다는 주장은 수긍하기 어렵다.

이러한 문제의 해결을 위한 노력의 출발점은 과밀주거의 실태를 정확히 파악할 지표를 마련하는 것이다. '3인 이상 단칸방 가구 비율'은 마치 과밀주거의 실태를 다루는 것처럼 보이지만 실제로는 그 일부분만을 다루어 전체 과밀주거 양상과 다른 수치를 제공할 수 있으므로 과밀주거의 지표에서 제외해야 한다. 또한 최저주거기준으로 과밀주거의 실태를 파악하려는 시도도 지양되어야 한다. 최저주거기준은 방수기준과 면적기준, 그리고 시설기준을 통합해 생성하는 복합지표이다.[6] 이 복합지표를 중심으로 주거문제가 논의된다면, 개별 기준의 측정과정이 갖고있는 문제점을 발견하거나 보완하기가 어렵다. 문제점을 지닌 채로 측정되더라도 다른 기준과 통합해 최저주거기준 미달가구 비율이라는 지표로 활용되기 때문에 과밀주거 문제와 같은 개별 문제의 실태를 파악하거나 그 문제를 경험할 가구만을 솎아낼 여지도 줄어든다. 그럼에도 불구하고 최저주거기준을 토대로 정책을 결정함으로써

6) 김준형, "주거복지정책수단으로서 최저주거기준의 활용실태와 대안별 탐색: 주택종합계획을 중심으로", 국토계획 제50권 제4호, 2015, pp. 185－207.

개별 기준의 관점에서 납득하기 어려운 일들이 발생한다.

현재의 최저주거기준은 국민의 주거복지를 보장하려는 국가 차원의 선언으로서 충분한 가치를 갖지만, 주거정책을 실제 수립하고 집행하는 데 활용할 수단으로서는 아직 미흡한 수준이다. 최저주거기준을 확보하려는 주요한 목적 중의 하나가 과밀주거 문제의 해결이라면, 최저주거기준보다 과밀주거를 보다 정확하게 측정하는 '방당 인원수'와 '가구구성에 따른 방수'를 핵심지표로 활용하여야 한다. 추가적으로 과밀주거를 측정하기 위한 주거실태조사의 활용 방식 역시 개선이 필요하다. 최저주거기준에서 제시된 방수기준은 분명 특정 가구구성을 고려한 방수와 면적이다. 그럼에도 현행 방식은 가구구성이 아니라 가구원수를 기준으로 방수와 면적기준을 산정하고 있다. 가구원수를 기준으로 과밀주거를 판정할 경우 과밀가구는 전체의 0.35%에 불과하지만, 가구구성을 엄밀하게 고려할 경우 이 비율은 7%이다. 가구규모로는 7만과 135만의 실로 엄청난 차이가 난다.[7)]

2.2 빈집정비를 위한 조사의 사례

도시계획에 있어서 조사의 중요성을 확인할 수 있는 두 번째 사례는 빈집정비를 위한 조사의 경우에서 확인할 수 있다. 최근 도시문제로 대두되고 있는 빈집정비와 관련한 빈집 조사에 있어서 빈집의 판별과정이 객관적이지 못하고, 조사자의 주관적 판단에 따라서 이루어지고 있다.

빈집은 관리가 제대로 이루어지지 않는 경우가 많아서 쓰레기가 쌓이는 등 환경오염과 위생상 문제를 일으켜 주변의 주거환경을 악화시키는 것은 물론 청소년들의 비행과 탈선의 장소를 제공하는 등[8)] 주변 지역을 우범지대로 변화시킬 가능성이 크다. 빈집으로 인해 야기되는 이 같은 부정적인 영향들은 해당 빈집의 경제

7) 김준형, "과밀주거의 문제: 기준과 측정", 국토계획, 제54권 제5호, 2019, p. 104.

8) 박민지 · 이춘원, "장기방치건축물의 제도정비에 관한 연구", 「집합건물법학」 제17권 한국집합건물법학회, 2016, pp. 140－163.

적 가치를 감소시켜 궁극적으로 해당 빈집이 위치하는 지방자치단체의 재정 수입을 줄어들게 하여 지역경제에도 부정적 영향을 미친다.

우리나라의 경우 빈집들은 도로가 협소하고 기반시설이 열악한 지역에 위치하는 경우가 많아서 빈집에 대한 관리가 제대로 이루어지지 못하면 해당 빈집이 폐가로 전환되고 방치되어 집으로서의 기능을 할 수 없음은 물론이고 그 주변 지역에 대하여 사회적·환경적·경제적 측면에서 부정적 영향을 초래하기 쉽다. 바로 이러한 이유에서 빈집 문제에 관한 대책수립은 해당 빈집에 국한된 국지적인 접근이 아니라 해당 빈집의 정비를 통한 도시정비라는 공익실천의 접근이 필요하다.[9]

2016년 통계청이 발표한 인구주택총조사에 따르면 2015년 11월 기준으로 미분양 주택이나 일시적으로 비어 있는 주택을 제외한 전국의 빈집은 1,069천호로 전체 주택 16,367천호의 6.5%로 100만 가구를 넘어섰다.[10] 한국국토정보공사(LX)는 우리나라의 빈집 수가 2030년 128만 가구(5.1%), 2050년에는 302만 가구(10.1%)로 늘어날 것으로 전망하고 있다.[11]

우리나라의 경우 빈집에 관한 법적 정의는 빈집정비법 제2조, 건축법 제81조2 그리고 농어촌정비법 제2조 제12호에서 규정하고 있는데 그 내용이 비슷하다. 빈집정비법은 제2조에서 빈집을 시장·군수 등이 거주 또는 사용 여부를 확인한 날부터 1년 이상 아무도 거주 또는 사용하지 아니하는 주택으로 규정하고 있다.

빈집에 관하여 적절한 정비 및 관리를 강제하는 일은 사유 재산인 빈집에 대한 공적인 조치이다. 따라서 정부 혹은 지방자치단체가 빈집 소유자에게 빈집 관리의

9) 한상훈, "방치건축물의 효율적 정비를 위한 제도개선방안에 관한 연구", 대한부동산학회지, 제36권 제3호 대한부동산학회, 2018, p. 228. 공익성에 관하여는 김기영, 박혜웅, "공용수용에 따른 공익성 요인에 관한 연구", 대한부동산학회지, 제32권 제1호 대한부동산학회, 2014, p. 139. 참조.

10) 이동훈, "일본의 빈집문제대응체계에 관한 고찰", 도시설계 제18권제1호, 한국도시설계학회, 2017, p. 52.

11) 강현선, 소규모정비사업, 도시재생 활성화 이끈다, 도시미래신문, 2017년 4월 26일, urban114.com/ news/

의무를 강제하기 위해서는 법적 근거가 필요하다. 또한 빈집 관리를 통하여 달성하고자 하는 공익적 성과[12]의 적절한 사회적 환수를 위해서 빈집정비에 관한 대책을 마련함에 있어서 정부와 지방자치단체의 공동 대처는 필수적인 조건이 된다. 이러한 이유에서 정부는 2016년 1월 건축법 개정을 통해서 지방자치단체장에게 도시 내 빈집의 직권철거의 근거를 마련[13]하였으나 빈집정비에 관한 제도적 수단으로서 그 효과가 매우 제한적이었다. 이에 2017년 빈집을 효율적으로 정비하고 소규모주택 정비를 활성화하는 것을 목적으로 하는 빈집 및 소규모주택정비에 관한 특례법이 제정되어 2018년 2월 9일부터 시행되었다. 여기서 빈집 실태조사의 방법 및 기준은 같은 빈집정비법 제52조 제1항의 규정[14]에 따라 마련된 빈집정비사업에 관한 업무지침[15]에서 규정하고 있다.

빈집정비사업을 위한 빈집에 관한 조사는 기본적으로 실태조사, 사전조사, 현장조사, 등급판정조사, 확인점검의 5개 사항의 단계적 추진의 과정으로 이루어진다.[16] 여기서 사전조사는 자료 또는 정보를 통해 거주 또는 사용 여부를 확인한 날

---

12) 한상훈, "도시계획 판단기준으로써 공익의 개념과 특성에 관한 연구", 대한부동산학회지, 제35권 제1호 대한부동산학회, 2017 pp. 153－154.

13) 건축법 제81조의2(빈집 정비) 특별자치시장·특별자치도지사 또는 시장·군수·구청장은 거주 또는 사용 여부를 확인한 날부터 1년 이상 아무도 거주하지 아니하거나 사용하지 아니하는 주택이나 건축물(「농어촌정비법」 제2조제10호에 따른 빈집은 제외하며, 이하 "빈집"이라 한다)이 다음 각 호의 어느 하나에 해당하면 건축위원회의 심의를 거쳐 그 빈집의 소유자에게 철거 등 필요한 조치를 명할 수 있다. 이 경우 빈집의 소유자는 특별한 사유가 없으면 60일 이내에 조치를 이행하여야 한다. 제81조의3(빈집 정비 절차 등) ① 특별자치시장·특별자치도지사 또는 시장·군수·구청장이 제81조의2에 따라 빈집의 철거를 명한 경우 그 빈집의 소유자가 특별한 사유 없이 이에 따르지 아니하면 대통령령으로 정하는 바에 따라 직권으로 그 빈집을 철거할 수 있다.

14) 빈집정비법 제52조(빈집정비사업의 지침고시 등) 제1항. 국토교통부장관은 시장·군수등이 빈집정비사업을 효율적이고 체계적으로 추진할 수 있도록 다음 각호 어느 하나에 해당하는 사항에 대하여 지침을 정하여 고시할 수 있다. 1. 빈집정비계획의 수립, 2. 빈집실태조사와 방법 및 기준, 3. 빈집의 철거 및 관리, 4. 그 밖에 대통령령으로 정하는 사항.

15) 빈집정비사업에 관한 업무지침, 국토교통부고시 제2018－103호, 2018. 2. 9. 제정, 2018. 2. 9. 시행

16) 빈집정비사업에 관한 업무지침, 제3조 내지 18조의 내용 참조.

부터 1년 이상 아무도 거주 또는 사용하지 않은 것으로 확인하여 빈집 등을 선별하는 조사를 말하며, 현장조사란 빈집 등에 대하여 현장 관찰 및 면담 등을 통해 빈집 여부를 확인하는 조사를 말하고, 등급산정조사란 확인된 빈집의 상태 및 위해수준 등을 조사하여 빈집의 등급을 산정하는 조사를 말한다.[17] 실태조사는 5년 범위 내에서 실시주기를 정하여 실시할 수 있으며 실태조사의 대상구역은 시·군·구 관할 구역 전체를 대상으로 할 수 있다.[18]

사전조사 단계에서 확인되는 빈집은 해당 빈집이 사용되지 아니하고 비어 있는 기간을 기준으로 빈집을 판단한다는 점에서 빈집의 선정기준으로는 매우 부족한 판단이다. 왜냐하면 이렇게 확인된 빈집이라 하더라도 구조상으로나 위생상 치명적인 문제가 없는 경우라면 해당 빈집은 언제라도 사용이 가능하기 때문이다.

빈집 관리비용의 지원을 확정하기에 앞서서 관리비용 지원 결정권을 가진 정책결정자에게는 해당 빈집에 대한 관리비용의 지원이 안전하고 쾌적한 주거환경 조성에 분명한 효과가 기대되고 이를 통하여 공익의 추구가 가능할 것이라는 선행적 판단이 요구된다.[19] 그런데 사실 이러한 내용에 관한 판단은 매우 전문적이며 종합적인 판단을 필요로 하는 것임에도 불구하고 빈집정비법은 법적 적합성과 객관적 명확성과 같은 판단의 구체적인 요건을 제시하지 않음으로써 건축미학적 가치와 공공용도로의 활용 여부에 관한 판단에 있어서 시·도지사에게 과도한 재량권 행사를 부담지우고 있다.

17) 빈집정비사업에 관한 업무지침, 제3조.

18) 도시 및 주거환경정비법에 따른 정비구역, 정비예정구역·정비구역이 해제된 지역, 도시재정비 촉진을 위한 특별법에 따른 재정비촉진구역 및 재정비촉진구역이 해제된 지역, 도시재생 활성화 및 지원에 관한 특별법에 따른 도시재생활성화지역, 국가균형발전 특별법에 따른 도시활력증진지역 개발사업의 시행구역 그리고 그 밖에 시장·군수 등이 필요하다고 인정하는 지역 또는 구역에서 우선하여 실시할 수 있다. 빈집정비사업에 관한 업무지침, 제4조 및 제5조.

19) 특별법 제8조(공사비용의 보조 등) ① 시·도지사는 건축미학적 가치 또는 공공의 용도로의 전환을 통한 활용 여부 등을 종합적으로 고려하여 공사중단 건축물의 공사 재개가 필요하다고 판단하면 새로운 건축주를 주선하거나 예산의 범위에서 정비계획으로 정하는 바에 따라 건축주에게 공사비용의 일부를 보조하거나 융자할 수 있다.

빈집실태조사는 빈집정비계획 수립을 위해 빈집의 판별, 물리적 상태 및 소유자의 개량 의사 등의 현황파악을 목적으로 한다. 따라서 빈집실태조사를 통해서 얻어지는 빈집에 관한 정보는 빈집정비사업의 목적달성에 직접적인 영향을 미칠 뿐만 아니라 빈집정비에 관한 공공개입의 객관성과 타당성을 판단하는 중요한 판단기준을 제공하는 만큼 추정되거나 왜곡되지 않은 적정한 조사방법과 합리적인 판단에 의하여 마련되어야 한다.

그런데 빈집실태조사의 사전조사 단계에서 확인되는 빈집은 해당 빈집이 사용되지 아니하고 비어 있는 기간을 기준으로 빈집을 판단한다는 점에서 빈집정비사업의 대상이 되어 철거의 대상이 되는 빈집의 선정기준으로는 부족하다. 또한 현장조사 단계에서 빈집으로 판단된 주택의 소유자에게 빈집 판정에 대한 이의제기 기회를 따로 규정하고 하고 있지 않다. 빈집에 관하여 적절한 정비를 강제하는 일은 사유 재산인 빈집에 대한 공적인 조치인 만큼 빈집 소유자의 자율적 참여를 통한 정비가 가장 이상적이고 바람직한 정비가 된다. 또한 빈집 소유자가 해당 빈집의 관리 및 정비를 희망하고 있으나 현실적으로 이를 실행할 만한 경제적 능력이 없는 경우에 관한 구제조치가 현행 규정에는 마련되어 있지 못하다. 따라서 이런 경우 빈집 소유자의 의지와는 무관하게 특정 시점에 있어서 경제적 능력이 확보되지 못한 경우 빈집 소유자의 재산권이 공적인 판단에 의하여 강제적으로 침해받는 경우가 발생할 수 있다.

실태조사 등급산정 조사단계에서 판단하는 빈집이 근린에 미치는 위해성 평가 중 경관문제의 경우, 빈집의 외관이 관리되지 않아서 현저한 미관상의 저해가 있는 경우가 어떤 경우인지를 명확하게 제시하지 않고 조사자의 임의적 판단에 따라 판정하도록 하고 있음으로써 평가결과에 대한 논란의 여지를 두고 있다. 결론적으로 빈집실태조사 결과의 신뢰성을 높이기 위해서는 상세한 조사기준과 빈집 소유자의 의견이 충분히 반영될 수 있는 조사절차의 보완이 요구된다.

2.3 도시조사와 도시계획

사실 도시계획수립 과정에서 필요한 자료의 대부분은 전수 조사가 아닌 선별적 조사(sampling survey)의 방법으로 확보되고 있다. 따라서 도시문제 해결을 위해 현장조사 혹은 주민설문조사 등의 조사가 이루어졌다고 해서 이런 조사결과에 기초하여 제안하는 해결방안이 최선이라든가 아니면 객관성을 가진다는 단정적인 주장은 매우 신중한 판단하에서 이루어져야만 한다. 그럼에도 불구하고 도시계획 실무에서 흔히 경험하는 것들은 계획의 형식적 조건을 거쳐서 수립되는 도시계획을 객관성이 확보된 도시계획으로 간주하는 관행이 행정영역뿐만 아니라 계획을 수립하는 전문가들에서 조차 만연해 있다.

계획수립 과정에서 반드시 만족해야 할 자료조사의 형식과 조건의 충족이 이 자료들의 분석결과에 기초하여 수립되는 계획의 객관성과 타당성을 보장하지 못한다. 특히 이러한 상황이 도시계획에 적용될 때는 더욱 그러하다. 왜냐하면 도시계획은 계획에 필요한 자료가 제아무리 충분하게 또한 객관성을 만족하여 확보되었다고 하더라도 계획의 목표와 계획수립 방식 그리고 계획수립 과정 등 여러 가지 다른 조건에 따라서 최종적으로 마련되는 계획(안)이 달라지기 마련이고, 더 나아가 이렇게 마련되어진 계획(안)에 대한 시민들의 수용 여부도 시민 개개인의 입장에서 다르게 나타나기 마련이기 때문이다. 바로 이런 이유에서 도시계획은 계획수립의 절차적 민주성과 개방성 그리고 환류가능성을 매우 중요하게 고려해야만 한다.

자료조사의 형식과 조건의 충족이 계획의 객관성과 타당성을 보장하지 못하는 이유를 공공재의 가치 혹은 특정 도시서비스에 대한 시민들의 요구도 조사 등에서 흔히 사용하는 가상가치평가법(Contingent Valuation Method: 이하 CVM이라 한다)을 사례로 설명한다.

CVM은 가상적인 상황을 설정한 후 설문의 방법으로 직접 사람들이 어떤 공공재에 부여하고 있는 가치를 평가하는 방법이다. 이 방법은 공공재의 경제적 가치를 힉스의 소비자잉여의 개념으로 직접 도출할 수 있을 뿐만 아니라 유일하게 존재가치를 측정할 수 있다는 장점이 있을 뿐만 아니라 그 적용의 범위가 매우 넓으며 분석을 위한 별도의 자료를 거의 필요로 하지 않는다는 점에서 도시학 분야에서도 널리 사용되고 있다. 그런데 CVM은 소비자가 실제로 행한 행위를 분석하는 것이 아니라 가상적인 상황에서 응답자의 선택을 설문조사로 파악하는 방법이므로 가상시장의 설정이나 설문조사의 과정에서 큰 오류를 범할 가능성이 있다는 단점을 지니고 있다. 즉, 설문조사 시 여러 가지 발생가능한 편의가 존재하고 사람들의 응답 속에는 그 본연의 가치 외에 다른 요소가 작용하여 지불의사를 왜곡하는 포함효과[20] 가 있을 수 있다.

포함효과는 Kahneman과 Knetsch의 연구[21]에서 처음 제시되었다. Kahneman과 Knetsch는 포함효과를 '재화에 대한 지불의사금액이 그 자체만으로 가치화되지 않고 보다 포괄적인 범주 내에 끼워 넣어져 가치화되는 것'이라고 정의하면서 가상가치평가법에 의한 응답들은 경제적 가치가 아닌 공공재가 기여하는 바에 대한 도덕적 만족감을 위해 지불할 용의가 있는 금액을 반영한다고 주장하였다. 이 주장에 대하여 Kahneman과 Knetsch는 포함효과를 평가대상이 되는 공공재의 수량이나 단위의 차이를 응답자가 제대로 인식하지 못하여 발생하는 문제인 범주효과(scope effect), 다양한 종류의 공공재의 가치를 하나의 설문지를 통해 평가하는 경우 동일한 공공재의 가치인 경우도 설문지의 앞쪽에서 질문하느냐 아니면 다른 공공재의 가치보다도 나중에 질문하느냐에 따라 다른 응답결과가 나타나는 문제인 순서효과(sequencing effect), 그리고 CVM을 통해 공공재의 가치를 평가할 경우 1단위의 공공재 가치를 평가하여 이를 10배로 산정할 경우의 가치는 해당 공공재 10단위의 가치를 한꺼번에 평가할 때의 가치보다도 훨씬 크게 나타나는 문제인 합산문제(adding-up problem)의 세 가지로 구분하였다. Kahneman과 Knetsch가 제시한 포

20) 포함효과는 embedding effect 또는 part-whole effect, symbolic effect, disaggregation effect 등의 용어로 정의된다.

21) Kahneman, Daniel and Jack L, Knetsch, "Valuing Public Goods : The Purchaes of Moral Satisfaction", Journal of Environmental Economics and Management Volume 22 Issue 1, 1992, pp. 57-70.

함효과는 설문조사를 활용하는 거의 대부분의 조사에서 공통적으로 나타나는 문제이다.

도시계획은 가변적 행정현실에 대응하기 위하여 계획의 변경 또는 폐지가 불가피한 경우가 발생한다. 계획이란 본래 한정된 자료를 기초로 하여 수립되는 것이므로 처음부터 완전무결할 수 없으며 마찬가지 이유에서 도시계획도 유동적인 행정상황에 적응하여 신속하게 수정·변경될 수 있는 탄력성 내지 신축성을 기본요건으로 삼고 있다. 그리고 계획의 전제와 전혀 다른 새로운 자료가 수집되거나 새로운 사태가 발생함으로써 도시계획을 수정·변경할 필요성이 생길 수도 있다. 이처럼 도시계획변경은 기존 도시계획의 목적달성이나 상황의 변화에 대응하기 위하여 행해지는데 이는 도시의 균형발전이나 도시기능의 제고와 같은 공익 목적하에서만 그 정당성이 확보된다.

최근 도시현상이 점점 다양해지고 상호 복합적으로 연관되어 있으며, 도시계획의 공간적 대상과 활동들도 빠르게 복합적·입체적으로 변해가고 있다. 이런 상황하에서 도시의 상태와 변화를 체계적으로 분석하고 이해하는 일은 도시계획 수립에서 매우 중요한 계획과정에 해당한다. 특히 현대도시들은 과거의 어느 도시도 경험하지 못했던 막대한 양의 정보와 기술이 집적되어 있어서 계획가들은 이러한 정보를 수집·조합·분석하여 공간정보를 구축하고, 그 구축된 공간정보를 관리하고, 관리된 공간정보를 사용하고 분석하여 분석결과에 기초한 도시계획 수립을 요구받고 있다. 특히 최근에 와서는 과거 행정주도의 도시계획에서 벗어나 행정과 주민의 교감 등 소통적 도시계획이 중요하게 강조되고 있어서 도시계획의 정보화는 행정과 주민의 소통을 강화하는 효과적인 수단이 될 것으로 기대되고 있다.

그런데 지금까지 도시계획 분야에 대한 정보화사업은 다음과 같은 문제점이 있다. 첫째, 지금까지 도시계획에서 정보화 사업 자료의 활용은 매우 제한된 범위에 한정되어 있고, 제공되는 자료 또한 대부분 기결정된 도시계획 승인자료의 도면화 단계 정도였다. 이에 따라서 정보화사업 자료가 새로운 도시계획 수요에 능동적으로 대응하기보다는 관련 정보의 열람에 그치는 경우가 많다. 둘째, 정보화사업

자료가 해당 정보화사업의 목적에만 대응하기 위하여 이루어진 관계로 구축된 자료의 활용성이 낮고, 도시계획 업무에 직접적인 활용이 어려워 새로운 데이터베이스 구축과 같은 자료 활용의 비효율성 문제가 있다. 셋째, 국토해양부를 비롯한 정부 각 부처에서 매우 다양한 자료를 구축하고 있으나 각 부처의 행정목적에 맞춘 자료구축의 결과 다른 용도로 사용하기 위한 자료의 조작이 쉽지 않고, 자료조작이 가능한 경우에도 많은 비용이 소요되는 문제가 있다.

제3절 도시조사 및 분석의 판단기준으로서 공익

3.1 토지이용계획과 공익

시대변화와 함께 진행된 도시화의 결과로 나타난 부동산 가격의 지속적인 성장은 부동산 소유에 관한 사회적 인식을 크게 변화시키고 있다. 2019년 기준으로 서울의 평균 가격의 주택을 소유하려면 보통 직장인의 경우 월급을 한 푼도 쓰지 않고 13.4년을 모아야 한다고 한다.[22] 이런 현실 속에서 부동산 소유는 우리 사회에서 ‘가진 자’와 ‘가지지 못한 자’를 구분하는 기준으로 인식되고 있을 뿐만 아니라 저출산의 원인으로 지목되고 있는 결혼인구 감소의 배경으로도 작동하고 있다. 이와 같은 문제를 해결하고자 정부는 다양한 부동산정책을 마련하고, 시행하였으나 그 결과는 기대에 미치지 못하였다. 어떤 면에서는 부동산 가격의 안정화를 위한 정부의 몇몇 정책들은 오히려 부동산 시장을 자극하고 미래에 대한 예측 가능성을 낮춤으로써 서울의 집값이 계속하여 오르도록 하는 데에 빌미를 제공한 면도 있는 듯하다.

부동산 시장의 진입장벽이 현재와 같이 엄청나게 높아진 상태에서 일반 서민들이 내 집을 마련할 수 있는 가장 손쉬운 방법은 정부의 지원을 받아 낮은 분양가로 공급하는 공공주택을 매입하는 것이다. 현재 서울에서 공공주택을 분양받는 행

22) 연봉 한 푼도 안쓰고 13.4년 모아야 한 채, 동아일보 보도자료. 2019년 1월 26일 신문.

운을 얻는다면, 분양받는 순간 그 자리에서 엄청난 시세차익을 얻을 수 있다. 이런 이유에서 부동산정책의 근간이 되는 도시계획에 관한 국민적 관심도 크게 변화하고 있다. 도시계획은 더 이상 공공부문이나 전문가들만의 영역이 아니라 사람들이 수시로 들여다보고 확인하는 일상의 관심 사항이 되고 있다. 심지어 부동산 전문가들은 서울 등 주요 도시의 도시계획 변경사항을 공영방송의 뉴스프로그램처럼 유튜브를 통해 실시간으로 방송하고 있다.

도시계획을 바라보는 사람들의 인식이 변화하는 것과 동시에 공공주택과 공공시설을 매개로 한 공익개념과 공익요소들에 관한 관심이 크게 확대되고 있다. 이러한 변화는 도시계획의 가장 핵심이 되는 토지이용계획에 대한 사회적 인식을 과거 정부와 일부 전문가들만 참여하는 밀실에서의 계획에서 정치적·경제적·사회적 세력가들이 참여하는 공개적인 토지이용게임으로 변화시켰다.

이 과정에서 공익개념에 대한 사람들의 관심도 과거 가치지향적이고 추상적인 차원에서 벗어나 실증적이고 구체적인 차원에서 공익개념과 그 구성요소들의 제시를 요구하고 있다. 즉, 이전에 공익에 대한 관점이 하향적이고 제한적이었다면 현재는 참여적이고 능동적인 방향으로 전환되었다.

특히 최근에 와서는 공익에 대한 근본적인 패러다임이 변화하고 있는데, 도시계획을 위한 당위적 목표로 설정되어 왔던 공익요소 대신에 더 큰 차원의 가치에 주목하게 되면서, 도시계획이 실현할 것으로 기대했던 확정적 일반해보다 불확정적인 특수해에 더 많은 관심을 두게 되었다. 이러한 변화는 기존의 공익개념과 요소들이 설정된 목표를 서술한 것이었다면 이제는 계획 자체가 목표를 설정해 나가고 결과물을 만들어가는 과정중심의 참여적 계획 그 자체를 목적으로 하고 있다는 점에서 그 맥을 같이 한다.[23)]

---

23) 나인수, "Urban Land Use Planning을 통해서 본 토지이용계획의 목표로서 공익개념 및 요소변화에 대한 고찰", 국토계획 제47권 제3호, 2012, pp. 65-75.

3.2 비용편익분석과 공익판단

1) 비용편익분석의 등장 과정

비용편익분석은 1930년대에 시간적·공간적 측면에서의 영향과 범위가 넓은 공공부문 개발사업의 채택 여부를 중심으로 해당 사업의 실시에 따라서 발생하는 직접효과 뿐만 아니라 간접영향까지도 포함한 비용과 편익을 평가하는 사업성 평가수단으로서 도입된 이후, 국방 및 교통계획, 교육계획, 주택정책, 에너지정책, 도시계획 등 대규모 공공 개발사업의 사업성 평가방법의 하나로서 활용되어 오고 있다.[24] 이와 같이 비용편익분석이 주로 정부 및 기업 등의 대규모 개발사업의 사업성평가에 크게 적용되게 된 계기는 PPBS(Planning Programming – Budgeting System)나 ZBB(Zero – Base Budgeting) 등 프로그램형 예산방식에 적용되어, 주로 연구개발부문 등과 같은 기업의 간접 부문에 적용되어 예산의 효율적 배분을 위한 우선순위 결정 및 평가의 수단으로서 활용되었기 때문으로 보는 견해가 많다.[25]

2) 공공정책 분석에 있어서 비용편익분석의 기능과 의의

공공분야에 있어서 비용편익분석은 공공정책사업이나 특정사업이 국가적 입장 혹은 사업수행자의 입장에서 수행할 가치가 있는가 여부를 해당 사업시행 결과 기대되는 사회후생의 변화 혹은 수익을 측정함으로써 판단하고자 하는 것으로 모든 정책과 사업에 적용가능한 일반적인 기법이다. 구체적으로 비용편익분석은 사업이나 정책 수행과정에서 발생하는 비용과 기대되는 편익을 조사하여 비교하는 과정을 주 내용으로 한다. 여기서 비용이 의미하는 것은 사업수행자나 국민의 후생수준을 감소시키는 모든 항목이 해당되며 편익은 후생수준을 증가시키는 모든 항목을 망라한다. 비용편익분석은 이들 비용과 편익의 합을 구하여 비교하는 것이지만 비용과 편익의 단위가 각각 다르기 때문에 각 항목에 공통의 척도를 사용하여 총

24) 추엽, "비용·편익분석", 회계학사전(제4판), 신호대학회계학연구실편, 동문관, 1984.
25) 西澤, 연구개발비の회계と관리(신판), 백도서방, 1989.

비용과 총편익을 계산하며 또 각 항목의 발생 또는 실현시기가 다르게 나타나기 때문에 이들을 특정시점을 기준으로 표준화하는 과정을 거친다. 그리하여 비용편익분석의 결과로 나타나는 순 편익은 당해 사업이나 정책이 우리 사회에 얼마나 후생증가를 가져올 것인가를 나타내는 지표의 기능을 하게 된다.

3) 공익과 사익의 갈등 관계에서 공익판단의 기준으로서 비용편익분석

공익 구체화 과정에서 기존의 행정법과 법원이 사용하는 비용편익분석(cost benefit analysis)은 경제적 관점에 비중을 두어 공익을 평가하고 있어서 민주주의적 가치 및 보장책임의 공익을 고려하지 못하는 문제가 있다.[26] 누스바움(Martha C. Nussbaum)은 공익과 사익의 갈등관계에서 공익판단의 기준으로 활용되고 있는 비용편익분석의 한계를 도덕적·윤리적 차원에서 '비극적 질문(the tragic question)'이라는 관념을 활용하여 설명한다.[27] 누스바움은 모든 선택의 상황에서 우리는 무엇을 해야 합니까?와 같은 "명백한 질문"에 직면한다고 한다. 그러나 때때로 우리는 심각한 도덕적 잘못으로부터 자유로울 수 있는 대안이 있습니까?와 같은 "비극적인 질문"에 직면한다. 비극적인 질문에 직면하는 것은 그러한 불쾌한 선택이 사람들과 대치하지 않는 사회를 어떻게 설계할 수 있을지 생각하는 데 도움을 주기 때문에 비극적 질문은 시민의 기본적인 권리의 헌법적 보장에 관한 유용한 사고라 할 수 있다. 여기서 비용편익 분석은 명백한 질문에 답하는 데 도움이 되지만, 비극적인 질문을 제시하거나 대답하는 데에는 도움이 되지 않으며 종종 명백한 질문이 유일하게 적절한 질문이라고 제안함으로써 비극적인 상황의 존재를 가리는 역할을 한다

26) 송태수, "독일 지방자치개혁의 현주소: 신공공관리 행정개혁과 직접민주주의", 한국정치연구 12집 1호, 2003, 346면; 김판기, "규제행정법상의 경제적 효율성에 대한 고찰 -규제행정법의 경제적 분석을 위한 경제학적 방법론의 기초", 홍익법학 14권 1호, 2013, p. 610.

27) 누스바움은 비극적 질문이란 '심각한 도덕적 잘못 없이 우리가 할 수 있는 어느 대안이 있는가(is any of the alternatives open to us free from serious moral wrongdiong?)'하는 질문을 말한다고 하였다. 비용편익분석의 도덕적 한계와 비극적 질문에 대한 자세한 내용은, Matha C. Nussbaum, "The Costs of Tragedy: some Moral Limits of Cost-Benefit Analysis", The Journal of Legal Studies 29권 2호, 2000, pp. 1005-1036.

고 주장한다.

또한 공익을 구체화 할 때 공익과 사익, 공익 내부의 공익관계가 상대적이고 유동적인 개념이라는 것을 반영하여야 한다. 개인은 사회적 존재이기 때문에 고립적으로 존재할 수 없어서 사익은 늘 공익과 분리되거나 대립적으로 존재하는 것이 아니라 공익과 연결되어 있다. 그렇기 때문에 사익과 공익의 대립적 관계는 이익분배의 분포도의 관계이다. 이익분배의 정도에 따라서 사익과 공익의 대립관계가 달라진다고 할 수 있다. 공익 내부의 관계에서의 공익관계도 이익의 분포도에 따라 넓은 것을 공익으로 좁은 것을 사익으로 분류할 수 있다. 그래서 비교대상에 따라서 공익이 사익처럼 분류될 수 있으며, 관점에 따라서 사익이 공익으로 분류될 수도 있다. 예컨대 지방자치단체의 이익은 단체의 구성원 개인과의 관계에서 공익이지만, 국가전체의 이익과의 관계에서는 단체의 사익으로 분류될 수 있는 것이다. 개인의 사익도 전체 이익으로 합산되어 부의 증진을 가져온다고 하면 공익으로 계산될 수 있다. 그래서 공익개념을 공익의 향유 주체를 연관해서 고려하는 것이 필요하다. 막연한 다수, 공중, 다중의 이익으로 공익을 설명하는 것은 합리적 논증의 방법이라고 하기 어렵다. 공익판단의 핵심적 도구인 이익형량을 할 때 누가 이익을 얼마나 향유하는가를 구체화해야 한다.[28]

4) 공익과 사익의 갈등 관계에서 공익판단의 기준으로서 비용편익 분석의 한계와 고려점

비용편익분석은 정책 수행과정에서 발생하는 비용과 기대되는 편익을 조사·비교하여 사업추진의 타당성을 평가한다. 비용편익분석에서 도출되는 편익을 보통 사업시행으로 얻게되는 공익으로 간주한다. 비용편익분석은 분석 당시의 사회구성원 혹은 사업내용들을 기본적으로 전제하면서 이들 사회구성원 혹은 사업결과에 예상되는 비용과 편익을 측정하는 것이다. 따라서 비용편익분석의 분석범위가 현재 세대에 국한되는 단점을 지니게 되기 때문에 이러한 약점을 극복하기 위하여 분

28) 엄순영, "공익개념의 법해석방법과 공익실현주체의 민영화", 전북대학교 법학연구소 법학연구 통권 제50집, 2016, pp. 433-459.

석범위를 여러 세대(multi-generation)로 확장하는 방식이 취해진다. 하지만 이때에도 해당 세대에서 미래세대를 바라보는 방식이 아니라 각각의 세대를 고정시키고 그 카테고리 안에서 비용-편익이 얼마나 발생하는가에 초점을 두고 바라보는 방식이 선택되는 근본적인 한계를 지니게 된다. 또한 일반적으로 공공정책 혹은 공공사업에 대한 결정들은 보다 광범위한 사회적 쟁점들을 고려하여야만 하는데, 이러한 사회적 쟁점들을 객관적 판단이 가능한 수준으로 계량화하는 데에는 분명한 한계가 존재하기 때문에 비용편익분석의 보다 광범위한 적용에 분명한 한계를 지니고 있다.

따라서 공공사업에 대한 비용편익분석에 있어서 비용항목들은 가능한 한 폭넓게 선정해야 하지만 편익항목들은 가능한 한 항목의 수를 제한함으로써 비용편익분석의 결과가 해당 사업의 경제적 타당성을 보다 안정적으로 평가할 수 있도록 하여야 한다. 여기에는 두 가지 이유가 있다. 첫째, 민간사업과 달리 공공사업의 특성상 막대한 공적자금을 투자함에도 불구하고 일단 사업이 시행된 이후에는 사업계획의 수정 혹은 중단 등이 어려우며, 또한 사업수행으로 발생하는 편익의 수혜자가 불특정 다수의 일반인들이어서 해당 공공사업의 경제적 효과에 대한 사후 검증의 효과가 민간사업과 비교하여 상대적으로 미미하고, 둘째, 사업기간이 상당기간을 요하는 공공사업의 경우 사업의 추진과정에서 국가 및 지역경제여건의 변화, 법적·제도적 환경의 변화, 국민의식의 변화, 국제환경의 변화 등 환경의 변화에 따라서 해당 공공사업의 긍정적 사업효과가 반감될 수 있는 위험성이 큰 만큼 해당 공공사업의 경제성 분석은 가능한 한 보수적으로 진행하는 것이 있을 수 있는 위험의 크기를 줄이는 데에 효과적이기 때문이다.

3.3 사회적 가치판단 기준으로서 공익

사람들은 사회적 과정을 통해 가치의 의미를 공유한다. 따라서 사회에 따라서 사회적 가치들은 각각 다른 의미를 가진다. 사람들은 그들 자신이 사회적 가치들을 구상하고 창출하여 그것들을 소유하고 사용하는 방식에 따라 구체적인 정체성을 갖게 된다. 따라서 모든 도덕적·물질적 세계를 관통하는 기본가치들을 요소로 하는 통합된 가치를 구하는 일은 불가능하다. 오히려 모든 사회적 가치는 특정한 기준과 제도가 적합한 고유 분배영역을 구성한다. 여기서 사회적 가치란 공공의 이익과 공동체의 발전에 기여할 수 있는 가치로서 Walzer의 사회적가치론에 의하면 사회적 가치는 '사회구조에 의해 직접적으로 다뤄지는 권리와 자유, 권한 및 기회, 그리고 소득과 재산 등과 같은 가치들'을 의미한다.29)

1) 공익의 사회적 가치

사회적 가치의 실현이란 공동체의 발전을 위한 공공의 이익 실현, 즉 '공익의 실현'이라고 할 수 있다. 다만 여기서 말하는 공익이란 일의적인 개념이 아니라 실체적·절차적 관점에서 다양하게 이해될 수 있는 개념인 만큼 공익의 사회적 가치는 다음과 같은 사항에 대한 이해를 필요로 한다. 첫째, 전체 효용의 극대화와 개개인의 이익 총합 극대화의 차이점에 대한 이해가 요구된다. 둘째, 사회 전체에 바람직하거나 올바르게 추론되는 가치의 실현과 기본권, 정의, 자유, 평등 등의 실현으로 기대할 수 있는 공익의 차이점에 대한 이해가 필요하다. 셋째, 보편적으로 공유되는 공동의 이익과 대중교통체계의 확립, 위생적 식수공급, 양질의 교육서비스 등 특정 영역에 있어서의 공동의 이익과의 차이점에 대한 이해가 요구된다. 넷째, 이익집단 간의 타협 내지 절차를 거친 결과와 이익의 민주적·절차적 상호 조정과정을 거친 결과로서 공익의 차이점에 대한 이해가 선행되어야 한다.

2) 사회적 가치판단에 있어서 공익의 기능과 역할

사회적 가치판단에 있어서 공익은 행정 및 정책, 국가 등의 권력행위에 대한 정당성을 부여하는 기능을 하며, 그 실현과정에서 다양하고 복잡한 이해관계들이 상호 조정된다. 이런 이유에서 공익의 실현 여부는 행정 및 정책 등에 대한 핵심적인 평가기준이 될 수 있다.

---

29) 국무조정실, 사회적 가치 실현을 위한 평가방안 연구, 2017. 12, 한국행정학회. pp. 11－13.

3.4 도시정책의 판단기준으로서 공익

현재까지 주요 도시정책을 수립하는 과정에서 해당 정책의 필요성 여부를 사전 검토하는 예비타당성 조사절차는 사회·경제적 편익의 최대화(즉, 전체 효용의 극대화) 가능성의 검토결과를 기준으로 해당 도시정책 사업의 공익실현가능성을 판단하고 있다. 즉, 교통, 상·하수도, 학교·교육 등 공공재 및 공공서비스 등의 도시시설의 공급을 통해서 기대할 수 있는 사회·경제적 편익의 최대화(즉, 전체 효용의 극대화) 가능성의 검토결과를 기준으로 해당 도시정책 사업의 공익실현가능성을 판단하고 있다.

그런데 2000년대에 이르러 공익에 대한 절차적 관점이 중요하게 부각되면서, 도시정책의 공익성 판단에 있어서 시민 참여, 시민에 대한 정보공개, 시민 공론 등 절차적 민주성을 강화하는 추세이다. 그럼에도 불구하고 도시정책의 판단에 있어서 전체 효용의 극대화라는 관점은 자칫 공익을 단기적인 관점에서의 재정건전성 등 비용최소화에만 집중하게 할 우려가 있는 만큼 앞으로는 공익을 사회 전체에 바람직하거나 올바르게 추론되는 가치의 실현이라는 보다 본질적인 관점(즉, 사회적 가치의 실현)에 주목하여 바라볼 필요가 있다.

3.5 사업인정과 사업인정의제의 판단기준으로서 공익

사업인정은 당해 사업이 토지보상법 제4조에서 열거하고 있는 공익사업에 해당함을 인정하고, 일정한 절차를 조건으로 수용권을 설정하는 행위를 말한다. 따라서 사업인정은 토지를 수용 또는 사용하기 위한 전제 절차이고, 이를 위해 당해 사업의 공공성 내지 공익성에 대한 판단이 필요하다. 특히 이때 판단의 대상이 되는 공공성은 추상적 개념에 불과하여 법률로 정할 수 없기 때문에 행정청이 개별적·구체적으로 이를 판단할 수 있도록 이 제도를 두고 있다. 사업인정은 사업시행자에게 일정한 내용의 수용권을 부여하는 재량행위로서 사업인정 여부는 국가가 판단할 사항이므로 신청자가 이를 요구할 권리는 없다고 보는 재량행위설이 다수설[30]이며, 대법원 또한 사업인정을 재량행위로 보고 있다.[31]

사업인정 기준으로서 공익을 설명함에 있어서 우리 법원은 다음과 같이 판결한 바 있다. "사업인정처분이라 함은 공익사업을 토지 등을 수용 또는 사용할 사업으로 결정하는 것으로서 단순한 확인행위가 아니라 형성행위이므로, 당해 사업이 외형상 토지 등을 수용 또는 사용할 수 있는 사업에 해당된다 하더라도 행정주체로서는 그 사업이 공용수용을 할 만한 공익성이 있는지의 여부와 공익성이 있는 경우에도 그 사업의 내용과 방법에 대하여 사업인정처분에 관련된 자들의 이익을 공익과 사익간에서는 물론, 공익 상호 간 및 사익 상호 간에도 정당하게 비교·교량하여야 하고, 그 비교·교량은 비례의 원칙에 적합하도록 하여야 한다."[32]

1) 기 시행된 공익사업의 유지를 위한 사업인정처분의 허용 여부 판단기준으로서 공익

우리 법원은 "공익사업법은 제공익사업의 수행을 위하여 필요한 때, 즉 공공의 필요가 있을 때 사업인정처분을 할 수 있다고 되어 있을 뿐 장래에 시행할 공익사업만을 대상으로 한정한다거나 이미 시행된 공익사업의 유지를 그 대상에서 제외하고 있지 않고, 당해 공익사업이 적법한 절차를 거치지 아니한 채 시행되었다 하여 그 시행된 공익사업의 결과를 원상회복한 후 다시 사업인정처분을 거쳐 같은 공익사업을 시행하도록 하는 것은 해당 토지 소유자에게 비슷한 영향을 미치면서도 사회적으로 불필요한 비용이 소요되고, 그 과정에서 당해 사업에 의하여 제공되었던 공익적 기능이 저해되는 사태를 초래하게 되어 사회·경제적인 측면에서 반드

30) 김철용, 행정법, 고시계사, 2015, p. 910, 박균성, 행정법론(하), 박영사, 2015, p. 467, 박윤흔·정형근, 행정법강의(하), 박영사, 2009, p. 549, 임호정·김종보, 공익사업용보상법론, 부연사, 2003, p. 110, 홍정선, 행정법원론(하), 박영사, 2015, p. 625, 김해룡, "현행 토지수용절차의 문제점과 개선방안: 사업인정과 수용결재의 관계 및 사업인정 의제효 규정을 중심으로", 토지공법연구 제73집 제2호, 한국토지공법학회, 2016, p. 248.

31) 대법 1992.11.13. 선고92누596 판결.

32) 대판 2005.4.29. 2004두14670.

시 합리적이라고 할 수 없으며, 이미 시행된 공익사업의 유지를 위한 사업인정처분의 허용 여부는 사업인정처분의 요건인 공공의 필요, 즉 공익사업의 시행으로 인한 공익과 재산권 보장에 의한 사익 사이의 이익형량을 통한 재량권의 한계문제로서 통제될 수 있다"고 판결하였다.[33]

사업인정의제는 개별법상 인허가 등(지구 또는 구역 지정, 개발계획 승인, 실시계획 승인 등)이 있는 경우 토지보상법상 사업인정이 있는 것으로 의제한다. 여기서 의제란 본질이 다른 것을 일정한 법률취급에 있어 동일한 것으로 보고 동일한 효과를 부여하는 것으로서 별도의 절차를 거치지 않도록 업무절차를 간소화하고 업무효율을 증진시키기 위한 것을 말한다. 그러므로 사업인정의제시 토지보상법상 사업인정과 동일한 효력이 발생한다. 현재 대부분의 공익사업은 토지보상법상 사업인정이 아니라 개별 법령상 인허가 및 이에 따른 사업인정의제를 통하여 수용권을 확보하여 사업 시행중이다. 수용권 부여의 근거가 해당 사업의 공공성 혹은 공익성에 있는 만큼, 개별 법령상 인허가 및 이에 따른 사업인정의제를 통하여 수용권을 확보하는 사업들의 경우 사업의 공익성은 이미 검증을 마친 것으로 볼 수 있다.

2) 사업인정 및 사업인정의제 관련 공익성 판단과 관련한 관련한 외국의 판단기준[34]

독일의 경우 엄격한 공익성 기준을 충족하지 못하거나, 수용을 수반한 특정사업의 구체적인 내용이 법률로서 규정되지 못한 경우에는 연방헌법재판소에서 위헌판결을 내려 수용처분을 무효화하고 있다. 프랑스의 경우 공익성의 인정 여부를 판단하기 위한 절차로서 공익성 선언제도를 운영하고 있으며, 사업인정 절차를 중립적인 제3의 기관인 법원이 주도하고 있다. 미국은 수용을 위한 필요결정(resolution

---

33) 대판 2005.4.29. 2004두14670.

34) 김용창, "건국 초기와 19세기 미국에서 재산권 사상과 사적 이익을 위한 공용수용", 공간과 사회 제41권, 한국공간환경학회, 2012, 김용창, "미국 도시개발사업에서 사적 이익을 위한 공용수용: 연방 및 주 대법원 판례를 중심으로", 국토연구 통권74호, 국토연구원, 2012, 장은혜, "사인수용의 가능성과 한계에 관한 공법적 연구", 아주대학교 박사학위논문, 2013.

of necessity)을 공청회를 거쳐 채택하게 한 후, 법원에 소송을 제기해서 수용권을 행사한다. 최근까지 수용가능한 공익개념이 확대(사적 이익을 위한 수용)되어 오다가 2005년(연방대법원 켈로 판결: 민간도시재개발 수용 허용) 이후 사회적 파장이 커지면서 대다수의 주(47개 주)에서 경제발전, 세수증대 목적의 사업을 위한 수용은 제한하는 방향으로 법개정이 이어지고 있다. 영국은 공공이익이 되는 사업계획에 대해 주정부(국무장관)의 인증을 받아야 한다. 강제매수명령은 의회가 제정한 법률에 그 근거를 가져야 하며, 강제매수 명령을 사용하겠다는 결의는 일반적으로 지방의회에서 결정한다. 이해관계인들이 강제매수명령에 반대를 제기하면 주정부 장관이 지역청문회를 개최하고 심사 절차를 거쳐 강제매수명령을 확정, 개정 또는 거부를 결정한다.

3.6 사업인정의제 사업의 공익성 판단 기본체계

사업인정의제 사업의 공익성 판단 기본체계[37]

<table>
<tr><th>관점</th><th>사업인정 요건</th><th colspan="2">공익성 판단 기준 (항목)</th></tr>
<tr><td>전제</td><td>수용적격성</td><td>토지보상법 제4조 각호의 사업에 해당할 것</td><td rowspan="4">기본 기준[35]</td></tr>
<tr><td rowspan="2">사업주체</td><td rowspan="2">시행자 의사와 능력</td><td>사업을 수행할 정당하고 적극적인 의사를 보유할 것</td></tr>
<tr><td>사업을 수행할 충분한 능력을 구비할 것</td></tr>
<tr><td rowspan="6">사업내용</td><td rowspan="3">입법목적 부합성</td><td>법령목적, 상위계획·지침·절차 등에 부합할 것</td></tr>
<tr><td colspan="2">연계사업[36] 수행시 그 사업 시행의 타당성이 있을 것</td></tr>
<tr><td colspan="2">영업이 수반되는 사업의 경우 대중성·개방성이 있을 것</td></tr>
<tr><td rowspan="2">공익 우월성</td><td>사업으로 얻게 되는 공익</td><td rowspan="2">사업으로 얻게 되는 공익이 사업으로 잃게 되는 이익보다 클 것(비교형량)</td></tr>
<tr><td>사업으로 잃게 되는 이익</td></tr>
<tr><td>사업계획의 합리성</td><td colspan="2">구체적이고 합리적인 계획일 것</td></tr>
</table>

사업방법	수용 필요성	수용방식으로 사업을 수행할 필요가 있을 것
		수용 대상 및 범위가 적정할 것
사업관리	공익 지속성	사업의 정상 시행 및 완공 후 지속적 공익 관리가 가능할 것

자료: 국토교통부, "사업인정 의제사업 공익성 판단기준 등 연구", 한국토지공법학회, 2016, p. 58.

1) 수용 적격성: 토지보상법 제4조 각호의 사업에 해당할 것

수용적격성은 대상 사업의 공익성을 판단하기 이전에 대상 사업이 토지보상법에서 규정하고 있는 공익사업에 해당하는지 여부를 확인하는 절차로서 사업인정(의제) 판단의 일차적 전제이며 이후의 공익성 판단을 위한 준비과정이다.

2) 공익 우월성

대상사업의 공익성 판단에 있어서 가장 핵심적인 기준으로서 대상 사업에 토지 등이 제공되어 사업이 시행됨으로써 얻게 되는 공공의 이익과 그 사업 시행으로 잃게 되는 공공 또는 사익의 이익을 총체적으로 비교형량하여 전자가 후자보다 우월하다고 인정되어야 토지를 수용할 수 있는 공익사업으로서의 당위성을 갖게 된다.

3) 사업으로 얻게 되는 공익

사업 시행으로 인하여 얻게 되는 공익은 사업 계획을 대상으로 판단하게 되며, 실질적으로는 대상 사업이 그 효과에 비추어 수용권한을 부여할 만한 공익성을 갖는 사업인지 여부에 대한 판단을 수반한다.

35) 의견 요청, 접수 후 각 기준 검토시 당해 기준에 부합하지 않은 경우 다른 기준의 후속적 검토가 필요 없다고 판단되는 기준

36) 개별 법령상 목적사업 이외의 사업으로서 부대사업, 지원사업 등 명칭과 관계없이 개별 법령상 규정에 의하여 다른 법률에 의한 인허가 의제를 받아 시행할 수 있는 사업이면서 그 사업(시설) 성격상 분양, 임대 등의 영업이 수반되며, 당해 법령상 사업계획의 내용에 포함되어 인허가 및 이에 따른 사업인정의제를 받는 사업을 통칭

37) 국토교통부, 사업인정 의제사업 공익성 판단기준 등 연구, 한국토지공법학회, 2016.

(1) 공익사업은 특정한 공익 목적을 위하여 시행하는 것이므로 그 사업의 결과를 예측 또는 전망함으로써 공익의 발생 여부와 정도를 확인한다.

(2) 대상 사업의 근거 법령별, 사업 성격별로 구체적인 검토와 판단 내용은 다르지만 대상 사업의 목적에 비추어 사업시행의 필요성(현재 발생하고 있는 손실), 사업 시행을 하지 않으면 장래 발생할 것으로 예상되는 문제(손실), 사업 시행을 함으로써 발생하게 될 효과 등(사회적, 경제적, 정책적 효과 등)을 구체적인 근거와 통계 예측 등을 통해 확인하여야 한다.

예를 들어서, a) 도로 등 교통시설과 관련된 사업이라면 그 사업 시행의 필요성(혼잡 비용 등 사업 관련 현재 손실이 발생하고 있는 현황 여건), 사업 미시행 시 장래 예상(주변 환경변화를 포함하여 예측되는 손실)과 함께, 사업 시행하는 경우 발생하는 직접적 효과(선형 개선, 교통시간 단축, 혼잡비용 절감 등)뿐 아니라 간접적 효과(물류 효율화, 관광, 경제 등 지역 산업 증대, 환경 개선 등) 등을 종합적으로 검토한다. b) 택지 등 분양, 임대 등 영리가 개입되는 사업이거나 다른 목적사업의 내용에 이러한 성격의 사업이 포함된 경우에는 위에서 설명한 방법에 따른 공익 검토와 별도로 사업시행자 또는 분양받은 자 등이 대상 사업으로 인하여 얻게 되는 사익이 사회형평적으로 적정한지(상대적으로 손실을 받는 사익과의 비교), 그러한 사익을 발생시키면서 대상 사업을 공익 사업으로 하여야 하는지 여부도 비교의 범주(얻게 되는 공익에서 차감)에 포함하여야 한다.

(3) 시행자 및 인허가권자 등이 제시한 논거 및 자료(사업계획서, 사업타당성 보고서 등) 등을 통하여 확인한다.

4) 사업으로 잃게 되는 공익

사업으로 인해 잃게 되는 이익은 공익 및 사익을 불문하고 사업을 시행하지 않으면 계속 향유할 수 있는 이익을 사업 시행으로 인하여 잃게 되는 이익을 의미하는 것으로서 사업대상지와 인근 주민의 이익, 영업, 영농 등의 경제적 이익 및 경관적, 종교적, 문화적 가치, 환경 등에 사업으로 인하여 영향을 받게 되는 모든 것을 대상으로 한다.

(1) 사업으로 인해 잃게 되는 이익은 공익 관련 이해관계자(관계 행정기관, 지자체 포함)와의 협의 및 사익관련 이해관계자(지역주민 등)로부터의 의견청취 과정에서 그 양태 및 정도가 도출된 후 공익성 판단 요소로 작용한다.

(2) 사업으로 인해 잃게 되는 공익은 사업진행 과정 및 토지보상법 규정에 따른 관계 행정기관과의 협의과정, 기존 공익사업용 토지의 편입의 경우 그 토지 관리자의 의견 등을 통하여 확인하게 되며 사익은 사업인정신청시점(사업인정의제대상사업의 경우에는 그 이전의 인허가 절차 등과 관련한 의견청취 과정 포함)에서 사업인정에 이해관계가 있는 자에 대한 의견청취과정을 통하여 주민이나 이해관계인의 의견서, 공청회 의견, 기타 이용가능한 자료 등에 비추어 종합적으로 판단한다. 이 경우 토지보상법상 사업인정에 이해관계가 있는 자는 '사업지구 내 수용대상인 권리 등을 보유하고 있는 자'를 포함하여 당해 사업 시행에 따라 영향을 받는 자 모두를 포함하는 개념으로 보아야 한다.

(3) 사업으로 인해 잃게 되는 이익(침해되는 사익)의 범주 안에 사업대상지 내 수용대상인 토지 등의 보상문제와 관련하여 토지소유자 및 이해관계자들의 손실에 관한 사항이 포함되는지 여부에 대하여는 이러한 손실은 토지보상법에서 정하는 정당한 보상을 받도록 되어 있으므로 권리 자체의 손실(수용 및 보상 대상이 되는 제반 권리)에 대해서는 그 손해를 잃게 되는 이익(침해되는 사익)으로 인정할 수 없다고 보아야 한다.(토지보상법상 보상을 받지 않는 손실이 있는 경우에는 침해받는 사익의 범주 안에 포함될 수 있다고 보아야 한다.)

(4) 따라서 의견수렴과정에서 보상법에서 정하지 않은 보상기준 및 방법의 추가요구 등 보상과 관련하여 제시되는 의견에 대하여는 이를 배제하여야 한다.

(5) 현실적으로 사업대상지 안의 보상대상은 토지보상법이 정하는 바에 따라 적절한 절차와 기준대로 보상이 이루어지게 된다는 점에서 주로 사익보다는 잃게 되는 공익 관점에서의 비교형량이 필요하게 되며, 이는 환경 및 문화재 보전과 관련된 문제가 주안점이 될 수밖에 없다.

(6) 결국 사업으로 인해 잃게 되는 이익의 주안점은 환경, 문화재 등이 대상이

되며 환경 영향평가의 결과는 공공사업 시행에 따른 부정적 요인을 종합적으로 파악할 수 있고 또 보전해야 할 동식물 및 환경보전지역 등을 명시해야 하는 중요한 자료이며 가장 유력한 판단자료가 되므로 환경영향평가결과를 적극적으로 활용하는 것이 바람직하다.

제4절 도시조사의 공익성

4.1 신기술과 도시조사

신기술의 등장과 확산, 그리고 이를 토대로 한 새로운 사회는 우리 삶의 양상을 변화시키고 있다. 그리고 그 변화는 경제·사회·정치·문화의 영역에서 다양한 방향으로 작동하여 긍정적 변화뿐만 아니라 의도치 않은, 부정적인 변화를 초래하기도 한다. 따라서 초연결사회가 유발할 수 있는 다양한 부작용을 미리 예측해 내는 일은 미래도시의 지속가능성을 담보하기 위한 선결과제가 된다.

사물인터넷을 기반으로 한 기술적 혁신으로 이루어진 초연결시대에는 다양한 상황을 네트워크를 통해 관리하는 스마트 홈(Smart Home)이 가능해지고, 하수도에 센서를 설치하여 하수 범람 수위를 실시간으로 체크할 수 있을 뿐만 아니라 교통, 헬스, 제조, 금융 등 다양한 산업에서 새로운 시장을 개척하고 새로운 서비스를 제공할 것으로 전망된다. 특히 이러한 전망은 인공지능 기술의 발전과 함께 축적된 자료에 대한 심도 있는 분석이 가능해지고 있는 점에서 매우 긍정적으로 평가되고 있다.

하지만 초연결사회에 대한 이러한 화려한 상상 뒤에는 예상되는 몇 가지 문제들이 있다. 예를 들면 프라이버시 침해 문제, 연령 간 신정보 이해 및 활용 격차의 문제, 시스템이나 기기의 오작동, 해킹과 같은 원인으로 발생할 수 있는 역기능, 기계에 의한 의사결정의 배후에 있는 알고리즘 문제, 인공지능에 대한 지나친 의존이나 중독, 일자리 감소, 네트워크의 실패가 초래하는 초연결사회 구조의 지속가능성 문제 등이 문제가 될 것이다. 또한 초연결사회에서는 과거에 이미 제기 되었던 정보사회의 이슈들이 더욱 복잡해진 상태로 다시 부상할 것이며, 과거에는 없었던 새로운 이슈들 또한 등장할 수도 있다.[38)]

문제해결을 위한 과학적 접근방법 혹은 해결방법은 다양하다. 그러나 이 모든 방법들은 문제발생의 원인과 그 결과로서 나타나게 된 현재 상황에 관한 인과관계를 설명하는 현장 자료들을 필요로 한다. 왜냐하면 이 현장자료들의 분석과 이해를 통해서 현재의 문제가 대두되게 된 배경과 그 해결의 실마리를 찾을 수 있기 때문이다. 이런 이유에서 과학적 접근방법을 활용한 사회문제 연구에 있어서 연구대상에 관한 다양한 분석의 중요성이 강조되고 실제로 활용되고 있음에도 불구하고 분석결과의 해석에 있어서는 해당 연구가 사용한 자료의 객관성이 인정되는 범위에서 제한적으로 해석하는 것이 필요하다. 이런 자세는 도시문제 해결을 위한 도시계획 수립과정에서도 그대로 요구된다. 도시계획이 불특정 다수의 시민들을 대상으로 한 공적 규제의 내용을 포함하고 있음을 고려하면 이런 신중한 연구자세는 선택이 아니라 필수적이다.

그런데 최근 도시계획 관련 연구에서 도시에 관한 각종 기초 자료들을 빅데이터와 인공지능 등 첨단 분석기법을 활용하여 새로운 유형의 자료와 정보들을 엄청나게 생산하고 있다. 이러한 자료와 정보들도 도시문제 해결을 위한 현장자료로 활용될 수 있겠지만 앞서 지적한 바와 같이 이들 현장자료의 객관성이 인정되는 범위에서 제한적으로 해석되어야 한다. 하지만 이러한 자료와 정보의 활용을 통하여 해결하고자 하는 도시문제의 본질적인 내용이 하나 혹은 여러 개의 복합적 성질을 지닌 것일 경우 이들 자료와 정보의 활용은 매우 신중하게 이루어져야 한다. 달리 표현하자면 문제의 원인이 단순하고 그에 따른 결과가 명확한 경우 빅데이터와 인공지능을 활용하여 얻어진 자료와 정보들이 효과적·효율적 문제해결에 도움이 될 수

38) 이호영 외, 초연결사회의 지속가능성을 위한 사회문화적 조건과 한국사회의 대응(1), 총괄보고서, 2015, 정보통신정책연구원.

있다. 그러나 부동산 가격 급등과 같이 문제의 원인이 다양하거나, 하나의 결과가 또 다른 원인이 되어 다른 결과를 유발하는 등 문제 구조가 복잡한 경우에 있어서 빅데이터와 인공지능과 같은 첨단 기술을 활용하여 얻어진 자료와 정보의 객관성과 유효성은 매우 제한적일 수밖에 없다.

이런 이유에서 과학적 접근방법을 활용한 사회문제 연구에 있어서 연구대상에 관한 다양한 분석의 중요성이 강조되고 실제로 활용되고 있음에도 불구하고 분석결과의 해석에 있어서는 해당 연구가 채택한 가정(가설)의 범위 내에서 인과관계가 확인된 결과에 대하여 제한적으로 해석하는 것이 필요하다. 부분의 합이 전체가 될 수 없듯이 사회현상의 일부를 대상으로 한 제한적 인과관계 분석결과를 기초로 사회문제의 전반을 설명하는 것에 학술적 타당성이나 해석의 신뢰성을 기대할 수 없기 때문이다. 바로 이런 이유에서 공익을 주제로 하는 연구에 있어서 다양한 분석의 중요성이 강조된다. 왜냐하면 부분의 합이 전체가 될 수 없듯이 다수의 이익이 곧 공익이라 할 수 없기 때문이다. 즉, 다수의 이익을 공익으로 규정하게 되면 소수의 손실이 공익을 위한 정당한 희생이 되는 문제가 생기게 된다. 또 공익을 이렇게 해석하면 공동체 전체의 이익을 뜻하는 공익의 본질적인 개념이 부정되기 때문에도 그러하다.

바로 이런 이유에서 앞서 설명한 것과 같이 도시 기초조사와 도시계획의 관계를 보다 분명하게 정의하고, 정의된 사안들을 계획 절차적으로 포함하는 과정이 필요하다. 이 과정에서 기초조사체계의 일원화, 기초조사의 내실화 및 계획 활용 의무화, 기초조사를 통한 모니터링체계 도입 그리고 유관 조사체계와의(관계 부처간) 통합 및 연계활용의 노력 등이 필요하다.

4.2 도시조사의 공익성: 판례

도시·군계획 등에 관한 기초조사는 시 또는 군 등의 관할 구역에 대하여 수립하는 공간구조와 발전방향에 대한 계획인 도시·군기본계획과 도시·군관리계획의 수립이나 변경에 필요한 토지 이용, 환경, 교통 등 제반 사정을 조사하는 것이고, 도시·군계획시설사업에 관한 조사·측량 또한 시 또는 군 등의 개발·정비 및 보전을 위하여 기반시설의 설치를 포함한 토지이용 등에 관하여 수립하는 도시·군관리계획에 따라 도시·군계획시설사업에 필요한 제반 사정을 조사하는 것으로서[39] 모두 공익적 목적에서 이루어지는 공적인 성격의 행위들이다

광주고등법원 2016. 9. 29. 선고 (전주)2015나102762 판결

판결 요지

국토계획법 제130조 제1항은 행정관청이나 도시·군계획시설사업의 시행자로 하여금 도시·군계획·광역도시·군계획에 관한 기초조사나 개발밀도관리구역, 기반시설부담구역 및 제67조 제4항에 따른 기반시설설치계획에 관한 기초조사, 지가의 동향 및 토지거래의 상황에 관한 조사, 도시·군계획시설사업에 관한 조사·측량 또는 시행을 하기 위하여 필요한 경우에 타인의 토지에 대한 일시 사용 등 행위를 할 수 있다고 규정하고 있다. 일시 사용 등의 전제가 되는 위와 같은 도시·군계획 등에 관한 기초조사, 도시·군계획시설사업에 관한 조사·측량 또는 시행 등은 모두 공익성을 가진 행위들이다.

예를 들어 ① 도시·군계획 등에 관한 기초조사는 시 또는 군 등의 관할 구역에 대하여 수립하는 공간구조와 발전방향에 대한 계획인 도시·군기본계획과 도시·군관리계획의 수립이나 변경에 필요한 토지 이용, 환경, 교통 등 제반 사정을 조사하는 것이고(국토계획법 제2조 제2호, 제3호, 제4호, 제13조, 제20조, 제27조 참조), ② 도시·군계획시설사업에 관한 조사·측량 또는 시행은 시 또는 군 등의 개발·정비 및 보전을 위하여 기반시설의 설치를 포함한 토지 이용 등에 관하여 수립하는 도시·군관리계획에 따라 기반시설에 해당하는 전기공급설비 등 도시·군계획시설을 설치하는 사업인 도시·군계획시설사업에 필요한 제반 사정을 조사하거나 그와 같은 사업 자체를 시행하는 것으로서(국토계획법 제2조 제4호, 제6호, 제7호) 모두 공익적 목적에서 이루어지는 공적인 성격의 행위들이고, 이들 행위를 하는 경우 행정관청이나 사업시행자가 다른 토지에 대하여 일시 사용 등을 할 수 있도록 한 것은 위와 같은 공익성을 가진 행위들을 보조하기 위하여 특별히 정책적으로 인정하는 것이다.

39) 국토계획법 제2조 제4호, 제6호, 제7호.

판례의 의미

위 판례는 도시·군계획·광역도시·군계획에 관한 기초조사나 개발밀도관리구역, 기반시설부담구역 및 기반시설설치계획에 관한 기초조사, 지가의 동향 및 토지거래의 상황에 관한 조사, 도시·군계획시설사업에 관한 조사·측량 등은 모두 공익성을 가지고 있음을 확정하였다는 점에서 의의가 있다.

도시조사의 공익성을 확인할 수 있는 또 다른 대표적 사례로는 새만금사업을 들 수 있다.[40] 새만금사업에 관한 대법원의 판결은 공공사업의 공익성 판단을 위한 조사의 적정성 여부와 경제성 분석 등에 있어서 확립된 원칙이나 정설이 존재하지 아니한 경우 공공사업의 사업성 여부를 어떻게 평가하는 것이 가장 바람직한 가를 제시하였다는 점에서 큰 의의가 있다.[41]

새만금사업에 대한 판결에서 대법원은 공공사업이 사업의 경제성 내지 사업성의 결여를 이유로 행정처분이 무효로 되기 위해서는 공공사업을 시행함으로 인하여 얻는 이익에 비하여 공공사업에 소요되는 비용이 훨씬 커서 이익과 비용이 현저하게 균형을 잃음으로써 사회통념에 비추어 행정처분으로 달성하고자 하는 사업목적을 실질적으로 실현할 수 없는 정도에 이르렀다고 볼 정도로 과다한 비용과 희생이 요구되는 등 그 하자가 중대하여야 하며, 또한 그러한 사정이 객관적으로 명백한 경우라야 한다고 판단하였다. 그리고 위와 같은 공공사업에 경제성 내지 사업성이 있는지 여부는 공공사업이 그 시행 당시 적용되는 법률의 요건을 모두 충족하고 있는지 여부에 따라 판단되어야 함은 물론, 경제성 내지 사업성 평가와 관련하여서는 그 평가 당시의 모든 관련 법률의 목적과 의미, 내용 그리고 학문적 성과가 반영된 평가기법에 따라 가장 객관적이고 공정한 방법을 사용하여 평가되었는지 여부에 따라 판단되어야 함을 분명하게 제시하였다.

새만금사업과 같이 사업시행의 범위가 광범위하고 국가의 특별한 정책적 필요에 의하여 시행하는 공공사업의 경우 국가경제 및 사회경제에 미치는 영향이 클

40) 새만금사업의 본질과 구체적 내용 그리고 사업에 관한 공익적 판단의 내용은 본서 7장에서 상세하게 다루고 있다.

41) 대법원 2006.3.16. 선고 2006두330 판결.

뿐만 아니라 갯벌과 생태계 및 해양환경 등 자연환경에 미치는 영향도 매우 크다. 따라서 공공사업에 경제성 내지 사업성이 있는지 여부를 판단함에 있어서는 관련 법률 요건들의 충족 여부 그리고 학문적 성과가 반영된 평가기법에 따라 가장 객관적이고 공정한 방법을 사용하여 평가되었는지 여부 등을 빠짐없이 고려하여야 한다.

예를 들면, 간척지의 매립사업과 같이 어떠한 항목을 편익이나 비용항목에 넣을 수 있는지 여부와 그러한 항목에 대한 평가방법이나 기법에 관하여 확립된 원칙이나 정설이 존재하지 아니한 경우에는, 경제성 내지 사업성 평가 당시의 공공사업의 투자분석이론이나 재정학 또는 경제학 이론 등에 따라 그 분야의 전문가들에 의하여 가능한 한 가장 객관적이고 공정한 방법을 사용하여 편익과 비용을 분석한 후 공공사업에 경제성 내지 사업성이 있는지 여부를 평가하는 것이 바람직하다.

1988년 당시 한국산업경제연구원의 경제성 분석보고서 및 새만금사업 기본계획에는 농수산 중심 개발안에 대하여 일부 비용을 누락한 채 관광편익 및 항만편익을 계상하고 수질오염 등으로 시행이 불투명한 담수어 양식장 편익 등을 계상한 하자가 있기는 하지만, 그 감사결과에 의하더라도 오류를 수정하여 경제성을 재검토하였을 경우 할인율 10%를 기준으로 한 농수산 중심 개발안의 편익·비용비율은 0.99(내부수익률은 9.92%)에 이르고 있어 편익과 비용이 거의 대등하고, 또한 비록 이견과 비판론이 있기는 하나 환경단체 등이 추천한 위원 등 민간위원 21명과 정부관계기관 인사 9명 등 30명의 공공투자분석 전문가들로 구성된 민관공동조사단에서 약 1년 2개월 동안 회의를 계속하여 공동조사보고서를 작성함에 있어 위원들의 견해차를 고려하여 10개의 시나리오를 구성하여 분석하기로 합의한 후 시나리오별 분석치를 내놓았고, 그 결과 모든 시나리오에서 경제적 타당성이 있는 것으로 분석된 점 등에 비추어 보면 한국산업경제연구원의 경제성 분석이 충분하지 아니한 일부의 하자가 있다고 하더라도, 이를 법규의 중요한 부분을 위반한 중대한 것으로서 객관적으로 명백하다고 할 수 없다고 대법원은 판단하였다.

새만금사업에 관한 대법원의 이러한 판단[42)]은 공공사업의 경제성 판단을 위한 조사의 적정성 여부와 경제성 분석 등에 있어서 확립된 원칙이나 정설이 존재하지 아니한 경우 공공사업에 경제성 내지 사업성이 있는지 여부를 어떻게 평가하는 것이 가장 바람직한 공익적 판단인 가를 제시하였다는 점에서 매우 중요한 판례라 할 것이다.

42) 대법원 2006.3.16. 선고 2006두330 판결.

제 5 장

개발이익의 사회적 환수와 공공기여의 판단기준으로서 공익

제5장

개발이익의 사회적 환수와 공공기여의 판단기준으로서 공익

공익의 실현을 목표로 수립되는 도시계획을 위해 민간 사업자가 국가나 지자체에 무상으로 토지 등을 증여하는 공공기여 제도는 도시개발 과정에서 발생하는 개발이익을 환수하고 추가적인 기반시설 수요를 원인자 부담 원칙으로 해결한다는 점에서 도시계획의 공공성을 확보하는 중요한 계획수단으로 평가되고 있다.[1] 공공기여 이외에도 기반시설부담금처럼 도시개발로부터 야기되는 개발이익의 사회적 환수를 위한 새로운 정책과 제도적 방안 마련을 위한 노력은 지금도 계속 진행되고 있다. 도시 공간의 계획적 이용은 필연적으로 개인의 가장 중요한 재산인 토지에 관한 공적 규제를 동반한다. 바로 이런 도시계획의 본질적 특성 때문에 도시계획은 개인의 재산권 침해를 피할 수 없는 과정으로 간주한다. 따라서 개발이익의 환수와 관련한 문제의 핵심은 개인의 노력에 의한 이익이 아니라 사회 전체의 노력과 피해 감수의 결과로서 얻어진 개발이익을 과연 어떻게 사회적으로 환수하는 것이 가장 바람직할 것인가에 관한 질문으로 요약된다. 이런 배경에서 개발이익의 문제해결을 위해서는 개발이익과 개인의 재산권 보호의 문제에 관한 도시계획적 차원에서

1) 이인성, “공공기여 방식의 성격과 인센티브의 형평성: 서울시 정비사업 사례 검토를 중심으로”, 도시설계 제21권 제2호, 2020, p. 89.

의 이해가 선행되어야 한다. 즉, 재산권적 관점에서 도시계획의 역할을 이해하고, 사익으로 대표되는 재산권과 공익으로 대표되는 도시계획을 조화롭게 실천하는 도시계획 수단이 갖추어야 할 조건에 관한 지식이 요구된다.

제1절 도시계획과 재산권의 관계

1.1 재산권의 이해

재산권은 헌법에 의해 보장되는 대표적인 기본권이다. 재산권의 구체적인 내용은 법률에 의하여 세부적으로 인정된다. 재산권도 시대와 사회 가치 변화에 직접적인 영향을 받으며, 그 결과 기존의 재산권에 관한 법적 규정도 새로운 법률의 제정이나 개정 내용에 따라서 변화한다. 토지나 택지에 관한 법적 규제는 개인 재산권 행사에 대한 사회적 제한의 의미보다는 법률이 정한 범위 내에서 재산권의 자유로운 행사라는 의미가 강하다. 이런 배경에서 토지재산권에 관한 법적 규정의 경우, 입법자가 재산권의 내용을 형성하는 규정으로 해석할 가능성이 크다. 예를 들면, 개발제한구역 결정과 관련하여 헌법재판소는 개발제한구역 안에서는 건축물의 건축 등을 할 수 없도록 규정하고 있는 구 도시계획법 제21조는 헌법 제23조 제1항 및 제2항에 따라 토지재산권에 관한 권리와 의무를 일반적·추상적으로 확정하는 규정으로서 재산권을 형성하는 규정이라고 판시하였다.

이 판시 내용을 토지재산권의 사회적 의무성과 개발제한구역(이른바 그린벨트) 지정으로 인한 토지재산권 제한의 성격과 한계의 관점에서 살펴보면 그 특징은 다음과 같다.[2] 첫째, 헌법상의 재산권은 토지소유자가 이용가능한 모든 용도로 토지를 자유로이 최대한 사용할 권리나 가장 경제적 또는 효율적으로 사용할 수 있는 권

2) 헌법재판소 1998.12.24. 선고 89헌마214,90헌바16,97헌바78(병합) 판시 내용 중 일부 저자 정리.

리를 보장하는 것을 의미하지는 않는다. 입법자는 중요한 공익상의 이유로 토지를 일정 용도로 사용하는 권리를 제한할 수 있다. 따라서 토지의 개발이나 건축은 합헌적 법률로 정한 재산권의 내용과 한계 내에서만 가능한 것일 뿐만 아니라 토지재산권의 강한 사회성 내지는 공공성으로 말미암아 이에 대하여는 다른 재산권에 비하여 보다 강한 제한과 의무가 부과될 수 있다. 둘째, 개발제한구역을 지정하여 그 안에서는 건축물의 건축 등을 할 수 없도록 하고 있는 구도시계획법 제21조는 헌법 제23조 제1항, 제2항에 따라 토지재산권에 관한 권리와 의무를 일반·추상적으로 확정하는 규정으로서 재산권을 형성하는 규정인 동시에 공익적 요청에 따른 재산권의 사회적 제약을 구체화하는 규정인바, 토지재산권은 강한 사회성, 공공성을 지니고 있어 이에 대하여는 다른 재산권에 비하여 보다 강한 제한과 의무를 부과할 수 있으나, 그렇다고 하더라도 다른 기본권을 제한하는 입법과 마찬가지로 비례성원칙을 준수하여야 하고, 재산권의 본질적 내용인 사용·수익권과 처분권을 부인하여서는 아니 된다.

또 헌법 제23조 제1항 2문은 재산권의 "내용과 한계를 법률로 정한다"고 규정하고 있는데, 이는 재산권의 보호영역이 다른 기본권처럼 헌법해석에 의해서가 아니라 입법자에 의해서 결정되는 부분이 더 많다는 것을 명시하고 있다. 따라서 입법자는 재산권의 보호영역을 헌법 제23조에 그 근거를 두는 사회적 기속성과 함께 결정하여야 한다. 헌법 제23조에 의하여 재산권을 규제하는 형태에는 제1항 및 제2항에 근거하여 재산권의 내용과 한계를 규정하는 것과, 제3항에 따른 수용·사용 또는 제한을 규정하는 것의 두 가지가 있다. 전자는 입법자가 장래에 있어서 추상적이고 일반적인 형식으로 재산권의 내용을 형성하고 확정(재산권의 보호영역의 확정)하는 것을 의미하고, 후자는 국가가 구체적인 공적 과제를 수행하기 위하여 이미 형성된 구체적인 재산적 권리를 전면적 또는 부분적으로 박탈하거나 제한(재산권의 보호영역을 전제로 하여서 이루어지는 재산권 제한)하는 것을 의미한다.

1) 재산권 보장의 사회적 의미

헌법에서 재산권을 대표적인 기본권으로 보호하는 것은 재산권을 개인의 주관적 공권으로 인정하는 것과 크게 다르지 않다. 이런 시각에서 보면 헌법에 의한 재산권 보장은 사회적으로 다음의 두 가지 측면에서 의미와 기능이 파악된다. 첫째 재산권은 자율적인 존재로서 개인의 생존과 자유 실현의 경제적 토대를 제공하는 자유보장적 기능을 지닌다. 둘째 재산권은 공공복리의 신장 및 사회적 안정성이라는 국가 또는 사회공동체 전체의 차원에서 요구되는 경제사회질서의 형성적 기능을 지닌다. 따라서 재산권 보장이 제대로 이루어지지 않거나 정당한 보상이 없는 재산권 침해가 일어나는 경우 우리 사회를 지탱하고 있는 경제적 토대는 물론 사회적 안정성에 중대한 위험이 야기될 수 있음을 어렵지 않게 예상할 수 있다.

개인의 생존과 자유 실현의 경제적 토대를 제공하는 재산권의 자유보장적 기능은 자유와 재산권의 관계로 설명될 수 있다. 자유와 재산권의 관계에 대하여 J. Isensee는 재산권의 취득을 자유의 목표를 이루는 일로, 재산권을 보유하는 것을 자유의 토대를 구축하는 일로, 재산권을 사용하는 것을 자유를 실천하는 일로 설명하면서 재산권과 자유 사이에 불가분의 상보적 관계가 있음을 설명하면서 다른 한편으로 재산권은 공동체 전체의 거시적인 질서형성에 있어서 객관적인 질서로서의 의미와 기능을 한다고 설명한다.[3]

자율적인 생활과 자유로운 직업의 선택 및 개성의 추구는 물질적인 기초가 확보되었을 때 가능하다. 즉, 재산권은 개인의 자율적인 생활과 직업선택의 자유 그리고 개성의 추구의 보장을 통하여 자본주의 경제질서의 기초 및 사회국가실현을 가능하게 한다. 따라서 재산권의 보장은 사회 가치질서보장의 전제 조건이 된다는 점에서 헌법적 의의를 갖는다. 다시 말해서 자유의 실현은 재산권 확보가 전제될 때 가능해지며, 재산권의 보장은 공동체 전체의 사회 가치질서 형성을 가능하게 한다. 그러므로 재산권 보장이 사회 가치질서를 형성하도록 하기 위해서는 재산권취득을 위한 사람들의 노력에 대하여 자유를 보장하는 동시에 개인적 취득이 가능한 재산권이 필요하다. 우리 헌법은 재산권을 사적 유용성과 임의적인 처분권능이 인정되는 재산가치 있는 모든 권리[4]이자 개인에게 귀속되어 사적 이익을 위하여 사

3) W. Leisner, J. Isensee(Hg.), Eigentum-Schriften zu Eigentumsrecht und Wirtschaftsverfassung 1970－1996, 1996, Vorwort, p. 5.

용 및 수익될 수 있고 원칙적으로 처분권한이 인정되는 재산적 가치[5]로 정의하고 있다.[6]

2) 재산권의 내용과 한계

헌법의 차원에서 보호대상이 되는 다른 기본권과 달리 재산권은 헌법 제23조 제1항에 따라 재산권의 내용과 한계가 법률에 의해서 비로소 정해진다. 이런 점에서 헌법상의 재산권과 입법자가 특정한 재산적 가치를 구체적인 권리로 형성한 법률상의 재산권은 구분하는 것이 필요하다. 이처럼 법적인 시각에서 본 재산권의 본질이 '같기도 하고 다르기도 하다'는 논변은 일견 모순인 것처럼 보이고 또한 재산권의 특성에 따른 극히 예외적인 주장이라 생각될 수 있지만, 이는 헌법 해석론상 다른 기본권 해석의 경우에도 해당되는 일반적이고 합목적적인 법리구성이다. 왜냐하면, 이론적 차원에서 같음과 현실 법제도 상의 다름 또는 미래에 있어서 불일치의 가능성이 병존하는 개념적 복합성은 헌법과 법률 간의 교호적인 변증법적 과정 속에서 형성되는 재산권 개념의 다양성의 표식이기 때문이다. 이러한 관점에서 보면 헌법상 재산권 개념과 법률상 재산권 개념의 차이는 바로 이 다양성의 원인인 동시에 결과로 이해되는바, 이는 개념의 추상화와 구체화의 층위 또는 범주의 차이에 따른 결과이다.

헌법상의 재산권과 법률상의 재산권이 분별되어야 하는 또 다른 이유로는 재산권의 본질적 특성이라 할 수 있는 재산권의 사회적 기속성이 있다. 재산권의 사회적 기속성에 관해서는 다음의 절에서 상세히 설명하기로 한다.

계약의 자유와 재산권의 보호는 자본주의 경제 질서를 지탱하는 두 개의 기본개념이다. 그런데 재산권 중에서 토지재산권의 경우 강한 사회성 내지는 공공성으

---

4) 허영, 한국헌법론, 박영사, 2017, p. 512.

5) 한수웅, 헌법학, 법문사, 2017, p. 850.

6) 이덕연, "본질적으로 논쟁적인 개념으로서 헌법상 재산권의 허와 실: 배출권의 재산권으로서 법적 성격 및 지위와 관련하여", 공법연구 제45집 제4호 한국공법학회, 2017, p. 67.

로 말미암아 다른 재산권에 비하여 보다 강한 사회적 제한과 의무가 부과될 수 있다. 앞서 설명한 것과 같이 헌법상의 재산권은 토지소유자가 이용가능한 모든 용도로 토지를 자유로이 최대한 사용할 권리나 가장 경제적 또는 효율적으로 사용할 수 있는 권리를 보장하는 것을 의미하지는 않는다. 입법자는 중요한 공익상의 이유로 토지를 일정 용도로 사용하는 권리를 제한할 수 있다. 따라서 토지의 개발이나 건축은 합헌적 법률로 정한 재산권의 내용과 한계 내에서만 가능하다. 그러나 다른 기본권을 제한하는 입법과 마찬가지로 토지재산권에 대한 제한은 비례성 원칙을 준수하여야 하고, 재산권의 본질적 내용인 사용·수익권과 처분권을 부인해서는 아니 된다.

토지재산권에 대한 이러한 사회적 제한은 토지재산권에 관한 권리와 의무를 일반적·추상적으로 확정하는 헌법 제23조 제1항 및 제2항의 규정에 그 근거를 두고 있다. 이처럼 자본주의 경제 질서를 지탱하는 두 개의 기본개념 중 하나인 재산권 중에서 토지재산권의 경우 내재하는 공공성과 중요한 공익상의 이유에 따라서 해당 토지의 사용권리가 제한될 수 있다. 다시 말해서 자본주의 경제 질서를 뒷받침하는 계약의 자유와 재산권의 보호는 언제나, 어떤 경우에나 보장되는 기본권이 아니라는 것이다. 토지재산권의 경우 공공성과 공익상의 이유로 그 권리가 제한될 수 있다. 여기서 문제가 되는 것은 토지재산권의 행사를 제한하는 근거가 되는 공공성과 공익을 쉽게 특정(구분)할 수 없다는 사실이다. 공공성과 중요한 공익상의 이유를 구체적으로 정의하기 어려운 이유는 매우 다양한데 그 중 대표적인 것으로 공공성과 공익개념의 다양성과 추상성을 들 수 있다.[7)]

공공성과 공익개념의 다양성과 추상성은 '본질적으로 경합하는 개념(Essentially Contested Concepts)'과 유사하다. '본질적으로 경합하는 개념'은 월터 갈리(Walter Bryce Gallie)가 1956년에 발표한 논문[8)]의 제목으로서, 개념의 경합 가능성은 개념

7) 이와 관련한 구체적 설명은 공공성 개념과 공익개념을 설명한 1장 및 2장의 내용을 참조하기 바란다.

8) W. B. Gallie, "Essentially Contested Concepts", Philosophy & The Historical Understanding, 2nd ed., 1956, p. 161.

의 적용 여부나 개념의 기준에 대해 해당 개념을 사용하는 사람들 간에 합리적인 불일치가 존재하는 것을 말한다. 여기서 본질적으로 경합한다는 것은 추상적 개념의 차원에 대해서는 의견의 일치가 존재하지만, 그 개념의 적절한 적용례 또는 적용기준에 대해서는 다툼이 있는 것을 뜻한다. 공공성과 공익의 개념에 관해서 추상적 개념의 차원에서는 대체적으로 의견의 일치가 존재하지만, 실제 공공성과 공익개념을 도시계획에 접목함에 있어서는 도시계획 수립주체, 계획 대상지역과 계획의 내용 등 여러 가지 조건에 따른 다양한 주장들이 대립하고 있다. 갈리(Gallie)는 개념의 적용에 관한 다툼이 있는 이러한 상황을 개념 분석에 있어 극복해야 할 과제나 해결할 수 없는 한계로 간주하지 않고, 개념 자체가 지닌 특징으로 이해할 것을 제안하였다.[9)]

법철학에서 경합가능성의 문제는 하트(H. Hart), 롤즈(J. Rawls), 드워킨 등이 공통적으로 채택한 "개념(Concept)과 관념(Conceptions)"의 구별이라는 틀 안에서 논의되어 왔다. 개념이란 어떤 용어에 본질적이고 추상적인 의미와 내용을 말하고, 관념이란 그 의미와 내용의 구체적 사례나 특정한 해석을 말한다. 말하자면 어떤 용어의 사용자들이 그 개념을 공유하지만, 관념에 있어서는 상이하기 때문에 견해의 불일치가 발생한다고 설명한다.

도시계획 관련 제도나 정책의 성과평가의 기준이 되는 민주성, 자유성, 평등성, 정의 및 정당성의 개념은 갈리(Gallie)가 설명한 '본질적으로 논쟁적인 개념'의 대표적인 예에 해당한다. 이 개념들은 더 나은 삶과 사회질서와 직간접적으로 연관되어 있음에도 불구하고 개념들 간의 개념적 불일치 문제가 있다. 이 개념들 간의 개념적 불일치는 연구자들의 관점의 오류나 의미 파악의 실패에 따른 결과가 아니고, 그 개념 자체의 '본질적인' 특성에 기인하는 필연적인 현상이라 할 수 있다.

가변적이고 복합적인 삶의 현실에 대한 인식과 경험의 공간, 그리고 그 속에서

---

9) 이러한 갈리의 제안은 어떤 개념에 대한 특정한 의미나 해석만이 진리라고 주장하는 전통적 교조적 태도와 모든 개념에 대해 그 진실성을 부정하는 현대사회의 회의적 태도가 아닌 제3의 학문적 접근을 제시하고자 하는 갈리의 의도가 깔려있다.

형성되는 가치관은 근본적으로 다양할 수밖에 없으며, 이런 이유에서 가치들 간의 직접적인 비교는 무의미하다. 바로 이런 점에서 개념을 이론적으로 해설한 점에서 갈리(Gallie)의 학술적 기여가 높게 평가된다. 갈리가 제시한 개념의 일곱 가지의 조건과 특성을 정리하면 다음과 같다.

- 평가적 특성(appraisive character)
- 내적 복합성(internal complexity)
- 다양한 기술가능성(diverse describability)
- 개방성(openness)
- 개별 적용 준거들에 대한 논쟁당사자들의 교호적 인식(reciprocal recognition of each applied criteria by contesting parties)
- 개념적 의미를 정박(碇泊)시키는 원본(an original exemplar that anchors conceptual meaning) 중시의 조건
- 진보적 경쟁(progressive competition)의 조건

1.2 재산권의 사회적 기속성

우리 헌법상 재산권의 사회적 기속성은 소유권의 절대성으로부터 나오는 재산권보장의 역기능의 배제 및 사유재산제도의 기본이념의 보호와 유지존속을 위한 최소한의 자기희생 내지 양보를 의미한다.[10] 재산권의 사회적 기속성은 재산권 제한에 있어서 헌법 제37조 제2항의 비례성 원칙에 따른 엄격한 적용 외에, 헌법 제23조 제1항, 제2항의 적용에 따른 광범한 입법형성권에 따르게 하는 효과를 제공한다. 이런 이유에서 재산권 보장의 헌법 규정은 동시에 재산권의 사회기속성의 근거 규정이 된다. 재산권의 내용과 한계(헌법 제23조 제1항), 재산권 행사의 공공복리 적합의무(동조 제2항) 등의 규정은 입법자의 입법형성권, 행정이나 재판에 있어서의 법적용 내지 해석의 기준으로서 직접적 구속력을 지니는 효력규정이다. 이처럼 재

10) 헌재 1989.12.22. 88헌가13 국토이용관리법 제21조의3 제1항, 제31조의2의 위헌심판 합헌·위헌결정[판례집1 357－406] 특히 p. 370.

산권 행사의 공공복리 적합성은 재산권 행사에 있어서 공익에의 저촉 금지라는 최저 한계선을 제시한다.

재산권의 사회적 기속성은 원칙적으로 재산권 주체에 대하여 보상의무를 필요로 하지 아니하는 재산권 제한의 근거가 된다는 점에서 재산권의 사회적 기속성의 범주는 기본적으로 비례원칙(과잉금지원칙)에 합치되어야 한다.[11] 이때 재산권의 내용만을 정한 법률이라 할지라도 이 법률을 근거로 비례원칙에 따라 보상이 이루어질 수 있으며,[12] 공공시설의 무상귀속 규정은 재산권에 대한 사회적 제약의 범위 내에서 토지재산권의 내용과 한계를 구체적으로 정한 것으로 비례의 원칙에 어긋나지 아니하며 헌법에 위반되지 아니한다.[13]

재산권의 제한과 관련하여 우리 헌법재판소의 선도적 판결은 다음과 같다. "재산권에 대한 제한의 허용정도는 재산권행사의 대상이 되는 객체가 기본권의 주체인 국민 개개인에 대하여 가지는 의미와 다른 한편으로는 그것이 사회전반에 대하여 가지는 의미가 어떠한가에 달려 있다. 즉, 재산권 행사의 대상이 되는 객체가 지닌 사회적인 연관성과 사회적 기능이 크면 클수록 입법자에 의한 보다 광범위한 제한이 정당화된다. 다시 말하면, 특정 재산권의 이용이나 처분이 그 소유자 개인의 생활영역에 머무르지 아니하고 일반국민 다수의 일상생활에 큰 영향을 미치는 경우에는 입법자가 공동체의 이익을 위하여 개인의 재산권을 규제하는 권한을 더욱 폭넓게 가진다."[14]

재산권의 사회적 기속성에 관련한 경계이론은 재산권 제한의 전통적 논리로서, 재산권의 내용·한계 규정[15]은 보상의무 없는 재산권 제한이며 공용수용 등

11) 헌재 1992.6.26. 90헌바26 정기간행물의등록등에관한법률 제10조 제1항 등에 대한 헌법소원 합헌결정[판례집4 362−377].

12) 헌재 1998.12.24. 89헌마214, 90헌바16, 97헌바78(병합) 도시계획법 제21조에 대한 위헌소원 헌법불합치결정[판례집10−2 927−977] 특히 pp. 927−928.

13) 헌재 2003.8.21. 2000헌가11, 2001헌가29(병합) 구 도시계획법 제83조 제2항 전단 부분 등 위헌제청 합헌결정[판례집15−2(상) 186−213].

14) 헌재 1998. 12. 24. 89헌마214 등

은[16] 보상의무 있는 재산권 침해로서, 이 양자 간에는 질적인 차이가 없고 단지 사회적 기속성의 한계를 넘느냐의 여부에 따라 그 한계를 넘는 제한을 공용수용으로 본다.

경계이론은 손실보상을 정한 헌법 규정을 직접 효력규정으로 간주하여 보상의무를 규정한 법률이 없어도 헌법 규정으로부터 직접 보상청구를 할 수 있고, 수용적 침해 외에 수용 유사적 침해에 대해서도 이를 공용수용으로 보는 논리를 원용한다.[17] 경계이론은 재산권을 보장하는 방법으로 가치보장을 중요한 개념으로 수용하고 있다. 경계이론에 따라 재산권 또는 사회적 기속성의 해당 여부와 그 한계를 넘어 공용수용 등에 해당하느냐를 구분하는 기준으로서, 재산권 침해의 인적 범위를 기준으로 이를 판단하는 형식설에 속하는 개별행위설[18] 및 특별희생설[19] 등과, 재산권 침해의 양태 등을 기준으로 구분하는 실질설에 속하는 보호가치설 및 이를 기초로 한 수인(受忍)한도설,[20] 목적변질설,[21] 상황 구속성설[22] 등이 있다. 경계이론에 따르면 개인의 재산권에 대하여 한계와 의무를 부과함에 있어서 그 내용이 약하면 사회적 기속 혹은 사회적 제약으로 간주하고 그 내용이 심각한 수준에 해당하면 보상을 전제로 하는 공용수용으로 간주한다.

재산권의 사회적 기속성에 관련한 분리이론은[23] 재산권의 사회적 기속성에

15) 헌법 제23조 제1항, 제2항.

16) 헌법 제23조 제3항.

17) 재산권의 사회적 기속성과 손실보상에 관한 '경계이론'은 독일연방행정법원의 입장인 동시에 독일기본법 초기의 다수설이었다. 독일기본법 제14조 제3항 공용수용규정에 따른 보상.

18) 특정인들의 권리침해를 공용수용 등으로 본다.

19) 국민 일반을 위하여 특정인들에게 불평등한 특별한 희생을 강요하는 재산권침해를 공용수용 등으로 본다.

20) 재산권보유자에 대한 침해의 수인정도를 기준으로 하는바 실체박탈설은 이에 유사하다.

21) 재산권의 기능에 적합한 이용 여부에 따른 구분으로서 사적 효용설은 이에 유사하다.

22) 특히 토지재산권의 위치·형상 등에 따른 일정 부담.

23) '분리이론'은 독일 연방헌법재판소의 '자갈채취결정'(1981.7.15. BVerfGE 58, 300ff.) 등을 통하여 발전되어, 독일기본법 제14조 제3항에 규정된 '공용수용'의 요건을 명확

따른 보상 의무가 "없는" 재산권 제한과 공용수용 등에 의거해서 그 보상의무가 "있는" 재산권 침해를 처음부터 구분하여, 재산권 제한과 재산권 침해의 헌법규정은 본질적으로 그 근거를 달리하는 것으로 구분하여 설명한다. 즉 재산권의 제한 또는 침해의 각 헌법 규정에 대한 각각의 적합성 여부를 처음부터 구분하는 것이다. 이런 이유에서, 헌법 제21조 제1항 제1문 "재산권의 내용·한계" 규정은 재산권 주체의 권리·의무를 일반적·추상적으로 확정하는 규율임에 대하여, 헌법 제23조 제3항의 "공용수용 등"은 헌법 제21조 제1항 제1문을 통하여 구체적으로 보장되는 주관적·법적 지위의 전면적 또는 부분적 박탈을 목표로 하는 구체적·개별적인 법적 행위로 본다.

분리이론은 손실보상을 정한 헌법규정을 직접 효력규정으로 보지 아니한다. 따라서 헌법 규정에 기하여 직접 그 구제를 인정하는 논리는 성립되지 않는다. 보상의무를 규정한 법률이 없는 경우의 손실보상을 직접 헌법 규정에 근거하여 인정하여 주는 수용 유사적 침해를 인정하지 않는다. 분리이론에 따르면, 보상의무를 정하지 아니한 법률 규정은 당연히 위헌적 규범이 되므로 그 법률 규정 자체에 대한 위헌심판을 청구하도록 한다.[24] 즉, 재산권 침해에 대한 구제를 정하지 아니한 당해 법률 규정 자체를 다투어 위헌확인을 받고, 그에 따른 보상입법이 마련되면 그에 따른 보상 등의 구제를 받을 것을 인정하는 것이다. 이때, 재산권의 내용만을 정한 법률이라도 입법형성권의 한계이며 법치주의의 파생인 비례원칙에 따라 보상이 이루어질 수 있다고 본다.[25] 이처럼 분리이론은 재산권 보장의 이념으로 존속보장의 개념을 수용하고 있다.

도시계획법 제21조에 규정된 개발제한구역제도 자체는 원칙적으로 합헌적 규정으로 개발제한구역 내에서의 행위제한은 비례의 원칙에 위반하여 당해 토지소유자의 재산권을 과도하게 침해한 것으로 보기 어렵다.[26] 즉, 개발제한구역을 지정하

하게 한정하고 그러한 요건에 합치하는 침해에 대해서만 보상이 주어지는 재산권침해로 본다.

24) 대법원 1990.5.8. 89부2 결정.

25) 헌재 1998.12.24. 89헌마214, 90헌바16, 97헌바78(병합).

여 그 안에서는 건축물의 건축 등을 할 수 없도록 하고 있는 도시계획법 제21조는 헌법 제23조 제1항, 제2항에 따라 토지재산권에 관한 권리와 의무를 일반·추상적으로 확정하는 규정으로서 재산권을 형성하는 규정인 동시에 공익적 요청에 따른 재산권의 사회적 제약을 구체화하는 규정인바, 토지재산권은 강한 사회성·공공성을 지니고 있어 이에 대하여는 다른 재산권에 비하여 보다 강한 제한과 의무를 부과할 수 있으나, 그렇다고 하더라도 다른 기본권을 제한하는 입법과 마찬가지로 비례성원칙을 준수하여야 하고, 재산권의 본질적 내용인 사용·수익권과 처분권을 부인하여서는 아니된다. 또한 개발제한구역의 지정으로 인한 개발가능성의 소멸과 그에 따른 지가의 하락이나 지가상승률의 상대적 감소는 토지소유자가 감수해야 하는 사회적 제약의 범주에 속하는 것으로 보아야 한다. 자신의 토지를 장래에 건축이나 개발목적으로 사용할 수 있으리라는 기대가능성이나 신뢰 및 이에 따른 지가상승의 기회는 원칙적으로 재산권의 보호범위에 속하지 않는다. 구역지정 당시의 상태대로 토지를 사용·수익·처분할 수 있는 이상, 구역지정에 따른 단순한 토지이용의 제한은 원칙적으로 재산권에 내재하는 사회적 제약의 범주를 넘지 않는다.

다만 개발제한구역의 지정으로 말미암아 일부 토지소유자에게 사회적 제약의 범위를 넘는 가혹한 부담이 발생하는 예외적인 경우에 대하여 보상규정을 두지 않은 것에 위헌성이 있는 것이고, 입법자는 되도록 빠른 시일 내에 보상입법을 하여 위헌적 상태를 제거할 의무가 있고, 행정청은 보상입법이 마련되기 전에는 새로 개발제한구역을 지정하여서는 아니 되며, 토지소유자는 보상입법을 기다려 그에 따른 권리행사를 할수 있을 뿐 개발제한구역의 지정이나 그에 따른 토지재산권의 제한 그 자체의 효력을 다투거나 위 조항에 위반하여 행한 자신들의 행위의 정당성을 주장할 수는 없다.[27)]

26) 헌재 2004.2.26. 2001헌바80·84·102·103, 2002헌바26(병합) 개발제한구역의지정및관리에관한특별조치법 제11조 제1항 등 위헌소원 합헌결정.

27) 헌재 1998.12.24. 89헌마214, 90헌바16, 97헌바78(병합) 도시계획법 제21조에 대한 위헌소원 헌법불합치결정[판례집10－2 927－977] 특히 pp. 927－928.

1.3 도시계획과 재산권

우리나라에서 재산권에 대한 보장은 해방 이후 1948년 대한민국 최초의 헌법에 처음으로 명시되었다(제헌 헌법 제15조). 그러나 재산권행사는 공공복리에 적합해야 한다는 조건(헌법 제23조 제2항)과 공공의 필요에 의해 보상을 전제로 재산권을 수용·사용 또는 제한을 가할 수 있다는 것을 전제로 하고 있다(헌법 제23조 제3항). 토지이용과 관련하여 헌법 제122조는 국토의 효율적 이용과 개발, 보전을 위해 재산권에 대한 제한과 의무를 부과할 수 있음을 명시하고 있으나, 이러한 재산권의 제한은 국가의 안전보장, 질서유지, 또는 공공복리로 한정하고 제한하는 경우도 자유와 권리의 본질적인 내용을 침해할 수 없다고 규정하고 있다(헌법 제37조). 이에 따라서 토지이용규제는 반드시 헌법 제37조의 범위, 즉 '국가의 안전보장, 질서유지, 또는 공공복리'를 위해서 이루어져야 할 뿐 아니라, 개인의 자유나 권리의 제약은 '법률'로서 이루어져야 한다.

특히, 개인의 가장 대표적인 재산권인 토지는 생산이나 대체가 불가능하여 공급이 제한되어 있다. 우리나라의 가용토지면적이 인구규모와 비교하여 절대적으로 부족함에도 불구하고 많은 국민들이 생산 및 생활의 기반으로서 토지의 합리적인 이용에 의존하고 있다. 따라서 토지는 국민경제의 관점에서나 그 사회적 기능에 있어서 다른 재산권과 같게 다루어야 할 성질의 것이 아닌 것이다. 바로 이런 이유에서 토지는 다른 재산권에 비하여 보다 강하게 공동체의 이익을 관철할 것이 요구된다. 즉 토지이용에 공공성이 요구된다. 이런 배경에서 우리 헌법은 재산권 행사의 사회적 의무성을 강조하는 것에 더하여 "국가는 국민 모두의 생산 및 생활의 기반이 되는 국토의 효율적이고 균형 있는 이용·개발과 보전을 위하여 법률이 정하는 바에 의하여 그에 관한 필요한 제한과 의무를 과할 수 있다"(헌법 제122조)고 함으로써, 토지재산권에 대한 한층 더 강한 규제의 필요성과 그에 관한 입법부의 광범위한 형성권을 규정하고 있다.[28] 이처럼 토지이용규제에 관한 우리 법의 입장이 이렇

28) 헌재 1999. 10. 21. 97헌바26, 판례집 11－2, 383, 406－407 참조

게 명확함에도 불구하고 도시계획에 참여하는 전문가들과 관계 공무원 중 상당수는 아직까지도 도시계획과 재산권 간에 형성되어 있는 이러한 특수한 관계에 대한 충분한 이해가 부족한 경우가 적지 않다.

제2절 개발이익의 이해

개발이익이란 용어는 영국에서 최초로 나타났으며[29] 도시개발에 따른 지가의 증가분에 대한 과세가 논의되면서 사용되기 시작하였다. 우리나라에서는 1972년 국토이용관리법이 제정되면서 처음으로 개발이익이란 용어가 법률용어로 사용되었다. 즉 개발이익이란 "국가 및 지방자치단체 또는 정부투자기관의 개발사업이나 정비사업 등에 의하여 토지소유자가 자신의 노력에 관계 없이 지가가 상승되어 현저한 이익을 받은 때의 이익"이라고 이 법에서 규정하고 있다.[30] 즉, 개발이익은 공공에 의한 계획의 수립 또는 변경으로 인해 우발적으로 발생한 이익이다. 현행 개발이익환수에 관한 법률에서는 개발이익을 "개발사업의 시행이나 토지이용계획의 변경, 그 밖에 사회적·경제적 요인에 따라 정상지가(正常地價)상승분을 초과하여 개발사업을 시행하는 자나 토지 소유자에게 귀속되는 토지가액의 증가분"으로 정의하고 있다.[31] 즉 유·무형의 개발행위에 따라 토지에 발생하는 이득을 포괄적으로 가리키는 개념이다.

개발이익에 관한 이러한 개념적 정의가 제시되고 있음에도 불구하고 개발이익의 논거를 형성하는 문헌들이 개발이익의 범위와 개발이익의 전제가 되는 "개발행위"의 정의에 관하여 최협의의 개발이익, 협의의 개발이익, 그리고 광의의 개발

29) 영국의 도시농촌계획법(TCPA: Town and Country Planning Act, 1971년)에서 "개발"의 개념을 정의하고 있다. 개발이익은 통상 전통적인 토지임대료인 지대를 제외한 개념으로 정의된다.

30) 국토이용관리법 제3조 제2항.

31) 개발이익환수법 제2조.

이익 등 다양한 정의를 내리고 있어서 개발이익의 개념을 명확하게 정의하기 어려운 실정이다. 개발이익을 가장 협의로 정의하면 개발이익(betterment)[32]은 "공공사업 또는 공공의 개선노력 등 적극적인 중앙 및 지방정부의 행위와 토지에 대한 구속행위 등 소극적인 중앙 및 지방정부의 행위 등으로 인해 발생하는 토지가치의 상승"이라고 정의할 수 있다. 즉, 여기서 말하는 토지가치의 상승은 토지 소유자가 아무런 생산적인 노력을 하지 않고도 단지 토지소유권을 가지고 있다는 이유만으로 얻게 되는 이익을 의미하는 것으로서 달리 표현하면 토지불로소득이라 할 수 있다. 일반적인 경우 토지불로소득은 토지소유자의 지대(地代) 소득도 포함한 것으로 개발이익보다 더 큰 개념이라 볼 수 있다.

이보다 개발행위의 범주를 확장한 이태교는 앞에서 개발이익의 정의로 언급된 행위(유형적 개발행위로 건축물의 건축공사 및 토목공사, 공공사업의 시행, 신도시 건설, 토지구획정리사업, 일단의 주택용지 조성사업, 일단의 공단용지 조성사업, 재개발사업 등)[33] 외에 추가적으로 무형적 개발행위를 개발행위에 포함시키고 있으며, 여기에는 도시계획사업과 관련된 계획의 공고 및 용도지역의 변경, 기타 개발허가 등이 속한다고 한다. 즉, 토지이용규제·도시계획의 변경으로 인한 지가 상승분을 개발이익에 포함한다. 광범위한 개발이익의 정의는 국토개발연구원의 접근방식에서 보여지고 있는데, 이에 의하면 개발이익을 토지소유자의 투자에 의한 상승액, 정부투자에 의한 상승액, 도시계획적 결정에 의한 상승액, 기타 사회·경제적 요인에 의한 상승액으로 구분하고 다만 그 중 정부투자에 의한 상승액 및 도시계획적 결정에 의한 상승액만이 환수대상이라 주장한다.

개발이익에 관한 이상의 선행연구를 개발이익의 발생유형을 기준으로 구분하면 용도지역변경으로 인한 지가상승, 도시개발사업으로 인한 지가상승, 형질변경·지목변경 등으로 인한 지가상승과 그리고 상수도·광로 등 도시계획시설 설치에 의한 지가 변동 등의 네 가지 유형의 연구로 구분된다. 하지만 현행법은 오직 "유형적 개발행위"에서 비롯된 개발이익만을 환수 대상으로 삼고 있고,[34] 개발이익의 범주

32) 개발이익을 가리키는 용어로는 betterment, windfall, capital gain등이 사용되고 있다.
33) 이태교, 토지정책론, 법문사, 2001, p. 157.

를 확장하고 있는 연구자들도 환수대상인 개발이익은 공공부문의 작위결과 발생한 것으로 한정하고 있는데, 이에 대한 뚜렷한 논리적 근거는 찾아볼 수 없다.[35]

도시계획을 통해서 개발이익을 환수하는 방법으로는 용적률 인센티브제 활성화 방안, 개발사업에 있어서 물적 부담 강화 방안 그리고 기반시설부담금의 확대적용 방안 등이 있다. 그 외에도 개발제한구역, 문화재보호구역, 상수원보호구역 등 규제가 강한 지역을 지정할 때 매수청구권제도와 손실보상청구권제도를 적용하는 방안이 있으나 이러한 제도들은 실제로 거의 실행되지 못하였다. 근본적으로는 특정한 계획행위에 의한 지가상승과 지역사회의 일반적 활동, 또는 일반적인 경제변동에 따른 요인에 의한 상승을 구분하는 것이 기술적으로 한계가 있는 만큼, 지가의 상승을 발생 원인별로 분리하여 정확히 평가·결정하는 것은 매우 어려운 일이며, 바로 이런 이유로 개발이익의 개념적 한계가 노출된다.

2.1 개발이익 환수의 정당성

1) 개발이익환수의 필요성과 정당성

개발이익을 개인이 사유화할 것이 아니라 사회에 환수해야 한다는 주장은 고전적 지대론에서부터 지지되어 왔는데, 로크는 노동가치설에 입각해 노동의 대가가 아닌 이익, 즉 토지불로소득은 모든 시민의 공유물이라고 주장했으며, 밀 또한 토지소유권의 절대성을 부인하고 토지가치의 자연적 증가와 불로소득인 지대에 대해 특별 과세할 것을 주장했다.[36]

불로소득으로서의 개발이익을 경제학적으로 뒷받침하는 논거가 외부효과이

34) 개발이익환수법은 "기타 사회경제적 요인"에 의한 토지가액 증가분을 개발이익에 포함시켜 광의의 개발이익개념을 채택하는 듯 보이나 실제 환수대상인 개발이익으로는 유형적 개발행위로 인한 개발이익만을 규정하고 있다.

35) 국토개발연구원, "개발이익환수의 제도적, 기술적 장치와 영향에 관한 연구", 1981, p. 114.

36) 류해웅·성소미, 개발이익환수제도의 재구성방안, 세종: 국토연구원, 1999.

다. 외부효과란 외부성이라 부르기도 하는데, 제3자에게 의도하지 않은 이득이나 손해를 가져다주는 데도 이에 대한 대가를 받지도 지불하지도 않을 때 발생하는 현상으로 정의된다.[37] 즉 일련의 경제적 성과를 가져오는 행위나 사건이 시장에서의 가격기제(price mechanism) 밖에 존재하여 시장을 통한 성과의 평가와 보상이 이루어지지 않는 외부화한 현상을 말한다. 지가가 공공부문의 개발행위에 의해서 상승한다면 토지소유자가 자기 의사와 관계없이 이익을 보게 되므로 이 경우의 지가상승은 외부경제의 일종이고,[38] 일반적으로 외부성을 근거로 한 시장실패 보정(補正)을 위해 정부의 시장개입이 인정되듯 개발이익이라는 외부성의 문제는 공적 환수라는 정부 개입을 필요로 한다.

토지가격이 토지소유자의 투자나 별다른 노력 없이 사회적 기여에 따라서 상승하였을 때에 토지가격 중에서 사회적 기여에 따른 가격 상승분을 사회적 환수가 필요한 개발이익이라 할 수 있다. 이러한 개발이익은 토지소유자의 노력이나 투자 없이 사회발전에 의하여 증대된 지가이지만 토지에 발생하고 그 증가가 모두 토지소유자에게 귀속된다. 이렇게 되는 이유는 현재 토지소유권이 토지가 갖는 가치를 전면적, 포괄적으로 지배하는 권리로 인정하고 있기 때문이다. 토지는 자연이 인간에게 값없이 준 것임에도 불구하고 토지시장은 항상 수요에 공급이 미치지 못하는 불완전 경쟁이 이루어지기 때문에 도로 등 기반시설 공급 등 사회적 기여에 따른 토지가격의 상승은 토지소유자의 투자나 별다른 노력 없이도 흔하게 나타나는데 이러한 개발이익은 토지소유자에게 전적으로 귀속되고 있어서 오늘날 부동산투기와 같은 사회부조리 현상을 유발하고 있다.

사실 사회적 기여에 따라 만들어지는 개발이익은 토지소유자에게 귀속할 가치가 아니라 사회구성원 모두에게 귀속되어야할 성질의 가치이다. 그러나 현행의 토지소유권은 토지소유자에게 개발이익이 모두 귀속되도록 법리구성이 되어 있는 바, 이러한 법리구성은 사회적 정의의 차원에서 시정되어야 할 과제이다.

37) 외부효과는 사회라는 공동체 안에서 일어나는 현상인 만큼 의도하지 않은 이득이나 손해를 확정하는 일은 쉬운 일이 아니다.

38) 류해웅, 토지공법론, 삼영사, 2006, p. 580.

이런 점에서 불로소득인 개발이익을 토지소유권의 내용으로 할 것이 아니라, 토지가치, 즉 토지가를 토지소유자의 몫과 사회의 몫으로 분리하여 토지소유자의 것은 토지소유자에게 귀속시키고, 사회의 몫은 사회의 것으로 분리 귀속하게 하여, 토지소유권의 토지가치에 대한 지배권을 토지소유자에게는 토지소유자의 노력이나 투자에 의한 토치가치만을 소유케 하고, 토지소유자의 노력이나 투자에 의하지 아니한 불로소득인 토지지가인 개발이익은 사회구성원 모두의 소유로 하는 토지가치의 분리귀속을 인정하자는 법이론이 주장되고 있고, 이것의 법규정화가 타당할 것이라는 주장이 제기되고 있다.[39)]

개발이익 환수의 필요성에 관한 주장들에서 나타나는 공통점은 '개발이익은 토지소유자의 노력 없이 생긴 불로소득이므로 사회로 환원하는 것이 개발이익에 대한 기대심리를 제거하여 투기가 억제되고, 지가가 안정되며, 토지자원의 효율적 이용이 촉진된다는 점에서 사회정의에 부합한다'는 것이다.

2) 개발이익환수의 주요 쟁점

개발이익 환수와 관련한 선행연구들에서 논의되고 있는 주요 쟁점사항을 구분하면 개발이익의 환수대상의 문제, 개발이익 범위와 산정의 문제, 개발이익 환수범위의 문제 등으로 구분할 수 있다.[40)]

첫째, 개발이익 환수대상이 되는 개발을 어떻게 정의할 것인가 하는 것이 문제이다. 개발이익 환수에 관한 법률 제2조 제2항은 개발사업을 "국가 또는 지방자치단체로부터 인가·허가·면허 등을 받아 시행하는 택지개발사업·공업단지조성사업 등의 사업"으로 규정하고 있다. 또한 개발행위에 대한 정의는 국토의 계획 및 이용에 관한 법률 제56조 제1항에서 규정하고 있는데, 이에 따르면 '개발행위'는 "건

39) 김삼용, "관계적 소유권의 극복", 부동산 포커스 재114호, 부동산연구원, 2018, p. 18.

40) 이석희, 변창흠, "토지공개념 논의와 정책설계: 개발이익 공유화 관점에서", 국토계획 제54권 제2호, 2019.

축물의 건축 또는 공작물의 설치, 토지의 형질변경(경작을 위한 토지의 형질변경은 제외), 토석의 채취, 도시지역에서의 토지분할(건축물이 있는 대지는 제외), 그리고 녹지지역·관리지역·자연환경보전지역 안에 물건을 1월 이상 쌓아놓는 행위"로 규정하고 있다.

이런 배경에서 우리나라 개발이익 환수에 관한 법률 제5조 제1항은 개발부담금 부과 대상인 개발사업을 열거하고 있다. 열거주의를 주장하는 조세법률주의 해석에 따르면 이 규정에 열거하지 않은 사업은 개발부담금을 부과할 수 없다.[41] 광의의 개발이익 환수를 주장하는 입장에선 토지의 유형적 변경을 초래하는 개발행위뿐만 아니라, 토지의 성질 및 용도변경을 포함하는 무형적 개념, 더 나가서 공간적·시간적 및 경제적·사회적 변화를 다 포함할 것을 주장한다.[42]

그런데 정비사업 중 주거환경개선사업과 주택재개발사업은 주로 노후 주거지를 개량하는 주거복지사업으로 기반시설 확대가 중요한 사업들이어서 기반시설이 비교적 양호하거나 개발이익의 규모가 클 것으로 예상되는 재건축사업이나 도시환경정비사업과 다르게 개발부담금이나 재건축부담금 부과대상이 아니다. 개발부담금이나 재건축부담금 모두 개발과정에서 발생하는 불로소득인 개발이익을 환수하는 목적으로 부과된다는 점에서 두 부담금은 장기적으로 통합하여 운영될 필요가 있다.[43]

둘째, 개발이익의 산정과 개발이익의 범위를 어떻게 정의할 것인가 하는 문제이다. 개발이익을 산정하는 일반적인 방식은 사업종료 시점 혹은 부과시점의 가격에서 사업 착수 시점이나 매입 시점의 가격을 뺀 금액에 정상지가 상승분이나 소요비용을 제외하는 방식이다. 개발이익 환수에 관한 법률은 개발이익을 개발부담금 부과 종료 시점의 부과 대상 토지의 가액에서 부과 개시 시점의 부과 대상 토지의

41) 이춘원, "개발이익환수에 관한 검토", 부동산법학, 2017, pp. 29−159.

42) 정희남·김승종·박동길·周藤利一·McCluskey, W.·Connellan, O., 2003, 토지에 대한 개발이익환수제도의 개편방안, 경기: 국토연구원.

43) 이석희·변창흠, "토지공개념 논의와 정책설계: 개발이익 공유화 관점에서", 국토계획 제54권 제2호, 2019, p. 130.

가액을 제외한 금액과 부과 기간의 정상지가 상승분에서 개발비용을 제외한 금액의 합으로 규정하고 있다.[44)]

재건축초과이익 환수에 관한 법률은 개발이익을 종료시점 부과대상 주택의 가격 총액에서 개시 시점 부과대상 주택의 가격 총액을 제외한 금액과 부과기간 동안의 부과대상 주택의 정상주택가격 상승분 총액에서 개발비용을 제외한 금액의 합으로 규정하고 있다.[45)] 그러나 현실적으로 사업종료 시점 가격은 판단은 가능하지만, 사업 착수 시점의 가격자료 확보가 어려울 뿐만 아니라 재건축 부담금을 산정하는 경우 매입가격을 조합원별로 매입한 금액을 합산하여 계산해야 하는데, 매입 시점이 서로 달라 기준을 설정하기가 사실상 불가능하다.

그리고 환수대상이 되는 개발이익이 정상지가 상승분을 제외한 이익이기 때문에 정상지가를 무엇을 기준으로 설정할 것인지 역시 명확하지 않다는 문제점이 있다. 그리고 개발이익 범위와 관련해 토지의 성질 및 용도변경을 포함하는 계획행위에 의한 지가상승, 지역사회의 일반적 활동, 또는 일반적인 경제변동에 따른 요인에 의한 지가 상승을 구분하는 것은 매우 어려운 일이다.

그리고 토지보유와 개발에 따른 리스크에 대한 대가를 고려할 경우 개발자체가 고도의 전문성과 위험성을 띠고 있다는 점에서 불로소득의 개념을 적용할 수 있는지 논란이 있을 수 있다. 개발이익 환수를 반대하는 입장에선 이익이 발생하는 경우만을 고려하고 있으며 손실이 발생한 것에 대해서는 보상해 주지 않는 문제를 주장한다.[46)]

한편 미실현 개발이익에 대한 과세에 대해 위헌 여부가 논란이 있었으나 우리나라의 헌법재판소는 과세대상인 자본이득의 범위를 실현된 소득에 국한할 것인가 혹은 미실현 이득을 포함시킬 것인가의 여부는, 과세목적·과세소득의 특성·과세

44) 개발이익 환수에 관한 법률 제8조.
45) 재건축초과이익 환수에 관한 법률 제7조.
46) 류해웅·성소미, 개발이익환수제도의 재구성방안, 국토연구원, 1999.

기술상의 문제 등을 고려하여 판단할 입법 정책의 문제일 뿐, 헌법상의 조세개념에 저촉되거나 그와 양립할 수 없는 모순이 있는 것으로는 볼 수 없다고 판단했다.47) 즉 미실현 개발이익에 대한 과세는 입법재량, 입법정책의 문제이므로 위헌성이 없으며 과세 역시 입법자가 채택할 수 있는 정책수단임을 명확히 인정하고 있다.

셋째, 개발이익 환수 범위에 관한 문제이다. 이 문제는 개발이익의 환수 비율과 환수 방법과도 직접적인 관련성이 있다. 현재 개발이익 환수를 위한 제도적 장치로 양도소득세를 제외하면 개발이익 환수가 개발 대상 토지 또는 개발사업지 내 토지에 한정되어 있어서 개발이익이 그대로 현지화되어 부동산가격 상승으로 이어지는 것에 대한 적절한 제도적 장치가 없는 실정이다. 1967년 경부고속도로의 개통과 함께 엄청나게 값이 오른 강남 일대 토지에 대해 '부동산투기억제세'를 부과하였다가 양도소득세로 흡수되었고, 도시지역 내 나대지나 기업의 비업무용 토지에서 발생하는 개발이익을 환수하기 위해 도입된 토지초과이득세가 폐지되면서 현재 공공투자 등으로 인한 지가상승분을 환수할 수 있는 제도적 장치는 뚜렷하게 없는 실정이어서 공공투자에 따라서 발생하는 개발이익의 경우 해당 지역 토지소요자들에게 불로소득의 형태로 점점 더 사유화되고 있는 실정이다. 예를 들어서 지하철이나 도로의 건설, 각종 공공시설의 입지로 인한 개발이익은 토지처분 단계에서 부과할 수 있는 양도소득세를 제외한다면 환수할 수 있는 수단이 없는 셈이다.

이와 관련하여 최근 공공개발이 추진되거나 도시계획 변경이 있음에도 개발이익 환수대상에서 벗어나 있는 토지에 대해 지가상승분을 어떻게 환수할 것인지가 새로운 쟁점으로 대두되고 있다. 미실현이익에 대한 조세부과가 합헌이라는 헌법재판소의 판결을 고려한다면, 개발이익 환수 원칙에 어긋나지 않는, 공공투자로 인한 지가 상승분 일정 부분을 환수할 수 있는 조세수단을 마련해야 한다. 또한 개발이익을 토지소유자의 직접적인 투자나 노력을 통해 발생하는 이익 외에도 토지소유자의 노력 없이 공공투자나 기타 사회경제적 변화에 따라 증가하는 토지가격의 상승분까지 포함한다면, 개발이익의 환수비율은 불로소득의 환수라는 관점에서

47) 헌법재판소, 1994.7.29. 선고 92헌바49, 52 결정.

결정되어야 한다. 그런데 각종 부담금과 조세 등 여러 가지 개발이익 환수제도가 통합적으로 관리되지 못하고 별개의 목적에 따라 부과·관리되는 문제가 아직 해결되고 있지 못한 만큼 개발이익 중 어느 정도를 개발과정 어느 단계에서 부과하여 환수할 것인지 원칙과 기준을 설정하여 제도화할 필요가 있다.[48)]

추가적으로 환수한 개발이익을 어떻게 사용할 것인가? 현재 환수되는 개발부담금은 중앙정부 50%, 기초지자체 50%로 귀속된다. 중앙정부에 귀속된 개발부담금은 국가균형발전특별회계로 편성되어 지역불균형 해소를 위한 재원으로 활용하는 반면, 기초지자체에 귀속되는 개발부담금은 일반회계 또는 특별회계로 편성되기 때문에 사용 목적이 분명하지 않다.[49)] 더구나 대부분의 기초자치단체는 개발부담금 사용처에 대해 별도 규정을 마련해두지 않고 있기 때문에 개발부담금은 일반회계와 동일하게 뚜렷한 원칙과 목적 없이 사용되는 경우가 많다. 따라서 개발부담금의 활용에 관하여 기초자치단체 또한 분명한 원칙과 목적을 수립한 이후에 공익의 목적에 맞게 사용되어야 한다.

우리나라 도시계획제도가 용도지역제를 채택하고 있는 이상 도시의 여건 변화에 따른 용도지역의 변경은 불가피하고, 이에 따른 용도지역의 변경은 지가상승과 하락을 초래한다. 즉 도시계획 변경은 통상 개발이익과 손실문제를 초래하게 되는 만큼, 도시계획의 추진에 따라서 피할 수 없는 개발이익의 문제를 얼마나 균형있게 처리하느냐가 도시계획의 성공 여부를 결정하는 중요한 요인이다.[50)] 그런데 우리나라의 경우 도시계획에 따른 용도변경으로 인한 지가 변화의 폭이 상당하여, 이로 인한 개발이익 또한 상당한 규모로 발생하고 있음에도 불구하고 개발이익 환수에 관한 효과적인 정책수단이 없는 실정이다.

48) 이석희·변창흠, “토지공개념 논의와 정책설계: 개발이익 공유화 관점에서”, 국토계획 제54권 제2호, 2019, p. 131.

49) 개발이익 환수에 관한 법률 제4조 제1항.

50) 서순탁, “도시계획에 따른 이익과 손실의 처리문제－용도지역의 지정·변경을 중심으로”, 현대사회문화연구소, 2005.

3) 개발이익환수 수단으로서 개발부담금

개발이익환수법상 개발부담금은 투기방지와 토지의 효율적 이용 및 개발이익에 관한 사회적 갈등을 조정하기 위해 정책적 측면에서 도입된 유도적·조정적 성격을 갖는 특별부담금이다. 이 개발부담금은 실질적으로는 조세의 성격을 가지는 금전급부로서 국가나 지방자치단체의 활동을 위한 재정수입의 원천이 되므로, 고도의 공공성과 공익성을 가진다.[51]

(1) 개발부담금 도입취지

개발부담금은 개발이익의 환수를 통한 사회정의 실현을 위한 목적으로 도입되었다. 즉, 개발부담금은 토지로부터 발생하는 개발이익을 환수하여 적정하게 배분함으로써 토지에 대한 투기방지 및 토지의 효율적 이용을 촉진하고 사회정의를 실현하기 위한 목적으로 개발이익환수에 관한 법률[52]로 도입되었다. 1967년 부동산투기억제에 관한 특별조치법 제정 이후 우리 법은 토지 소유자의 투자를 공제한 지가상승분을 개발이익 환수대상으로 규정하였다. 이런 내용을 반영하여 1989년 개발이익환수에 관한 법률 제정시 개발사업의 시행, 토지이용계획의 변경, 기타 사회·경제적 요인에 의하여 정상지가 상승분을 초과하여 개발사업 시행자 또는 토지소유자에게 귀속되는 토지가액의 증가분을 개발이익으로 규정하였다. 즉, 토지소유자 자신의 노력없이 개발사업, 토지이용계획의 변경, 기타 사회·경제적 요인에 의해 상승한 모든 증가 중 정상적인 지가상승분을 초과한 상승분을 개발이익환수대상으로 규정한 것이다.[53]

(2) 개발부담금의 역할

부담금·분담금·부과금·예치금 등 여러 가지 명칭으로 일컬어지는 각종 부담금이 그동안 정비사업 및 기타 주택건설사업 등에서 부과되면서 준조세의 역할을 하였으나 개별적 법률에서 명확한 기준을 제시하지 못한 부분이 존재하였다. 이 문

---

51) 헌법재판소 2016.6.30. 선고 2013헌바191, 2014헌바473(병합) 결정.

52) 시행 1990.1.1. 법률 제4175호, 1989.12.30. 제정.

53) 개발이익환수에 관한 법률, 시행 1990.1.1. 법률 제4175호, 제2조 정의.

제를 해결하고자 개별법으로 분산되어 있던 부담금제도에 대해 부담금관리기본법[54]을 제정하면서 하나로 통합하여, 동법에 의하지 않고는 부담금을 부과할 수 없도록 규정하였다. 이 법의 제정으로 부담금 부과의 근거가 되는 부담금의 설치목적, 부과요건 및 부과요율 등을 명확히 규정함으로써 사업초기에 비교적 정확한 사업성검토를 할 수 있게 되었다.

(3) 개발부담금의 종류

개발부담금의 종류는 부담금관리기본법에 의해 구분되고 있다. 대표적인 부담금(부담금관리기본법 제3조) 및 근거 법률은 다음과 같다.

- **기반시설설치비용 부담금**(국토의 계획 및 이용에 관한 법률 제68조)
- **재건축부담금**(재건축초과이익 환수에 관한 법률 제3조)
- **과밀부담금**(수도권정비계획법 제12조)
- **교통유발부담금**(도시교통촉진법 제36조)
- **개발부담금**(개발이익환수에 관한 법률 제3조)
- **공공시설 설치비용 부담금**(택지개발촉진법 제12조의2)

(4) 개발부담금의 공익적 가치를 판단한 사례

헌법재판소 2001. 2. 22. 선고 98헌바19 전원재판부 개발이익환수에 관한 법률 부칙 제2조 위헌소원] [헌집13-1, 212]

결정요지

가. 개발이익환수에관한법률 부칙 제2조(1993. 6. 11. 법률 제4563호로 개정된 것)는 동법이 시행된 1990. 1. 1. 이전에 이미 개발을 완료한 사업에 대하여 소급하여 개발부담금을 부과하려는 것이 아니라 동법 시행 당시 개발이 진행중인 사업에 대하여 장차 개발이 완료되면 개발부담금을 부과하려는 것이므로, 이는 아직 완성되지 아니하여 진행과정에 있는 사실관계 또는 법률관계를 규율대상으로 하는 이른바 부진정소급입법에 해당하는 것이어서 원칙적으로 헌법상 허용되는 것이다.

54) 부담금관리기본법, 시행 2002. 1. 1. 법률 제6589호, 2001. 12. 31., 제정.

나. 새로운 입법이 신뢰보호의 원칙을 위배한 것인지 여부를 판단하기 위하여는 침해받은 이익의 보호가치, 침해의 정도, 신뢰의 손상 정도, 신뢰침해의 방법 등을 새 입법이 목적으로 하는 공익과 종합적으로 비교·형량하여야 한다.

판례의 의의

첫째, 사업시행자가 국가 또는 지방자치단체로부터 인가 등을 받아 개발사업을 시행한 결과 개발사업 대상토지의 지가가 상승하여 정상지가 상승분과 투입된 비용을 초과하는 개발이익이 생긴 경우, 그 일부는 불로소득적인 이익이므로 그 보호가치가 그다지 크지 않은 반면, 인구에 비하여 국토가 좁은 상황에서 토지에 대한 투기를 방지하고 토지의 효율적인 이용을 촉진함을 목적으로 하는 개발부담금제도의 공익적 가치는 매우 중요하다.

둘째, 이 사건 청구인이 개발사업을 시행하기 전에도 이미 국토이용관리법에 의하여 개발사업시행자의 개발부담금납부의무가 존재하였지만, 단지 동법에 의하여 그 시행이 유보되고 있었을 뿐이므로 개발부담금의 미부과(未賦課)에 대한 신뢰가 실제로는 개발부담금부과의 계속적 유보에 대한 기대 정도에 불과하여 그 보호가치가 크다고 할 수 없다.

셋째, 개발이익환수에관한법률 시행 전에 사업에 착수한 경우에는 착수한 때부터 동법 시행일까지의 기간에 상응하여 안분되는 개발이익부분을 동법 제8조의 부과기준에서 제외함으로써 동법 시행전에 사업을 시작한 자의 신뢰이익을 기본적으로 부과대상에서 제외하고 있으므로 동법 시행전에 개발사업에 착수한 사업시행자에 대하여도 개발부담금을 부과함으로써 그러한 사업자가 지니고 있던 개발부담금의 미부과에 대한 신뢰가 손상된다 하여도 그 손상의 정도 및 손해는 비교적 크지 않음에 반하여 이로써 달성하려고 하는 공익은 훨씬 크므로 이와 같은 신뢰의 손상은 신뢰보호의 원칙에 위배되는 것이 아니다.

2.2 재건축 개발이익과 개발이익 환수

재건축사업 즉 주택재건축사업은 정비기반시설은 양호하나 노후·불량건축물이 밀집한 지역에서 주거환경을 개선하기 위하여 시행하는 사업이다.[55] 노후·불

55) 김완석, "재건축에 관한 조세법적 검토", 한국토지공법학회 2006년 제49회 학술대회

량한 주택을 철거하고 그 대지 위에 주택을 건설하기 위하여 기존 주택의 소유자가 조합을 결성하여 주택을 건설하는 사업이 재건축사업이다.56) 재건축사업은 구 주택건설촉진법에 근거를 두고 이루어졌고 현재는 도시 및 주거환경정비법상 정비사업의 일환이다. 재건축은 단순히 주택소유자의 재건축행위에서 끝나는 것이 아니라, 아파트 등의 공동주택의 경우는 근본적으로 토지를 기반으로 하여, 한 도시를 구성하는 중요한 요소가 된다. 재건축은 또한 국가의 자원으로서 기능을 한다. 최근에는 주택을 국가의 허가가 필요한 일련의 '경제재'로 보고, 도시정비사업 하의 '주거환경개선사업', '주택재개발사업', '주택재건축사업' 등을 법적 사업으로 규정하고 있다. 그 외 재건축에 대하여서도 집합건물의 소유 및 관리에 관한 법률, 도시 및 주거환경 정비법, 구 주택건설촉진법 등에서 규정하고 있다.

이 재건축사업에 대하여, 2006년 정부는 재건축으로 발생하는 조합원의 불로소득을 환수하기 위해 사업추진 초기부터 준공시점까지 발생하는 개발이익을 최고 50%까지 환수다고 발표하였고57), 같은 해 5월 3일 재건축사업의 규제를 강화하는 내용을 포함한 재건축초과이익환수에 관한 법률과 도시 및 주거환경정비법 개정이 이루어졌으며, 같은 해 9월 25일부터 시행되었다. 이러한 과정을 통하여 재건축사업은 도시 및 주거환경정비법상 정비사업으로 명시적으로 편입되면서 공공개발사업의 일종이 되었다.58) 이런 이유에서 재건축에 따른 개발이익의 환수가 사회정의의 실현 측면에서 정당화되었다.59)

재건축사업에 있어서의 개발이익은 노후·불량 건축물을 철거하고 그 토지에 새로운 건물을 신축함으로써 자신의 노력과 무관하게 발생되는 지가 및 건축물의 가격상승 등으로 인한 이익으로서 종래의 토지 및 건축물의 가격을 공제한 이익으로 정의할 수 있다.

발표 논문, p. 1.

56) 이상은·성소미, "재건축초과이익환수법안의 내용과 법적 쟁점", 한국토지공법학회 2006년 제49회 학술대회 발표 논문, p. 51 참조.

57) 대한민국 정부, 서민 주거복지 증진과 주택시장 합리화 방안, 2006.3.30.

58) 김종보·전연규, 새로운 재건축·재개발 이야기, 한국도시개발연구포럼, 2004, p. 5.

59) 이동수, "재건축개발이익환수제의 내용과 문제점", 토지공법연구 제25집, 2005, p. 83.

개발이익환수방법은 크게 과세적 방법과 비과세적 방법으로 구분할 수 있다. 비과세적 개발이익 환수방법에는 개발부담금과 같은 각종 부담금과 공공용지 부담 등이 있다. 이 중 공공용지 부담에는 도시개발사업에서의 감보와 토지형질변경사업에 따른 기부채납이 있으며, 공공기여는 일종의 기부채납에 해당한다.[60)]

2.3 토지공개념

우리 사회는 개인의 재산권을 공적으로 규제(제한)하는 도시계획의 수립과 실행의 대상이 되는 토지의 사용과 관련하여 공익보다 사익이 우선적으로 고려되어 토지의 단순한 소유로 인한 불로소득이 토지소유자에게 귀착되는 경우가 있는 만큼 이러한 불로소득을 사회적(제도적)으로 환수하여 공공을 위해 사용해야 한다는 주장과 다른 한편으로 사유재산권의 보장이야 말로 시장경제 체제를 뒷받침하는 헌법적 가치인 만큼 토지 소유로 인한 불로소득의 문제 또한 시장에서 현재의 조세제도 등을 통해 해결하고 이렇게 환수된 불로소득 역시 기존의 세금사용의 기준과 마찬가지로 공적인 기준과 절차에 따라서 사용되어야 한다는 주장이 서로 대립하고 있음을 잘 알고 있다.

토지의 단순한 소유로 인한 불로소득을 사회적(제도적)으로 환수하여 공공을 위해 사용해야 한다는 것을 주제로 하는 토지공개념에 관하여 다양한 의견이 존재하고 있다. 특히 부동산 가격 급등으로 인한 토지소유자들의 불로소득을 어떻게 환수할 것인가(또는 환수해야만 하는가)를 주제로 한 다수의 연구결과가 있다. 이러한 연구결과에도 불구하고 이미 시장에서 발생한 토지의 불로소득 환수액(개발이익환수금)을 어떤 기준에서 어떤 방법으로 사용하는 것이 사회적으로 정당하며, 경제적으로 수용가능한지[61)]에 대한 논의와 연구는 매우 미흡하다는 사실에 놀라지 않을

60) 유기현·변창흠, "개발이익환수 수단으로서 공공기여의 효과에 관한 연구: 특별계획구역을 중심으로", 대한건축학회논문집 계획계 제27권 제2호 대한건축학회, 2011, p. 92.

61) 어디에 사용할 것인지, 언제 사용할 것인지, 누가 주체적으로 사용할 것인지 등

수 없다.

(사례 1) : 2018년 부동산 가격의 상승으로 그 해 거두어들인 세금 규모가 상당하였다. 국세청 국세통계연보에 따르면 2017년 공시지가 상승 영향으로 서울지방국세청이 걷은 종합부동산세 세수는 1조 214억 원이었다. 세무서별로 보면 대기업들이 밀집한 시내 세무서의 증가세가 두드러졌고(남대문세무서 2017년 대비 66.0% 증가, 중부세무서 전년 대비 83.2% 증가), 또 집값이 급등한 지역이 있는 성동세무서와 강서세무서 등에서 전년보다 각각 61.0%와 41.9%나 많은 종부세가 징수되었다.[62)]

(사례 2) : 전국 지자체 중 가장 예산규모가 큰 서울특별시의 경우에도 국토 및 지역개발, 수송 및 교통 등 SOC 관련 분야 세출비율은 6~7%에 불과한데, 서울시는 2018년 사상 최대로 거두어들인 부동산세금을 박원순 시장의 선거공약 실천에 사용하겠다고 발표하였다. 박원순 시장은 선거과정 중에 서울~평양 간 도시협력을 위해 평양 상하수도 개량, 평양 대중교통 운영체계 협력 등의 공약도 한 바 있다. 그런데 이 선거 공약의 이행비용을 서울시 세금으로 추진할 것이라고 한다.[63)]

불로소득(개발이익)을 정당하게 징수하는 것만큼이나 징수된 불로소득을 공공을 위하여 정당한 방법과 절차를 통하여 사용하는 것이 중요한 일임에도 불구하고 현실은 불로소득(개발이익)의 환수에만 관심을 두고 있었을 뿐 확보된 불로소득을 어디에 사용할 것인지, 언제 사용할 것인지, 누가 주체적으로 사용할 것인지 등에 관한 논의가 많이 부족하다. 이러한 상황이 벌어지는 여러 가지 이유 중의 하나는 불로소득 징수가 가지는 사회적·제도적 정당성과 비교하여 불로소득 사용에 관한 사회적 합의나 제도적 기준이 아직 마련되어 있지 못하기 때문이다.

---

62) KBS NEWS 2018년 9월 16일 보도자료
63) 전기신문, 김광국 기자, 2018년 6월 22일 보도.

제3절 사전협상제도

3.1 사전협상제도 도입배경

과거 대규모 부지의 용도지역 변경이나 도시계획시설 변경(폐지) 등 도시계획 변경은 우발적 계획이익을 발생시키고, 이에 대한 사회적 환수체계가 미흡하여 많은 특혜의혹을 발생시켰다. 계획이익 사유화와 특혜시비는 공공으로 하여금 개발 억제 중심의 경직된 도시관리체계를 운영하게 만들었고 지역거점 활성화 및 지역 균형발전 효과가 큰 부지마저 개발실현을 어렵게 하는 문제점을 야기시켰다.[64] 이에 서울시는 잠재력이 높은 미개발 또는 저개발 부지의 전략적 개발을 추진하기 위하여 용도지역 변경이나 도시계획시설 폐지 등을 위한 도시관리계획 변경의 공정성과 투명성을 확보하고 도시관리계획 변경으로 인한 개발이익의 환수 및 공공적 활용에 기여할 목적으로 2009년 사전협상제도를 도입하였다.

사전협상제도의 핵심은 토지소유자가 지구단위계획을 통해 용도지역 변경이나 도시계획시설 폐지 등을 도시관리계획 수립권자에게 요청하고, 이에 대해 미리 협상을 진행하면서 해당 도시관리계획 변경에 따른 토지가치 상승에 대한 개발이익을 공공에 환원하면서 공공성을 확보할 것인지를 정하는 투명하고 공정한 절차를 마련하는 데에 있다. 서울시는 사전협상제의 도입을 통해 도시관리계획 변경에 대한 특혜시비를 불식시키는 한편 용도지역제가 가지고 있는 경직성의 한계를 극복하여 보다 유연하고 선진화된 도시관리체계를 도입하는 계기를 마련한 것으로 설명한다.[65]

---

64) 주명수·이성창·이제원, “도시계획변경 사전협상제도 운영상 특징과 개선방안”, 한국도시설계학회지 도시설계, 제18권 제4호, 2017, p. 25.

65) 서울특별시 2015, “도시계획변경 사전협상제도 개선시행에 따른 사전협상 운영지침(개정)”. 서울특별시 행정2부시장 방침 제85호.

사전협상제도 이전에는 공익사업 등에 의한 개발이익을 환수하거나 공공성을 실현하기 위한 방법으로 토지 또는 시설물을 기부채납 하는 방법이 활용되었다. 그러나 사전협상제에서는 법에서 정한 공공시설이나 기반시설의 기부채납뿐 아니라 "공여시설"의 개념을 도입하여 공공성 확보에 필요한 시설이지만 소유권을 공공으로 이전하지 않고 민간이 운용하는 시설도 포함하고 있다. 또한, 사전협상대상지가 기반시설이 충분히 갖추어져 있는 기성시가지인 경우나 지구단위계획구역 내에서 기반시설이 충분할 경우, 해당 구역 밖의 기반시설이 취약한 지역에 공공시설이나 기반시설을 설치할 수 있도록 하거나 아니면 토지나 시설물의 기부채납 대신 "기반시설 설치비용"으로 "갈음"할 수 있도록 하였다.[66)]

3.2 사전협상제도 개념과 법적 근거

일반적으로 우리나라 법과 도시계획 체계에서는 국민에게 도시관리계획을 포함한 모든 도시계획의 "계획변경 청구권"을 부여하지 않고 있다. 즉, 일반 국민들은 용도지역변경이나 도시계획시설 설치 및 폐지 등을 다루는 도시관리계획을 포함한 일반적인 도시계획 내용에 대한 변경을 요청할 수 있는 법적 권리가 없다. 즉, 우리나라 도시계획 체계에서는 국민에게 도시관리계획을 포함한 모든 도시계획의 "계획변경 청구권"을 부여하고 있지 않다.

이에 대한 예외가 바로 국토의 계획 및 이용에 관한 법률 제26조 제1항이다.[67)] 여기서는 이해관계자를 포함한 주민도 기반시설의 설치나 정비, 개량에 관한 사항이나 지구단위계획구역의 지정과 변경 및 지구단위계획의 수립과 변경 등에 관한

66) 국토의계획및이용에관한 법률 시행령 제42조의2 제2항 제13호.

67) 국계법 제26조 (도시·군관리계획 입안의 제안) ① 주민(이해관계자를 포함한다. 이하 같다)은 다음 각 호의 사항에 대하여 제24조에 따라 도시·군관리계획을 입안할 수 있는 자에게 도시·군관리계획의 입안을 제안할 수 있다. 이 경우 제안서에는 도시·군관리계획도서와 계획설명서를 첨부하여야 한다. 1. 기반시설의 설치·정비 또는 개량에 관한 사항 2. 지구단위계획구역의 지정 및 변경과 지구단위계획의 수립 및 변경에 관한 사항.

사항에 대해 제안을 할 수 있는 권리를 부여하고 있다. 선행연구는 이것을 사전협상제도의 법적 근거로 제시하고 있다.[68] 즉, 토지소유자를 포함한 주민들은 지구단위계획 수립이나 변경을 제안할 수 있고, 지구단위계획은 도시관리계획과 같은 법적 역할을 담당하고 있기 때문에 주민들도 용도지역변경이나 도시계획시설의 폐지 등을 수립권자에게 요청할 수 있다. 그래서 국계법 제49조 제2항에서 위임받은 지구단위계획 수립기준을 규정하는 국계법 시행령 제42조의2 제2항 제12호에서 "용적률이 높아지거나 건축제한이 완화되는 용도지역으로 변경되는 경우 또는 법 제43조에 따른 도시·군계획시설 결정의 변경 등으로 행위제한이 완화되는 사항이 포함되어 있는 경우"라는 표현으로서 주민제안을 통한 지구단위계획에서 용도지역 및 도시계획시설 변경이 가능하다는 근거를 마련하였다. 또한, 다른 용도지역으로의 변경이 아니라 같은 용도지역 내에서 종세분화만 가능하게 한 '지구단위계획 수립지침'을 2012년 개정하여, 사전협상에 따른 지구단위계획 수립 또는 변경 대상부지에 해당하는 경우 주거, 상업, 공업, 녹지지역 간 용도지역 변경도 가능하도록 하였다.[69]

또 다른 선행연구는 사전협상제도의 법적 근거를 국토계획법 제51조 제1항 제8의2호 및 제8의3호로 제시하였다. 이 연구에 따르면 협상대상지 및 용도지역 변경에 대한 사항은 국토계획법 제51조 제1항 제8의2호 및 제8의3호에 근거하며, 용도지역 변경 또는 건축제한의 완화에 따른 기반시설의 부지 및 설치제공, 기반시설 설치비용 제공 등(공공기여)에 대한 사항은 국토계획법 시행령 제42조의3 제2항 제12호 내지 제15호에 근거를 두고 있다고 주장한다.[70] 이를 바탕으로 서울시 뿐만 아니라 부천시 등 여러 지방자치단체들이 사전협상제도를 위한 조례와 운영지침을 제정하여 운용하고 있다.

---

68) 최나영, 설성혜, 김용학, 이상면, "사전협상에 따른 공공기여 기준 개선방안 연구: 현대자동차부지특 별계획구역 사전협상을 사례로", 부동산분석, 제3권 제2호, 2017, p. 96.

69) 국토교통부 훈령 제806호, 지구단위계획수립지침 3-3-3.

70) 주명수·이성창·이제원, "도시계획변경 사전협상제도 운영상 특징과 개선방안", 한국도시설계학회지 도시설계, 제18권 제4호, 2017, p. 25.

3.3 사전협상제도 운영

사전협상제도의 운영체계는 지구단위계획의 틀을 준용하고 있다. 사전협상제도의 적용 대상은 지구단위계획구역으로 지정가능한 지역 중 국토계획법 제51조 제1항 제8의2호 및 제8의3호의 복합적 토지이용이 필요한 지역 및 대규모 유휴토지 등이며, 협상을 통해 마련한 세부 개발계획을 지구단위계획으로 결정하는 방식이다.

사전협상에서 논의되는 세부사항은 ① 도시관리계획의 변경계획(안), ② 건축계획(안), ③ 개발에 따른 부영향 해소방안, ④ 공공기여 계획(안) 등이다. 이를 대상으로 공공측 협상단과 민간측 협상단 간 협의를 운영하는 것 이외에도 제3자인 외부전문가, 공공측 협상단, 민간측 협상단으로 구성된 '협상조정협의회'를 운영한다. 협상조정협의회는 협상당사자간 이해관계를 중재하고 경우에 따라 사회적 공감대를 이끌어낼 수 있는 합의안을 도출하는 역할을 하게 된다.[71)]

추진절차는 ① 협상대상지 선정 단계, ② 협상단계, ③ 협상이행 단계로 구분된다. 협상대상지 선정 단계에서는 민간이 개발계획(안)을 작성하여 공공에 사전협상을 신청하고, 도시계획위원회에서 상위계획 부합성, 도시관리계획 변경 적정성 등에 대해 타당하다고 판단하면 협상대상지로 선정하게 된다. 대상지 선정 후 제안서를 제출하는 협상단계에서는 본격적인 협상을 위한 협상조정협의회를 구성하여 세부 개발계획(안)과 공공기여계획(안)의 쟁점사항별 협상을 진행하게 되며, 합의된 개발계획(안)을 토대로 공공기여 제공금액을 확정하고 협상을 완료하게 된다. 협상이행 단계에서는 협상결과를 바탕으로 지구단위계획을 결정하고 건축심의, 건축인허가 과정 등을 거쳐 사업을 시행하게 된다.[72)]

---

71) 최나영·설성혜·김용학·이상면, "사전협상에 따른 공공기여 기준 개선방안 연구: 현대자동차부지특별계획구역 사전협상을 사례로", 부동산분석 제3권 제2호, 2017, p. 97.

72) 주명수·이성창·이제원, "도시계획변경 사전협상제도 운영상 특징과 개선방안", 도시설계, 제18권 제4호, 2017, p. 25.

3.4 서울시 사전협상제도 운영 실태

서울시 '도시관리계획 변경 사전협상제도'는 토지이용의 잠재력이 높은 지역에 위치한 1만㎡ 이상의 대규모 토지에 대해 도시관리계획을 변경해주는 대신 개발자나 토지소유주와 사전협상을 통해 다양한 공익적 기여를 이끌어내어 시민복지와 지역균형 발전을 유도하는 것을 목표로 도시관리계획변경의 내용과 그로 인한 개발이익의 크기에 따라 차별적인 의무 공공기여율을 제시하고 있다.

특별계획구역은 지구단위계획구역 내에서 개발파급효과가 큰 지역이나 전략적인 요충지에 지정되어 공공성 있는 개발을 유도하며, 공공기여를 통해 공공시설을 확보하기 위한 목적으로 운영되고 있다.[73] 그러나 특별계획구역이 원래 지정목적과는 다르게 개발을 촉진하기 위해 과다하게 지정되는 등 제도도입 목적과 다르게 운영되고 있을 뿐만 아니라 적정한 공공시설을 확보하는 효과도 거두고 있지 못했다는 평가를 받고 있다. 특히 특별계획구역 제도가 용도지역의 상향조정과 주거용도의 무분별한 허용을 통해 주상복합건축물을 건축할 수 있도록 유도한 결과 초고층 주상복합건축물이 건축되면서 도시경관의 훼손을 초래한 반면에 특별계획구역 내에서 높은 인센티브에 대한 반대급부로 이루어지는 기부채납이나 공개공지 조성은 공공시설의 물리적인 총량확보 차원에서 소기의 성과가 있었을 뿐 실질적인 공공기여 시설로서의 역할은 하지 못하였다. 즉 기부채납 토지나 공개공지 등이 단지 내 공원, 도로, 주차장, 상업시설 등의 유형으로 확보됨으로써 시설의 이용이 사유화되거나 고밀개발을 통해 오히려 혼잡을 유발하는 부작용이 발생하고 있기 때문이다.[74]

---

73) 임희지, 서울시 지구단위계획 특별계획구역제도의 유형별 공공성 증진방안 연구, 서울시정개발연구원, 2004.

74) 유기현·변창흠, "개발이익환수 수단으로서 공공기여의 효과에 관한 연구: 특별계획구역을 중심으로", 대한건축학회논문집 계획계 제27권 제2호, 대한건축학회, 2011, p. 91.

제4절 공공기여제도

4.1 공공기여 제도의 의미

공익을 추구하는 도시계획에 의해 민간 사업자가 국가나 지자체에 무상으로 토지 등을 증여하는 공공기여 제도는 개발이익을 환수하고 추가적인 기반시설 수요를 원인자부담 원칙으로 해결하여 도시계획의 공공성을 확보하는 목적을 지닌 중요한 계획수단이다. 일반적으로 공익의 실현을 위해 민간 사업자가 공공에게 시설이나 부지를 무상으로 양도하는 것을 기부채납이라 하는데, 공공기여 제도는 기부채납에 따른 개인의 손실을 보전해 주거나 자발적인 공공기여에 대한 포상차원에서 제공되는 인센티브에 관하여 사익과 공익의 공존과 균형을 유지하게 하는 수단의 역할을 한다. 이런 배경에서 최근에는 다양한 공공성 증진의 방법들을 포괄하여 공공기여라 부른다.[75]

이러한 공공기여의 개념과 대비되는 개념으로 자기기여의 개념이 있다. 법률적으로 해석하면 자기기여는 '공법상 권리의 가치에 상응하는 자신의 노력 또는 금전적 대가'라고 정의할 수 있다. 통상 자신의 노력과는 무관하게 국가의 행정행위에 따라서 별도의 비용부담 없이 부여한 공법상 권리인 경우에는 헌법상 재산권이 아닌 것으로 보려는 경향이 강하다.[76] 독일 연방헌법재판소는 공법상 권리가 재산권으로 보호받으려면, 민법상 소유권자의 법적 지위와 유사한 정도의 공법상 지위로서, 이러한 법적 지위가 현저한 '자기기여(Eigenleistung)'에 따라 부여된 것임을 요건으로 규정하고 있다.[77] 설령 재산적 가치가 있더라도, 공법상 권리의 성립근거가

75) 서울시 도시계획조례 19조.

76) 김성수, "온실가스 배출권 거래제도에 관한 법률상의 온실가스 배출권의 법적 성격과 할당의 법적 과제: 독일의 경험을 참고하여", 토지공법연구 제52집, 2011, pp. 227-228.; 이희정·이원철, "주파수 회수·재배치 및 손실보상 제도의 문제점과 개선과제", 경제규제와 법, 제6권 제2호, 서울대학교 공익산업법센터, 2013, p. 105.

'국가의 일방적인 권리 수요'에 따른 것이 아닌, 자기기여, 즉, 자신의 노력 또는 자본투여의 대가로 공법상 권리를 취득하여야 재산권으로 보호된다는 것이다.[78] 다시 말해서, 공법상 권리를 취득할 당시, 공법상 권리를 얻기 위해 당해 공법상 권리의 가치에 '상응하는 정도'의 노력을 기울였거나 금전적 대가를 반대급부로 지불해야 자기기여가 인정된다는 의미이다.

공공기여제도는 도시를 정비하는 수단으로 사용되는 한편으로 토지나 공개공지의 확보를 통해 개발이익을 환수하는 역할도 담당하고 있다. 최근 2년간 서울시에서 정비계획이 결정된 주택재건축사업 공공기여 내용을 보면, 22건의 재건축사업에서 발생한 공공기여의 총량은 환산부지면적 기준으로 약 9만 6천㎡, 구역당 평균 약 4,380㎡에 달한다. 이러한 공공기여의 양은 정비사업에서 발생하는 공공기여가 지자체의 공공용지 확보의 중요한 수단임을 보여준다.[79]

4.2 공공기여 제도의 법적 근거

최근 도시정비사업의 공공기여 방식은 과거 토지기부채납 일변도에서 벗어나서 건물기부채납, 현금기부채납 등으로 매우 다양화되고 있다. 도시정비사업에서 가장 일반적인 공공기여 방식은 기반시설의 토지와 시설 기부채납으로, 사업시행자가 사업부지 내에 도로, 공원 등 도시기반시설을 설치하여 공공에 제공하고 용적률을 완화 받는 방식이다.

서울시는 "공공기여"를 도시관리계획 변경 및 건축제한 완화를 위해 공공시설 등의 부지나 시설을 설치하여 제공하거나 설치비용을 공공에 제공하는 것으로서

---

77) BVerfGE 제18권 (p. 392 아래), p. 397, BVerfG: Beschluss vom 24. 2. 2010 - 1 BvR 27/09 각주 62..

78) Hartmut Maurer, Allgemeines Verwaltungrecht, 제18판, C,H,Beck, 2011, p. 728, 각주 44.

79) 이인성, "공공기여 방식의 성격과 인센티브의 형평성: 서울시 정비사업 사례 검토를 중심으로", 한국도시설계학회지 도시설계 21(2), 2020. 4, p. 89.

국토의 계획 및 이용에 관한 법률 시행령 제46조 제1항[80], 동 시행령 제42조의3 제2항 제12호,[81] 동 시행령 제42조의3 제2항 제13호,[82] 동 시행령 제42조의3 제2항 제14호 등을 그 법적 근거로 하고 있다고 설명한다.[83] 이 설명에 따르면 공공기여는 우리나라 도시계획의 기준법이라 할 수 있는 국토의 계획 및 이용에 관한 법률에서 규정하고 있는 제도가 아니라, 국토의 계획 및 이용에 관한 법률에서 규정하는 사항의 시행을 위하여 필요한 사항을 규정하고 있는 국토의 계획 및 이용에 관한 법률 시행령을 그 법적 근거로 하고 있다. 그래서 공공기여 제도는 원칙적으로 국토의 계획 및 이용에 관한 법률에 의해 정해지는 도시계획의 내용과 범위를 벗어나서는 안 된다. 달리 표현하면, 공공기여 제도가 국토계획법에 따라서 결정된 도시계획을 변경하는 수단으로 활용되어서는 안 된다는 것이다. 공공기여 제도는 국토계획법에 따라서 결정된 도시계획을 보다 원활하게 시행하기 위하여 필요한 경우에 한하여 제한적으로 활용되어야 한다.

서울시는 2011년 10월 지구단위계획 부지 외에 공공시설 등을 설치하여 제공하는 경우에도 용적률 인센티브를 제공하기 위하여 공공시설 등 기부채납 용적률 인센티브 운영 기준을 마련하였다. 이 운영기준에서 서울시는 용적률 인센티브 산정을 위해 필요한 상한용적률 산정식 등 구체적인 계산방법을 제시하고 있을 뿐만 아니라 기부채납 시설의 성능 기준을 건축물 시설 성능기준과 건축물 이외의 시설 성능기준 등으로 구분하여 상세하게 제시하고 있다. 그럼에도 불구하고 이 운영기준에서는 기부채납 시설에 대한 공공의 필요성을 어떻게 판단할 것인지에 대하여

80) 지구단위계획구역에서 건축물을 건축하려는 자가 그 대지의 일부를 공공시설 등의 부지로 제공하거나 공공시설 등을 설치하여 제공하는 경우 건폐율·용적률 및 높이제한 완화할 수 있다.

81) 복합용도개발 또는 이전적지개발의 경우 용적률이 높아지거나 건축제한이 완화되는 용도지역으로 변경되는 경우, 도시계획시설 변경 등으로 행위제한이 완화되는 경우에는 공공시설 등의 부지를 제공하거나 공공시설 등을 설치하여 제공하는 것을 고려하여 용적률 또는 건축제한 완화할 수 있다.

82) 이 경우 지구단위계획구역 안의 공공시설 등이 충분할 때에는 공공시설 등의 설치비용을 부담하는 것으로 갈음할 수 있다,

83) 서울특별시 지구단위계획 수립기준·관리운영기준 및 매뉴얼, 2020. 5, 서울특별시, p. 124.

서는 아무런 기준도 제시하지 않고 있다.

기반시설 기부채납과 인센티브의 법적 근거는 국토의 계획 및 이용에 관한 법률 시행령 제46조 및 도시 및 주거환경정비법 제17조이며, 최근에는 국계법 시행령 제42조3 제2항 제12호와 서울시 도시계획조례 제19조 제2항에 의해 공공임대주택 및 공공임대산업시설도 기반시설로 인정받고 있다. 여기서 건물기부채납은 토지 대신 건축물을 제공하고 인센티브를 받는 제도로, 자투리 토지 등 불필요한 토지기부채납을 지양하고 공공기여의 선택권을 확대하기 위한 제도이다. 현금기부채납은 계획구역의 기반시설이 충분히 갖추어져 있는 경우에 해당 구역 밖의 취약 지역에 기반시설을 설치하기 위한 비용을 현금으로 납부할 수 있게 하는 제도이다.

□ 한전부지 공공기여금 소송[84)]

"1.7조 한전부지 공공기여금 강남구만 써야" 주민소송 '퇴짜'(종합). 법원, 강남구청장 등의 '코엑스-잠실운동장' 개발 무효 청구 각하

서울 강남구 삼성동 한국전력 부지에 들어서는 현대자동차 신사옥의 공공기여금 1조 7천억원을 강남구 개발에만 써야 한다며 강남주민들이 제기한 소송이 법원에서 '퇴짜'를 맞았다. 4일 법조계에 따르면 서울행정법원 행정4부(김국현 부장판사)는 신연희 강남구청장 등 구민 48명과 강남구청이 서울시장을 상대로 '코엑스~잠실종합운동장' 지구단위계획구역 결정을 취소하라"며 낸 소송을 10개월간의 심리 끝에 최근 각하했다. 각하란 원고 자격 미달 등 절차상 문제로 소송을 반려하는 결정이다.

이에 대해 원고 강남구민들은 "판결을 받아들일 수 없으며 항소하겠다"고 밝혔다. 서울시는 "사업을 계획대로 추진할 계획"이라고 말했다. 특히 잠실종합운동장 일대는 특급호텔과 대규모 컨벤션·공연 시설이 들어선다. 주경기장을 개축하고 잠실야구장도 신축하며 탄천과 한강변에도 수상레저시설 등 여가시설이 생긴다. 잠실 쪽에만 1조원의 공공기여금이 들어갈 것으로 예상된다.

그러나 서울시가 지난해 계획을 발표하자 일부 강남구민은 "공공기여금은 강남에만 쓰여야 한다"며 강하게 반발했다. 현대차가 강남 삼성동 한전부지를 사들이며

84) 연합뉴스, 2016년 7월 4일 방현덕 기자 보도자료.

낸 돈을 왜 송파구 잠실쪽 개발에 쓰냐는 주장이었다. 이 문제로 서울시와 갈등을 겪던 신 구청장 등 구민들은 지난해 8월 소송을 냈다. 서울시가 사업 첫 단추를 끼우기 위해 기존 삼성동·대치동의 '지구단위계획구역'(개발구획)을 잠실동까지 확장한 것을 무효로 해달라는 청구였다. 특히 강남구와 신 구청장은 "공공기여금을 강남에 우선 사용해야 한다고 서울시에 요구했지만 서울시가 협치 요구를 묵살했다"며 절차를 문제 삼았다.

그러나 법원은 이달 1일 "원고들은 서울시의 지구단위계획구역의 효력 유무 또는 취소를 구할 법률상 이익이 있다고 보기 어렵다"며 청구를 각하했다. 재판부는 주민들이 문제 삼은 서울시의 지구단위계획구역은 단순히 도시계획의 지역 범위를 규정한 것이라며, 실질적인 도시계획(지구단위계획)이 발표되지 않은 현 상황에서 강남구민의 이익엔 구체적 변화가 없었다고 판단했다. 구민들은 공공기여금이 강남 대신 잠실 기반시설에 사용될 경우 자신들의 재산권이 침해된다고 주장했으나 재판부는 "도시계획이 수립되지 않은 상태에서 기반시설 설치 여부에 따른 공공기여금 사용 관계는 일반적이고 추상적"이라고 말했다.

서울시가 강남구청의 도시계획 입안권을 침해했다는 항변 역시 "도시계획 입안권은 애초 서울시의 사무이며 구청에 이를 위임한 것"이라며 받아들이지 않았다. 서울시와 강남구는 올해 초 현대차 공공기여금을 강남 영동대로 지하공간 통합개발에 최우선으로 사용하기로 합의하며 갈등을 봉합하는 듯했다. 그러나 소송은 취하하지 않고 계속 진행했다. 서울시는 영동대로 개발에 공공기여금 중 5천억원을 투입한다는 계획이다.

4.3 공공기여 제도의 개선과제

최근 도시정비사업에서 공공기여 방식이 다양화됨에 따라 공공기여의 성격과 적용 원칙이 모호해지는 문제가 발생하고 있다. 예를 들어서 서울시 정비사업의 사례연구를 통해 공공기여의 다양화에 따른 법리적 문제와 인센티브의 형평성 문제를 검토한 결과 '현금 기부채납' 및 '공공임대주택 공급'은 법적 기반이 취약하여 활용이 제한되고 있으며 향후 법적 분쟁의 소지가 있어서 법률적 근거의 강화가 필요한 것으로 발표되었다.[85)]

대부분의 기부채납에는 다양한 성격들이 혼합되어 있어서 명확하게 구분하기는 어렵지만, 가장 일반적으로 이루어지는 기반시설 기부채납은 원인자 부담의 목적이 강해 '부관'의 성격을 지닌다고 볼 수 있다. 기반시설 기부채납이 공법상 '부관'으로 이루어진다면 행정법의 일반적 원칙인 비례성과 부당결부 금지 등이 준수되어야 하므로,[86] 공공기여의 성격에 따라 이들 원칙 적용 여부가 신중히 고려되어야 한다. 그런데 최근 공공기여의 방법이 다양화되면서 이러한 원칙 적용 여부를 판단하기 어려운 경우가 발생하고 있다.

특히 현금기부채납의 경우 이 문제가 더욱 분명하게 나타나는데, 국계법 제42조3의 제2항 제13호와 도정법 제17조 제3항은 현금기부채납을 "기반시설 부지 및 시설제공에 갈음하는 것"으로 규정하여 그 성격이 기본적으로 '부관'에 해당된다는 것을 암시하고 있다. 그렇다면 국토계획법에 규정된 "지구단위계획구역 밖의 … 도시·군계획조례로 정하는 지역에 공공시설 등을 설치하거나 공공시설 등의 설치비용을 부담하는 것으로 갈음할 수 있다"는 규정은 '부당결부 금지'의 원칙과 상충될 가능성이 있으며, 도정법 제51조 제1항의 "해당 정비사업과 직접적으로 관련이 없거나 과도한 정비기반시설의 기부채납을 요구하여서는 아니 된다"라는 규정에 따라 도시정비사업의 현금기부채납은 해당 구역에 직접적으로 관계되는 목적으로만 사용되어야 한다. 이러한 법리적 문제들은 현금기부채납의 도입 효과를 크게 제한하며 사실상 적용확대를 막는 요인으로 작용하고 있다. 현금기부채납의 가장 큰 장점은 기반시설이 잘 갖추어진 구역의 공공기여를 상대적으로 낙후된 지역으로 돌려서 균형발전을 꾀할 수 있다는 점인데, 이러한 법리적 문제가 이 제도의 적극적인 활용을 가로막는 요인이 되고 있다.[87]

---

85) 이인성, "공공기여 방식의 성격과 인센티브의 형평성: 서울시 정비사업 사례 검토를 중심으로", 한국도시설계학회지 도시설계 제21권 제2호, 2020.4, p. 88.

86) 비례성의 원칙(또는 과잉금지 원칙)은 공적 목적을 위해 동원되는 국가적 수단 사이에는 비례원칙이 적용되어야 한다는 원칙으로, 적합성(목적 달성에 기여), 필요성(필요한 정도에 비추어 최소 침해), 균형성(침해수단과 달성 목적 사이의 균형) 등의 세부 원칙을 만족시켜야 한다. 부당결부 금지의 원칙은 해당 행정행위와 관련이 없는 부담이나 의무를 조건으로 부과할 수 없다는 원칙이다.

87) 김지엽·남진·홍미영 2016, "서울시 사전협상제를 중심으로 한 공공기여의 의미와 법적 한계", 도시설계, 제17권 제2호, pp. 119-129.

공공기여 제도는 원칙적으로 국토의 계획 및 이용에 관한 법률에 의해 정해지는 도시계획의 내용과 범위를 벗어나서는 안 된다. 달리 표현하면, 공공기여 제도가 국토계획법에 따라서 결정된 도시계획을 변경하는 수단으로 활용되어서는 안 된다는 것이다. 공공기여 제도는 국토계획법에 따라서 결정된 도시계획을 보다 원활하게 시행하기 위하여 필요한 경우에 한하여 활용되어야 한다고 설명하였다.

그러나 현실은 위에서 지적한 것과 다르게 공공기여제도가 활용되고 있는 실정이다. 특히 서울시는 2020년 발행한 지구단위계획 수립기준·관리운영기준 및 매뉴얼에서 당초 도입했던 공공기여제도의 내용을 수정하면서 다음과 같이 그 배경을 설명하고 있다.

“지금까지는 지구단위계획 수립시 공공기여계획은 용도지역 상향과 개발밀도 상승에 따른 기반시설 과부하 문제 해결을 위한 공공시설 확보와 개발이익환수 차원에서 기부채납 형태로 운용해 오고 있다. 지구단위계획 수립시 기반시설계획은 인센티브를 받기 위한 일부 시설에 편중, 지역에 불필요한 시설조성, 과다한 기반시설 지정으로 장기 미집행 도시계획시설의 양산, 소규모 기반시설의 사후관리 미흡 등 부작용이 나타나고 있다. 또한, 건축물 기부채납 및 비용부담 등 기부채납 유형 및 제공방식이 다양화되었으나 지구단위계획구역 내·외의 균형 배분에는 한계가 있고, 공공기여시설에 대한 관리·운영체계 마련 필요 및 삶의 질 향상에 따라 문화, 체육, 복지시설 등 생활SOC에 대한 수요증대 등으로 공공의 시설확보 및 관리운영에 대한 부담이 증대되고 있다. 이에, 공공기여시설에 대한 관리·운영 및 제공방식을 다양화하고 공공의 부담경감과 지역균형발전을 유도하는 공공기여에 대한 새로운 기준을 마련하였다.”[88)]

그런데 서울시는 공공기여제도의 법적 근거의 하나로 국토계획법 시행령 제42조의3 제2항 제14호를 들면서 이 규정의 내용을 “공공시설 등의 설치비용을 부담하는 경우, 납부된 설치비용은 해당 지구단위계획구역 밖의 관할 자치구 내에서 사

88) 서울특별시 지구단위계획 수립기준·관리운영기준 및 매뉴얼, 2020. 5, 서울특별시, p. 122.

용하여야 한다"라고 설명하고 있다. 국토계획법 시행령 제42조의3 제2항 제14호는 "제13호에 따른 공공시설 등의 설치비용은 해당 지구단위계획구역 밖의 관할 시·군·구에 지정된 고도지구, 역사문화환경보호지구, 방재지구 또는 공공시설 등이 취약한 지역으로서 시·도 또는 대도시의 도시·군계획조례로 정하는 지역 내 공공시설 등의 확보에 사용할 것"으로 납부된 설치비용의 사용 대상을 구체적으로 명시하고 있다. 즉, 시행령에서는 납부된 설치비용을 단순히 관할 자치구 내에서 사용하도록 규정하는 것이 아니라 관할 시·군·구에 지정된 고도지구, 역사문화환경보호지구, 방재지구 또는 공공시설 등이 취약한 지역으로서 시·도 또는 대도시의 도시·군계획조례로 정하는 지역 내 등으로 구체적으로 명시하고 있다.

이상의 내용에서 알 수 있듯이 서울시는 공공기여제도를 도시개발과정에서 요구되는 공공시설 확보와 개발이익 환수의 수단을 넘어 공공시설 확보 및 관리운영에 대한 공공의 부담경감과 지역균형발전의 유도와 같이 도시계획적 목적 실현을 위한 계획수단으로 활용하고 있다. 이러한 상황은 앞서 지적한 바와 같이 공공기여 제도는 국토계획법에 따라서 결정된 도시계획을 보다 원활하게 시행하기 위하여 필요한 경우에 한하여 활용되어야 하는 조건을 위반하는 것이다. 따라서 이러한 법체계상의 문제를 조속히 정리할 필요가 있으며, 이러한 문제가 지속될 경우 자칫 우리나라 도시계획체계의 혼란이 가중될 우려가 크다.

요약하면 공공기여제도는 중요한 도시계획 수단이지만 그 법적 기준과 규정이 모호하고 법리적 근거가 미흡하다는 지적과 함께 공공기여의 인센티브 적용과정의 일관성과 형평성의 문제가 계속하여 지적되고 있는 만큼, 향후 도시정비사업을 통한 공공기여의 효과를 극대화하기 위해서는 다양한 공공기여의 성격에 적합한 법제적 정비가 시급하게 이루어져야 한다.

제 6 장

도시계획시설의 계획 및 공급의 판단기준으로서 공익

제6장

도시계획시설의 계획 및 공급의 판단기준으로서 공익

제1절 도시계획시설과 공익

1.1 도시계획시설의 정의

도시계획시설은 사람들의 일상생활과 사회·경제활동을 위한 기반시설로서 사회간접자본과 같이 생산활동을 지원하고 경제개발을 촉진하며 쾌적한 도시생활을 하는데 중요한 역할을 한다. 도시계획시설은 기본적으로 국가가 제공해야 하는 공공시설에 해당한다. 하지만 각 도시의 자연환경과 인구 및 산업 구조가 다를 뿐만 아니라 해당 도시의 관리 및 운영에 관한 자치권을 고려하여 국가나 지역 차원의 기반시설을 제외한 대부분의 기반시설들은 지방자치단체에 의해서 공급되고 또한 관리되고 있다. 그런데 최근 공공재원이 크게 줄어들면서 시설공급에 대규모 자금이 필요한 기반시설의 경우 정부를 포함한 지방자치단체가 자체 재원으로 해당 기반시설을 공급하기 어려워 민간자본 유치를 통한 공급의 사례가 점차로 늘어나고 있는 추세이다.

일부 도시계획시설은 도시의 경제 및 사회여건의 변화, 대체시설의 설치 등 환경변화로 인하여 도시계획시설 형태로 공급하는 것이 적정한지, 공공재인 도시계획시설이 정부가 공급해야 할 만큼 소비의 비경합성(non-rivalry)과 비배제성(non-exclusiveness)을 갖추고 있는지[1]의문이다. 대표적인 예로는 도매시장, 소매시장, 유통업무설비, 방송통신시설, 종합유선방송시설, 방송국, 자동차 및 건설기계운전학원, 유치원 및 새마을 유아원, 연구시설, 장례식장, 종합의료시설 같은 것들이다. 그런 시설들은 민간인들의 이윤 동기에 맡기더라도 충분히 공급될 수 있다.[2]

제도적 측면에서 도시계획시설을 정의하면 도시기반시설 중 도시계획법상 도시계획시설결정으로 설치되는 시설로 정의된다. 그런데 도시계획시설의 설치 등에 관한 도시계획이 결정되면 일반적으로 일정한 토지이용제한이 수반되며, 도시계획시설사업이 시행되는 경우에는 당해 토지의 수용 또는 사용 등에 따른 재산권 침해가 수반되는 경우가 많다. 그래서 도시계획시설은 일반적인 공공시설과 비교하여 더 강화된 공공성을 요구한다. 즉, 도시계획시설을 설치하는 과정에서 수용의 과정이 포함될 수 있기 때문이며, 이러한 수용을 정당화하는 근거가 바로 해당 도시계획시설이 지닌 공공성 때문이다. 여기서 강화된 공공성은 헌법상 공공필요의 요건을 충족할 정도에 이르는 공공성을 의미한다.[3] 도시계획시설에는 도로, 철도와 같이 선형의 연속적인 형태를 지닌 도시계획시설이 있는가 하면 학교, 도서관과 같은 단독의 건축물 형태의 도시계획시설도 있다.

이와 같은 도시계획시설의 특성 때문에 통상 도시계획시설은 행정주체가 설치, 관리하며 소유권도 행정청이 보유하는 것이 일반적이다. 도시계획시설은 기본적으로 국가가 제공해야 하는 공공시설이라 부르기도 한다. 그러나 각 도시의 자연환경과 인구 및 산업 구조가 다를 뿐만 아니라 해당 도시의 관리 및 운영에 관한 자

---

1) 대한국토·도시계획학회 편저, 도시계획론, 보성각, 2006, p. 408.
2) 김정훈, 한국법의 경제학 I, 한국경제연구원, 1997. 3, p. 59.
3) 김종보, “도시계획시설의 공공성과 수용권”, 행정법이론실무학회 행정법연구 제30호, 2011, pp. 277-307.

치권을 고려하여 국가나 지역 차원의 기반시설을 제외한 대부분의 도시계획시설들은 지방자치단체에 의해서 공급되고 또한 관리되고 있는 실정이다. 도시계획시설의 종류가 다양할 뿐만 아니라 최근 새로운 기능의 도시계획시설이 빠르게 생겨나고 있음에도 불구하고 저성장 시대를 맞이하여 공공재원이 계속하여 줄어들고 있는 실정이다. 이런 이유에서 최근 정부를 포함한 지방자치단체 모두에 있어서 민간자본의 유치를 통한 공급의 사례가 계속하여 늘어나고 있는 추세인데, 이들 도시계획시설이 설치된 후의 소유권 귀속이나 관리의 규정이 아직 명확하게 마련되어 있지 못하여 도시계획시설 공급과 관련한 사회적 갈등이 다양한 형태로 나타나고 있다. 이러한 이유에서 도시계획시설과 관련한 문제들을 해결하기 위해서 공공성을 기준으로 도시계획시설 관련 문제들에 관한 통일성 있는 해석이 요구된다.[4)]

1.2 도시계획시설과 공공성

도시계획시설의 공공성은 수용의 헌법적 근거인 공공필요와 거의 같은 의미를 갖는다. 다만 도시계획시설의 공공성은 시설의 종류와 주변환경 등에 따라 다양한 특성을 갖고 있어서 시설과 주변환경에 따라서 공공필요의 기준을 충족하기도 하고 그렇지 못한 경우도 있다. 공공성이 충분한 도시계획시설은 공공필요 요건을 충족하고 수용권과 보상액 책정에 있어 토지보상법의 일반조항이 적용될 수 있다. 이와 비교해서 시설의 종류나 주체에 따라 공공성이 희박해지는 도시계획시설은 경우에 따라서 수용권이 부인되거나 또는 수용권이 인정된다고 해도 보상액의 책정에 대한 토지보상법의 조항이 적용되기 곤란한 경우가 있을 수 있다. 왜냐하면 이런 특성을 지닌 도시계획시설의 경우 토지보상법상 보상액 산정 기준은 공공필요를 충족하는 전형적인 소유권 박탈에 대한 조항이기 때문이다.[5)] 이러한 예에 해당하는 도시계획시설로는 앞서 설명한 것과 같이 도매시장, 소매시장, 유통업무설

4) 김종보, "도시계획시설의 공공성과 수용권", 행정법이론실무학회 행정법연구 제30호, 2011, pp. 277－307.

5) 헌법상 수용의 한 예에 해당하는 재건축의 매도청구제도는(도시 및 주거환경정비법 제39조) 소유권을 박탈하기 위한 보상금액을 시가(時價)로 정하고 있다.

비, 방송통신시설, 종합유선방송시설, 방송국, 자동차 및 건설기계운전학원, 유치원 및 새마을 유아원, 연구시설, 장례식장, 종합의료시설 등이 있다.

도시계획시설이 공공성을 확보하기 위해 반드시 갖추어야 할 두 가지 가치는 토지와 건축물로 대변되는 물리적 환경가치와 시설이용객과 지역사회에 제공되는 공공서비스 가치이다.[6] 도시계획시설의 공공성은 시설의 기능이 도시를 위해 필요하고 또 공익을 위한 것일 때 충족된다.[7] 그런데 도시계획시설의 공공성은 시설의 종류와 주변환경 등에 따라 다양한 특징을 가지므로 그 정도에 따라 공공필요의 기준을 충족하기도 하고 그렇지 못하기도 하다. 이처럼 시설의 종류에 따라 공공성에서 차이를 보인다는 점은 국계법에서 반드시 도시계획시설결정을 통해 설치해야 하는 기반시설과 그렇지 않은 기반시설을 구별하고 있다는 점에 의해서 잘 나타나고 있다.[8]

도시계획시설의 공공성은 또 시설의 설치나 귀속, 관리의 주체에 의해서도 영향을 받는다. 만약 설치주체가 사인이거나 설치 이후에도 소유권이 행정주체에게 귀속되지 않는 경우, 또 시설의 운영자가 사인인 경우 등에는 행정주체가 주도하는 도시계획시설에 비해 공공성이 낮아진다. 도시계획시설 주체의 공공성이 낮아지면 헌법이 말하는 공공필요의 요건을 충족하지 못할 수 있다.[9] 즉, 도시계획시설의 공공성은 시설의 기능이 도시의 일부가 아닌 전체를 위해 필요하고 그 혜택이 일부 시민이 아닌 전체 시민에게 돌아갈 때 충족된다. 도시계획시설이 도시를 위해 필요하다는 것은 행정주체의 설치의무와 연관되는데, 그 필요성이 행정주체에게 즉시 그 설치의무를 지울 정도로 긴급해야 하는 것은 아니다. 만약 당해 시설과 유사한 기

---

6) 김상조·왕광익·권영상·안용진, "공공성을 고려한 도시계획시설의 합리적 공급방향: 민간참여형 복합이용시설을 중심으로", 국토연구원, 2007, pp. 19~20.

7) 금태환, "국토의 계획 및 이용에 관한 법률 제95조 제1항의 위헌성", 행정법연구, 제27호, 2010, p. 274.

8) 국토계획획법 제43조 제1항 단서, 동법시행령 제35조. 기반시설의 종류에 따라 공공성이 부족해서 수용권이 부여되지 않을 수 있고 또 수용권이 부여될 수도 있다는 의미이다. 대법원 2009.3.26. 선고 2009다228, 235 판결 참조.

9) 이인호, "역 로빈훗 방식의 수용권행사의 위헌성", 특별법연구, 제9권, 특별소송실무연구회, 2011, p. 212.

능을 담당하는 시설이 시장에서 공급되거나 공급될 가능성이 높으면 필요성은 약해지고, 그렇지 않으면 필요성이 높아진다.[10]

이익의 귀속이라는 관점에서도 도시계획시설이 반드시 비영리적인 것이어야 하는 것은 아니고 일정한 영리성을 포함할 수도 있다. 다만 영리성의 비중이 일정한 한도를 넘어 서게 되면 시설운영의 주된 이익이 공공에 귀속되어야 한다는 원칙에 반할 수 있다. 따라서 이러한 시설은 비록 형식상 도시계획시설이 되어 있다고 해도 도시계획시설이 요구하는 공공성을 충족하지 못하는 것으로 해석될 수 있다.

따라서 도시계획시설에 대한 공공성을 판단할 때 무엇보다 유념할 일은 도시계획시설 관련 조항들에 대해 공공성을 기준으로 통일성 있고 실질적이며 종합적인 해석의 관점을 유지하는 일이다.[11] 도시계획시설은 도시계획결정이라는 엄격한 절차와 형식에 의해 마련되기 때문에 법적 문제를 해결할 때 형식에 과도하게 의존하는 경향을 보이기 쉽고, 이런 이유에서 도시계획결정이 있으면 공공필요가 있고 그것으로 수용권이 정당화된다는 식의 형식논리로 흐르기 쉽기 때문이다. 하지만 이러한 논리를 기능과 용도가 다양한 도시계획시설에 대해 일반화시키게 되면 헌법에서 규정하고 있는 공공필요의 개념이 유명무실해질 수 있어서 도시계획시설의 공공성은 해당시설의 기능과 필요성 그리고 주어진 상황과 여건에 따라 개별적으로 판단해야 하는 것이 요구되며, 이런 이유에서 보다 합리적이고 객관적인 차원에서 공익개념에 대한 정의가 마련되어야 한다.

종전 국토계획법 제2조 제6호 라목은 기반시설의 하나로 "학교·운동장·공공청사·문화시설·체육시설 등 공공·문화체육시설"을 규정하고 있었다. 그런데 그 자체로 공공필요성이 인정되는 교통시설이나 수도·전기·가스공급설비 등 기반시설과는 달리 "체육시설"의 개념에는 골프장과 같이 공공 필요성을 인정하기 곤란한 시설까지 포함되어 있어 이에 대한 헌법소원이 제기된 바 있다. 이에 대하여 헌

---

10) 김연태, "공용수용의 요건으로서 공공필요", 고려법학 제48호. 2007.4. p. 94 참조.

11) 김종보, "도시계획시설의 공공성과 수용권", 행정법연구, 제30호, 행정법이론실무학회, 2011, pp. 277－307.

법재판소는 개별 체육시설의 성격과 공익성을 고려하지 않은 채 포괄적으로 대통령령에 위임한 것은 포괄위임금지원칙에 위배되어 위헌이라고 하면서도 위헌결정을 할 경우 법적 공백과 혼란이 예상되므로 늦어도 2012년 12월 31일까지는 새로운 입법을 마련하도록 하는 헌법불합치 결정을 하였다.[12] 이에 따라서 국토계획법 제2조 제6호 라목 중 기반시설로 인정되는 체육시설의 범위를 "공공 필요성이 인정되는" 체육시설로 구체적으로 한정하여 하위 법령에 위임하도록 개정되어 2013년 1월 1일 발효되었다. 이에 따라서 현행 국토계획법 제2조 제6호 라목은 기반시설의 하나로 "학교·공공청사·문화시설 및 공공필요성이 인정되는 체육시설 등 공공·문화체육시설"로 규정하고 있다.[13]

1.3 도시계획시설 공급계획과 주민참여

도시계획시설 공급을 위한 1단계 계획은 도시계획시설결정이다. 도시계획시설 공급을 위한 2단계 계획은 실시계획이다. 1단계 계획인 도시계획시설결정은 시설의 위치와 면적을 확정하고, 그 지상에 도시계획시설의 설치에 반하는 건축물의 건축을 금지한다. 2단계 계획은 1단계 계획이 확정한 시설의 위치와 면적을 전제로, 시설설치를 위한 설계도의 역할을 하며, 토지수용법상 사업인정으로 의제되어 대상지역의 토지를 수용할 수 있는 권한이 행정청(또는 사업시행자)에게 부여된다.

이처럼 도시계획시설 공급을 위한 실시계획은 공사허가로서의 성격을 가지며 동시에 토지보상법상의 사업인정으로 의제되어 대상부지의 소유권을 수용할 수 있는 근거가 된다. 공사허가로서의 실시계획은 준공검사에 의해 당해 처분의 목적을 달성하고 그 효력이 소멸하게 된다. 또한 실시계획의 인가로 같이 의제되었던 사업인정도 준공검사에 의해 실시계획의 효력이 소멸할 때 같이 실효된다고 본다.

12) 헌재 2011.06.30 선고, 2008헌바166결정 등.
13) 국토계획법 제2조 제6호 라목.

도시계획은 도시민 전부와 도시 전역에 대하여 효력을 미친다. 즉, 도시계획은 처분의 상대방이 다수일 뿐만이 아니고 그 대상지역이 넓어서 개별적인 토지소유자 개개인에게 도시계획결정을 그때 그때 통지하는 일은 매우 어려운 일이다. 또 개별적인 통지의 형식을 띠게 되면 통지되는 시기에 따라 도시계획 결정의 효력발생 시기가 달라질 수 있어서 관련 규정에서는 도시계획 결정사항을 관보 또는 공보에 고시하도록 규정하고 있다. 최근 인터넷 등 모바일 환경의 급속한 발전과 더불어 기존 도시계획의 변경은 물론 새로운 도시계획 수립 등 도시계획시설 공급과 관련한 도시계획 정보의 전달은 거의 실시간으로 이루어지고 있다. 또한 도시계획시설 공급계획을 포함한 도시계획 관련 정보의 공개성이 크게 향상되고 있고, 정보통신망을 통한 일반 시민들의 자유롭고 적극적인 행정참여 영역이 계속하여 확장되고 있는 실정이다.

1.4 도시계획시설 공급과 개인 재산권 제한의 문제

국토계획법은 공익을 위해 국민의 기본권을 제한하는 법률로서 우리나라 도시계획의 기본법 역할을 하는데 토지의 합리적 이용이라는 공익이 국민의 기본권 제한의 정당성의 근거이고, 그에 의해 제한되는 기본권은 토지의 사용권 및 소유권이다. 국토계획법에서 사용되는 통상적인 수단은 도시관리계획이며, 이는 크게 용도지역제, 개발제한구역, 지구단위계획, 도시계획시설계획의 네 가지 계획으로 구분된다. 도시계획시설계획을 제외한 도시계획들은 모두 소유권의 내용과 한계(건축물의 용적률, 건폐율, 허용용도 등)를 설정하는 방식으로 토지사용권을 규제하는 데 중심이 있지만, 도시계획시설계획은 일정한 시설물의 설치를 위한 것이므로 시설부지에 존재하는 개인의 소유권을 박탈하는 과정이 수반된다.

통상 도시계획시설은 도시계획시설결정 이후 사업시행자에 의한 토지의 매수가 제 때에 이루어지지 아니한 채 토지소유자에게 장기간 변경금지의무나 현상유지의무를 부과하고 있다. 사실 도시계획결정으로 도시계획시설부지로 지정된 토지의 소유주는 해당 토지를 종래의 목적으로도 사용할 수 없거나 혹은 더 이상 법적으로 허용된 토지이용의 방법이 없기 때문에 이러한 제한은 토지소유자가 수인해야 하는 사회적 제약의 한계를 벗어난 것으로 볼 수 있다.

여기서 도시계획에 의해 개인적 재산권 행사에 제약이 가해질 때 해당 재산권자가 수인하여야 하는 사회적 제약의 한계는 다음과 같다. 도시계획에 의하여 도시계획시설부지로 지정되어 해당 토지소유자의 개인적 재산권 행사에 공적 제약이 가해질 때 그 제약이 비례원칙에 합치하는 것이라면 그 제약은 재산권자가 수인하여야 하는 사회적 제약의 범위 내에 있는 것이고, 반대로 재산권에 대한 제약이 비례원칙에 반하여 과잉된 것이라면 그 제약은 재산권자가 수인하여야 하는 사회적 제약의 한계를 넘는 것이다. 예를 들어서 도시계획에 의하여 도시계획시설부지로 지정되어 토지를 종래의 목적으로도 사용할 수 없거나 더 이상 법적으로 허용된 토지이용방법이 없어서 실질적으로 사용·수익을 할 수 없는 경우에 해당하지 않는 제약은 토지소유자가 수인하여야 하는 사회적 제약의 범주 내에 있는 것이고, 그러하지 아니한 제약은 손실을 완화하는 보상적 조치가 있어야 비로소 허용되는 범주 내에 있다.[14]

이처럼 일단 도시계획으로 결정되면 해당 토지소유자의 개인적 재산권 행사에 공적 제약이 가해진다. 그러므로 일단의 토지가 도시계획시설로 도시계획에 의해 결정되는 경우, 해당 토지의 공적 매수가 신속하게 이루어져야 해당 토지소유자의 재산권 침해가 최소화될 수 있다. 그러나 현실적으로는 지방자치단체의 재정능력에 분명한 한계가 있어서 해당 도시의 도시계획시설부지에 대한 공적 매수가 원활하게 이루어지지 못하고 있는 실정이다.

1) 장기미집행도시계획시설 발생원인

도시계획은 도시를 계획하는 것이지만 계획이 지니는 속성과 한계를 벗어날 수 없다. 따라서 장기미집행 도시계획시설의 문제도 계획이라는 행위 자체가 지니

14) 헌법재판소 결정문(2005.9.29. 2002헌바84·89, 2003헌마678·943(병합) 전원재판부)

고 있는 한계 속에서 두 가지 중요한 원인을 찾아볼 수 있다.[15] 하나는 미래에 대한 예측의 요구이며, 다른 하나는 인간의 지적능력의 한계이다. 즉 계획은 미래에 대한 예측을 기본으로 하고 있으나 미래를 예측한다는 것은 거의 불가능하다는 것이다. 그리고 계획행위를 수행하는 인간자체가 지니고 있는 한계로서 신이 아닌 인간의 지적능력의 한계이다. 그리고 계획자체의 한계에서 오는 장기미집행 도시계획시설의 발생은 근본적인 문제이면서 동시에 불가능한 문제이다.[16] 장기미집행 도시계획시설의 주요 발생원인은 도시계획적 원인, 도시계획시설 사업상의 원인, 지방자치단체의 재원부족, 복잡한 이해관계, 지역이기주의 등을 들 수 있다.

(1) 과다한 도시계획시설의 종류[17]

국토계획법상 도시관리계획으로 결정되는 도시계획시설의 종류는 53개이며, 국토계획법시행령·시행규칙, 도시계획시설기준에 관한 규칙 등에서 규정하고 있는 시설까지 포함한다면 147개 이상이 된다.[18] 이렇게 많은 시설을 지방자치단체가 공급하기 위해서는 재원의 확보뿐만 아니라 시설의 관리에도 곤란을 겪게 된다. 도시계획시설이란 주민의 생활에 반드시 필요한 시설이나, 수익성이 낮거나 설치하는데 대규모 자금이 필요하여 민간으로부터 공급이 곤란한 시설을 공공이 도시계획시설로서 공급하는 것이다.

가장 먼저 제기되는 문제는 정부가 도시계획시설 공급에 개입할 필요가 있는가의 문제이다. 단순히 여러 사람이 쓴다는 이유만으로 정부가 도시계획시설 공급을 독점할 수는 없다. 정부의 공급을 필요로 하는 진정한 의미의 공공재는 소비의 비경합성(non-rivalry)과 비배제성(non-exclusiveness)을 갖추고 있어야 한다.[19]

15) 국토해양부, 장기미집행 도시계획시설의 해소 대책 연구, 2001. 10, pp. 216-217.

16) 한편 도시계획 자체의 한계 이외에도 계획수립환경의 한계와 계획집행환경의 한계도 장기미집행 도시계획시설을 양산하는 원인이 되고 있다.

17) 여기서 제시하는 장기미집행도시계획시설 발생원인은 국토해양부, 도시계획에 따른 재산권 제한의 적정기준에 관한 연구 용역, 2012, 국토해양부, pp. 11-14의 내용 참조.

18) 도시계획시설의 종류가 증가한 것은 사회적 요구에 따라 도시에 필요한 공공시설의 종류가 다양해졌다는 것을 나타내주는 것이라 할 수 있다. 국토해양부, 도시계획수립기준 및 도시계획시설 연구, 2002년 6월, p. 208.

19) 대한국토·도시계획학회 편저, 도시계획론, 보성각, 2006, p. 408.

비경합성은 한 개인이 소비에 참여함으로써 얻는 이익이 다른 개인들이 얻는 이익을 감소시키지 않는다는 것을 의미한다. 즉, 많은 사람들이 동일한 재화를 동시에 소비하여 동등한 이익을 서로 얻을 수 있다는 의미에서 비경합적 소비를 집합적 소비라고 할 수 있으며 가장 대표적인 도시계획시설로는 국방시설, 홍수방지시설, 치안유지시설 등을 들 수 있겠다. 또한 재화로부터 발생하는 이익의 정도가 모두 균등하다면 이와 같은 균등소비를 제공해주는 재화를 우리는 순수공공재라고 칭하며 순수민간재의 경우에는 상이한 개인의 소비량을 합함으로써 사회전체의 소비총량이 결정된다. 반면에 비배제성은 특정재화의 소비에서 얻는 혜택을 특정그룹의 사람들로부터 배제할 수 없는 것이다. 시장경제에서 생산되고 소비되는 모든 민간재는 각각의 시장가격을 가지고 있으며 소비자가 시장에서 그 가격을 지불하지 않으면 소비자 자신은 소비혜택에서 배제되는 배제성 원칙이 적용된다고 할 수 있다. 그러나 현행법이 규정하는 도시계획시설 중에는 그런 자격을 갖추지 못한 것이 많다. 대표적인 예로는 도매시장, 소매시장, 유통업무설비, 방송통신시설, 종합유선방송시설, 방송국, 자동차 및 건설기계운전학원, 유치원 및 새마을 유아원, 연구시설, 장례식장, 종합의료시설 같은 것 들이다. 그런 시설들은 민간인들의 이윤 동기에 맡기더라도 충분히 공급될 수 있다.[20]

(2) 과도한 도시계획시설 지정

도시계획시설이 많아진 것은 시대가 변화함에 따라 도시에 필요한 공공시설의 종류가 다양해졌다는 것을 나타내주는 것이라 할 수 있다. 그러나 많은 시설 중에서 도시계획으로 설치하지 않아도 되는 시설이 상당수 존재하고 있음은 용이한 입지확보와 토지의 사용 등에 유리한 혜택을 활용하고자 하는 의도에서 결정된 것이라고 볼 수 있다.[21] 따라서 장기미집행시설로 토지소유자의 재산권 행사 제한과 토지의 효율적인 활용을 감안하여 도시계획의 필요성에 따라 재정비되어야 한다.

20) 김정훈, 한국법의 경제학Ⅰ, 한국경제연구원, 1997. 3, p. 59.
21) 김찬호, “미집행 도시계획시설 문제해결을 위한 대처 방안”, 도시문제 제37권 제409호, 2002. 12, p. 70.

지방자치단체는 지금까지 해당 자치단체의 재정능력을 충분히 감안하지 않고 과도하게 도시계획시설을 늘리는 계획을 수립하였다. 이와 같은 계획들은 결과적으로는 장기미집행 도시계획시설을 양산하게 된다.[22] 더구나 토지이용계획에 있어 주민의 민원 혹은 개발업자의 요구 등에 의해 상업용지나 주거용지를 보다 많이 확보하기 위한 방편으로 실제로 예측되는 정도 이상의 인구증가를 계획지표로 삼고 있는 것이 일반적이다. 그러나 증가 계획된 인구를 대상으로 하면 도시계획시설인 상하수도, 전기, 가스·통신시설, 학교·문화·복지시설 등의 지정은 처음부터 비현실적이다. 실제로 인구증가가 이루어지지 않은 대부분의 도시에 있어 토지이용계획에 동반된 도로계획에 의해 장기미집행 도시계획시설을 양산하는 결과를 낳고 있다. 이밖에도 직선화된 격자형 가로체계의 지나친 적용 등도 미집행 도시계획시설의 증가 요인으로 지적되고 있다.[23]

(3) 도시계획시설의 폐지·조정의 미흡

도시계획시설 중에는 실제 집행이 어려운데도 무리하게 결정되었거나 실질적으로 불필요하게 계획된 경우 그리고 정치적 이유 혹은 상위계획과의 관계에서 집행 필요성이 반감되어 집행이 어려운 경우가 있는데, 주변지역의 여건, 주민여론, 지역특성을 충분히 고려하지 않고 시급히 계획됨으로써 문제를 발생시켰고 또한 계획시점에는 장래 집행상의 문제점은 없었으나 당해 지역의 특수한 여건변화로 집행이 불가능한 경우가 발생하는 경우로서 이로 인해 장기미집행시설이 누적되고 있다. 다시 말해서 실현가능성이 없거나 여건변화 등으로 불합리하게 된 시설에 대한 폐지·조정 등 신축적 대응이 미흡하였다.[24]

현행 국토계획법은 일정기간마다 도시계획을 수립하도록 규정하고 있다. 이때마다 도시계획시설의 과다한 계획으로 인해 미집행시설이 누적되고 도시관리계획으로 결정된 시설은 특별한 사유가 없으면 폐지·변경이 불가하여 한번 결정된

22) 대한국토·도시계획학회 편저, 도시계획론, 2006, p. 564.

23) 이승주 외, "장기미집행 도시계획시설 대처방향", 도시정보, 대한국토도시계획학회, 2001. 6, pp. 1－19.

24) 정석희·김의식, "장기미집행 도시계획시설의 정비방안", 정책연구보고서, 국토개발연구원, 1998. 3. p. 14.

도시계획시설은 그 도시와 생명을 같이 하는 경우가 일반적이다. 또한 지형상 도로 개설이 불가능한 구간을 포함하고 있거나, 대체도로의 개설 등으로 도시계획 결정 존치의 필요성이 없게 된 경우에도 결정된 도시계획시설의 폐지·조정을 특혜차원으로 인식하거나 이해관계가 엇갈려 민원이 유발될 소지가 있음을 이유로 그대로 두고 있는 등 장기미집행 도시계획시설에 대한 신축적 대응이 미흡하였다.[25]

(4) 개별법과 국토계획법상 도시계획시설의 상충

도시관리계획으로 설치할 수 있는 시설 중 18개 시설은 도시관리계획과 별도로 기본계획을 수립하도록 하고 있다. 도시관리계획은 주로 도시계획시설의 규모, 입지 등의 내용을 전 도시지역에서 개략적인 수준에서 다루는 반면, 개별법에서 작성하는 계획에서는 규모, 입지뿐만 아니라 재원조달 및 도시계획시설의 운영방안 등에 대한 내용을 보다 구체적으로 다루고 있다. 그리고 도시계획과 개별법에서 수립되는 기본계획에는 각각 나름대로의 역할이 있다. 도시계획은 각 개별법에 의해 계획된 시설의 규모나 입지 등이 주변 토지이용이나 인접 도시계획시설과 상충되지 않도록 종합적으로 검토하는 역할을 한다. 그 반면에 개별법상 기본계획은 시설의 적정 수요 및 공급, 규모, 체계적인 배치 등에 대한 계획을 수립하는 역할을 한다.

국토계획법과 개별법에 의해 수립된 계획 사이에는 내용이 서로 중복되거나 상충되는 부분이 있다. 이와 같이 중복 또는 상충되는 부분을 조정하기 위해서는 각 계획간의 역할과 상호관계를 관련법에 명확히 규정해 줄 필요가 있다. 다행히 개별법에 의한 기본계획 중 도시교통정비계획은 도시계획으로 결정된 도시계획시설계획을 수용하여 작성하도록 하고 있으며, 수도정비기본계획과 하수도정비기본계획은 도시기본계획을 상위계획으로 수용하여 작성하도록 하고 있어 계획간의 관계가 관계법에 구체적으로 규정되어 있다. 그 외 시설들은 개별법에서는 도시계획과의 관계를 명확하게 규정하고 있지 않다. 그러므로 계획내용이 서로 상충될 경우에는 도시행정에 일관성이 결여될 뿐만 아니라 계획조정을 위해 불필요한 행정력

25) 규제개혁위원회, 앞의 논문, p. 237.

과 시간의 낭비를 초래할 우려가 있으므로 도시계획과의 관계를 명확하게 규정해 줄 필요가 있다.[26)]

2) 장기미집행 도시계획시설에 대한 우리 법원의 판단

일단의 토지가 도시계획시설로 도시계획에 의해 결정되는 경우, 해당 토지의 공적 매수가 신속하게 이루어져야 해당 토지소유자의 재산권 침해가 최소화될 수 있다. 그러나 현실적으로는 지방자치단체의 재정능력에 분명한 한계가 있어서 해당 도시의 도시계획시설부지에 대한 공적 매수가 원활하게 이루어지지 못하고 있다. 이와 같은 이유로 장기미집행 도시계획시설을 둘러싼 토지소유자들의 불만이 사회적 문제로 대두되었고, 이에 관한 대응 방안의 하나로 도시·군계획시설결정에 대하여 20년이란 시효를 규정하게 되었다.

도시계획시설에 대한 이러한 조치는 사유지에 도시계획시설인 공원 등을 지정해 놓고 보상 없이 장기 방치하는 것은 재산권 침해라는 취지의 1999년 헌법재판소 헌법불합치 결정에 따른 것이다. 헌법재판소는 1999년 10월 21일 도시계획이 시행되는 구역 내의 토지소유자들에게 시장이나 군수의 허가를 받지 아니하고는 토지의 형질변경이나 건축 등을 금지하면서도 이러한 재산권 행사의 제한에 대하여 아무런 보상규정을 두고 있지 않은 구 도시계획법 제4조(2000. 1. 28. 법률 제6243호로 전문개정되기 전의 것)는 헌법에 합치되지 아니한다고 판시하였다.[27)] 이 헌법재판소의 결정에 따라 2000. 1. 28. 법률 제6243호로 전문개정된 이 도시계획법은 도시계획시설결정에 대한 실효제도를 신설하면서 도시계획시설의 부지로 되어 있는 토지 중 지목이 '대'인 토지에 관한 매수청구제도를 함께 신설하였다. 이 매수청구제도는 도시계획법이 폐지되면서 국토의 계획 및 이용에 관한 법률 제47조에 계승되었다. 도시계획법 부칙이 2000년 7월 1일 이전에 결정 고시된 도시계획시설 기산일을 2000년 7월 1일로 잡았기 때문에 원래 목적대로 개발되지 못한 경우, 해당 부지는

26) 한편 개별법이 있는 도시계획시설은 국토계획법과 개별법에 각각 규정된 이중의 사업시행절차를 따르지 않으면 안 된다.

27) 헌재 1999.10.21. 97헌바26 결정.

2020년 7월 1일부로 도시계획시설에서 해제되었다.[28]

요약하면, 현재 도시·군계획시설결정이 고시된 도시·군계획시설에 대하여 그 고시일부터 20년이 지날 때까지 그 시설의 설치에 관한 도시·군계획시설사업이 시행되지 아니하는 경우 그 도시·군계획시설결정은 그 고시일부터 20년이 되는 날의 다음 날에 그 효력을 잃는다(국계법 제48조 제1항). 국계법 제48조 제1항은 도시계획시설로 결정된 시설에 대하여 장기간 집행되지 아니한 채 방치되지 아니하도록 도시계획시설결정의 실효라는 강력한 수단을 동원하여 국민의 재산권을 보장하고 있다.

장기미집행 도시계획시설에 관한 질문

Q. 집행계획은 수립하였지만 실시계획 인가 등 사업시행이 되지 않은 경우 해제입안을 할 수 있는지 여부 [국토교통부 도시정책과－2471호(2017.03.15.)]
장기미집행 도시계획시설(공원)에 대하여 '16년~'18까지(1단계) 집행하는 것으로 단계별 집행계획을 수립·공고 하였지만 '16년에 실시계획 인가 등 사업시행이 시행되지 않았을 때, '17.1.1부터 「국토의 계획 및 이용에 관한 법률」(이하 국토계획법) 제48조의2 제1항에 따른 해제신청 대상에 포함되는지 여부 ※ 단계별 집행계획) 2016년 1,488백만원 / 2017년 1,488백만원 / 2018년 1,490백만원

A. 국토계획법 제48조의2 제1항에 따라 장기미집행 도시·군계획시설로서 단계별 집행계획상 해당 도시·군계획시설의 실효 시까지 집행계획이 없는 경우에는 그 도시·군계획시설 부지로 되어 있는 토지의 소유자는 도시·군관리계획 입안권자(이하 "입안권자")에게 그 토지의 도시·군계획시설결정 해제를 위한 도시·군관리계획 입안(이하 "해제입안")을 신청할 수 있습니다.

질의하신 사항과 같이 '16년도부터 사업을 시행하기로 집행계획을 수립하였으나, '16년까지 해당 도시·군계획시설의 실시계획 인가 등 사업이 시행되지 않았다면, '17.1.1.부터 해당 도시·군계획시설 부지의 토지 소유자는 국토계획법 제48조의2 제1항에 따라 입안권자에게 해제입안을 신청할 수 있습니다. 〈국토교통부 도시정책과－2471호(2017.03.15.)〉

28) 국토교통부에 따르면 2016년 말 기준으로 2020년 7월에 고시가 실효되는 전국의 도시계획시설은 공원 397㎢ 등 703㎢이라고 발표한 바 있다.

3) 도시계획시설결정에 따른 개인 재산권 보호 사례

도시계획시설결정에 따른 개인의 재산권 보호를 위해 독일의 경우에는 도시계획의 수립기간 중에 도시계획예정구역에 대하여 형질변경금지의 결정하는 경우에는 지방자치단체가 도시계획을 수립함에 있어서 언제나 일정 기간이 소요되는 것은 불가피하다는 판단 아래 4년까지는 토지소유자에게 보상을 할 필요가 없으나 4년이 경과한 뒤에는 이로 말미암아 발생하는 재산적 손실에 대하여 적절한 금전보상을 하도록 규정하고 있고(독일 도시계획법 제14조), 도시계획이 이미 확정된 경우 토지소유자가 도시계획시설의 결정으로 말미암아 현저한 재산적 손실을 입고 있다면 재산권에 대한 이러한 형태의 제한은 이미 수용적 효과를 가진 것으로 보아 곧바로 보상청구권을 인정하고 있다(독일 도시계획법 제40조 제1항).

프랑스의 공용수용법에서는 공용수용예정지에 대하여 공용수용을 고시하는 경우 이에 대한 집행기간을 반드시 함께 고시하도록 하고 있고, 이 경우에도 허용되는 집행기간은 원칙적으로 5년을 넘을 수 없도록 규정하고 있으며, 고시된 집행기간이 경과했음에도 불구하고 아직 수용이 이루어지지 않은 경우에는 공용수용에 관한 고시가 효력을 상실하도록 규정하고 있다.

미국도 지방자치단체가 도로나 공원 등의 예정부지로서 취득하려고 하는 토지의 개발을 막기 위하여 도시시설계획을 수립하는 경우, 이로 인한 토지이용의 제한이 당해 토지를 쓸모없게 하거나 매도할 수 없을 정도에 이르게 하는 경우 혹은 개인의 토지를 3년 동안 동결시키는 효과를 가져오는 경우에 있어서 적정한 보상이 따르지 아니하는 한 이러한 도시시설계획은 위헌이라는 것이 미국 법원 판례의 주된 경향으로 나타나고 있다.

제2절 도시계획시설의 공공성 판단기준

도시계획시설의 공공성은 그 시설의 객관적 기능이 통상적인 판단의 기준이 되지만, 도시계획의 종류나 시설의 설치, 귀속 및 관리의 주체에 의해서도 영향을 받는다. 도시계획시설사업은 도로·철도·항만·공항·주차장 등 교통시설, 수도·전기·가스공급설비 등 공급시설과 같은 도시계획시설을 설치·정비 또는 개량하여 공공복리를 증진시키고 국민의 삶의 질을 향상시키는 것을 목적으로 하고 있으므로, 도시계획시설사업은 그 자체로 공공필요성의 요건이 충족된다.[29]

개인이 설치하는 도시계획시설 중 공공시설에 해당되지 않아 소유권이 관리청에 귀속되지 않으며 그 운영권도 사인에게 있는 시설들이 있다. 이러한 시설들은 행정주체가 설치하고 소유하며 관리하는 도시계획시설에 비해 공공성이 낮다고 보아야 한다. 기능상 공공성이 인정되는 도시계획시설의 경우에도 주체의 공공성이 낮아지면 헌법이 말하는 공공필요의 요건을 충족하지 못할 수 있다.[30] 그러므로 비록 국토계획법에 의해 도시계획시설결정이 내려지고 실시계획이 인가되었다고 해도 수용권이 부인될 수 있다.[31]

도시계획시설에 대한 공공성을 판단할 때 무엇보다 유념할 일은 실질적이고 종합적인 해석의 관점을 유지하는 것이다. 도시계획시설은 한편으로 도시계획결정이라는 엄격한 절차와 형식에 의해 마련되므로, 법적 문제를 해결할 때 형식에 과도하게 의존하는 경향을 보인다. 그래서 도시계획결정이 있으면 공공필요가 있고 그것으로 수용권이 정당화된다는 식의 형식논리로 흐르기 쉽다. 그러나 이러한 논

29) 헌재 2007. 11. 29. 2006헌바79, 판례집 19－2, p. 576, p. 588 참조.

30) 이인호, "역 로빈훗 방식의 수용권행사의 위헌성", 특별법연구(특별소송실무연구회 편) 제9권, 2011. 5., p. 212.

31) 대법원 2011.1.27. 선고 2009두 판결 참조.

리를 종류와 양태가 다양한 도시계획시설에 대해 일반화시키면 헌법이 요구하는 공공필요라는 개념이 유명무실해질 수 있다. 이것이 도시계획시설의 공공성을 개별시설에 따라 실질적으로 따져봐야 하는 이유이다.

도시계획시설 공급에 필요한 비용은 기본적으로 누구에 의해서 누구를 위하여 도시계획시설이 공급되는가에 따라서 그 부담의 주체가 달라진다. 그러나 일반적으로는 도시계획시설 공급에 필요한 비용부담은 수익자 부담원칙, 원인자 부담원칙, 지불능력 원칙[32]의 적용결과에 따라서 결정된다. 이와 관련해서 기존의 연구들은 공공시설 투자의 재원조달 방안으로서 개발이익 환수의 필요성을 제기한 연구,[33] 개발이익환수시스템의 구축의 시급성을 지적한 연구,[34] 그리고 기반시설 부담의 형평성을 위해서는 기반시설로 인해 혜택을 입은 사람이 그 공급비용을 부담하는 것이 타당하다는 점을 강조한 연구 등이 있다.[35]

선행연구결과들을 참조하면 도시계획시설 공급비용 부담에 있어서 가장 적합한 원칙은 수익자 부담의 원칙임을 알 수 있다. 하지만 수익자부담원칙의 적용에 있어서 수익자에 대한 개념 자체가 명확하지 않기 때문에 구체적으로 누가 기반시설 설치비용을 부담해야 하는지를 결정하는 것은 쉬운 일이 아니다. 이 문제와 관련하여 기존의 연구는 '공공시설'이라는 것 자체가 시민들의 세금으로 운영되는 것이기 때문에 결국 공공재 설치가 시민 전체에게 혜택을 준다면 공공이 부담하는 것이 맞고, 그 혜택이 일부에게만 국한된다면 그들에게 부담시키는 것이 맞다고 주장

32) 수익자 부담원칙은 기반시설 설치로 인해 이익 또는 혜택을 받는 자가 그 수익의 한도 내에서 비용을 부담해야 한다는 의미이고, 원인자 부담원칙은 기반시설의 설치 또는 정비를 필요하게 만든 원인유발자가 그 해당 비용을 부담해야 한다는 의미이다. 그리고 지불능력 원칙은 비용부담자의 경제적 지위를 고려하여 비용을 부담시키는 것이다.

33) 김성배, "지방화 시대의 공공시설투자 재원조달 방안", 사회과학논총, 제1권, 1998, pp. 116-134.

34) 권영덕, "기성시가지 내 정비사업의 공공시설 확보방안 연구", 서울시정개발연구원. 2003.

35) 이건영, "택지개발에 따른 비용분담의 형평성에 대한 연구", 도시행정학보, 제18권 제2호, 2005, pp. 151-170.

하고 있다.[36)]

그런데 이러한 연구의 대부분은 도시계획시설을 새로 공급해야 하는 신규개발 상황을 대상으로 논의된 것 들이다. 기성시가지 정비의 관점에서 도시계획시설 공급의 경우를 가정해 보면, 기성시가지 정비의 가장 대표적 정비수법인 재개발사업은 토지소유자들이 조합을 형성하여 진행하는 합동재개발 방식으로서 진행되고 있고, 재개발과정에서 전면 철거의 개발형식을 적용하고 있어서 재개발 이후에 도시계획시설에 대한 수요가 그 이전과 비교하여 크게 증가하는 경우가 대부분이어서 공공시설 공급의 원칙으로는 수익자부담원칙이 가장 타당한 것으로 평가된다.

2.1 도시계획시설과 공익성 판단

도시계획시설은 도시민의 일상생활과 사회 경제활동을 위한 물리적 기반이자 수단이다. 또한 사회간접자본과 같이 생산활동을 지원하고 경제개발을 촉진하며 쾌적한 도시생활을 하는데 중요한 수단이다. 도시계획시설은 주민의 생활에 반드시 필요한 시설이지만, 수익성이 낮거나 설치하는데 대규모 자금이 필요하여 민간으로부터 공급이 곤란한 시설을 공공이 공급하고 있다.

시대가 변화함에 따라 도시에 필요한 공공시설의 종류도 변화하기 마련이다. 따라서 도시계획시설사업도 이러한 환경변화에 부합하기 위해 도시계획시설의 사업대상의 적정성, 도시계획시설 사업시행자의 확대 문제, 공용수용의 요건, 도시계획시설 부지 내 가설 건축물의 영업보상에 대한 문제를 재검토해야 할 것이다. 도시계획시설사업은 공공필요성에 부합하는 시설로 엄격하게 사업대상을 제한하되, 도시계획시설사업의 원활한 추진을 위해 사업시행의 민간참여를 전향적으로 검토할 필요가 있다.[37)]

36) 김현아·박상원·김형준, "지방공공재의 비용부담 원칙에 관한 연구", 한국조세연구원, 2004.

37) 허강무, "도시계획시설사업의 수용 및 보상에 관한 법적 쟁점", 사단법인 행정법이론

시립미술관은 대표적인 공공시설물이다. 미술관은 유치원 어린이들에게는 봄 개나리 피어나는 것 같은 무한한 상상력에 날개를 달아주고 한가로운 노인들에게는 살아온 시간들의 아련한 기억들을 살며시 되돌아 볼 수 있게 하는 고마운 사색의 공간이다. 아미엘 일기로 잘 알려진 스위스 문학자이자 철학자인 아미엘[38]은 사색의 소중함을 이렇게 말했다. "여유로운 사색에 잠긴다는 것은, 한낮의 더위로 빛을 잃고 지쳐버린 생각을 밤에 오는 비처럼 소생시킨다." 이처럼 미술관은 바쁜 하루를 살아가는 보통 사람들에게 있어서 휴식의 공간이고 사색의 공간이자 아이들을 데리고 와서 즐거운 시간을 함께하는 소중한 생활공간이다. 이런 이유에서 외국의 경우 대부분의 시립미술관은 그 도시의 중심에 위치해 있다.

그런데 우리나라 대도시 중 하나인 ○○시의 시립미술관은 도시 중심부에서 한참 떨어진 도시 외곽에 위치하고 있다. 행정구역 경계로 따지면 도시외곽이라 하기는 어렵지만 이 도시를 둘러싸고 있는 산 밑에 위치하고 있어서 현실적인 시각에서 보면 이 도시의 외곽에 위치하고 있다. 실제 이 미술관 옆으로 월드컵 축구 경기장이 있다. 이런 불리한 입지조건에 더하여 더 충격적인 사실은 이 미술관까지 연결된 대중교통 수단이 없다는 사실이다. 버스를 타고 이 미술관을 방문하려면 가장 가까운 버스정류장에서 한참을 걸어 올라가야 한다. 또 지하철을 타고 가더라도 가장 가까운 지하철역에 내려서 택시를 타야 할 만큼 불편한 거리를 두고 있다. 직설적으로 표현하면 자가용을 타고 가던가 아니면 택시를 타야 하는 곳에 위치하고 있다.

누가 이런 곳을 시립미술관 부지로 제안을 했는지 또 어떻게 해서 이런 곳에 실제로 미술관이 세워졌는지 지금 생각해봐도 마음이 불편하다. 사실 시립미술관처럼 큰 예산이 드는 시설이 완공되려면 거쳐야 하는 행정절차가 많을 뿐만 아니라 상당히 복잡하다. 집 한 채를 짓더라도 구청에서 받아야 할 허가사항이 얼마나 많고 또 그 과정이 복잡한지 생각해보면 쉽게 짐작이 갈 것이다. 이러한 행정절차 중에는 공공시설물의 사회적 필요성뿐만 아니라 해당 시설물의 규모와 입지의 적정성에 대한 전문가들의 심의과정도 당연히 포함되어 있었을 것이다. 그럼에도불구

실무학회 행정법연구 제35호, 2013년.

38) 앙리 프레데릭 아미엘. 스위스 철학자. 1821－1881.

하고 이 시립미술관에 관한 최초의 계획안이 제안되고, 그에 대한 평가가 이루어지고, 설계공모가 진행되고 설계안을 선정하고 공사가 진행되는 그 긴 시간 동안에 전문가 혹은 시민단체 중 누구 한 사람 이 시립미술관 입지의 불합리성을 지적하였다는 소리를 듣지 못했다. 내심 내가 알고 있는 것이 사실이 아니길 바라면서, 이 시립미술관 입지의 부당함과 문제에 대하여 지역 일간지에 짧은 글을 기고하였다.

기사가 나가고 며칠 되지 않아서 기자들의 전화를 여러 번 받았다. 기자들의 첫 질문은 한 결같이 왜 그런 비판적인 글을 썼느냐는 것이었다. 이 질문에 대하여 답을 하는 대신에 나는 "해외출장 경험이 있습니까?"하고 물었다. 경험이 있다고 대답하면 그때의 기억을 되살려보고 그 나라 시립미술관은 도시의 어디에 위치하느냐고 물었다. 기자들의 대답은 한결같았다. 다들 시립미술관은 도시의 중심에 있다고 했다. 그 다음은 내가 설명했다. 시립미술관이 도시 중심이나 교통의 중심지에 있을 때 시민 누구라도 쉽게 부담 없이 편안하게 미술관을 이용할 수 있기 때문에 세계 대부분의 나라의 시립미술관들은 도시 중심에 위치하고 있다고. 내 설명이 다 끝나기도 전에 기자들은 말했다. "왜 이런 이야기를 지금까지 아무도 하지 않았을까요?" 짧은 글의 후폭풍은 꽤 거셌다. 기사가 나가고 얼마 지나지 않아서 해당 시의 관련 공무원이 지역 라디오 방송에 출연하여 이 지역 시립미술관은 수준 높은 미술품 전시회를 열어서 다른 시도의 시립미술관과 비교하여 더 많은 관람객들이 미술관을 이용하고 있고, 따라서 이 미술관은 다른 시도의 시립미술관 보다 훨씬 높은 수준의 공공 서비스를 하고 있다고 설명하였다. 인터뷰가 끝날 때까지 시민들이 대중교통을 이용하여 시립미술관을 이용하는 불편함에 대한 사과나 이러한 불편을 앞으로 어떻게 개선해 나갈 것이라는 설명은 없었다.

지금이라도 이 시립미술관은 도심으로 이전하는 게 마땅하고도 옳은 일이다. 특히 이 미술관이 공공성을 필수적으로 갖추어야 할 시립미술관이란 점을 고려하면 더 이상의 설명은 필요 없다.

2.2 기반시설 공급의 관점에서 본 우리나라 신도시 개발

정부는 2019년 12월 19일 수도권 광역교통망 개선방안을 포함한 수도권 주택공급 계획을 발표했다. 언론과 대부분의 사람들은 정부의 이번 발표를 3기 신도시계획으로 이해하고 있다. 이날 발표에서 정부는 2기 신도시 개발의 문제점을 서울과의 접근성 확보의 실패, 광역 교통 인프라의 부실, 열악한 자족기능 그리고 수요에 비해 과도한 공급 등으로 지적하면서 3기 신도시 계획의 특징을 다음과 같이 설명했다. 첫째, 서울 도심권에 30분 접근이 가능한 도시로 개발하기 위하여 서울과 1기 신도시 사이에 위치한 지역을 선정하였고, GTX 등 광역 교통망을 충분히 갖출 계획이라고 한다. 둘째, 도시지원시설 용지를 2배 이상 충분히 확보하여 스스로의 일자리를 만들어 도시의 자족성을 확보할 계획이라고 한다. 셋째, 유치원을 100% 국공립으로 세우고 기준대비 1.5배 이상의 녹지를 확보하며 개발이익을 활용하여 도서관 등 생활지원시설을 확충하여 아이 키우기 좋은 도시로 개발한다고 한다. 넷째 총괄건축가와 함께 지역 맞춤형으로 설계하여 지역과 함께 만드는 도시로 개발한다고 한다.

수도권 주택문제는 아주 오래 전부터 시작되었는데, 개발시대 수도권 주택문제의 본질은 수도권의 가구수와 인구의 급격한 증가에 따른 주택량의 절대적 부족에 있었다. 특히 1980년대부터 서울의 집값과 임대료가 크게 오르자 주거비가 저렴한 교외지역과 위성도시로 중·저소득층의 이주가 본격화되었고, 기존 주거지 내에서 소득계층별 분리현상(social segregation)도 나타나기 시작했다. 이런 수도권 주택문제를 해결하기 위한 정책수단으로 정부는 신도시 개발을 선택했다.

1기 신도시개발은 1989년 4월 정부의 신도시 건설계획 발표와 함께 시작되었다. 이날 발표된 정부의 신도시건설계획은 서울 근교의 20km 권역 내에 입지하고 있는 성남시 분당, 고양시 일산, 안양시 평촌, 군포시 산본, 부천시 중동의 5개 지역을 신도시로 선정했다. 1기 신도시들은 1992년 말 입주를 완료해 약 29만 2천 가구, 117만 명이 거주하게 되었다. 1기 신도시개발은 서울 외곽의 미개발지역에 신도시를 조성함으로써 저렴한 택지와 비교적 짧은 개발기간을 확보할 수 있었다. 또 서울로부터 상당한 거리에 신도시를 조성함으로써 서울시와의 연담화 문제에서 상당히 자유로울 수 있었다.

1기 신도시 중 분당과 일산은 기존 시가지와는 완전히 분리된 완전한 미개발지에 들어선 신도시로서 개발과정에서 아파트 배치간격과 녹지를 충분히 확보하고 계획 인구밀도를 낮게 계획할 수 있었던 것과 비교하여 중동, 평촌, 산본은 기존 시가지의 미개발지를 대상으로 신도시를 조성함으로써 아파트 배치간격이 충분하지 못하고 계획 인구밀도 역시 높게 계획하게 됨으로써 신도시 조성 이후 이들 도시들 간의 삶의 질 혹은 쾌적성 수준에 상당한 차이가 나타나게 되었다. 그럼에도 불구하고 1기 신도시들은 1990년대 부동산 투기수요 억제와 서울의 집값 안정에 상당한 기여를 한 것으로 평가받고 있다. 다만 1기 신도시 개발에 뒤이은 수도권의 중소규모 택지개발 사업들이 주변상권과 교통문제를 충분하게 고려하지 않고 아파트를 짓는 데에만 치중하여 용인시에서와 같은 난개발을 초래하였다는 점에서 그 부작용 또한 적지 않았다.

그런데 1기 신도시 건설 이후에도 수도권은 2000년대 초반까지도 빠른 속도로 성장하였으며 그로 인해 다시 집값이 급등했다. 이에 노무현 정부는 서울로부터 30km 이상 떨어진 외곽 지역에 12개 신도시 개발을 내용으로 하는 2기 신도시계획을 발표했다. 2기 신도시는 성남시 판교와 위례, 수원시 광교, 화성시 동탄1과 동탄2, 파주시 운정, 김포시 한강, 양주시 양주, 평택시 고덕국제신도시, 대전광역시 도안, 천안시 아산, 인천광역시 검단 등이다. 이중 김포시, 파주시, 화성시, 인천광역시, 수원시, 성남시, 양주시, 아산시, 대전광역시 등은 기존 시가지와 상당한 거리의 외곽지역에 신도시가 조성되면서 지금도 수도권 교통문제를 어렵게 만들고 있다. 또 화성시 동탄, 파주시 운정, 인천광역시 검단 등 일부 지역은 과잉 공급으로 인한 미분양 문제가 현재에도 진행 중에 있는데 추가 공급량이 남아 있는 도시도 있어서 미분양 사태의 심각성이 쉽사리 해결될 것 같지 않다.

1기 신도시와 2기 신도시 계획 모두 주택의 공급확대를 통한 주택문제 해결을 정책목표로 삼았다. 그러나 주택공급 대상에 대한 진지한 고려 없이 중고소득층 위주의 공급정책을 추진함으로써 주택의 양적 증대에도 불구하고 소득계층별 주거수준의 격차가 벌어지는 문제를 초래하였다. 다시 말해서 1기와 2기 신도시 개발이 수도권 주택수요의 점유형태적 특성을 충분히 고려하지 못한 채로 진행됨으로써 중고소득층의 주거안정에 상당한 기여를 했음에도 불구하고 저소득층을 위한 임대주택 등의 공급이 거의 이루어지지 않았고 그 결과 저소득층의 주거안정에는 별다른 도움이 되지 못했다. 뿐만 아니라 주택공급을 통하여 다양한 사회계층의 적정한 혼합(social mix)도 이루지 못함으로써 도시의 건강한 공동체 형성과 정체성 형성에 기반이 되는 도시의 다양성을 확보에 실패했다.

요약하면 1기 · 2기 신도시 계획은 서울 집값의 급등의 문제를 신속하게 해결하려는 정부의 속결주의와 정치적 목적에 별다른 문제제기를 하지 않은 계획가들의 관망 속에서 계획의 정당성이나 기존 계획과의 정합성에 대한 신중한 검토 없이 신속하게 추진되었다. 계획의 정당성이 계획수립의 배경이나 목표의 중요성에 따라서 정해지는 것이 아니라 계획수립과정의 민주성과 계획목표의 시대적, 사회적 수용 여부에 의해 확보된다는 점에서 볼 때 1기 · 2기 신도시계획 수립과정은 매우 폐쇄적이었으며 정책목표 수립에 관한 전문가들의 의견수렴의 과정도 지극히 제한적이었다.[39)]

그런데 이번에 발표된 3기 신도시 개발계획의 내용을 보면 주택공급과 기반시설의 공급계획을 연동하고 있다는 점을 긍정적으로 평가할 수 있겠지만, 본질적으로 계획의 핵심이 서울의 집값 안정을 위한 주택공급이라는 1기 · 2기 신도시의 계획목표를 그대로 수용하고 있다는 점에서 계획목표에 대한 신중한 재검토가 요구된다. 왜냐하면 주택의 절대량이 부족하던 1기 신도시 개발의 상황과 현재의 상황이 전혀 다르기 때문이다.

또 국민 소득향상에 따른 친환경성과 삶의 질 요구 증대 및 인구성장의 정체화

---

39) 여기서 계획지표의 시대적 수용성은 계획지표의 사회경제적 수용가능성 뿐만 아니라 자연환경적 측면에서의 수용성을 포함하는 것으로 미래세대의 지속가능성 여부가 수용성 판단의 기준이 된다.

및 고령화, 1인 가구의 증가 등 사회구조의 변화가 빠르게 진행되고 있는 상황하에서 수도권 주택부족의 문제의 핵심이 주택의 양적 부족에 있는 것이 아니라 주택의 질을 제고하는 한편으로 주택공급에 있어서 사회적 형평성과 주거복지를 실천하는 데에 있기 때문이다.

제3절 도시계획시설의 계획 및 공급의 판단기준으로서 공익: 주요 판례 연구

3.1 도시계획시설결정[40)]

완충녹지 지정해제를 내용으로 한 도시계획시설 변경 입안 제안을 거부한 처분이 행정계획의 입안 시에 반드시 행하여야 할 정당한 이익형량을 하지 않아서 위법하다고 한 판결이다. 행정계획 입안 시에는 행정계획에 관련되는 자들의 이익을 공익과 사익 사이에서는 물론이고 공익 상호 간과 사익 상호 간에도 정당하게 비교교량하여야 한다는 제한이 있는 것이므로, 행정주체가 행정계획을 입안·결정하면서 이익형량을 전혀 행하지 않거나 이익형량의 고려 대상에 마땅히 포함시켜야 할 사항을 빠뜨린 경우 또는 이익형량을 하였으나 정당성과 객관성이 결여된 경우에는 행정계획결정은 형량에 하자가 있어 위법하게 된다.

판결 요지

이 사건 각 토지에 대하여 도시계획시설(완충녹지) 변경(폐지)을 입안하여 결정권자로부터 결정 여부에 대한 최종적인 판단을 받을 필요성(입안의 필요성)은 상당히 높은 반면 이 사건 도시계획시설(완충녹지)을 설치할 필요성은 상당히 소멸한 것으로 보이는바, 원고의 도시관리계획 입안 제안을 반영하지 않는다는 취지의 거부처분은 행정계획을 입안함에 있어서 이익형량의 정당성·객관성이 결여된 경우에 해당하고, 이는 재량권을 일탈·남용한 것으로서 위법하다.

40) 서울행정법원 2014.7.17. 선고 2013구합10595 판결.

3.2 도시계획시설 폐지[41]

1) 재산권 행사의 과도한 제한에 따른 위법 판결

도시관리계획에 따라 학교부지로 결정된 토지에 대한 학교시설 폐지요청 거부처분이 재산권 행사를 과도하게 제한하여 위법하다는 판결이다.

판결 요지

도시계획시설인 학교부지 내에 토지와 건물을 소유하고 있는 원고에게는 국토계획법상 학교부지에 대한 도시관리계획의 결정권자인 피고에게 학교부지에 관한 도시관리계획의 변경, 즉 학교시설 폐지를 요구할 수 있는 법규상 또는 조리상의 신청권이 있다. 그리고 학교시설 폐지 요청 민원 회신은 피고가 광진구청장과의 협의를 통해 관계법령상의 절차를 거쳐 학교시설 폐지를 진행할 계획임을 알린 것에 불과한 것이 아니라 원고의 학교시설 폐지 신청에 대한 사실상의 거부행위로서 항고소송의 대상이 되는 '처분'에 해당한다.

따라서 이 사건 회신은 원고의 재산권 행사를 과도하게 제한한 것으로서 행정계획을 입안·결정함에 있어 이익형량을 전혀 행하지 아니하였거나 이익형량의 정당성·객관성이 결여된 경우에 해당하고, 이는 재량권을 일탈·남용한 것으로서 위법하다.

2) 도시계획시설결정과 실시계획 인가처분의 적법성 판단

도시계획시설사업에 관한 실시계획의 인가 고시가 있으면 도시계획시설사업의 시행자는 사업에 필요한 토지 등을 수용 및 사용할 수 있다(제95조, 제96조). 이러한 권한을 부여하는 이유는 도시계획시설사업이 도시 형성이나 주민 생활에 필수적인 기반시설 중 도시관리계획으로 체계적인 배치가 결정된 시설을 설치하는 사업으로서 공공복리의 실천을 위한 사업이기 때문이다. 유원지 또한 도시계획시설 중의 하나로서 공공적 성격을 필수적으로 갖추어야 하는 시설이다. 이런 점에서 특정 계층의 주민들의 이용에 예상되는 고급형 휴양시설을 중심으로 하는 휴양형 주

41) 서울행정법원 2014.7.11. 선고 2013구합64967 판결.

거단지 개발사업의 경우 도시계획시설사업으로 추진하는 것이 타당하지 아니하다고 판단한 사례이다.

대법원 2015. 3. 20. 선고 2011두3746 토지수용재결처분취소등

□ **주요 판단 사항**

행정청이 유원지에 관하여 한 도시계획시설결정과 그에 관한 실시계획 인가처분의 적법성이 인정되기 위한 요건, 도시계획시설사업에 관한 실시계획인가의 요건을 갖추지 못한 인가처분의 하자가 중대한지 여부, 행정청이 법령 규정의 문언상 처분 요건의 의미가 분명함에도 합리적인 근거 없이 의미를 잘못 해석한 결과 처분요건이 충족되지 않은 상태에서 해당 처분을 한 경우, 하자가 명백한지 여부

□ **판단**

행정청이 도시계획시설인 유원지를 설치하는 도시계획시설사업에 관한 실시계획을 인가하려면, 그 실시계획에서 설치하고자 하는 시설이 국토계획법령상 유원지의 개념인 '주로 주민의 복지향상에 기여하기 위하여 설치하는 오락과 휴양을 위한 시설'에 해당하고, 그 실시계획이 국토계획법령이 정한 도시계획시설(유원지)의 결정·구조 및 설치의 기준에 적합하여야 한다.

국토계획법에 따르면, 도시계획시설사업의 시행자는 도시계획시설사업에 관한 실시계획을 작성하여 행정청의 인가를 받아야 하고(제88조 제2항), 실시계획의 인가 고시가 있으면 도시계획시설사업의 시행자는 사업에 필요한 토지 등을 수용 및 사용할 수 있다(제95조, 제96조).

위와 같은 국토계획법의 규정 내용에다가 도시계획시설사업은 도시 형성이나 주민 생활에 필수적인 기반시설 중 도시관리계획으로 체계적인 배치가 결정된 시설을 설치하는 사업으로서 공공복리와 밀접한 관련이 있는 점, 도시계획시설사업에 관한 실시계획의 인가처분은 특정 도시계획시설사업을 현실적으로 실현하기 위한 것으로서 사업에 필요한 토지 등의 수용 및 사용권 부여의 요건이 되는 점 등을 종합하면, 실시계획의 인가 요건을 갖추지 못한 인가처분은 공공성을 가지는 도시계획시설사업의 시행을 위하여 필요한 수용 등의 특별한 권한을 부여하는 데 정당성을 갖추지 못한 것으로서 법규의 중요한 부분을 위반한 중대한 하자가 있다.

행정청이 어느 법률관계나 사실관계에 대하여 어느 법률의 규정을 적용하여 행

정처분을 한 경우에 그 법률관계나 사실관계에 대하여는 그 법률의 규정을 적용할 수 없다는 법리가 명백히 밝혀지지 아니하여 그 해석에 다툼의 여지가 있는 때에는 행정청이 이를 잘못 해석하여 행정처분을 하였더라도 이는 그 처분 요건사실을 오인한 것에 불과하여 그 하자가 명백하다고 할 수 없지만,[42] 법령 규정의 문언상 처분 요건의 의미가 분명함에도 행정청이 합리적인 근거 없이 그 의미를 잘못 해석한 결과, 처분 요건이 충족되지 아니한 상태에서 해당 처분을 한 경우에는 법리가 명백히 밝혀지지 아니하여 그 해석에 다툼의 여지가 있다고 볼 수는 없다.[43]

□ **결론**

도시계획시설인 유원지로 설치하려는 시설이 고소득 노인층 등 특정 계층의 이용을 염두에 두고 분양 등을 통한 영리 추구가 그 시설 설치의 주요한 목적이고, 그 주된 시설도 주거 내지 장기 체재를 위한 시설로서 일반 주민의 이용가능성이 제한될 수밖에 없을 뿐만 아니라 전체적인 시설의 구성에 비추어 보더라도 일반 주민의 이용은 부수적으로만 가능하다고 보이는 경우, 도시계획시설규칙 제56조에 정한 '주로 주민의 복지향상에 기여하기 위하여 설치하는 오락과 휴양을 위한 시설'로서 공공적 성격이 요구되는 도시계획시설인 유원지와는 거리가 먼 시설임이 분명하고, 그럼에도 합리적 근거 없이 처분 요건이 충족되지 아니한 상태에서 한 도시계획시설사업에 관한 실시계획 인가처분의 하자는 객관적으로 명백하다.

판례의 의의

도시계획시설(유원지) 결정에 따른 도시계획시설사업의 사업시행자로 지정된 제주국제자유도시개발센터가 주거·레저·의료기능이 통합된 휴양형 주거단지 개발사업에 따라 조성하고자 한 예래휴양형 주거단지는 '주로 주민의 복지향상에 기여하기 위하여 설치하는 오락과 휴양을 위한 시설'로서 공공적 성격이 요구되는 도시계획시설인 유원지의 개념과 목적에 부합하지 아니하므로 그와 같은 시설을 설치하는 내용의 도시계획시설사업에 관한 실시계획 인가처분은 위법하고 그 하자가 중대·명백하여 당연무효이며, 당연무효인 인가처분에 기초한 수용재결도 무효라고 판단하였다.

42) 대법원 2004.10.15. 선고 2002다68485 판결; 대법원 2012.10.25. 선고 2010두25107 판결 등 참조.

43) 대법원 2014.5.16. 선고 2011두27094 판결 참조.

3) 도시계획시설결정과 실시계획인가와의 관계: 하자 승계의 관점에서

도시계획시설결정과 실시계획인가의 관계에 있어서 도시·군계획시설결정에 하자가 있더라도 그것이 당연무효가 아닌 한 원칙적으로 후행처분인 실시계획인가에 승계되지 않음을 명확하게 규정한 판결이다.

대법원 2017. 7. 18. 선고 2016두49938 판결(군계획시설사업분할실시계획인가처분취소)

□ **주요 판단 사항**

선행처분과 후행처분이 서로 독립하여 별개의 법률효과를 발생시키는 때에 선행처분에 불가쟁력이 생겨 그 효력을 다툴 수 없게 된 경우, 선행처분의 하자를 이유로 후행처분의 효력을 다툴 수 있는지 여부(원칙적 소극). 선행처분인 도시·군계획시설결정에 하자가 있는 경우, 그 하자가 후행처분인 실시계획인가에 승계되는지 여부(원칙적 소극)

□ **판단**

2개 이상의 행정처분이 연속적 또는 단계적으로 이루어지는 경우 선행처분과 후행처분이 서로 합하여 1개의 법률효과를 완성하는 때에는 선행처분에 하자가 있으면 그 하자는 후행처분에 승계된다. 이러한 경우에는 선행처분에 불가쟁력이 생겨 그 효력을 다툴 수 없게 되더라도 선행처분의 하자를 이유로 후행처분의 효력을 다툴 수 있다. 그러나 선행처분과 후행처분이 서로 독립하여 별개의 법률효과를 발생시키는 경우에는 선행처분에 불가쟁력이 생겨 그 효력을 다툴 수 없게 되면 선행처분의 하자가 당연무효인 경우를 제외하고는 특별한 사정이 없는 한 선행처분의 하자를 이유로 후행처분의 효력을 다툴 수 없다.

국토의 계획 및 이용에 관한 법률(이하 '국토계획법'이라 한다) 제43조 제1항에 따르면, 일정한 기반시설에 관해서는 그 종류·명칭·위치·규모 등을 미리 도시·군관리계획으로 결정해야 한다. 국토계획법 제2조 제7호, 제10호는 이와 같이 도시·군관리계획결정으로 결정된 기반시설을 '도시·군계획시설'로, 도시·군계획시설을 설치·정비 또는 개량하는 사업을 '도시·군계획시설사업'으로 지칭하고 있다.

도시·군계획시설은 도시·군관리계획결정에 따라 설치되는데, 도시·군계획시설결정은 국토계획법령에 따라 도시·군관리계획결정에 일반적으로 요구되는 기초조사, 주민과 지방의회의 의견 청취, 관계 행정기관장과의 협의나 도시계획위원회 심의 등의 절차를 밟아야 한다. 이러한 절차를 거쳐 도시·군계획시설결정이 이루어지면 도시·군계획시설의 종류에 따른 사업대상지의 위치와 면적이 확정되고, 그 사업대상지에서는 원칙적으로 도시·군계획시설이 아닌 건축물 등의 허가가 금지된다(제64조).

반면 실시계획인가는 도시·군계획시설결정에 따른 특정 사업을 구체화하여 이를 실현하는 것으로서, 시·도지사는 도시·군계획시설사업의 시행자가 작성한 실시계획이 도시·군계획시설의 결정·구조 및 설치의 기준 등에 적합하다고 인정하는 경우에는 이를 인가하여야 한다(제88조 제3항, 제43조 제2항). 이러한 실시계획인가를 통해 사업시행자에게 도시·군계획시설사업을 실시할 수 있는 권한과 사업에 필요한 토지 등을 수용할 수 있는 권한이 부여된다.

판례의 의의

도시·군계획시설결정과 실시계획인가는 도시·군계획시설사업을 위하여 이루어지는 단계적 행정절차에서 별도의 요건과 절차에 따라 별개의 법률효과를 발생시키는 독립적인 행정처분이다. 그러므로 선행처분인 도시·군계획시설결정에 하자가 있더라도 그것이 당연무효가 아닌 한 원칙적으로 후행처분인 실시계획인가에 승계되지 않는다.

3.3 도시계획시설로서 체육시설의 판단[44]

결정요지

1. 기반시설의 종류로서 체육시설을 규정한 이 사건 정의조항은 이 사건 수용조항과 결합한 전반적인 규범체계 속에서 도시계획시설사업의 시행을 위해 수용권이 행사될 수 있는 대상의 범위를 확정하는 역할을 하므로 재산권 제한과 밀접하게 관련된 조항이라 할 것이다. 그런데 특히 재산권 수용에 있어 요구되는 공공필요

44) 국토의 계획 및 이용에 관한 법률 제2조 제6호 등 위헌소원 등 (2011. 6. 30. 2008헌바166, 2011헌바35(병합))

성과 관련하여 살펴본다면 체육시설은 시민들이 손쉽게 이용할 수 있는 시설에서부터 그 시설 이용에 일정한 경제적 제한이 존재하는 시설, 시설이용비용의 다과와는 관계없이 그 자체 공익목적을 위하여 설치된 시설 등에 이르기까지 상당히 넓은 범위에 걸쳐 있다. 따라서 그 자체로 공공필요성이 인정되는 교통시설이나 수도·전기·가스공급설비 등 국토계획법상의 다른 기반시설과는 달리, 기반시설로서의 체육시설의 종류와 범위를 대통령령에 위임하기 위해서는, 체육시설 중 공공필요성이 인정되는 범위로 한정해 두어야 한다. 그러나 이 사건 정의조항은 체육시설의 구체적인 내용을 아무런 제한 없이 대통령령에 위임하고 있으므로, 기반시설로서의 체육시설의 구체적인 범위를 결정하는 일을 전적으로 행정부에게 일임한 결과가 되어 버렸다. 그렇다면, 이 사건 정의조항은 개별 체육시설의 성격과 공익성을 고려하지 않은 채 구체적으로 범위를 한정하지 않고 포괄적으로 대통령령에 입법을 위임하고 있으므로 헌법상 위임입법의 한계를 일탈하여 포괄위임금지원칙에 위배된다.

2. 도시계획시설사업은 그 자체로 공공필요성의 요건이 충족된다. 또한 이 사건 수용조항은 도시계획시설사업의 원활한 진행을 위한 것이므로 정당한 입법목적을 가진다. 민간기업도 일정한 조건하에서는 헌법상 공용수용권을 행사할 수 있고, 위 수용조항을 통하여 사업시행자는 사업을 원활하게 진행할 수 있으므로, 위 조항은 위 입법목적을 위한 효과적인 수단이 된다. 만약 사업시행자에게 수용권한이 부여되지 않는다면 협의에 응하지 않는 사람들의 일방적인 의사에 의해 도시계획시설사업을 통한 공익의 실현이 저지되거나 연기될 수 있고, 수용에 이르기까지의 과정이 국토계획법상 적법한 절차에 의해 진행되며, 사업시행자는 피수용권자에게 정당한 보상을 지급해야 하고, 우리 법제는 구체적인 수용처분에 하자가 있을 경우 행정소송 등을 통한 실효적인 권리구제의 방안들을 마련하고 있는 점 등에 비추어 이 사건 수용조항이 피해의 최소성 원칙에 반한다고 볼 수 없고, 우리 국가공동체에서 도시계획시설이 수행하는 역할 등을 감안한다면 위 수용조항이 공익과 사익 간의 균형성을 도외시한 것이라고 보기도 어렵다. 따라서 이 사건 수용조항은 헌법 제23조 제3항 소정의 공공필요성 요건을 결여하거나 과잉금지원칙을 위반하여 재산권을 침해한다고 볼 수 없다.

3. 국민의 건강 증진과 여가 선용을 위해 도시계획시설로서의 체육시설은 반드시 필요하므로, 만약 헌법재판소가 이 사건 정의조항에 대해 위헌결정을 선고한다면 헌법재판소가 결정을 선고한 때부터 이 사건 정의조항은 그 효력을 상실하게 되어 도시계획시설사업에 꼭 포함되어야 할 체육시설까지 도시계획시설사업의 대

상에서 제외되는 법적 공백과 혼란이 예상된다. 따라서 이 사건 정의조항에 대하여 단순위헌결정을 하는 대신 헌법불합치결정을 하고 위 조항은 새로운 입법에 의하여 그 위헌성이 제거될 때까지 잠정적으로 적용되는 것이 바람직하다.

1) 재판관 목영준의 이 사건 정의조항에 대한 별개의견

이 사건 정의조항은 "기반시설"의 하나로 "체육시설"을 규정하고 있다. 그러나 다수의견은 위헌 이유로서 하위법규에서 비로소 규정된 "골프장"을 예시하고 있는바, 이는 이 사건 헌법소원이 "법률"의 위헌성만을 판단하는 헌법재판소법 제68조 제2항에 따른 헌법소원인 점에서 위헌 이유의 혼동을 초래하는 것이다. 또한 다수의견은 헌법불합치결정을 하면서 "공공필요성을 인정하기 곤란한 일부 골프장과 같은 시설"이라는 모호한 예시를 함으로써 위헌인 사유가 무엇인지, 위헌적 부분이 어디까지인지에 대하여 입법자로 하여금 판단하기 곤란하게 하고 있다. 이는 결국 헌법불합치결정의 기속력과 실효성을 떨어뜨리는 결과를 초래한다.

2) 재판관 김종대의 이 사건 수용조항에 대한 반대의견

사인은 어디까지나 자신의 영리 추구를 1차적 목표로 하므로 사인이 수용의 주체가 되는 경우에는 국가가 수용의 주체가 되는 경우에 비하여 수용의 이익이 공동체 전체의 이익으로 귀속될 것이라는 보장이 어렵다. 따라서 당해 수용의 공공필요성을 지속적으로 보장하고 수용을 통한 이익을 공공적으로 귀속시킬 수 있는 심화된 제도적 규율 장치를 갖춘 경우에만 사인에 의한 수용이 헌법적으로 정당화될 수 있다. 그러나 이 사건 수용조항의 경우에는 그와 같은 제도적 규율이 부족하므로 이는 평등의 원칙에 위반되고 청구인들의 재산권을 침해한다.

3) 재판관 조대현의 반대의견

회원제 골프장은 소수의 회원들에게만 이용기회가 주어지고 비회원은 회원과 동반하는 경우에만 이용할 수 있을 뿐이므로, 회원제 골프장의 건설은 공공필요성이 크다고 볼 수 없다. 따라서 개인사업자가 건설하는 회원제 골프장 건설사업을 위하여 토지수용권을 부여한 이 사건 수용조항은 헌법 제23조 제3항에 위반된다.

이 사건 정의조항이 특별한 제한 없이 체육시설을 기반시설의 하나로 규정하고 있다 하더라도, 특정의 체육시설이 도시계획시설로 되려면 구체적인 도시계획시설결정절차에서 도시계획시설로 결정할 만큼 공익성을 갖춘 체육시설이라고 인정되어야만 한다. 만약 공익성이 미약한 체육시설이 도시계획시설로 결정되었다면 도시계획시설 결정절차의 심사와 결정이 올바로 이루어지지 아니한 점을 바로잡아야 할 것이다. 따라서 이 사건 정의조항 자체에 위헌성이 있다고 보기 어렵다.

4) 판결의 의미

이 판결은 수용권이 행사될 수 있는 대상의 범위를 확정하는 역할을 하였다는 점에서 큰 의의가 있다. 또한 이 판결은 재산권 수용에 요구되는 공공필요성의 내용을 구체적으로 제시하였다는 점에 있어서도 도시계획에 대하여 갖는 의미가 상당하다. 더 나아가 이 판결은 도시계획시설사업의 경우 그 자체로 공공필요성의 요건을 충족하고 있음을 설명하였다. 한편 이 판결에 대한 반대의견 또한 매우 중요한 의미를 지니는데, 재판관 김종대의 반대의견이 대표적이다. 재판권 김종대는 "사인은 어디까지나 자신의 영리 추구를 1차적 목표로 하므로 사인이 수용의 주체가 되는 경우에는 국가가 수용의 주체가 되는 경우에 비하여 수용의 이익이 공동체 전체의 이익으로 귀속될 것이라는 보장이 어렵다. 따라서 당해 수용의 공공필요성을 지속적으로 보장하고 수용을 통한 이익을 공공적으로 귀속시킬 수 있는 심화된 제도적 규율 장치를 갖춘 경우에만 사인에 의한 수용이 헌법적으로 정당화될 수 있다"고 설명하여, 사인수용의 요건과 한계를 분명하게 제시하였다.

3.4 공익목적 사업을 위한 개인재산권 침해의 한계[45)]

1) 사안의 설명

학교시설을 설치할 것이라는 도시계획시설결정이 1982년에 내려졌으나 10년이 넘도록 실시계획(제2차계획)이 뒤따르지 않는 토지의 소유자가 자신의 재산권에 대한 과도한 침해를 이유로 헌법소원을 제기하였다. 학교시설이 설치될 토지상에는 건축물의 건축이 금지되므로 토지소유자는 지목이 "대지"인 토지상에 장기간 건축할 수 없게 되었고, 이에 따라 토지의 가액도 폭락하게 되었다. 토지소유자는 국가에 대한 손해배상청구를 서울민사법원에 제기하면서 도시계획법에 대한 위헌심판제청을 하였으나 동법원에 의해 기각 당하자, 헌법재판소에 헌법소원을 제기하였다.

□ 장기미집행계획의 의미

시설물의 설치를 목적으로 하는 도시계획사업은 단순한 용도지역제 도시계획과는 달리 다단계의 절차를 거쳐 진행되는 것이 특색이다. 도시계획시설은 위치와 면적을 확정하는 "도시계획시설계획(제1차 계획)"이 선행하고, 시설의 설치를 위한 "실시계획(제2차 계획)"이 뒤따른다. 보통의 경우 제1차 계획이 확정되면 1, 2년 이내에 실시계획(제2차 계획)이 인가되어 토지를 수용하는 절차가 진행되지만, 제1차 계획만이 확정된 후 장기간 제2차 계획이 뒤따르지 못하는 경우도 있다. 도시계획시설결정(제1차 계획)이 내려지고 일단 실시계획(제2차 계획)이 뒤따라 확정되기만 한다면 토지소유자의 입장에서는 자신의 토지를 수용할 것을 신청할 수 있으며, 상당한 기간 내 토지수용이 없으면 실시계획자체가 실효되므로 신속하게 법적인 지위가 확정된다. 그러나 행정청이 제1차 계획에 의해 당해 토지에 도시계획시설이 설치될 것이라는 것만을 확정한 후, 20년 이상 제2차 계획을 후속시키지 않고 있는 경우에는 토지소유자의 법적 지위가 상당기간 불확정한 상태에 놓이게 된다. 이 경우에 해당하는 도시계획시설계획을 장기미집행도시계획시설이라 한다.

45) 헌법재판소 1999.10.21. 97헌바26 결정.

헌법재판소는 사인의 토지가 도로, 공원, 학교 등 도시계획시설로 지정된다는 것은, 당해 토지가 매수될 때까지 시설예정부지의 가치를 상승시키거나 계획된 사업의 시행을 어렵게 하는 변경을 해서는 안된다는 내용의 '변경금지의무'를 토지소유자에게 부과하는 것으로 정의하면서, 도시계획시설결정이 있은 이후 10년이 넘도록 실시계획(제2차계획)이 뒤따르지 않은 것은 토지 소유자의 재산권을 과도하게 침해한 것으로 이에 대한 보상이 있어야 한다고 판시하였다. 헌법재판소는 도시계획시설의 지정으로 말미암아 당해 토지의 이용가능성이 배제되거나 또는 토지소유자가 토지를 종래 허용된 용도대로도 사용할 수 없기 때문에 이로 말미암아 현저한 재산적 손실이 발생하는 경우에는, 원칙적으로 사회적 제약의 범위를 넘는 수용적 효과를 인정하여 국가나 지방자치단체는 이에 대한 보상을 해야 한다고 판단했다.

헌법재판소는 도시계획시설로 지정된 토지가 나대지인 경우, 토지소유자는 더 이상 그 토지를 종래 허용된 용도(건축)대로 사용할 수 없게 됨으로써 토지의 매도가 사실상 거의 불가능하고 경제적으로 의미 있는 이용가능성이 배제된다. 이러한 경우, 사업시행자에 의한 토지매수가 장기간 지체되어 토지소유자에게 토지를 계속 보유하도록 하는 것이 경제적인 관점에서 보아 더 이상 요구될 수 없다면, 입법자는 매수청구권이나 수용신청권의 부여, 지정의 해제, 금전적 보상 등 다양한 보상가능성을 통하여 재산권에 대한 가혹한 침해를 적절하게 보상하여야 한다고 판시했다.

2) 판결의 의미

헌법재판소의 이 결정은 도시계획시설로 재산상 손실이 발생한 경우 토지소유자의 재산권을 보장해야 한다는 점을 분명하게 보여주었다. 즉, 공익의 실현을 목적으로 하는 도시계획사업의 공공성을 사회적으로 수용할 수 있는 한계를 개인의 재산권 보호라는 기본권을 기준으로 제시하였다는 점에서 그 의미가 매우 큰 판례이다. 이 결정을 통하여 헌법재판소는 장기미집행계획을 제도적으로 허용하고 있는 도시계획법의 위헌성을 간접적으로 지적하였으며, 2000년 도시계획법의 전면개정의 중요한 원인이 되었다. 또한 토지매수청구권 및 도시계획시설의 실효(도시계획법 제40조, 제41조)의 규정이 크게 개선된 계기가 되었다. 다만 이 결정은 도시계획시설로 재산상 손실이 발생하는 경우 토지소유자의 재산권을 두텁게 보호함으로써 결과적으로 도시전체의 공공용지를 절대적으로 감소시키는 역기능을 포함하고 있다는 점에 유의하여야 한다. 요약하면, 도시계획시설의 계획과 공급에서 일어날 수 있는 장기미집행도시계획시설의 문제는 사회적 수용한계를 넘어서면서까지 개인의 재산권을 침해할 수 없게 된 만큼 장래 도시수요 예측에 관한 도시계획의 기술적 발전과 도시의 재정 능력 확충이 동시적으로 만족될 때 해결될 것이다.

3.5 도시계획시설(공원) 변경결정[46)]

사유지를 공원으로 추가 지정하는 도시계획시설(공원) 변경결정을 하면서 공익과 사익의 형량을 전혀 하지 아니하였거나 공익과 사익의 이익형량이 정당성과 객관성을 결여하였다는 이유로 위 변경 결정을 취소한 판결

판결 요지

1. 제소기간은 국민의 권리구제를 위한 법원에의 접근권, 즉 헌법 제27조 제1항의 재판청구권을 제한하는 측면이 있으므로, 국민이 재판청구권을 행사하는 데 있어 착오와 혼선을 일으키지 않고 예측가능성이 보장될 수 있도록 제소기간에 관한 규정은 명확하고 엄격하게 해석, 적용되어야 한다.
2. 도시계획시설(공원) 변경결정이 그 입안·결정 과정에서 달성될 수 있는 공익과 그로 인해 침해되는 원고들의 사익의 형량을 전혀 행하지 아니하였거나 공익과 사익의 이익형량이 정당성과 객관성을 결여하였으므로, 위 변경결정은 형량에 하자가 있어 위법하다.

판례의 의의

사유지를 도시계획에 따라서 공원으로 지정하는 일은 도시계획 업무에 해당하는 일이지만, 해당 토지 소유자의 입장에서 보면 개인의 재산권이 불특정다수의 편의를 위한 도시계획시설로 규제되는 일로써, 개인의 재산권에 대한 행정적 제약이 부여되는 일이다. 즉, 토지소유자의 입장에서 보면 자신 소유의 토지가 자신의 의사와는 관계없이 도시계획시설로 결정되어 개인 재산권 행사가 제한되는 경우에 해당한다. 이런 경우에 있어서 해당 도시계획시설의 설치 혹은 철회는 해당 도시계획시설의 공급을 통해서 기대할 수 있는 (혹은 획득할 수 있는) 사회적 편익과 해당 토지 소유자가 잃게 되는 재산상 손실 규모의 상대 비교를 통해서 판단할 수 있다.

46) 서울행정법원 2014.5.15. 선고 2013구합55338 판결.

제 7 장

공공갈등의 조정과 수용권 부여의 승인기준으로서 공익

제7장

공공갈등의 조정과 수용권 부여의 승인기준으로서 공익

지방 분권화와 주민의 참여의식의 확대와 더불어 중앙이나 지방정부의 각종 공간정책 및 공공시설 입지와 관련된 이해관계가 갈등의 양상으로 발전하는 경우가 점점 더 많아지고 있다. 도시계획 실천과정에 있어서 어느 정도의 갈등은 해당 도시계획에 관한 주민의 이해와 참여 기회를 높임으로써 해당 도시계획을 바람직한 방향으로 유도하는 긍정적인 기능을 제공한다. 그러나 주민들의 이해관계와 관련된 공공시설의 입지와 관련하여 발생하는 갈등의 대부분은 해당 공공시설에 관한 주민들의 이해관계가 복잡한 경우가 많아서 대두되는 갈등을 관리하기가 쉽지 않을 뿐만 아니라 상당 기간 지속되는 경우가 많다.

제1절 공공갈등의 조정 수단으로서 공익

1.1 도시계획과 갈등

다양한 사람들이 함께 어울려 사는 도시에서 사람들 사이의 갈등은 그 원인과 모습이 다양할 뿐만 아니라 먼 옛날에서부터 지금까지 지속적으로 일어나고 있다. 이런 배경에서 도시에서의 질서유지를 위한 여러 가지 사회제도가 발달해오고 있으며, 그 대표적인 제도가 도시계획이다.

특히 도시계획은 도시의 건전한 발전이라는 공익목적을 위해서 토지소유자의 자유로운 토지이용에 대한 제한(즉 개인의 재산권에 대한 침해)을 필연적으로 수반하게 되는데 여기서 도시의 건전한 발전을 위한 토지이용의 규제라는 공공의 이익과 개인이 자신의 재산을 자신을 위하여 이용할 수 있는 자유라는 사인의 이익이 충돌하게 된다. 도시계획은 이러한 공익과 사익의 충돌에 있어서 이들 상충하는 이익을 적절하게 조화할 의무를 지닌다. 왜냐하면 도시계획을 통한 사인의 재산권의 제한은 공익목적을 위하여 그 정당성이 있을 때에만 가능한 것이고, 이 경우에 있어서도 사인의 재산권 제한에 대한 정당한 보상이 이루어지는 경우에만 그 정당성이 수용될 수 있기 때문이다.

예를 들어, 공공시설 입지와 관련한 공공갈등이 발생하는 대표적인 원인은 다음과 같다. 첫째, 공공갈등은 관련된 이해관계자의 수가 많고, 둘째, 이슈가 매우 다양하고, 복잡하며, 상호간 복잡한 연결고리를 갖고 있으며, 셋째, 사익이 아닌 공익을 둘러싼 양상을 띠며, 넷째, 대상이 되는 사업 또는 정책에 큰 규모의 비용이 투입되어 재정적 손실이 발생하고, 다섯째, 갈등과정 중에 갈등의 증폭 현상이 발생할 가능성이 높기 때문이다.

1) 개발 vs 보전 그리고 공익 vs 사익의 갈등

공익과 사익 간의 갈등 관계의 저변을 이루는 사고에는 어떠한 것들이 있는지를 알아보기 위하여 환경보전 활동에 있어서 환경보전을 공익으로, 개발을 사익으로 간주하여 개발행위 허가와 환경보전 주장의 대립과정에서 나타나는 공익과 사익의 갈등관계를 미국 환경법을 사례를 통해 살펴본다.

2) 지속가능한 개발

우리나라의 경우 지난 1971년 도시의 무질서한 평면적 확산을 막으며 도시주변의 자연환경보전을 목적으로 개발제한구역제도를 도입, 구역으로 지정된 범위 내에서의 개발행위를 극도로 제한함으로써 그 지정 목적을 유지해 왔다. 그러나 실제 있어서 이상과 같은 각종 규정들과 환경보전을 위한 다양한 노력에도 불구하고 개발은 다양한 유형의 환경문제를 유발하고 있는 실정이며, 이러한 개발과 환경과의 불균형적인 관계는 앞으로도 지속될 것으로 예측되어진다. 이러한 결과들은 개발과 환경보전의 두 가지 목표를 동시에 충족하기가 상당히 어려운 과제라는 것을 잘 나타내고 있다. 이에 관하여 환경친화적 개발 혹은 지속가능한 개발의 개념은 환경문제에 대한 새로운 인식과 접근방식을 제시하고 있다. 지속가능한 개발의 개념은 경제의 지속가능성만을 의미하는 것이 아니라 자연자원을 포함한 생태계 전체의 지속가능성을 의미하기 때문에 자연자원의 소모뿐만 아니라 환경오염으로 인한 생태계의 파괴와 같은 환경문제도 함께 고려함을 전제로 한다. 그러나 이러한 환경친화적 개발 혹은 지속가능한 개발의 개념 역시 개발의 필요성과 자연환경보전에 관한 사회적 동의를 기초로 하고 있다는 점에서 그 실현가능성이 극히 제한적일 수 밖에 없는 한계점을 지닌다.

따라서 개발목적과 자연환경보전을 동시에 이루기 위해서는 자연환경의 자정능력이 충분히 발휘되고 또 회복되어질 수 있는 공간적·시간적 범위에서 개발을 허용하고 그 외의 경우 개발을 제한할 필요가 있다. 그런데 이러한 방법이 가지는 근본적인 문제 중의 하나는 어떠한 지역에서는 개발이 가능하고 또 어떤 지역에서는 개발이 제한되어야 함을 구분할 수 있는 기준의 마련이 매우 어렵다는 점이며 나머지 다른 문제는 개발을 규제할 경우 발생하게 되는 개인의 재산권 제한의 문제가 있다.

3) 환경보전을 위한 공공개입의 필요성

경제학자들은 자원의 효율적인 배분은 완전경쟁시장하에서 이루어질 수 있다고 주장한다. 그러나 실제 대기, 수질, 토양과 같은 자연자원은 소유권과 사용권의 구분이 어렵고 또한 이로부터 혜택과 피해를 보는 사람들을 구분하기 어려운 본질적인 특성 때문에 모든 사람에게 공평하고 또 경제적인 측면에서 효율적인 배분이 어렵다. 예를 들어, 토지라는 자원은 토지시장에서 토지소유자가 독점적인 영향력을 행사하는 경우가 빈번하고, 이 경우 토지이용의 목적 및 방법에 따라서 변화하게 되는 자연환경의 혜택과 피해에 대한 평가가 어려워 기존의 경제논리에 의한 효율적이고 형평성 있는 토지자원의 이용을 기대하기 어렵다. 바로 이러한 이유에서 자연자원의 이용과 결부된 부의 외부효과를 줄이고 사회적 형평성을 확보하기 위해서 자연자원의 이용에 대한 공공개입의 필요성이 대두된다. 자연자원의 이용에 대한 공공의 개입은 제도적인 장치를 통하여 이루어지는 것이 일반적이며 정부의 환경규제가 대표적인 예이다.

4) 미국의 멸종위기 동식물 보호법(Endangered Species Act[1])

미국 사회에서 영향력이 급격히 증가하고 있는 환경사상은 인간의 행태와 태도, 더 나아가 사회적 가치체계의 변화가 있어야 만이 현재 심각하게 오염된 자연환경을 회복하고 또 보존할 수 있다고 강조한다.

이러한 환경사상을 반영하는 다양한 환경규제 중에서 1973년 제정 공포된 멸종위기동식물 보호법(Endangered Species Act: ESA)은 환경파괴와 더불어 멸종해 가는 동·식물 종과 이들의 서식처 보호를 위한 종합적인 노력이 필요하다는 사회적 공감대가 형성되면서, 이들 동·식물의 보호를 위한 제도적 장치로 탄생하게 되었다. 이 법은 주로 어류 및 야생동물 보호국(Fish and Wildlife Service: FWS)과 국립해양어법국(National Marine Fisheries Service: NMFS)에 의하여 운영된다. 이 법은 동·식물 종에 대한 멸종의 위험도 평가 결과 '멸종될 지경에 이른(endangered)' 혹은 '멸종위험에 처한(threatened)' 등의 판정을 받은 특정 한 동물(척추동물과 비척추동물 모두

1) 1973년의 멸종위기종법(ESA)은 미국내 및 국제 보전을 위한 주요 법률이다. 이 법은 멸종위기에 처한 종과 그 서식지를 보존하고 보호하기 위한 틀을 제공하는 것을 목표로 한다.

를 포함)과 식물 종을 분류해 내고 이들 종의 회복과 이들 종의 서식처를 보호하기 위한 강력한 법적 규제를 규정하고 있다. 그런데 Endangered Species 법 상에 기록되는 종의 수가 증가하고 있는 한편으로 경제성장과 인구의 증가가 이러한 종의 서식처에 대한 부정적 영향이 점차로 증가하면서 ESA에 관한 환경보호론자들과 개발업자들 간의 갈등이 점점 더 심각해지고 있다.

□ 개발과 환경에 대한 상반된 시각

A. 재산권 측면에서 본 환경규제

미국의 경우 멸종위기 동식물 보호법 (ESA)과 같은 다양한 환경규제법들은 자연환경을 변화시키는 개발행위에 대하여 사유재산권자들과 환경보호론자 및 정부당국과의 대결적인 입장을 초래하여 왔다. 사유재산에 대한 전통적인 견해는 개인들이 자신들의 노동소비로 생산되는 결과물들을 가질 권리가 있다는 데 기초하고 있다. 즉, 개인의 개발활동을 통하여 얻어지는 부(富)는 개인이 자신의 재산을 사용하여 얻은 것이므로 개인들은 그들 자신이 소유한 재산에 대한 배타적인 권리를 요구할 수 있다는 것이다. 이러한 견해는 정부 혹은 공공단체가 소유권자들에 대한 정당한 보상 없이 사유재산을 공공의 목적을 위해 수용하려는 행위를 금지한 미국 헌법에 새겨져 있다. 미국 수정 헌법 제5조(The Fifth Amendment)에서는 자연자원의 소유자들은 사회적 선호와 요구에 따라 그들의 재산을 가장 현명하게 사용할 권리가 있음을 규정하고 있다. 이 법의 기본적인 목적은 공공의 목적을 위해 사유재산권의 수용이 필요할 때 혹은 이 공공의 목적 수행을 위해 필요한 경비를 공공에게 부담 지우려 하는 경우에 있어서 재산권자들을 경제적으로 보호하려는 데 있다. 특히, 증가된 재산가치에 따른 개인소득은 소유자로 하여금 수요가 있는 상품을 생산하게끔 유도하고, 그에 따라서 재산권자들은 그들의 재산을 아무렇게나 파괴 또는 낭비하지 않고 보전하거나 관리하기 때문에 이러한 개인재산권의 보장이 없는 경우에는 개인들이 자연자원을 보호하려는 데에는 별다른 노력을 기울이지 않을 것이라는 가정을 하고 있다.

미국의 경우 지난 200년간의 개발과정에서 사유재산의 공공목적의 수용에 대한 적정한 보상을 위하여 토지수용권(Eminent domain) 과정을 제도화시켰다. 도로, 댐, 또는 다른 공공사업의 시행을 위하여 개인 재산권의 수용이 필요한 경우 이의 수용에 앞서 시장가격 수준에서의 보상비 또는 유사 종류의 보상이 이루어진다. 개인 소유의 토지 위에 세워진 국립야생동물보호구역은 이 땅 소유자들에 대한 보상을 초래하였다. 또 국립공원 또는 국립 수림지의 면적이 확대됨에 따라 이 지역 지주들은 현금 또는 이에 상응하는 수준의 다른 토지를 보상받았다. 비록 이 과정에서 몇몇 지주들이 보상가에 대한 불만을 가졌으나, 토지수용과정은 기존의 토지소유자들에게 경제적 피해를 주지 않으며 사유재산을 공공사업에 전용토록 하는데 기여하였다. 멸종위기 동식물 보호구역 및 늪지(wetland) 보호구역의 지정은 이러한 사유재산권 보호의 전통에 어울리는 것으로 간주되었다. 예를 들어, 백두루미(whooping crane)의 서식처로서 야생동물 보호구역의 조성을 위하여 미국 정부는 이에 필요한 토지를 구매한 뒤 이를 멸종위기 동식물 보호구역으로 영원히 지정해 버렸다. 이 과정은 사유재산권자들의 부를 변화시키지 않으며 위험에 처해 있는 동물·생물들에게 보금자리를 마련해 주었다.

B. 사용권측에서 본 환경규제

몇 가지 이유에서 환경보호론자들은 개발규제에 따른 자연자원 소유자들의 손실을 보상해야 한다는 재산권 옹호론자들의 주장에 대한 정당성을 부정해 왔으며, 이러한 사상은 모든 유형의 동·식물들은 똑같은 보호를 받아야 한다고 규정하고 있는 미국의 멸종위기 동식물 보호법 (ESA)에서 잘 나타난다. 이 환경법에 따르면, 동물들, 예를 들어 태평양상록수(Pacific yew)는 암을 치료하는데 꼭 필요하며 이와 같이 자연자원은 우리 인간에게 필요한 것들을 수세대에 걸쳐 무한히 제공해 줄 것이기 때문에 보호받을 만한 가치가 있다는 것이다. 다른 말로 표현하자면, 이를 통하여 얻어지는 이익의 축척과정은 그러한 동물들의 무한한 보존 가치를 나타내준다는 것이다. 따라서 어떤 종의 동·식물이 이와 같은 잠재적인 가치를 가지고 있는지 아무도 모르기 때문에, 미국 멸종위기 동식물 보호법(ESA)은 정체를 알 수 없는 딱정벌레, 도롱뇽, 야생 닭, 그리고 팬더 등 모든 종류의 동·식물을 동일하게 간주한다. 즉 이 법은 멸종위기 동·식물의 보호가치가 무한한 것으로 가정한다(Wilson, 1993). 이 법이 제정된 이후로, 멸종위기 동·식물의 수는 몇 배로 증가하고 있으며 현재 공공부분의 예산은 이들 모든 종류의 멸종위기 동·식물의 보금자리를 마련할 만큼 넉넉하지 못한 처지에 있다. 그래서 자연환경 보전을 위하여 개인의 재산권 행사가 구속되는 경우 토지소유자에 대한 보상은 주어진 예산의 한도 내에서 어떠한 동·식물을 보호할 것인가에 따라서 정해진다.

□ 사유재산권에 대한 또 다른 시각

사유재산권에 대한 또 다른 시각은 사유재산권 사용에 대한 제한에 따라 현 소유자들에게 보상하는 것이 필요치 않다고 본다. 이러한 시각은 자연자원의 현재 소유자들은 그 재산들을 공공과 다음 세대를 위하여 보존하도록 잠시 위탁받은 관리자로 본다. 즉, 사유재산권이란 언제라도 취소될 수도 있고 또 변경되어질 수 있는 운전면허와 비슷한 것이라는 것이다. 따라서 자연자원의 소유자들은 면허를 준 주체에 의하여 허가되어진 종류의 활동만을 추구할 수 있다는 것이다. 다른 말로 하자면, 정부에 의하여 미리 승인되어지지 않은 어떠한 종류의 개발행위도 정부가 먼저 허가를 내어 주지 않는 경우 금지된다. 더 나아가 정부는 사회가치의 변화에 따라 기존에 허용되어진 개발행위도 금지할 수 있다는 것이다.

이와 같이 개발을 보는 상반된 시각들은 각 기관들이 다양한 환경법률들의 목적달성을 위하여 여러 규제를 적용해오는 과정에서 계속하여 서로 대립해오고 있다. 예를 들어 ESA는 멸종위기 동·식물, 즉 대머리독수리(bald eagle) 또는 딱정벌레(beetle) 등을 포획(take)하는 것을 범죄로 간주하고 있으며, 더 나아가 ESA는 포획(take)의 의미를 정의하면서 문제되는 동·식물에 대한 괴롭힘(Harassment) 조차도 금지하고 있으며, 미국 야생동물 보호국은 ESA를 현재 발견되지 않은 멸종위기 동·식물의 서식처에 대한 개발 혹은 변화(Modification)까지 규제하고 있다. 이러한 행위들은 기존의 재산관리차원에서 시행해 오던 담장치기, 히말라야 삼나무제거, 또 심지어 멸종위기 동·식물 서식처 주변에서의 트랙터의 사용까지도 금지하고 있다. 널리 알려진 북서지방의 얼룩올빼미와 남부지방의 빨간머리 딱따구리는 이러한 종류의 규제의 효과를 잘 설명해 준다. 또 하나의 널리 알려진 예로서, California의 주택소유자들은 그 지역에 멸종위기의 캉가루 쥐의 서식처가 포함되어 있어 화덕재 (Firebreaks) 조차 집 주변에 버리는 것이 금지되어 있다. 요약하면, 사유재산권 옹호자들은 그러한 규제들은 멸종위기 동·식물이 서식하는 경우 개인이 소유하고 있는 전체지역의 사용을 제한한다고 믿고 있다. 이와 반대되는 견해를 옹호하는 자들은 그러한 규제들은 재산권을 변화시키지 않고 단지 멸종위기의 자원만을 보존한다고 주장하고 있다.

5) 개발과 규제 그리고 보상의 관계

많은 자연자원 소유자들과 사유재산권 옹호자들은 환경법 적용에 의한 개발행위의 제한은 그들의 재산권을 보상 없이 수용하는 것이라 주장하고 있다. 그들이 이렇게 주장하는 데에는 다음과 같은 이유가 있다. 즉, 이 규정들은 그들이 소유하고 있는 자연자원의 이윤추구적인 사용을 엄격히 제한 또는 확실히 막고 있어서, 그 결과 그들의 재산을 적정한 보상 없이 수용한다는 것이다. 즉 그들은 자연자원 소유자로서의 의무는 갖지만 그 자연자원의 이용에 따른 이득을 더이상 얻지 못한다. 만약에 자연자원의 이용에 따른 이득을 갖는다 하더라도 그러한 규제에 묶여있는 자연자원을 구매하려는 사람은 거의 없으며, 이러한 수요의 감소 때문에 그들 자연자원의 시장가치는 확실히 줄어든다. 그래서 이러한 규정들은 멸종위기 동식물의 보전이라는 명분으로 사회에게 좋은 면을 제공해 주지만, 그에 따른 비용을 일부 자연자원(특히, 토지) 소유자들에게 부담 지우고 있다는 것이다.

반면에, 자연자원의 일시적인 사용권리 부여만을 옹호하는 자들은 이와 같은 환경규제가 실제적으로는 자연자원 소유자의 재산권을 수용하는 것이 아니라고 주장하고 있다. 대신에 그들은, 이러한 규정들을 제도화하는 행위들은 지구상에서 급속히 감소해가는 생물의 다양성을 보전하려는 사회가치의 변화를 반영한다고 주장한다. 이러한 체계하에서, 자연자원의 현재 소유자들은 새로운 사회적 규범에 어긋나지 않는 한 그들의 재산을 여전히 그들이 원하는 대로 사용할 수 있다는 것이다. 이 자연자원의 사용권리 옹호론자들은 자연자원 소유자들은 실제로 그들의 재산을 다른 용도로 사용할 수 있는 진정한 의미에서의 권리를 가지고 있지 않다고 주장하고, 또 실제로 자연자원 소유자들이 그들의 재산을 다른 용도로 사용할 권리는 상실하지도 않았다고 주장한다. 이러한 종류의 규정은 선례가 없는 zoning의 도입과 유사하다. 그 규정들은 단지 행위를 새로운 사회적 여건에 맞게 조정하는 것들이다. 이러한 견해의 저변에는 보상은 절대 필요치 않다는 것을 포함하고 있다. 이 견해를 반영한 새로운 사회규범들은 개인의 주거지 개발을 우리 세대와 다음 세대에 대한 엄청난 비용이라 간주하며, 따라서 어떠한 종류의 개발도 금지함으로써 정부는 현 자연자원 소유자들이 이러한 비용을 부담해야하는 것을 보호해야 한다고 주장한다.

비록 이러한 논쟁이 몇몇 자연자원 소유자들에게만 해당되지만, 논쟁의 결과는 광범위한 의미를 갖는다. 첫째, 재산사용을 제한하는 것은 그 가치의 하락을 초래한다. 둘째로, 만약 소유자들이 재산가치의 하락에 대한 보상을 받지 못하는 경우, 그들의 순자산(net worth)이 감소하게 될 것이고, 결과적으로 이들이 경제활동에 참여할 수 있는 능력의 감소를 초래하게 된다. 비록 이후에 이러한 감소에 대한 보상이 이루어진다고 하더라도 재산에 근거한 자산가치(value of property-based assets)는 감소할 것이다. 왜냐하면 돈을 빌려주는 사람들은 이와 같은 잠재적인 위험에 대하여 추가적인 비용부담을 요구하거나, 예견되어지는 가치의 하락 때문에 돈을 빌려주는 사람들은 이러한 토지(혹은 재산)들을 대부를 위한 담보물에서 제외시킬 것이며, 이로 인하여 토지소유자들의 자금확보 능력 또한 감소하게 되기 때문이다. 셋째로, 이러한 규정에 영향을 받은 자연자원의 가치하락은 세금원(tax base)의 규모를 축소시키게 된다. 마지막으로, 멸종위기 동·식물들의 보호를 위하여 개인 재산의 사용을 쉽게 규제하는 정부의 행동(행위)들은 모든 기존의 사회의 기본을 이루고 있는 사회가치 체계의 변화를 초래한다. 바로 이런 이유에서 보상은 이러한 문제의 해결에 크게 기여할 수 있을 것이다. 왜냐하면 보상 그 자체가 의사결정과정에 참여하는 모든 주체들에게 원칙을 제공해 주기 때문이다.

기존의 연구결과들은 개인들이 비용부담을 가지지 않고 고비용의 대안들 중 하나를 선택해야 하는 경우 하나의 일관된 반응을 보이며, 개인들이 비용부담을 안은 채 고비용의 대안들 중 하나를 선택해야 하는 경우 또 다른 형태의 일관된 반응을 나타낸다고 밝히고 있다. 당연하게도 개인들은 누군가가 그들이 소비하는 재화의 비용을 지불하는 경우, 재화의 소비에 따른 비용을 그들이 직접 지불해야 하는 경우보다 더 많은 재화를 소비한다. 따라서, 만약 개인들이 멸종위기 동·식물의 보전을 위하여 소비되는 비용에 대한 부담 없이 선택할 수 있다면, 그들은 얼마만큼의 경비가 소요되더라도 보전을 지지할 것이다. 반대로 멸종위기 동·식물의 보전을 위하여 소비되는 비용을 개인들이 부담하여야 하거나 보상이 없다면, 자연자원 소유자들은 멸종위기 동·식물이 그들 소유의 지역 내에 들어오는 것과 기존의 이들의 서식처를 가능하면 규모를 줄이는 방향으로 관리하여 나아갈 것이다.

1.2 공공갈등 관리에 관한 제도적 장치

1) 제도적 장치

갈등관리에 관한 제도적 장치로는 2009년 1월 제정된 공공기관의 갈등 예방과 해결에 관한 규정이 있다. 이 규정은 2000년대 중반에 시도되었던 갈등관리기본법의 제정이 결실을 보지 못하고 대신에 규정으로 제정되었다. 이 규정에 의하면 현재 공공기관의 갈등관리는 갈등이 발생할 것으로 예상되는 경우의 예방적 조치와 갈등발생 후의 사후적 해결방안으로 구분하여 접근하고 있다. 사전적 예방조치로는 중앙행정기관의 장이 갈등이 발생할 것으로 예상되는 경우 갈등영향분석을 실시하여 갈등관리심의위원회의 심의를 거쳐 공공정책의 수립이나 추진에 적극 반영하도록 규정하고 있으며, 갈등이 이미 발생한 경우에는 사후적 해결방안으로 사안별로 갈등조정협의회를 구성하여 중앙행정기관과 이해관계인의 협의를 유도하고 협의문을 작성한 다음, 중앙행정기관장이 협의를 이행하도록 규정하고 있다.

그런데 공공기관의 갈등 예방과 해결에 관한 규정은 중앙행정기관을 갈등해소의 주체적 기관으로 규정하고 있으며, 전 분야의 갈등 발생을 다루고 있어 사실상 활용빈도가 적고, 도시계획시설 입지와 관련한 갈등과 같은 도시계획 추진과정에서 나타나는 갈등사례를 심층적으로 다루는 데에는 한계가 있다.[2)]

이러한 문제를 해결하고자 정부는 2020년 9월 16일 갈등관리기본법을 제정함에 앞서, 그 제정이유와 주요 내용에 관한 의견을 듣기 위해 갈등관리기본법 제정(안)을 입법예고하였다. 그 주요 내용을 정리하면 다음과 같다.[3)]

2) 국토해양부, 광역도시계획시설 갈등관리 제도화방안 연구, 2011.
3) 국무조정실 공고 제2020-95호, 갈등관리기본법 제정(안)을 입법예고, 2020년 9월 16일.

가. 중앙행정기관의 갈등예방·해결을 위한 책무(안 제4조): 중앙행정기관의 장은 갈등의 예방 및 해결 능력을 강화하기 위하여 종합적인 시책을 수립하고, 다양한 수단을 발굴하여 갈등 해결을 위해 적극 활용해야 함.

나. 갈등 예방 및 해결의 원칙(안 제6조부터 제10조까지): 중앙행정기관의 장은 갈등 예방 및 해결을 위해 대화와 타협을 통한 자율해결과 신뢰확보, 참여보장, 이익의 비교형량, 정보공개 등을 위해 노력해야 함.

다. 갈등영향분석(안 제11조): 중앙행정기관의 장은 공공정책 수립·시행·변경 시, 국민의 이해 상충으로 과도한 사회적 비용이 발생할 우려가 있다고 판단하는 경우, 사전에 갈등 요인을 예측·분석하고 대책을 강구하는 갈등영향분석을 실시할 수 있음.

라. 갈등관리심의위원회 설치·운영(안 제12조부터 제14조까지): 중앙행정기관의 장은 소관 사무의 갈등관리와 관련한 사항을 심의하기 위하여 15인 이내 위원으로 구성한 갈등관리심의위원회를 설치·운영함.

마. 참여적 의사결정방법의 활용(안 제15조): 중앙행정기관의 장은 공공정책 수립·추진시 필요한 경우, 이해관계인, 일반시민 또는 전문가등이 참여하는 의사결정방법을 활용할 수 있으며, 공공정책을 결정함에 있어 참여적 의사결정방법의 활용결과를 충분히 고려해야 함.

바. 갈등조정협의회 구성·운영(안 제16조부터 제21조까지): 중앙행정기관의 장은 공공정책으로 인하여 발생한 갈등해결을 위하여, 관계 중앙행정기관 및 이해관계인으로 구성한 사안별 갈등조정협의회를 구성하여 운영할 수 있음.

사. 공론화대상선정위원회 설치·운영(안 제24조부터 제32조까지): 공론화 제도를 공정하고 체계적으로 운영하기 위하여, 특정 공공갈등 사안의 공론화 실시 여부 등을 심의하는 공론화대상선정위원회를 국무총리 소속으로 둠.

아. 공론화위원회 설치·운영(안 제34조부터 제42조까지): 공론화를 공정하고 효율적으로 진행하기 위해 공론화대상선정위원회에서 의결된 사안별로 공론화위원회를 한시적으로 두며, 의제별 공론화 진행 등의 사항을 심의·의결함.

자. 갈등관리지원센터의 지정·운영(안 제44조 및 제45조): 국무조정실장은 갈등의 예방·해결에 필요한 조사·연구 등의 업무를 수행하기 위하여 갈등관리

지원센터를 지정·운영할 수 있음.

차. 갈등관리실태 점검·보고 등(안 제47조): 국무조정실장은 중앙행정기관의 갈등관리 실태 등을 점검·평가하여야 함.

카. 정보화 시스템(안 제50조): 국무조정실장은 갈등관리를 효율적으로 수행하기 위하여 갈등관리 정보화시스템을 구축하고, 각 기관 및 단체가 이를 활용할 수 있도록 할 수 있음.

2) 갈등의 양상과 해결을 위한 노력

공공정책의 갈등해소를 위한 대표적인 정책수단 혹은 방안으로 협력적 거버넌스가 있다. 협력적 거버넌스가 도시계획 혹은 도시재생사업과 같은 공공정책과 관련하여 발생하는 갈등을 해결하는 정책수단으로 등장하게 된 것에는 여러 가지 이유가 있겠지만 현대사회가 이해관계를 기반으로 형성되는 이익집단화 현상이 빠르게 진행된 것이 그 중 하나의 이유이다. 즉 현대사회가 집단 간 이해의 충돌이 일상화되는 다원적 사회로 전환되면서 이해충돌과 갈등이 빈번해지고 있다.

이러한 현대사회의 문제를 해결하는 방안의 하나로 사회구성원들의 다양한 가치를 반영한 공동목표를 수립하고, 이를 달성하기 위한 사회구성원들 간의 협력을 구조화하는 협력적 거버넌스가 등장하였다. 협력적 거버넌스는 사회가 직면한 다양한 유형의 이해충돌과 갈등 해소를 위하여 사회의 공식·비공식적 네트워크는 물론 수직·수평적 네트워크를 모두 포함한다. 협력적 거버넌스는 거버넌스를 지배하는 권력관계, 문화, 사고방식, 사회적 관계망 등 구조는 물론 거버넌스 운용에 관한 룰(rule)과 참여의 범위 등을 변화시켜 나가는 조직체계이다.

이러한 협력과정을 통하여 전환된 구조는 다시 역으로 협력과 담론의 장을 지배하는 룰을 비롯하여 참여자들의 사고방식, 행동양식, 의미체계 등에 변화를 가져옴으로써 혁신적이고 새로운 합의안의 도출을 가능하게 하는 순환구조를 띠게 된다. 그러므로 순환적 인과관계에 의한 합의 도출과정은 집단지성을 통한 힘의 네트워크 형성과정에 해당한다.[4)]

요약하면 협력적 거버넌스는 공공갈등에 관하여 공통적 이해관계를 기반으로 하는 조직 간의 협력이며, 협력이라는 상호작용을 통해 문제가 된 갈등을 해소하고 이를 통하여 새로운 공공가치를 창조하는 기능을 한다.[5] 선행 사례에서 나타난 결과를 요약하면, 우리나라의 경우 공공갈등 관련 공익판단을 시도함에 있어서 최소한의 절차적 정당성 충족에 만족하고 있음을 알 수 있다.

1.3 공공갈등 사례: 새만금사업에서의 갈등사례[6]

1) 갈등의 배경

1991년 새만금사업 착공이래 심각한 수질오염 문제가 제기됐다. 갯벌의 가치가 농지보다 더 소중하다는 의견이 팽배해 결국 사업을 중단해야 한다는 주장이 확산되면서 국책사업이 줄곧 파행에 파행을 거듭해 왔다. 재판 당시 새만금사업은 1991년 11월 28일 방조제공사가 착공된 이래 약 1조 9,000억 원의 막대한 비용을 투입하여 총 33㎞의 길이로 예정된 새만금 방조제 중 30.3㎞의 구간이 완공되어 2.7㎞의 구간만 남아 있는 상태였고, 담수호 수위 조절 등을 위한 가력배수갑문과 신시배수갑문이 모두 완공되어 있었다. 사업의 계속 추진이 타당한지 경제성은 있는지 등을 과연 사법부가 제대로 판단하고, 평가할 수 있는지 무리라는 지적이 있었다.

2) 새만금개발사업에 관한 판결

국토개발이냐 환경보호냐를 놓고 정부와 환경단체가 첨예하게 대립했던 새만

4) 권기헌, "정책학－현대 정책이론의 창조적 탐색", 박영사, 2010, 조철주·장명준, "공공정책의 갈등 해소를 위한 협력적 거버넌스 모형 연구", 도시행정학보, 제24권 제2호, 2011, pp. 23－47.

5) 이명석·배재현·양세진, "협력적 거버넌스와 정부의 역할: 사회적 기업 사례를 중심으로", 한국정책학회보 제18권 제4호, 2009, pp. 145－171.

6) 대법원 2006.3.16. 2006두330 판결.

금간척사업이 4년 7개월 간의 법정 다툼 끝에 2006년 3월 16일 대법원전원합의체(주심 박시환 대법관)는 환경단체와 전북 주민 등이 "새만금사업 계획을 취소해 달라"며 농림부와 전라북도를 상대로 낸 정부조치계획취소등소송 상고심(2006두330)에서 2006년 3월 16일 원고들의 상고를 기각하고 원고 패소판결을 내린 원심을 확정했다. 이 판결로 새만금사업과 관련한 법적 정당성을 확보한 정부는 방조제 물막이 공사 등 새만금사업을 본격적으로 추진하게 되었다. 특히 이번 판결은 대법원이 대규모 공공사업에 대한 사법심사 기준을 제시하여 다른 중요 국책사업(대규모 국책사업)의 정책결정에도 상당한 영향을 미치게 되었다.

재판부는 판결문에서 "경제성, 필요성, 환경영향 평가, 담수호 수질 기준 등을 살펴보면 농림부 장관의 공유수면 매립 면허 및 사업 시행 인가는 중대하고 명백한 흠이 없기 때문에 유효하다"며 "사업을 취소해 달라는 전북도민의 신청을 거부한 농림부 장관의 조치는 취소할 만한 사유가 없다"고 판단했다.

또한, 재판부는 판결문에서 중요 국책사업(대규모 국책사업)의 정책결정의 판단기준으로서 공익의 활용법을 "공공사업의 경제성 내지 사업성의 결여로 인해 각 처분이 무효로 되기 위하여는 사업시행으로 얻는 이익에 비해 소요되는 비용이 훨씬 커서 이익과 비용이 현저하게 균형을 잃음으로써 사회통념에 비춰 그 처분으로 달성하고자 하는 사업목적을 실질적으로 실현할 수 없는 정도에 이르렀다고 볼 정도로 과다한 비용과 희생이 요구되는 등 그 하자가 중대해야 할 뿐만 아니라 그러한 사정이 객관적으로 명백한 경우라야 한다"고 구체적으로 제시하였다.

특히 다수의견을 낸 대법관 중 4명은 "정부는 새만금사업을 진정으로 국가 경제발전에 도움이 되고 환경 친화적이 되도록 검토하고 반영하는 지혜와 노력이 필요하다"는 보충의견을 제시했다. 재판부는 이어 "공유수면매립법 관련규정을 종합하면 농림부장관은 매립공사의 준공인가 전에 공유수면의 상황변경 등 예상하지 못한 사정변경으로 인해 공익상 특히 필요한 경우에는 공수법에 의한 면허 또는 인가 등을 취소·변경할 수 있는바, 여기에서 사정변경이라 함은 공유수면매립면허처분을 할 당시에 고려했거나 고려했어야 할 제반 사정들에 대해 각각 사정변경이 있고, 그러한 사정변경으로 인해 그 처분을 유지하는 것이 현저히 공익에 반하는 경우라고 보아야 할 것이며, 위와 같은 사정변경이 생겼다는 점에 관하여는 그와 같은 사정변경을 주장하는 자에게 그 입증책임이 있다"며 "중대한 사정변경이나 공익상 필요성이 있다는 원고의 취소주장을 배척한 원심판단은 정당하다"고 설명하였다.

3) 새만금개발사업에 관한 판결에 대한 반대의견

그러나 이러한 재판부의 주장에 대하여 김영란·박시환 대법관은 "헌법 제35조1항과 환경정책기본법 등에 의하면 자연환경보전의 가치가 개발에 따른 가치보다 우선적으로 보호돼야 할 가치"라며 "농지의 필요성, 수질관리, 해양환경, 사업의 경제성 내지 사업성 등에 있어 예상하지 못했던 중대한 사정변경이 있는 점 등을 참작하면 공익을 위해 새만금사업은 취소돼야 한다"는 반대의견을 냈다.

또한, 이규홍·이강국·김황식·김지형 대법관은 "환경이 헌법에 의해 보호돼야하는 가치이기는 하지만 개발 역시 소홀히 할 수 없는 헌법상 가치로서 새만금사업이 시행되는 경우 수반되는 개발과 환경보호 사이의 가치 충돌의 문제를 해결하기 위해서는 균형감 있는 합리적 이성적 접근방식이 필요하다"며 "(정부로서는) 새만금사업의 정당성이 확보됐다고 만족할 것이 아니라 진정으로 국가경제발전에 도움이 되고 환경친화적인 사업이 될 수 있도록 꾸준히 검토해야 한다"고 지적하는 내용의 다수의견에 대한 보충의견을 냈다.

1991년 사업 착공 이래 방조제 물막이 공사로 인한 수질오염과 갯벌 등 생태계 파괴문제로 4년 7개월 간의 사회적 갈등을 유발한 새만큼사업에 대한 2006년 대법원 판결은 공공사업에 대해 무효판결을 내리려면 행정처분의 하자가 법규의 중요한 부분을 위반한 것이어야 하고, 그 하자가 객관적으로 명백해야 한다는 기존 판례를 재확인하였다. 특히 행정처분 하자의 중대성 판단 기준을 공공사업 시행을 통해 얻는 이익에 비해 비용이 훨씬 커서 사업목적을 실질적으로 실현할 수 없을 만큼 과다한 비용과 희생을 요구하는 경우로 제시하였다.

요약하면 이 판결은 대형 국책사업에 대한 사법심사의 기준을 제시했다는데 큰 의미가 있다. 이 판결을 통하여 법원은 정책적인 관점이 아닌 법률적인 관점에서 평가하고 판단해야 한다는 대원칙을 재확인하고, 나아가 대형 국책사업과 관련한 행정처분의 무효사유에 관한 법률적인 기준을 밝혔다. 또 대규모 공공사업의 사업계획 수립 단계에서는 환경에 대한 영향을 충분히 배려해야 하며 환경보호를 중시하면서도, 사후에 발생된 사정변경을 이유로 사업을 취소하기 위한 법률적인 기준을 제시했다.

4) 새만금개발사업 판결에서 제시된 공공사업의 경제성 판단 기준으로서 공익

새만금개발사업 판결에서 재판부는 공공사업의 경제성 내지 사업성의 결여로 인하여 행정처분이 무효로 되기 위하여는 공공사업을 시행함으로 인하여 얻는 이익에 비하여 공공사업에 소요되는 비용이 훨씬 커서 이익과 비용이 현저하게 균형을 잃음으로써 사회통념에 비추어 행정처분으로 달성하고자 하는 사업목적을 실질적으로 실현할 수 없는 정도에 이르렀다고 볼 정도로 과다한 비용과 희생이 요구되는 등 그 하자가 중대하여야 할 뿐만 아니라, 그러한 사정이 객관적으로 명백한 경우라야 한다고 판결하였다.

그리고 위와 같은 공공사업에 경제성 내지 사업성이 있는지 여부는 공공사업이 그 시행 당시 적용되는 법률의 요건을 모두 충족하고 있는지 여부에 따라 판단되어야 함은 물론, 경제성 내지 사업성 평가와 관련하여서는 그 평가 당시의 모든 관련 법률의 목적과 의미, 내용 그리고 학문적 성과가 반영된 평가기법에 따라 가장 객관적이고 공정한 방법을 사용하여 평가되었는지 여부에 따라 판단되어야 한다고 분명히 하였다.

또한 재판부는 간척지의 매립사업과 같이 어떠한 항목을 편익이나 비용항목에 넣을 수 있는지 여부와 그러한 항목에 대한 평가방법이나 기법에 관하여 확립된 원칙이나 정설이 존재하지 아니한 경우에는, 경제성 내지 사업성 평가 당시의 공공사업의 투자분석이론이나 재정학 또는 경제학 이론 등에 따라 그 분야의 전문가들에 의하여 가능한 한 가장 객관적이고 공정한 방법을 사용하여 편익과 비용을 분석한 후 공공사업에 경제성 내지 사업성이 있는지 여부를 평가하는 것이 바람직하다고 판결함으로써 분석방법이 확실하지 아니한 공익판단에 있어서 과학적 접근방법을 구체적으로 제시하였다는 점에서 이 판결의 의미는 매우 크다.

(1) 판결에 관한 다수의견

농업기반공사나 전라북도가 복합산업단지 개발을 검토하고 대통령이 공단과 국제항 조성에 관한 종합개발계획 추진안에 관한 발언을 하였다는 사정들만으로는 현재 농지조성과 농업용수 개발을 주목적으로 한 새만금간척종합개발사업의 토지이용계획이 복합산업단지 개발로 변경되었다고 볼 수 없다. 또한 향후 사업목적의 변경 가능성이 있다고 하여 현재의 사업목적 달성이 불가능하다거나 법률적으로 또는 실질적으로 사업목적이 변경되었다고 볼 수 없다.

쌀 공급과잉 현상으로 쌀 재배면적을 감소시킬 필요성이 있다고 하더라도 일정수준의 식량자급을 유지하기 위한 우량농지의 확보의 필요성이 줄어든 것은 아니므로, 필요 이상의 과다한 우량농지가 전용되고 있다는 사정만으로 농지의 필요성이 줄어들었다고 단정할 수 없다.

갯벌 내지는 환경 보전의 중요성을 참작한다고 하더라도 새만금간척종합개발사업을 통하여 이루려고 하는 국가의 발전이라는 실질적인 목적을 달성할 수 없을 정도로 과다한 비용과 희생이 요구되어 경제성 내지는 사업성이 없다고 인정하기에 부족하므로, 결국 새만금간척종합개발사업의 경제적 타당성에 있어서 공유수면매립면허처분 등을 취소하여야 할 만큼 예상하지 못한 사정변경이 있다고 할 수 없다.

장차 형성될 새만금 담수호에서 농업용수로서의 수질을 유지하는 것이 사회통념상 불가능하다고 할 수 없으므로, 농림부장관의 수질개선대책 수립의 실현가능성이 불확실하다거나 그 수질개선대책을 시행하더라도 목표수질을 달성할 수 없는 사정변경이 생겼다고 할 수는 없다. 또한 농림부장관이 환경부의 수질관리에 관한 환경영향평가 협의내용을 지키지 아니하고 결과적으로 방조제를 우선 완공함으로써 협의내용을 위반하였다는 사유만으로는 수질관리에 예상하지 못한 사정변경이 발생하였다거나 그 사정변경이 공유수면매립면허처분 등을 취소할 정도로 중대하다고 할 수도 없다.

방조제 축조로 인하여 생길 수 있는 자연적인 해안선의 변화나 물질순환의 차단, 퇴적환경이 달라지는 등의 해양환경상의 영향은 새만금사업시행계획 당시부터 예상하였던 것으로서 이를 들어 예상하지 못한 사정변경이라고 할 수 없다. 해류순환의 변화는 당초 환경영향평가에서도 고려된 사정으로 보일 뿐 아니라, 그로 인하여 수질에 미치는 악영향을 새만금사업시행계획 당시 충분히 예상하지 못하였던 사정변경 사유로 본다고 하더라도, 그로 인해 발생할 수 있는 피해가 어느 정도인가에 관하여는 한국해양연구원의 조사연구 결과로도 명확하지 않고 달리 그 피해 정도를 인정할 만한 증거도 없다. 따라서 새만금간척종합개발사업을 중단하여야 할 정도로 중대한 사정변경이나 공익상 필요가 있다고 인정하기에 부족하다고 한 원심의 판단을 수긍한 사례이다.

(2) 판결에 관한 반대의견

환경변화를 수반하는 대규모 개발행위를 결정함에 있어, 물질문명의 편리함에 깊이 빠져든 오늘날의 사람들은 물질적 필요의 충족에 우선적 가치를 두고 당장 눈에 보이고 금전으로 계산이 가능한 경제적인 이해타산과 수치 비교만으로 개발행위에 나아가고 있다. 자연환경은 경제적 이익이나 금전적 가치와 동일한 평면에서 비교되고 대체될 수 있는 가치가 아니다. 물론 환경변화를 수반하는 대규모 개발행위를 결정함에 있어서 희생되는 환경의 가치를 포함한 손실과 개발로 인한 이득(편익)을 비교하여 결정하는 것이 부득이할 것이겠지만, 그 가치를 산정함에 있어서는 당시까지 밝혀진 환경의 기능과 효용 중 금전으로 환산할 수 있는 가치만을 평가하여 그 손실보다 이득이 큰 경우에는 환경을 희생시키는 것으로 개발 여부를 결정하는 방식은 허용되어서는 아니 된다.

환경의 가치 중 아직 밝혀지지 않은 부분이 많고 환경의 훼손이 인간의 생존에 심각한 영향을 미칠 수 있는 가능성이 항상 잠재하고 있다는 점을 고려하면, 환경의 변화나 훼손은 이를 감수하고서라도 반드시 확보하여야 할 필수불가결한 가치를 얻기 위한 것이거나 아니면 적어도 환경의 희생을 대가로 얻을 수 있는 가치가 월등히 큰 경우에만 허용될 수 있는 것이며, 그 경우에도 필요한 최소한의 범위 내에서만 훼손이 가능한 것으로 보아야 한다.

우리 헌법이나 환경 관련 법령에서도 인류 생존의 토대를 이루는 자연환경을 무분별한 개발과 이용으로부터 보호하여야 한다는 시대적 요청을 반영하여, 자연환경 보전의 가치가 개발에 따른 가치보다 우선적으로 보호되어야 할 가치임을 분명히 하고 있는 것으로 보아야 한다.

한편으로 자연환경을 보전할 필요성 못지않게 국민경제의 균형있는 발전을 위하여 개발사업을 추진할 필요성 또한 부인할 수 없는 것이므로, 개발사업을 추진할 것인지 여부는 당해 사업으로 얻을 수 있는 국민경제적인 가치와 이로 인하여 훼손되는 자연환경의 가치를 비교하여 결정할 수밖에 없고, 이러한 가치비교를 위해서는 일단은 개발사업의 가치와 자연환경의 가치를 모두 경제적인 가치로 환산하여 비교·교량하는 방법을 따를 수밖에 없다.

그런데 개발사업의 가치는 경제적 가치로 환산하여 평가하기가 용이한 반면, 자연환경의 가치에는 생물종의 다양성, 생태적 안정성의 유지 등과 같이 경제적인 가치로 평가하기 어려운 가치도 있고, 장래에 이용될 가능성은 있으나 현재로는 이용되지 않고 있는 가치나 현재의 환경에 대한 지식으로는 제대로 알 수 없는 가치와 같이 평가의 대상 자체에 포함시키기 어려운 가치도 있다. 따라서 훼손되는 자연환경의 가치를 경제적인 가치로 환산할 수 있는 부분만을 평가하여 개발사업의 가치와 비교·교량하는 것만으로 자연환경의 가치를 충분히 고려하였다고 할 수 없고, 개발사업의 국민경제적인 이득이 당해 사업에 소요되는 비용과 이로 인하여 훼손되는 자연환경 가치의 경제적 평가액 등의 손실을 합한 것보다 상당한 정도로 우월한 경우에 비로소 개발사업을 추진할 수 있는 당위성이 인정될 수 있다.

또한 개발사업을 취소하여야 할 정도의 사정변경이 생겼는지 여부를 판단함에 있어서도, 환경 변화로 인하여 나타날 구체적 위험성이나 훼손될 환경 가치의 중대성 등에 관하여 어느 정도의 가능성까지는 입증하였지만 정확하게 확인되는 정도까지는 이르지 못한 입증의 중간영역이 있을 때에, 그 사업이 대규모 사업으로서 환경 변화의 영향력이 미치는 범위가 아주 넓고 예측되는 환경 변화의 폐해가 심각한 것이어서 혹시라도 그 가능성이 현실화되는 것을 도저히 용인하기 어려운 사정이 있는 경우라면, 무조건 원고측이 그 사정변경과 취소의 필요성에 대하여 입증을 다하지 못한 것으로 보아 원고의 청구를 기각할 것이 아니라, 희생되는 환경의 가치나 환경 훼손으로 인한 폐해의 위험성과 관련하여 경제성이나 안전성이 확인되지 않은 것으로 보아 사업의 강행을 재고할 상황에 처한 것으로 판단하는 것이 더 합리적이다.

새만금간척종합개발사업과 같이 갯벌 등 생태계와 자연환경에 광범위하고도 심각한 영향을 미칠 대규모 개발사업에서, 당초 예상하지 못한 중대한 사정변경이 발생하였는지 여부 및 처분을 취소하여 사업을 중단하는 것이 공익상 특히 필요한지 여부를 판단함에 있어서도 위와 같은 관점과 기준에 따라 자연환경이 가지는 가치와 특수성을 우선적으로 배려하여 결정하여야 한다. 제반 사정에 비추어 보면, 새만금간척종합개발사업에는 농지의 필요성, 수질관리, 해양환경 및 경제적 타당성과 사업성 등의 측면에서 당초 예상하지 못한 사정변경이 생겼다고 할 것인데, 그와 같은 사정변경은 사업을 계속 시행하는 경우 과다한 비용과 희생이 요구됨으로써 사업을 통하여 달성하고자 하는 종국적인 목적을 실현할 수 없을 정도로 중대한 경우에 해당하고, 새만금간척종합개발사업을 위한 공유수면매립면허처분 및 농지개량사업 시행인가처분을 취소하여 새만금간척종합개발사업 자체를 중단하는 것 외에 다른 조치 또는 처분만으로 적절하게 대응하기 어렵다고 보이므로, 새만금간척종합개발사업을 취소할 공익상 필요가 있다고 봄이 상당하다. 따라서 구 농림수산부장관이 환경영향평가 대상지역 주민으로부터 위 공유수면매립면허처분 등을 취소해 달라는 신청을 받았음에도 필요한 처분을 하지 아니한 채 이를 거부한 것은 재량권을 일탈·남용한 것으로 위법하다.

이처럼 새만금사업에 관련한 우리 사회의 갈등을 판단함에 있어서 우리 사법부는 사업추진의 필요성과 사업추진을 통하여 우리 사회가 누릴 수 있는 공익 그리고 이러한 공익실현을 위하여 우리사회가 수용해야 할 환경적 부담 및 이 과정에서 개인들이 필연적으로 수용해야 하는 피해 즉, 사익의 손실에 관한 이익형량을 진행하였다. 특히 우리 사법부는 이익형량을 진행함에 있어서 사업의 필요성 검토에서부터 사업이 진행된 전체 과정에 대한 절차적 민주성의 확보 여부와 비례원칙에 입각한 사업 수단의 적합성, 사업수단의 피해 최소성 그리고 사업에 따른 법익의 균형성을 검토를 통하여 새만금사업의 공익성을 판단하는 과정을 상세하게 제시함으로써 공공사업의 공익성 판단의 기본적인 특을 제시하였다는 점에서 큰 의의를 지닌다.

1.4 공공갈등 사례: 제주해군기지 건설에서의 갈등사례

제주도 남쪽 해안가에 위치한 강정마을[7]은 2007년 국방부에 의해 해군기지 건설 예정지로 지정되었다. 같은 해 5월 제주특별자치도 주관으로 실시한 여론조사 결과, 강정마을은 다른 지역보다 찬성비율이 높아 적정지로 선정되었다. 그러나 같은 해 8월 실시한 마을 주민투표에서 전체 주민의 70% 이상이 반대 입장을 표명하였으며, 이후 2010년까지 기지건설을 둘러싼 찬·반 갈등이 지속되었다.[8]

제주 해군기지 건설에서 갈등의 본질은 공익판단을 둘러싼 접근의 차이에 있었다. 공익판단이 사회의 정당성을 제공하는 기제로 작용하기 위해서는, 공동체 전체의 기본적인 구조를 통해 왜 특정한 결정에 승복해야 하는지 그 이유를 제시할 수 있어야 했다.

---

7) 강정마을은 제주도 서귀포시에 있는 해안가 마을로서, 2008년 현재 주민이 1,900여 명(약 660여 가구)정도 되는 비교적 큰 마을이다. 강정마을 앞바다의 범섬 주변 해역은 천연기념물인 연산호 군락지가 있고, 그 밖에도 다양한 해양생물들이 서식하고 있어 유네스코에 의해 생물권 보존지역으로 지정된 바 있다.

8) 이경원·김정화, "공공갈등과 공익의 재검토: 제주해군기지 건설 사례", 경제와 사회, 2011년 3월, 비판사회학회, 2011, pp. 298−332.

정부는 해군기지 건설이라는 국책사업을 공익과 동등한 지위로 간주하여 그에 대한 정당성을 제시하는 데 신뢰성과 타당성이 결여되어 있었다. 공동체의 기본적인 이익은 일부의 희생하에 다른 일부를 나아지게 하는 것이 아니라 전체의 안녕(well-being)을 위한 조건이라 할 수 있다. 주민들은 '원칙'으로서 공동체의 이익에 접근하는 반면, 정부(해군)는 국책사업이라는 '정책'의 관점에서 기지건설을 보고 있었다.

해군의 경우 기지건설을 통해 국가안보의 추상적 개념을 목표로 설정하고 있었다. 왜 제주에 해군기지가 필요하며, 기지입지로서 강정마을이어야 하는지 정당성에 대한 충분한 논증 없이 절차를 추진했다. 과거 권위주의 정부 시절 국책사업은 논쟁의 대상이 아니었다. 특히 안보나 경제발전과 관련된 이슈에서는 정부의 결정이 곧 공익으로 간주되었다. 그러나 민주화 이후 국가 역할의 변화 그리고 국가와 시민사회의 관계변화에 따라 과연 무엇이 진정으로 공익인가에 관한 의문이 제기되기 시작했다.[9)]

이 제주 해군기지 건설에서 나타난 공공갈등의 핵심은 공익 논쟁의 부재즉, 국책사업의 추진에서 있어서 정책의 일관성 결여라 할 수 있다. 정부는 제주 해군기지 건설 초기에는 국가안보 논리에 따른 국책사업임을 강조했다. 그러나 이러한 주장이 관련 지역 주민들에게 설득력을 갖지 못하자 더이상 전면에 내세우지 않았다. 이어서 정부는 기지건설에 따른 지역발전과 그의 경제적 효과를 부각시키며 공론화를 유도하였다. 이를 위해 민군합동으로 국내외의 여러 해군기지를 방문하기도 했었다. 그러나 그 후 이러한 정부 주장의 타당성에 의문이 제기되고, 해군과 그의 입장을 대변해온 제주도는 방향성을 상실하게 되었다. 제주 해군기지 건설 과정에서 나타난 공공갈등의 핵심은 정책의 일관성 결여라 할 것인데, 이러한 정책의 일관성 결여에는 안보 혹은 경제발전과 관련된 정책에 관한 정부의 결정이 곧 공익적 결정으로 간주하던 과거 권위주의적 시대의 부적절한 사고가 반영된 것도 상당한

9) 그간 새만금 매립, 경주 폐장 건설 그리고 평택 미군기지 이전 등과 같은 대형 국책사업의 추진과정에서 관련 개인과 단체가 보여 준 저항과 갈등들은 이러한 변화를 잘 보여 준다.

이유가 되었다. 즉 제주 해군기지 건설과정에서 나타난 공공갈등은 공익개념의 설정에서부터 공익판단의 과정에 이르기까지 이익형량 과정에서 요구되는 최소한의 원칙이 무시된 것에서 그 원인을 찾을 수 있다.

제2절 수용제도와 공익

2.1 수용제도의 의의

공용수용이란 국가나 지방자치단체가 특정한 공익사업을 위하여 법률에 근거해서 타인의 토지 등의 재산권을 강제적으로 취득하는 제도를 말한다.[10] 헌법 제23조는 제1항에서 "모든 국민의 재산권은 보장된다. 그 내용과 한계는 법률로 정한다", 제2항에서 "재산권의 행사는 공공복리에 적합하도록 하여야 한다", 그리고 제3항에서 "공공필요에 의한 재산권의 수용·사용 또는 제한 및 그에 대한 보상은 법률로써 하되, 정당한 보상을 지급하여야 한다"라고 규정하고 있다. 우리 헌법은 사유재산권의 보장, 즉 모든 국민에게 재산권을 자유롭게 사용·수익·처분할 수 있는 권리가 있음을 보장하는 것을 대원칙으로 하고, 공공필요에 의한 재산권의 수용·사용 또는 제한은 헌법이 규정하고 있는 요건을 갖추어야만 예외적으로 허용한다는 것을 명백히 밝히고 있다.[11] 헌법상 재산권의 보장은 개인의 재산에 대한 권리의 보장이자 공동체의 사유재산제도를 보장한 것으로 보는 것이 통설[12]이고, 헌법

---

10) 한수웅, 헌법학 제5판, 법문사, 2015, p. 865; 김연태, "공용수용의 요건으로서의 '공공필요'", 고려법학 제48권, 2007, p. 83., 공용수용이란 국가, 공공단체 또는 사업주체가 개인의 재산을 강제로 박탈하는 공용징수라고 말한다. 정종섭, 헌법학원론 9판, 박영사, 2014, p. 708 참조.

11) 헌법재판소는 92헌바14 결정 이후 일관되게 이러한 입장을 취하고 있다. 이동훈, "헌법 제23조 제3항의 '공공필요'의 해석론 – 헌재 2014.10.30. 2011헌바129에 대한 판례평석", 저스티스 통권 제154호, 2016. 6, p. 276 참조.

12) 정종섭, 앞의 책, p. 699; 한수웅, 앞의 책, pp. 847–850; 장영수, 헌법학 제9판, 홍문사, 2015, pp. 748–749; 김연태, 앞의 논문, p. 85.

재판소도 재산권 보장을 제도보장이며 동시에 기본권으로 보고 있다.[13)]

2.2 공공필요의 의미와 공공필요의 판단 기준

헌법 第23조 第3항의 공공필요의 개념에 대해서는 헌법 第37조 第2항의 "필요한 경우"와 같은 의미로 보는 견해, "국가안전보장·질서유지 또는 공공복리를 위하여 필요한 경우" 외에 국가 정책적인 고려까지 포괄하는 개념으로 보는 견해 등이 있다.[14)] 이에 비하여 헌법재판소는 공공필요의 의미를 '국민의 재산권을 그 의사에 반하여 강제적으로라도 취득해야 할 공익적 필요성'으로 해석함으로써,[15)] 공공필요의 개념을 '공익성'과 '필요성'이라는 두 가지 요소로 파악하고 있다.

공공필요의 개념에 관한 학문적 정의와 설명에 무관하게 헌법상 공용수용의 전제로서의 공공필요는 헌법재판소가 파악하고 있는 바와 같이 공익성과 필요성을 동시에 갖추어야만 인정된다. 다만 공익성과 필요성을 요구하는 정도에 있어서는 각자의 입장에 따라 다를 수 있다.[16)]

1) 공공필요의 판단 기준: 공익성

수용이 정당화되고 헌법에 합치되기 위한 첫 번째 요소로서의 공익성이 인정

---

13) 헌법재판소는 "재산권 보장은 개인이 현재 누리고 있는 재산권을 개인의 기본권으로 보장한다는 의미와 개인이 재산권을 향유할 수 있는 법제도로서의 사유재산제도를 보장한다는 이중적 의미를 가진다."고 보았다. 헌재 1993.7.29. 92헌바20.

14) 정종섭, 앞의 책, p. 710, 성낙인, 헌법학, 법문사, 2012, p. 701 참조.

15) 헌재 1995.2.23. 92헌바14; 헌재 2000.4.27. 99헌바58; 헌재 2011.4.28. 2010헌바114 등.

16) 여기에서는 헌법재판소의 견해를 기초로 서술한다. 다만, 공공필요의 요건과 관련하여 공익성, 필요성, 비례성의 세 가지 요소로 고찰하는 견해, 공공필요의 개념을 공익과 동일시하고, 비례원칙으로 공공필요성을 판단하는 견해 등 여러 가지 견해가 있으나 결국 공익성과 필요성이 인정되어야 한다는 점은 공통적으로 인정한다. 이선명, "헌법 제23조 제3항의 공용수용 요건으로서 '공공필요'에 관한 연구", 연세대학교 대학원 석사학위논문, 2010, pp. 40－45 참조.

되기 위해서는 수용의 원인이 되는 사업의 목적이 공공의 이익에 구체적이고 직접적으로 부합하는 중대한 공익을 위한 것이어야 한다. 왜냐하면 수용은 사유재산권의 희생을 강제적으로 감수시키면서까지 더 큰 공익을 위하여 헌법적으로 용인된 예외적 제도이기 때문이다.

따라서 해당 사업으로 기대되는 이익이 특정한 개인이나 집단을 위한 것인 경우에는 말할 것도 없고, 사업의 목적이 공공의 이익에 간접적으로 관련되는 것이어서도 안 되며, 국토의 효율적 이용을 위하여라든가 세수 증대를 위하여, 경제개발을 위하여 등과 같이 추상적이고 막연한 것이어서도 안 된다. 사업의 목적을 집행 공무원이 해석을 통하여 보충할 수 있는 가능성을 열어두지 않을 만큼 철저하게 구체적이고 명확해야 한다.

사업내용은 실제로는 사업계획서를 통해서 드러나고, (공용)수용 관련 법률은 예외 없이 사업계획을 정당한 공권력으로부터 승인받을 것을 요구하고 있으므로 사업내용이 공익적인 것인가에 대한 판단은 결국 사업계획의 승인 여부를 담당하는 집행권자에게 달려 있다. 그렇기 때문에 공용수용 관련 사업계획에 포함되어야 할 사항을 정하는 문제는 해당 사업의 공익성을 담보하기 위한 가장 중요한 입법적 통제장치가 된다. 따라서 사업계획에 포함되어야 할 사항을 정할 때에는 해당 사업이 근거법의 입법목적과 사업 목적에 부합하는지를 구체적으로 확인할 수 있는 사항들이 모두 포함되도록 법률에서 직접 규정해야 한다.

2) 공공필요의 판단 기준: 필요성

공용수용을 위한 전제로 우리 헌법은 공익성과 함께 필요성을 요구하고 있다. 비록 사업의 성격이 공익적인 것이라고 하더라도 그것이 필요성 요건을 충족하지 못하면 공용수용이 인정될 수 없다. 즉, 공용수용은 같은 공익을 달성할 수 있는 여러 수단 중 최종적인 선택이어야 하며, 이와 함께 공용수용으로 공익이 현저하게 달성될 수 있다는 것이 입증될 수 있어야 허용된다고 보아야 한다.[17]

헌법재판소도 공용수용은 타인의 재산권을 직접적으로 박탈하는 것일 뿐 아니라, 헌법 제10조로부터 도출되는 계약의 자유 내지 피수용자의 거주이전 자유까지 문제될 수 있는 등 사실상 많은 헌법상 가치들의 제약을 초래할 수 있으므로, 헌법적 요청에 의한 수용이라 하더라도 국민의 재산을 그 의사에 반하여 강제적으로라도 취득해야 할 정도의 필요성이 인정되어야 하고, 그 필요성이 인정되기 위해서는 공용수용을 통하여 달성하려는 공익과 그로 인하여 재산권을 침해당하는 사인의 이익 사이의 형량에서 사인의 재산권침해를 정당화할 정도의 공익의 우월성이 인정되어야 한다고 한다.[18] 나아가 특히 사업시행자가 사인(私人)인 경우에는 공익의 우월성 외에도 사인은 경제활동의 근본적인 목적이 이윤을 추구하는 일에 있으므로, 그 사업 시행으로 획득할 수 있는 공익이 현저히 해태되지 않도록 보장하는 제도적 규율도 갖추어져 있어야 한다[19]고 보는 것이 우리 헌법재판소의 입장이다.

3) 개발제한구역제도의 사례

개발제한구역제도는 1971년 (구)도시계획법에 의해 도시의 무질서한 확산을 방지하고 도시주변의 자연환경을 보전하여 도시민의 건장한 생활환경을 확보한다는 목적하에 도입되었다. 개발제한구역의 용도구분은 도시계획법에 근거한 토지이용계획에 의하여 이루어지기 때문에 공용제한 중 적극적인 계획제한에 해당한다. 이에 따라서 개발제한 구역 안에서는 원칙적으로 토지형질 변경과 건물의 신·증·개축을 포함한 모든 토지이용행위가 제한된다. 이처럼 개발제한구역제도는 공공복리를 위하여 토지이용이 현상 동결되고 행위제한이 가해지기 때문에 재산권의 침해가 일어나는 경우가 대부분이다.

1998년 헌법재판소는 개발제한구역제도로 인하여 실질적으로 토지의 사용, 수익권이 폐지되는 경우에 어떠한 보상도 없이 이를 감수하는 것은 '비례성의 원칙'

---

17) 정종섭 교수는 "재산권의 제한에는 헌법 제37조제2항의 과잉금지원칙도 준수되어야 한다"고 본다. 정종섭, 앞의 책, p. 711.

18) 헌재 2014. 10. 30. 2011헌바129 참조.

19) 헌재 2009. 9. 24. 2007헌바114 참조.

에 위반되어 토지소유자의 재산권을 과도하게 침해하므로 헌법불합치라고 판결하였다. 이 판결로 인하여 2000년 '개발제한구역의 지정 및 관리에 관한 특별조치법'이 제정되었다. 이후 개발제한구역에 대한 조정으로 대규모 구역의 해제가 결정되었고, 개발제한구역 관리계획, 존치지역 내 행위제한, 훼손부담금 등의 관리방안이 보다 구체화되고 주민지원사업, 매수청구 등 다양한 손실보상 제도가 도입되었다.

2.3 수용권 행사의 기준으로서 공공필요의 정의

재산을 금전적으로 가치가 있는 권리로만 평가할 때, 공용침해에 대하여 보상만 충분히 행해지면 문제가 해결되는 것으로 생각할 수 있다. 그러나 일정한 재산은 단순한 재산적 가치가 있는 권리로서만 볼 것이 아니라 개인의 자유로운 인격의 발현을 위한 전제로서 인간의 존엄과 가치를 유지하기 위한 인권으로 보아야 할 것이다. 재산이 보존되지 않고 보상될 뿐이라고 한다면, 그것은 원칙적으로 재산권의 보장이라고 말할 수 없다.[20)] 보상에 의한 재산권의 가치보장은 재산의 변화 또는 재산권의 기능변화를 강요하는 것이고, 그것은 재산권자의 삶의 형태와 질을 바꾸어 놓는 것이다. 이러한 점에서 가치보장보다는 존속보장이 우선되어야 하는 것이다.[21)]

현대국가에서의 복리행정의 증대와 공익사업의 확대에 따라 사유재산에 대한 공용수용의 필요성이 증대하고 있다. 이에 따라 헌법은 재산권의 내용과 한계에 관한 법률유보조항을 두고 있고(제23조 제1항 제2문), 공공복리에 적합하도록 재산권을 행사해야 할 의무를 부과하며(제23조 제2항), 공공필요에 의하여 재산권에 대한 공용침해를 허용하면서 그에 대해 손실보상을 지급하도록 규정하고 있다(제23조 제3항).

20) 김연태, "공용수용의 요건으로서의 '공공필요'", 고려법학 제48호, 2007, pp. 83－105. p. 87.

21) 송희성, "재산권의 존속보장과 가치보장에 관한 연구: 공용침해의 요건과 손실보상의 인부를 중심으로", 경희대학교 대학원 박사학위논문, 1991, p. 44.

그동안 공용수용에 대한 논의와 법제는 공용수용에 대한 재산권의 존속보장의 측면에서 법치국가적 통제장치를 마련하는 것에 주안점을 두기 보다는 공용수용권의 강화, 공익사업의 확대, 절차의 간소화 그리고 손실보상액의 조정에 관심이 집중되었다. 판례 또한 손실보상에 관한 것이 대부분이고 공용수용의 요건[22]을 다룬 것은 찾아보기 힘들다. 공용수용에 관한 일반법인 토지보상법은 공용수용의 요건에 관하여 구체적인 규정을 두지 않고 단지 공용수용을 할 수 있는 사업, 즉 공익사업을 열거하고 있을 뿐이다. 공용수용의 근거를 마련하고 있는 개별법에서도 수용의 목적 또는 전제조건에 대한 상세한 규정을 두고 있지 않다.

예를 들면 도시개발법 제21조 제1항은 "시행자는 도시개발사업에 필요한 토지 등을 수용 또는 사용할 수 있다"고 규정하고 있는 바, 당해 사업이 '도시개발사업'에 해당하고 그에 필요하기만 하면 토지 등을 수용할 수 있게 된다.

헌법 제23조 제3항은 공공필요가 존재하는 경우에 한하여 공용수용이 허용됨을 명시하고 있는바, 공공필요는 현행법상 공용수용의 일반적 요건에 해당하는 것이다. 그런데 헌법이 규정한 공공필요는 대표적인 불확정 법개념으로서 그 의미가 다의적이고 추상적이며, 정치·경제·사회적 제반 상황과 국가의 정책적 목표에 따라 그 내용과 결정기준이 다르게 나타난다.[23] 공공필요의 개념이 자의적으로 해석

22) 헌법재판소는 공용수용을 "공공필요에 의한 재산권의 공권력적·강제적 박탈"이라고 정의하면서 그 요건으로 첫째, 국민의 재산권을 그 의사에 반하여 강제적으로라도 취득해야 할 공익적 필요성이 있을 것(공익성), 둘째, 법률에 의거할 것(적법성), 셋째, 정당한 보상을 지급할 것을 제시하고 있다(헌재 1998. 3. 26. 93헌바12; 헌재 1998. 12. 24. 97헌마87 등 참조).

23) 시대와 국가기능의 변화에 따른 '공공성' 내지 '공공복리' 개념의 변천에 대하여는 송희성, "재산권의 존속보장과 가치보장에 관한 연구: 공용침해의 요건과 손실보상의 인부를 중심으로", 경희대학교 대학원 박사학위논문, 1991, p. 60 참조. 헌법 제23조 제3항의 '공공필요'의 개념과 제37조 제2항의 '공공복리' 개념의 관계에서 전자가 후자보다 넓다고 보는 견해는 김철수, 헌법학 개론, 박영사, 2004, p. 644 그리고 권영성, 헌법학원론, 법문사, 2006, p. 556 참조. 양자의 개념 범위가 같다고 보는 견해는 계희열, 헌법학(중), 박영사, 2004, p. 552 각주 94번 참조. 따라서 제23조 제3항은 기본권 중 특히 재산권에 대한 침해를 정당화하는 사유를 정하고 있는 것이므로 제37조 제2항의 기본권 제한의 일반적 사유보다는 좁은 것으로 보는 것이 타당할 것이다.

되는 경우에 공용수용의 적법성은 확보될 수 없으며, 그 결과 재산권의 존속보장은 무의미해질 것이다. 그러므로 재산권의 존속보장을 도모하기 위해서는 공용수용의 허용요건이 엄격하고 구체적이어야 한다.

1) 수용권 행사의 판단 기준에 관한 선행연구

장은혜는 사인수용에 집중한 연구로서 공공필요가 인정되어 사인에게 수용권이 부여되는 경우라도 해당 사업의 공익목적이 지속적으로 유지될 수 있도록 사인수용의 경우 공익실현을 담보할 수 있는 제도적 장치가 필요함을 제시하였다.[24)]

김종하는 공공필요의 판단은 헌법상 일반 원칙인 비례의 원칙 또는 과잉금지의 원칙에 기초를 두며 공공필요 심사기준은 첫째, 공익의 목적성, 둘째, 침해의 필요성, 셋째, 법익의 균형성, 넷째, 침해의 최소성, 다섯째, 공익의 지속성 등으로 구체화하여 판단하여야 하며 특히 공익의 지속성은 민간 사업시행자에게 수용권을 부여할 때 반드시 요구되어야 한다고 주장하였다.[25)]

이호준 외는 공용수용과 관련하여 공익성의 범주를 효율성과 공정성으로 구분하여 검증해야 하며 공익성 검증은 입법단계, 행정단계, 사법단계의 3단계 검증이 필요하다고 주장하였다. 특히 행정단계는 구체적인 사업계획이 공익성 기준에 부합하는 지를 면밀히 검토하는 단계로서 현재 효율성 검토 위주로 운영 중인 공공사업 예비타당성 조사에 공정성 검증 기능을 추가하여 당해 사업의 공익성을 검증하는 방안을 대안으로 제시하였다.[26)]

김기영은 사업인정을 위한 공익성 판단을 위한 세부 기준으로 계획의 적합성(공익과 공익), 최소침해의 제도적 보장(공익과 사익), 이해관계 조정(사익과 사익)의

---

24) 장은혜, 사인수용의 가능성과 한계에 관한 공법적 연구, 아주대학교 박사학위논문, 2018.

25) 김종하, “개발사업 관련 공공필요의 위헌성에 관한 고찰”, 토지공법연구 제71집, 한국토지공법학회, 2015.

26) 이호준 외, 우리나라 수용법제에 대한 법경제학적 검토, KDI 공공투자관리센터, 2013.

세 가지 원칙 하에 9개 판단 기준 및 27개의 세부 판단 기준을 제시하였다. 동 기준 하에 사업인정 의제사업 21개(법률규정사항)를 대상으로 공익성을 판단하고 향후 개별 사업의 공익성 판단을 위한 정형화된 실무기준이 필요하다고 지적하였다.[27)]

2.4 수용권을 통한 개인 재산권의 사회구속성 판단 기준

재산권의 사회구속성을 정하는 표준척도는 구체적인 경우에 재산객체가 갖는 사회관련성과 사회적 기능이다.[28)] 즉 개인이 소유하고 있는 재산객체가 단지 그 자신의 생존뿐만 아니라, 타인의 생존이나 생활에 직접적인 혹은 간접적인 의미를 가지는 경우에는 그 재산권에 대한 사회적 평가가 달라져야 한다는 것이다.[29)]

재산권의 사회관련성은 유한적이고 희소성을 가진 재산객체나 사회공동체를 위하여 중요한 기능을 가지는 재산객체에 대하여 보다 큰 헌법적 의미를 갖게 된다. 전자의 경우에 해당하는 것이 토지재산권에 관한 사회구속성이고, 후자에 속하는 것으로서는 특히 자연보호, 수질과 환경보존, 공적 인접권 및 문화재보호 등을 위한 재산권의 사회구속성이다.

우리 헌법재판소는 도시계획법[30)] 제21조에 대한 위헌소원에서 "헌법상의 재산권은 토지소유자가 이용가능한 모든 용도로 토지를 자유로이 최대한 사용할 권리나 가장 경제적 또는 효율적으로 사용할 수 있는 권리를 보장하는 것을 의미하지는 않는다. 입법권자는 중요한 공익상의 이유로 토지를 일정 용도로 사용하는 권리를 제한할 수 있다. 따라서 토지의 개발이나 건축은 합헌적 법률로 정한 재산권의 내용과 한계 내에서만 가능한 것일 뿐만 아니라 토지재산권의 강한 사회성 내지 공

27) 김기영, 공익성 개념 확장에 따른 사업인정의제의 판단, 강원대학교 박사학위논문, 2014.
28) BVerfGE 38, 348, 370.
29) 김광수, "공법상 재산권보장의 의의와 범위", 순천향대 논문집 제 17권 1호, 1994, p. 129.
30) 도시계획법과 국토이용관리법을 통폐합한 국토의 계획 및 이용에 관한 법률이 2003년 1월 1일부터 시행되게 됨에 따라 도시계획법은 그때부터 자동적으로 폐지되었다.

공성으로 말미암아 이에 대하여는 다른 재산권에 비하여 보다 강한 제한과 의무가 부과된다"라고 판시하여[31] 토지재산권에 대한 사회구속성을 강조하고 있다. 따라서 토지재산권은 신성불가침적 권리 이상으로 동시에 공공이익 내지 공공복리를 위한 광범위한 실정법상 의무와 제약을 감내하는 재산으로서의 성격이 강하다.[32]

재산권의 사회구속성은 근본적으로 이와 같이 토지재산권에 관한 것이지만[33] 오늘날 후자의 경우에도 그 범위를 점점 확대해 나가고 있다.[34] 재산권의 사회구속성의 내용은 이처럼 재산객체의 사회관련성에 따라 변경이 가능한 것이지만 재산권의 본질과 평등권규범의 가치척도를 일탈하여 정하여 지는 것은 아니다.[35]

2.5 수용권 부여의 승인기준으로서 공익

토지소유주의 의지와는 정반대로 정부의 토지수용권은 공공정책을 위한 아주 강력한 수단으로 사용되고 있으며 또한 자유롭고 평화롭게 소유한 사유재산에 대

31) 헌재결 1998.12.24, 89헌바214, 90헌바16, 97헌바78(병합), 헌재판례집 제10권 2집 927면 이하.

32) 강경근, 헌법, 법문사, 2002, p. 519.

33) 우리 헌법재판소도 "재산권의 사회구속성은 수요가 늘어난다고 해서 공급을 늘릴 수 없는 토지재산권에 대하여서는 입법부가 다른 재산권보다 더 엄격하게 규제할 필요가 있다고 하는데, 이에 관한 입법부의 입법재량의 여지는 다른 정신적인 기본권에 비하여 넓다고 봐야 하는 것이다."라고 판시하여 토지에 관한 재산권의 사회구속성을 강조하고 있다. 헌재결 1989.12.22, 88 헌가 13, 헌재판례집 제1권, p. 357.

34) 이에 대한 자세한 참조는 정극원, 헌법국가와 기본권, 한국조세신문사, p. 2002, p. 253 이하.

35) 우리 헌법재판소는 토지초과이득세법 제8조의 위헌소원에서 "토지소유자로 하여금 그 지상건축물 소유자 등 임차인에게 토지를 자신이 구입한 것보다 싼값에 강매하도록 하는 결과를 초래할 우려가 있으므로 헌법상 개인의 재산권 보장의 취지에 어긋날 뿐만 아니라, 토지이용능력이 미흡한 토지소유자와 토지구매력이 없는 임차인 사이의 자본의 자유로운 결합을 통하여 토지를 효율적으로 이용하는 것을 방해함으로써, 개인과 기업의 경제상의 자유와 창의를 존중함을 기본으로 하는 우리 헌법상의 경제질서에도 합치하지 아니하는 것으로 보아야 한다"라고 판시하여 이러한 재산권의 사회구속성의 한계를 정하고 있다. 헌재결 1994.7.29, 92헌바49, 헌재판례집 제6권 2집, p. 115 이하.

한 강력한 위협이 되고 있다.[36] 왜냐하면 토지수용제도 자체가 재산권을 강제적으로 박탈하는 본질이 있어 피수용자에게 주관적 가치의 상실이라는 비용을 발생시키기 때문이다. 이런 이유에서 토지수용권이 바람직한 공공정책을 위해 선의로 이용되거나 또는 악의로 이용될 소지가 다분히 있다고 하더라도, 오늘날 이러한 사례를 접하게 되는 경우는 점점 증가하고 있다.

수용권제도는 모든 재산권에 내재적 한계가 있고, 공익을 위해서는 재산권도 제한될 수 있다는 점, 즉 재산권이 무제한적이고 불가침의 권리는 아니라는 역사적·헌법적 판단에 그 정당성의 근거를 두고 있다. 재화의 특성상 토지와 같이 비대체성·부증성·부동성이 있고, 다른 토지와 연결됨으로써 외부효과가 일어나는 경우에는, 그 거래에 참여하는 당사자들이 기회주의적인 지대추구의 행태를 보이거나 비합리적인 선택으로 인해 비효율적인 결과에 도달할 우려가 크다. 그 대표적 현상이 이른바 '알박기'라 할 수 있고,[37] 거래비용을 급속히 증가시켜 공익사업의 추진 자체를 무산시킬 우려가 높은 알박기, 버티기 등의 행위에 대한 제어책으로 토지수용제도는 그 경제적 효율성과 정당성을 인정받을 수 있다. 헌법 재판소도 토지의 재화로서의 특성과 토지수용의 필요성 및 정당성을 인정하고 있다(헌법재판소 1998. 12. 24. 선고 89헌마214 결정 등, 헌법재판소 2009. 9.24. 선고2007헌바114 결정 등).

토지수용권을 수반하는 다양한 사업들이 공공의 이익을 위하여 행하여지고 있다고는 하나 그 공공의 이익을 재량할 수 있는 것은 아니며 혹 공공이익이 있다하여도 공공의 구성원인 개개인에게 직접 영향을 주는 직접적인 이익이 아니라 간접적인 이익인 것이다. 더 나아가 토지수용의 기본원칙인 공공필요와 정당한 보상이 수용과정에서 제대로 구현되지 못할 경우 토지수용으로 인한 상당한 사회적 비용이 발생하게 되기 때문에 수용권의 사용은 신중하게 이루어져야 한다.

36) 이석희, "토지수용의 새로운 개혁에 관한 고찰", 토지공법연구 제43집 제1호, 2009, p. 365.

37) 조병구, "이른바 '알박기'에 대한 법경제학적 고찰", 청연논총 제9집, 2012, pp. 535-625.

제3절 공공갈등의 조정과 수용권 부여의 승인기준으로서 공익: 주요 판례 연구

3.1 공공필요성이 결여된 체육시설을 위해 민간기업에게 수용권을 부여하고 있는 국토계획법률의 위헌성 판단[38)]

결정요지

첫째, 기반시설의 종류로서 체육시설을 규정한 이 사건 정의조항은 이 사건 수용조항과 결합한 전반적인 규범체계 속에서 도시계획시설사업의 시행을 위해 수용권이 행사될 수 있는 대상의 범위를 확정하는 역할을 하므로 재산권 제한과 밀접하게 관련된 조항이라 할 것이다. 그런데 특히 재산권 수용에 있어 요구되는 공공필요성과 관련하여 살펴본다면 체육시설은 시민들이 손쉽게 이용할 수 있는 시설에서부터 그 시설 이용에 일정한 경제적 제한이 존재하는 시설, 시설이용비용의 과다와는 관계없이 그 자체 공익목적을 위하여 설치된 시설 등에 이르기까지 상당히 넓은 범위에 걸쳐 있다. 따라서 그 자체로 공공필요성이 인정되는 교통시설이나 수도·전기·가스공급설비 등 국토계획법상의 다른 기반시설과는 달리, 기반시설로서의 체육시설의 종류와 범위를 대통령령에 위임하기 위해서는, 체육시설 중 공공필요성이 인정되는 범위로 한정해 두어야 한다. 그러나 이 사건 정의조항은 체육시설의 구체적인 내용을 아무런 제한 없이 대통령령에 위임하고 있으므로, 기반시설로서의 체육시설의 구체적인 범위를 결정하는 일을 전적으로 행정부에게 일임한 결과가 되어 버렸다. 그렇다면, 이 사건 정의조항은 개별 체육시설의 성격과 공익성을 고려하지 않은 채 구체적으로 범위를 한정하지 않고 포괄적으로 대통령령에 입법을 위임하고 있으므로 헌법상 위임입법의 한계를 일탈하여 포괄위임금지원칙에 위배된다.

둘째, 도시계획시설사업은 그 자체로 공공필요성의 요건이 충족된다. 또한 이 사건 수용조항은 도시계획시설사업의 원활한 진행을 위한 것이므로 정당한 입법목적을 가진다. 민간기업도 일정한 조건하에서는 헌법상 공용수용권을 행사할 수 있

38) 국토의 계획 및 이용에 관한 법률 제2조 제6호 등 위헌소원 등 2011. 6. 30. 2008헌바166, 2011헌바35(병합).

고, 위 수용조항을 통하여 사업시행자는 사업을 원활하게 진행할 수 있으므로, 위 조항은 위 입법목적을 위한 효과적인 수단이 된다. 만약 사업시행자에게 수용권한이 부여되지 않는다면 협의에 응하지 않는 사람들의 일방적인 의사에 의해 도시계획시설사업을 통한 공익의 실현이 저지되거나 연기될 수 있고, 수용에 이르기까지의 과정이 국토계획법상 적법한 절차에 의해 진행되며, 사업시행자는 피수용권자에게 정당한 보상을 지급해야 하고, 우리 법제는 구체적인 수용처분에 하자가 있을 경우 행정소송 등을 통한 실효적인 권리구제의 방안들을 마련하고 있는 점 등에 비추어 이 사건 수용조항이 피해의 최소성 원칙에 반한다고 볼 수 없고, 우리 국가공동체에서 도시계획시설이 수행하는 역할 등을 감안한다면 위 수용조항이 공익과 사익 간의 균형성을 도외시한 것이라고 보기도 어렵다. 따라서 이 사건 수용조항은 헌법 제23조 제3항 소정의 공공필요성 요건을 결여하거나 과잉금지원칙을 위반하여 재산권을 침해한다고 볼 수 없다.

셋째, 국민의 건강 증진과 여가 선용을 위해 도시계획시설로서의 체육시설은 반드시 필요하므로, 만약 헌법재판소가 이 사건 정의조항에 대해 위헌결정을 선고한다면 헌법재판소가 결정을 선고한 때부터 이 사건 정의조항은 그 효력을 상실하게 되어 도시계획시설사업에 꼭 포함되어야 할 체육시설까지 도시계획시설사업의 대상에서 제외되는 법적 공백과 혼란이 예상된다. 따라서 이 사건 정의조항에 대하여 단순위헌결정을 하는 대신 헌법불합치결정을 하고 위 조항은 새로운 입법에 의하여 그 위헌성이 제거될 때까지 잠정적으로 적용되는 것이 바람직하다.

1) 체육시설과 사설 골프장 판결의 의미

국토계획법은 도시와 건물을 조화롭게 통제해서 도시 내 토지의 합리적 사용을 보장하기 위한 목적으로 제정된 법률이다. 도시의 좁은 공간에서 많은 건물들이 서로 조화를 이루고, 자유롭게 사용되기 위해 반드시 필요한 또 하나의 요소가 있는데 이것이 바로 도로나 공원 같이 도시민들에게 필수적인 기반시설이다. 도시기능을 중시하는 국토계획법이 기반시설에 대해 많은 조항을 두고 있는 것도 기반시설이 도시에서 차지하는 비중이 매우 크기 때문이다. 특히 기반시설은 도시민들에게 꼭 필요한 것이지만, 자유로운 시장질서에 맡겨서 저절로 생성되지 않는다는 특징을 갖는다. 그래서 국토계획법에서 말하는 기반시설은 원칙적으로 행정주체에게 설치의무가 부여되는 시설을 의미한다(동법 제86조 제1항).

국토계획법은 기반시설에 대해 그 공공성이나 행정주체의 설치의무에 대해 전혀 언급하지 않은 채 단순히 도로, 철도 등 교통시설, 공원이나 광장 같은 공간시설, 학교나 운동장 같은 문화체육시설 등을 나열하고 있을 뿐이다(동법 제2조 제6호). 그리고 그와 더불어 도시계획시설에 대해서도 매우 형식적인 태도로 일관하면서 기반시설 중에서 도시계획을 통해 설치되는 것을 도시계획시설이라고 정하고 있다. 그래서 기반시설에 해당하면 도시계획결정을 통해 설치될 수 있는 것처럼 보이고, 도시계획시설결정이 이뤄지면 토지수용권도 보장되는 것처럼 보일 수 있다.

그러나 기반시설에 대해 국토계획법이 많은 조항을 둬 규율하고 있는 취지상 기반시설로 인정되려면 도시기능을 위해 필수적이어야 한다는 '필요성 요건'이 충족되어야 한다. 그러므로 국토계획법상 기반시설은 처음부터 공중의 필요성과 행정주체의 설치의무를 전제로 하는 개념이다. 이러한 요소가 없으면 그것이 비록 기반시설에 나열돼있는 시설의 일종이라 해도 기반시설이 될 수 없고 또 도시계획시설결정을 통해 설치될 수 있는 것도 아니다. 기반시설 중의 일부가 도시계획시설결정을 통하지 않고도 설치될 수 있게 예외를 정하고 있는 이유는(국토계획법 제43조) 행정주체에게 설치의무가 있고 그 필요성이 높은 기반시설도 토지수용권이 필요하지 않을 때 간소한 절차로 설치할 수 있도록 정하고 있는 것일 뿐이다.

과거 사설골프장이 운동시설이라는 이유로 국토계획법상 기반시설에 해당하는 것으로 간주하고 또 그에 의해 도시계획시설결정을 받을 수 있는 것으로 간주한 적이 있었다. 이러한 잘못된 판단은 특정한 도시에서만 일어났던 것이 아니라 다수의 지자체에서 실제로 있었다는 점에서 도시계획결정에 관한 지자체장들의 판단이 상당한 문제가 있었음을 알 수 있다. 그러나 골프장은 그것이 비록 운동시설이라 해도 도로처럼 공중의 필요성 요건을 충족시키거나 행정주체에게 설치의무가 있는 것이라고 해석할 수 없다. 도로가 없으면 그것은 행정주체의 책임이지만, 골프장이 없다고 행정주체가 어떠한 책임을 부담한다고 볼 수도 없다.

사설골프장에 대한 도시계획결정은 국토계획법의 취지에 반하는 중대하고도 명백한 하자로 당연 무효이다. 무효인 도시계획시설결정에 터 잡은 수용재결도 모두 법적 근거가 없어 효력이 인정될 수 없다. 공공의 필요와 공공성에 대한 이해가 얼마나 중요한 지를 잘 보여 주는 사례이다.

3.2 도시개발사업에 대한 수용권 부여의 판단근거로서 공공필요성

국토개발의 일반법이라 할 수 있는 국토계획법이 기존의 질서를 존중하는 바탕 위에서 소극적으로 건축허가 요건만을 통제함으로써 바람직한 토지이용을 추구하는 데 중점을 두는 것과 달리 도시개발법은 대표적인 개발사업법으로서 기존의 질서에 전면적으로 개입하여 새로운 시설 및 환경 등을 조성함으로써 적극적으로 도시를 형성하는 기능을 한다.

도시개발사업의 이러한 성격상 대규모의 토지가 필요하고, 수립된 개발계획에 따라 체계적이고 예측가능한 사업수행이 긴요하다 할 것인바, 이를 위해서는 공익성을 담보하는 제도적 장치가 마련되어야 하는 것과 아울러 원활한 사업수행을 위해 사업시행자에게 수용권을 부여할 필요성을 인정할 수 있다. 공용수용이란 특정한 공익사업을 위하여 법률에 근거해서 타인의 토지 등의 재산권을 강제적으로 취득하는 제도를 말한다. 따라서 도시개발법에서 규정하고 있는 사업시행방식조항, 수용조항, 준용조항은 모두 도시개발사업의 시행자가 수용권을 행사할 수 있는 근거 규정들로서 헌법이 요구하는 공공필요성[39]을 갖추고 있다고 판단된다.

헌법재판소는 공공필요의 의미를 '국민의 재산권을 그 의사에 반하여 강제적으로라도 취득해야 할 공익적 필요성'으로 해석하여 공공필요의 개념을 '공익성'과 '필요성'이라는 두 가지 요소로 구분하고 있다.[40]

39) 헌법 제32조 제3항.
40) 이동훈, "헌법 제23조 제3항의 '공공필요'의 해석론", 저스티스, 2016, p. 154, pp. 267－299.

헌법재판소는 공공필요는 공익성과 필요성을 요소로 하는 것이며, 공공필요의 공익성은 추상적인 공익 일반 또는 국가의 이익 이상의 중대한 공익을 요구하므로 기본권 일반의 제한 사유인 '공공복리'보다 좁게 보는 것이 타당하다고 판시하였다.[41)]

헌법재판소는 이러한 법리를 바탕으로 민간개발자로 하여금 고급골프장 등의 사업시행을 위해 타인의 재산을 그 의사에 반하여 강제적으로 취득할 수 있게 한 지역균형개발법 제19조 제1항이 헌법 제23조 제3항에 위반된다고 하였다.

공공필요에 관한 헌법재판소의 설명을 수용하면, 지역균형개발법은 헌법상의 공익인 지역균형개발을 입법목적으로 하고 있으며, 경제개발이 공공필요에 포함될 수 있는 예외적 상황 요건과 공공성 보장 수단을 갖추고 있다는 점에서 지역균형개발법은 '공공필요'의 요건을 갖추었다고 보는 것이 합리적이다.

---

41) 헌법재판소 2010년 12월 28일. 2008헌바57. 도시개발법 제21조 제1항 본문 등 위헌소원.

제 8 장

도시계획에 있어서 공익판단에 관한 위원회의 역할과 한계점

제8장

도시계획에 있어서 공익판단에 관한 위원회의 역할과 한계점

위원회는 의사결정과정에 여러 사람이 참여하여 표결의 방법에 의하여 하나의 의사를 결정하는 합의제 기관을 말한다. 일반적으로 위원회는 행정의 민주성·공정성의 확보, 전문지식의 도입, 이해의 조정 또는 관계 행정기관 간의 의사의 종합·협의·조정 등을 위하여 설치된다. 행정수요가 양적인 측면에서 다양성이 증가하고 질적인 측면에서 복잡성이 증가하면서 위원회와 같은 합의제형 조직이 크게 늘어나고 있다. 위원회 제도는 시민과 전문가들의 가장 보편적인 정책참여 방식으로 현재에도 활발하게 운영되고 있는 제도적 장치이다.

도시계획은 도시정책상의 전문적·기술적 판단에 기초하여 도시의 건설·정비·개량 등과 같은 특정한 행정목표를 달성하기 위하여 서로 관련되는 행정수단을 종합·조정함으로써 장래의 일정한 시점에 있어서 계획한 질서를 실현하기 위한 활동기준을 설정한다. 이 활동기준은 토지이용계획을 통해 도시계획으로 결정된다. 이처럼 도시계획은 다양한 목표들과 다양한 수단들의 선택과 조정이 필수적인 만큼 계획수립에 형성의 자유(재량권)의 보장이 필수적인데, 이러한 도시계획의 법적인 특수성에 대하여 우리 법원은 재량권의 일탈·남용이 없는 이상 해당 도시계획 결정의 정당성을 인정하고 있다.[1)]

이처럼 도시계획은 이미 확정된 국가정책(예를 들어서 지역균형발전정책, 주택정책, 광역교통정책 등)을 실천하는 계획으로써의 역할 뿐만 아니라 스마트 도시계획과 같이 도시계획을 통하여 새로운 정책을 실천하는 역할도 담당한다. 또 이 과정에서 해당 도시계획의 정책적 효과는 물론이고 주민들의 계획 참여보장 그리고 도시계획의 실천에 필요한 예산 등에 관한 재무적 효과에 관한 판단도 필요로 한다. 요약하면 도시계획은 행정부의 여러 관련 부처의 참여가 필수적인 것처럼 다양한 분야의 전문가들과 주민참여가 반드시 보장되어야 하는 복잡한 결정구조와 과정을 필요로 하는데, 바로 이러한 요구에 가장 적합한 제도적 장치가 위원회 제도이다.

제1절 위원회 제도의 의의

1.1 위원회의 개념

행정수요가 양적인 측면에서 다양성이 증가하고 질적인 측면에서 복잡성이 증가하면서 시민과 전문가들의 정책참여를 도모하기 위하여 위원회와 같은 합의제형 조직에 대한 선호가 증가하고 있다.[2] 위원회는 정책결정과정의 능률성을 지향하고 책임성을 기준으로 보면 책임의 분산 및 공유를 지향하고, 전문성을 기준으로 할 때는 외부 전문가의 전문성을 중시한다. 지속성을 기준으로 하면 위원회는 최고관리자와는 구분된 위원 임기 또는 위원 간 임기조정을 통해 업무의 지속성을 유지하지만 독임제는 임기 중 강력한 리더십 발휘를 통해 업무의 지속성을 유지한다.

위원회 제도는 특정인에게 너무 많은 권한을 부여하는 독임제와는 달리 다양한 분야의 전문적 의견을 적극적으로 반영함으로써 권한의 남용을 방지할 수 있을

1) 청주지법, 2009.10.29. 선고 2009구합572(청주도시관리계획(재정비)결정취소) 판결 참조.
2) 우윤석, “정부생산성 향상을 위한 대통령 자문위원회의 위상과 문제점에 관한 연구: 국가균형발전을 중심으로”, 생산성 논집, 제19권제4호, 2005, pp. 103－129.

뿐만 아니라 주민들이 직접 행정에 참여할 수 있는 통로의 역할을 수행한다. 이런 배경에서 외국에서는 관료 및 이익집단과 더불어 철의 삼각(iron triangle)을 구축하거나 연방, 주, 지방에 이어 네 번째 정부라 불릴 정도로 행정에 있어서 그 역할이 강화되어 오고 있다.[3] 이처럼 위원회란 관료적 계층제를 수정·보완하여 경직성을 완화하고, 전문성을 확보하는 공식적 합의제 기관으로 다수의 전문가들의 신중한 토의를 거쳐 합리적 결정에 도달하려는 자문[4]·심의[5]·의결[6]을 하는 민주적인 의사결정 조직[7]이라 할 수 있는데, 위원회의 주요기능을 기준으로 할 때 자문위원회,[8] 행정위원회,[9] 독립규제위원회[10] 등으로 구분하는 것이 일반적이다.

1.2 위원회 제도의 도입 배경

행정수요의 특성이 양적인 측면에서 다양성이 증가하고 질적인 측면에서 복잡성이 증가하는 양태를 띠면서 위원회와 같은 합의제적 네트워크형 조직에 대한 선호가 증가하고 있다.[11] 위원회 조직은 다양한 분야의 전문적 의견을 쉽고도 신속

---

3) Henry, Gary T. & Harms, Stephen W., Board Involvement in Policy Making and Administration, Public Administration Review, 1987 March/April, p. 153.

4) 자문은 정책수립과제나 문제점에 대해서 외부의 전문가를 통한 조언을 제공받는 것을 말하는데, 자유로운 의사표시와 상호의견 교환이 이루어질 수 있어야 정책수립과제나 문제점에 대해서 올바른 자문이 가능하다. 장교식·이진홍, 지방자치단체의 도시계획고권에 관한 고찰, 법학연구, 제54집, 2014, p. 205.

5) 심의는 정책이나 계획의 필요성과 정당성을 심사검토하는 것을 말한다.

6) 의결은 어떤 정책이나 계획의 실시를 허락할 것인지 반려할 것인지를 결정하는 행위를 말한다.

7) 이만형·정시영·반재억, "도시계획위원회의 역할과 위상 분석", 건설기술논문집, 제19권 제1호, 2000, p. 27면.

8) 자문위원회는 구속력이 있는 결정을 하는 것이 아니라 기관장의 자문에 응하여 조언·자문하는 합의제 행정조직을 말하며 지방도시계획위원회가 여기에 해당된다.

9) 행정위원회는 자문위원회와는 달리 어떤 법적 구속력을 갖는 결정을 할 수 있는 합의제 행정기관으로서 그 밑에 많은 보좌기구를 갖는 것이 보통으로 정부의 정책을 결정, 집행하는 권한을 보유하며, 행정관청의 성격을 지닌 합의제 기관들(예: 공정거래위원회, 소청심사위원회 등)을 말한다.

10) 독립규제위원회는 입법, 사법, 행정에 대해 독립적인 위치에서 준입법, 준사법적 기능을 수행하는 합의제 조직들(예: 중앙선거관리위원회, 금융통화위원회 등)이다.

11) 우윤석, "정부생산성 향상을 위한 대통령 자문위원회의 위상과 문제점에 관한 연구:

하게 반영할 수 있는 제도적 장치여서 행정수요를 충족시키기에 유리하다. 즉, 특정인에게 너무 많은 권한을 부여하는 독임제와는 달리 권한의 남용을 방지하면서 다양한 분야의 시민들이 직접 행정에 참여할 수 있는 통로를 제공하는 장점 때문에 위원회제도는 현실의 정책결정과정에서 중요한 역할을 수행해 오고 있다. 위원회 제도와 관련하여 외국의 경우에는 관료와 이익집단과 더불어 철의 삼각(iron triangle)을 구축하거나 연방, 주, 지방에 이어 네 번째 정부(fourth branch of government)라 불릴 정도로 그 위상과 역할이 상당한 것으로 평가되고 있다.[12]

우리나라의 경우 정부조직법(법률 제15624호) 제5조는 "행정기관에는 그 소관사무의 일부를 독립하여 수행할 필요가 있을 때에는 법률로 정하는 바에 따라 행정위원회 등 합의제 행정기관을 둘 수 있다"는 규정을 두어 위원회 설치에 대한 명문의 근거를 마련하고 있다. 특히 우리나라는 정책과정에 시민참여의 중요성이 인식되면서부터 위원회가 활성화되기 시작하였는데, 이러한 경향은 지방자치단체에서 더욱 뚜렷하게 나타나고 있다.

1.3 위원회 제도의 특징

일반적으로 위원회는 특정 문제에 대해 서로 다른 의견을 조정하고 사실과 목적에 대해 집단적인 판단을 이끌어 내기 위해 복수의 자연인으로 구성되는 합의제 행정기관을 의미한다. 정부위원회라 함은 이러한 성격을 가진 행정부 산하의 위원회 기관을 의미하며 국회소속의 상임위원회나 특별위원회는 제외된다.[13] 학술적으로 위원회의 성격을 갖는 조직이라 할지라도 태스크 포스, 협의회, 자문회의, 심의회, 회의체, 워크샵, 팀, 집단 등 다양한 명칭으로 불리기도 하며 이러한 이유로 아직까지 위원회에 대해 학문적 합의가 이루어지지 못한 부분도 많다.[14]

국가균형발전위원회를 중심으로", 생산성논집 제19조 제4호, 2005, p. 103.

12) Henry, Gray T. & Harms, Stephen W., Board Involvement in Policy Making and Administration, Public Administration Review, March/April, 1987, p. 153.

13) 김호정, "대통령 소속 위원회 운영과 행정조직법정주의", 외법논집, 27권, 2007, p. 503.

이론적으로 위원회의 핵심적 특징은 '합의'이다. 위원회는 특정 문제에 대해 심의와 합의를 통해 결정을 내린다는 점이 가장 중요한 특징이며 이것이 바로 위원회를 독임형 조직과 구별된 유형의 제도로서 의미를 갖게 한다. 위원회의 개념정의에 따르면 위원회에서는 특정한 주제를 심의하고 결정하며, 합의적으로 심의하거나 결정한다는 특징이 있다.[15)]

위원회는 위원회를 구성하고 있는 위원 간 합의에 의해 결정하는 다수지배형(Polycracy) 합의제 기관이므로 1인이 최종 의사결정을 내리는 독임제 혹은 단독제(Monocracy)와는 큰 차이가 있다. 능률성을 기준으로 보면 위원회는 정책결정 과정상의 능률성을 지향하지만 독임제는 정책집행 과정상의 능률성을 지향한다.[16)]

책임성을 기준으로 보면 위원회는 책임의 분산 및 공유를 지향하나 독임제는 책임을 1인에게 집중시킨다. 전문성을 기준으로 할 때 위원회는 외부전문가의 전문성을 중시하나 독임제는 내부 관료의 전문성을 중시한다. 지속성을 기준으로 하면 위원회는 최고관리자와는 구분된 위원임기 또는 위원간 임기조정을 통해 업무의 지속성을 유지하지만 독임제는 임기 중 강력한 리더십 발휘를 통해 업무의 지속성을 유지한다.

위원회는 업무 수행상 책임을 분산시키는 것이 필요한 경우, 조직의 중요한 전략적 의사결정에 광범위한 경험과 배경을 가진 사람들이 필요한 경우, 의사결정 결과에 의해 영향을 받게 되는 부서의 대표자를 참가시켜 부서의 요구사항을 반영하고자 할 경우, 관리상 과도기를 맞이하고 있어서 어느 한 개인이 조직을 이끌어 나가기가 곤란한 경우에 주로 활용한다.[17)] 다만 최근 우리나라에서는 정책과정 상의 시민참여를 중시하면서 위원회가 활성화되는 경향이 있으며 이는 지방정부에서 더

---

14) Mitchell, Jerry, Representation in Government Boards and Commissions, Public Administration Review, 57(2), p. 160.

15) 민진, 조직관리론, 대영문화사, 2004, pp. 159－160.

16) 우윤석, "정부생산성 향상을 위한 대통령 자문위원회의 위상과 문제점에 관한 연구: 국가균형발전위원회를 중심으로", 생산성논집 제19조 제4호, 2005, p. 109.

17) 이창원·최창현, 새조직론, 조직문화사, 2006, p. 577.

욱 그러하다.[18] 특히 최근 시민단체의 정책참여가 강화되어 정부와 파트너십 관계가 형성되면서 참여의 형태 중 하나로 위원회가 인식되고 있다.[19] 위원회가 시민참여적 관점에서 논의되기는 하나 정책과정에서 원래 의도한 성과를 달성할 수 있는가는 위원회의 실질적 운영과정에 따라 달라진다. 위원회의 공식적 측면과는 달리 실질적인 위원회의 제도, 구성, 운영, 효과에 따라 위원회가 순기능을 발휘할 수도 있고 역기능을 발휘할 수도 있기 때문이다.

1.4 우리나라 위원회 제도 운영현황

우리나라에 있어서 위원회는 법적 근거에 따라서 크게 헌법의 규정에 의하여 설립된 합의제 기관인 헌법상의 위원회와 법률상 설립 근거가 있는 위원회로 구분할 수 있는데,[20] 헌법의 규정에 의하여 설립된 합의제 기관인 헌법상의 위원회로는 국무회의와 중앙선거관리위원회, 감사원 등이 해당하고 회의체로는 국가안전보장회의, 민주평화통일자문회의, 국가과학기술자문회의, 국민경제자문회의 등이 이에 해당하는데 주로 대통령의 자문역할을 수행한다.

- 정부조직법 제5조(합의제행정기관의 설치) 행정기관에는 그 소관사무의 일부를 독립하여 수행할 필요가 있는 때에는 법률로 정하는 바에 따라 행정위원회 등 합의제행정기관을 둘 수 있다.
- 행정기관의 조직과 정원에 관한 통칙 제21조(합의제행정기관의 설치) 법 제5조의 규정에 의하여 행정기관에 그 소관사무의 일부를 독립하여 수행할 필요가 있을 때에는 법률이 정하는 바에 의하여 행정기능과 아울러 규칙을 제정할 수 있는 준입법적 기능 및 이의의 결정 등 재결을 행할 수 있는 준사법적 기능을

18) 박성민·김철·권성욱, "주민참여기제로서의 위원회 연구", 한국지방자치학회보, 제15권 제3호, 2003.

19) 김타균, "시민단체의 정책참여 강화 및 정부의 파트너십 제고", 한국비영리학회 2004년도 추계 학술대회, 2005, pp. 115-117.

20) 나채준, 정부조직법상 행정위원회제도의 문제점에 대한 재검토, 홍익법학, 제14권 제4호, 2013, p. 347.

가지는 행정위원회 등 합의제행정기관을 둘 수 있다. 〈개정 1998. 2. 28., 2005. 3. 24.〉

우리나라의 경우 정부의 여러 부처에서 다양한 위원회제도를 활용하고 있는데, 2018년 6월 현재 법률과 대통령령에 근거한 총 558개의 행정기관위원회가 설치·운영중에 있으며, 이 중 대통령, 국무총리 및 중앙행정기관에 설치된 행정위원회가 37개이며 자문위원회가 521개이다.[21] 우리나라에서 위원회를 규정하고 있는 법령은 2,287개에 달하는데 행정조직법적인 기준으로 이를 분류하고 있지는 않고 있다. 이처럼 우리나라에서 운영되고 있는 위원회의 대부분은 통일적인 기준과 법적 근거 없이 각각의 개별적인 법적 근거에 따라 설치·운영되고 있는데, 현재 설치·운영되고 있는 위원회의 법적 지위, 권한의 부여방법 및 조정, 다른 중앙행정기관과의 관계 등에 관한 통일적 기준도 법적으로 정립되어 있지 않은 상황이다.

특히 우리나라에서는 그동안 위원회 제도가 국정운영을 위한 보조수단으로 활용되어 오면서 학문적 관심을 많이 끌지 못하였고, 또 위원회의 운영이 행정기관에 의해 주도되고 회의록 등 위원회의 활동과 관련된 정보가 외부적으로 공개되지 않아서 관련 자료의 획득이 어려워 위원회와 관련된 연구는 많지 않았다. 그런데 최근 정부위원회의 활동이 공개되기 시작하면서 위원회에 대한 관심이 증가하면서 일종의 그림자 정부(shadow government)인 위원회제도에 대한 학문적 연구의 필요성이 점점 더 커지고 있다.[22]

중앙정부뿐 아니라 서울시와 같은 자치정부에도 위원회 형태의 조직은 꾸준히 증가하고 있다. 지방정부수준으로 올수록 위원회의 위원 1인의 대표성도 더욱 커질 수 있으며 참여와 의사소통이 특징인 거버넌스 형태의 시정관리가 더욱 필요한 자치정부의 시정상황을 볼 때 향후 위원회 형태의 정책결정방식이 활성화될 가

21) 2018년 행정기관위원회 현황, 행정안전부 정부조직관리정보시스템, org.mois.go.kr. 2019년 1월 30일 방문.

22) Eger III, Robert J., Casting Light on Shadow Government: A Typological Approach, Journal of Public Administration Research and Theory, Vol. 16, 2005, p. 125.

능성은 매우 높다.[23] 위원회제도가 갖는 책임성, 균형성, 전문성, 민주성, 학습성 등의 효과를 강화시키고 역기능을 제어할 수 있는 제도적 장치를 보완함으로써 위원회제도를 정책적으로도 활성화시키는 것이 필요한 시기이다.

중앙정부에 비해 정책적 실험이나 새로운 정책 의제를 구할 수 있는 여건이 한정되어 있는 자치정부의 제약된 상황과 위원회제도 필요성의 증가 가능성이 높은 네트워크 사회의 특성을 고려할 때, 고유의 순기능을 강화하고 역기능을 줄이는 방향으로 위원회제도를 정착시키기 위해서는 자치정부 차원에서도 적극적으로 위원회를 정비하고 관리하여야 한다.

그런데 지방자치단체가 구성하는 일부 행정위원회의 경우 위원회의 위원 1인의 대표성이 지속적으로 커져온 반면에 위원들의 전문성은 상대적으로 부족한 경우가 많아서 소수 위원들에 의해 의사결정이 이루어지는 경우가 빈번하게 발생하고 있고, 또 위원회의 운영과정에서 주민들의 정당한 참여가 배제되어 주민의견이 계획행정의 결정과정에 반영되지 못하면서 위원회의 심의결과에 대한 주민의 불신과 불만이 커지고 있는 실정이다.

따라서 위원회 제도가 갖는 책임성, 균형성, 전문성, 민주성, 학습성 등의 역량을 강화시키고 그 역기능을 제어할 수 있는 제도적 장치의 마련을 통하여 위원회 제도를 정책적으로 활성화시키는 노력이 필요한 때인데, 특히 이러한 노력은 중앙정부에 비해서 정책의 수립과 추진에 필요한 인력 및 재정능력에 한계가 있는 상황과 시민들의 참여와 소통을 기반으로 하는 네트워크 사회의 특성을 고려할 때 지방자치단체에서 더 큰 의미를 갖는다.

23) Henry, Gray T. & Harms, Stephen W., Board Involvement in Policy Making and Administration, Public Administration Review, March/April, 1987, p. 153.

제2절 공익판단에 관한 위원회의 역할과 한계

2.1 건축위원회

1) 건축위원회 활동

통계에 의하면 현대인은 건축물 안에서 하루 평균 약 20시간 이상 생활[24]하고 있어서 건축환경은 사람들의 건강과 정서에 직접적인 영향을 미쳐 삶의 질을 좌우한다고 볼 수 있다. 그런데 기존 건축규제는 획일적으로 운영되고 있으며, 특히 건축허가를 위한 건축위원회의 심의시 건축위원들의 주관적인 설계변경 요구로 허가과정이 불투명하고, 그 과정이 지연됨으로써 이와 관련된 민원이 최근 크게 증가하고 있는 실정이다.

기존 건축허가와 관련한 문제개선을 위한 정부의 노력에도 불구하고 이 문제에 관하여 건축실무자들은 현행 건축 인허가제도를 건축위원회의 주관적 판단에 따라 자의적으로 이루어지는 심의제도라고 평가하면서, 건축허가 관련 심의제도를 전면 폐지하고 건축신고제도의 확대를 주장하고 있다.[25] 현재 건축심의 시 건축관계법령 및 도시계획에 적법하게 설계되어도 디자인에 대한 심의위원의 주관적 심의가 이루어지거나 심의위원의 과도한 지적으로 건축주의 건축 설계의도를 훼손하는 문제점이 지적되어오던 건축심의시 디자인 심의의 폐지 방안이 논의되고 있다.

---

24) 21.3시간/일. 국립환경과학원, 환경유해인자노출경로 분석을 위한 시간활동양상시범연구(Ⅰ), 2013, p. 44.

25) 매일건설신문, "건축 인·허가 심의제 폐지→신고제로 확대돼야", 2019년 11월 11일 보도자료. 이날 보도의 주요 내용은 2019년 10월 30일 건축사회관 3층 국제회의실에서 열린 서울건축포럼 주관의 '건축 인허가 관련 제도개선에 관한 포럼'에서 발표·논의된 사항들인데, 이 포럼에서 주제 발표를 한 전영훈 교수는 우리나라 건축인허가 행정의 문제는 중복심의, 법적 근거가 없는 심의의 발생 부조리, 주관적 판단에 근거한 심의 및 허가권자의 전문성 결여의 문제라고 주장하였다.

실무상 건축위원회는 건축활동을 하는 민간영역과 이러한 건축활동에 대한 관리·감독의 역할을 담당하는 행정영역의 중간지대에서 활동하고 있음에도 불구하고 건축위원회와 관련한 법적 규정은 보완할 점이 많은 실정이다.

2) 건축위원회와 심의

1962년 건축법 제정 이후 10년 뒤인 1972년에 지방건축위원회의 설치규정이 신설되었다. 건축법 제4조 건축위원회 규정은 "건축물의 건축등과 관련된 분쟁 또는 민원에 관한 사항, 그리고 건축물의 건축 또는 대수선에 관한 사항 등"을 건축위원회에서 심의하도록 규정하고 있다. 이 규정은 표현상 건축행위 전반에 관한 사항 모두를 건축위원회에서 심의하도록 규정하고 있는 것처럼 해석될 수 있는 만큼 건축위원회의 심의사항을 보다 구체적으로 상세하게 규정할 필요가 있다. 왜냐하면, 1972년 이후 수차례의 법규 및 조례개정이 있었지만 건축위원회의 건축심의제도에 관한 공정성 시비는 지금도 다양한 형태로 나타나고 있기 때문이다.[26)]

건축위원회 구성 및 운영, 심의사항, 심의절차, 심의판단기준, 제출도서 등 건축심의 관련 규정을 포함하고 있는 법제도는 중앙정부 차원의 건축법, 건축법시행령, 건축법시행규칙 및 건축위원회 심의기준이 있으며, 지자체 차원의 건축조례, 건축조례 시행규칙, 건축위원회 심의기준(또는 운영기준) 등이 있다. 기본적으로 중앙정부 소관의 건축법, 건축법시행령, 건축법시행규칙 및 건축위원회 심의기준에서 건축심의 관련 사항을 규정하고 있으며, 지자체에서는 건축법령 상의 위임사항에 대하여 건축조례, 건축조례 시행규칙 등에서 상세히 규정하고 구체적인 심의기준 및 운영방침의 마련을 위해서 건축위원회 심의기준(또는 운영기준) 등을 수립하고 있다.[27)]

---

26) 오종근·김원필, "지방건축위원회 심의제도 운영실태와 개선방안에 관한 연구: 서울특별시 자치구 4개 구청을 중심으로", 대한건축학회 논문집 계획계, 제30권 제9호, 2014, pp. 77－86.

27) 김상호, 이여경, "지역의 건축행정 효율화를 위한 정책개발 연구: 건축심의제도 합리화 방안을 중심으로", 건축도시공간연구소, 2015, p. 41. 17개 광역지자체와 226개 기초지자체의 건축심의 관련 법제를 2015년 8월을 기준으로 분석한 결과 광역지자체

3) 건축위원회 구성의 법적 근거

중앙정부 소관 건축법제 내에서 건축위원회의 구성 및 운영에 관한 조항으로는 건축법 제4조, 건축법 시행령 제5조, 제5조의 2, 제5조의3 및 제5조의5, 건축법 시행규칙 제2조, 제2조의2, 제2조의3 및 제2조의4, 건축위원회 심의기준 4. 위원회 구성 및 운영 등이 있다.

중앙건축위원회 및 지방건축위원회에서 심의해야 할 사항에 대해서는 건축법 제4조, 건축법시행령 제5조, 제5조의5, 제5조의9 및 건축위원회 심의기준(국토부고시)의 6. 위원회 심의대상에서 규정하고 있다.

건축법 및 건축법 시행령은 건축위원회 설치에 대한 규정만 두고 있을 뿐, 건축허가 신청 전 건축심의를 반드시 거쳐야 한다거나, 허가권자인 행정청이 건축허가 등 여부를 결정함에 있어 건축위원회의 심의결과에 기속되는지 등에 대해 아무런 규정을 두고 있지 않다. 건축위원회는 행정청 내부의 심의기구에 해당하고 건축위원회 심의는 행정청 내부의 심의에 불과한 것이므로, 건축허가권자가 반드시 그 심의결과에 구속된다고 볼 수도 없다. 대법원도 2000. 3. 14.선고 98두4658 판결에서 '행정청이 주민의 정서와 주변 환경에 부적합하다는 이유로 건축위원회의 심의결과 부결되었음을 들어 건축허가신청을 거부하였는데, 건축위원회에서 당해 건축물의 건축이 부적합하다고 심의하였다는 사유만으로는 건축허가신청을 거부할 수 없다'고 판시하고 있다.

17곳과 기초지자체 156곳에서 건축조례를 제정하고, 광역지자체 7곳과 기초지자체 90곳에서 건축심의 관련 기준을 운영하고 있었다. 또한 심의기준을 운영하고 있는 기초지자체 중 9개 기초지자체는 자체 기준을 수립, 68개 기초지자체는 광역지자체 기준을 준용, 13개 기초지자체에서는 국토교통부 심의기준을 준용하고 있는 것으로 조사되었다.

2.2 도시계획위원회

1) 외국의 도시계획위원회

미국 뉴욕시 도시계획위원회는 도시기본계획, 도시관리계획, 개발행위 허가 등을 심의하고 자문에 응하며 조사 및 연구를 수행하기 위해 관련 전문가로 구성된 자문기구이다. 뉴욕시 도시계획위원회는 1936년 '도시헌장'에 근거해 전문가 7명이 모여 1938년부터 본격적인 활동을 시작했다. 뉴욕시 도시계획위원회는 시장이 지명한 6명(위원장인 뉴욕시 도시계획국장 포함), 각 자치구청장이 지명한 5명, 공공 변호인이 지명한 1명 등 총 13명으로 구성되어 운영되고 있다. 시장 재임기간 동안 도시계획위원장은 교체하지 않는 것이 원칙이다. 도시계획위원의 임기는 5년이며 특별한 사유가 없는 한 임기를 보장한다. 시장이 재선되면 도시계획위원도 연임하는 것이 일반적이다. 위원이 한꺼번에 교체되지 않도록 임명 시점을 서로 달리 하여 운영하고 있다. 또한 홈페이지를 통해 위원 개개인의 사진과 약력을 공개하고 있다.

뉴욕시 도시계획위원회는 주택, 비즈니스, 산업, 교통, 유통, 여가, 문화, 안전, 편의, 보건, 복지 분야를 포함해 도시 성장 및 개발과 관련된 계획 전반을 다룬다. 규제 대상인 부동산의 이용·개발·개선 등에 관련된 상정안과 환경영향 평가에 대해 공청회와 토론회를 정기적으로 개최하고 있다. 또한 통합 토지이용 검토과정을 따르는 상정안에 대한 검토결과, 용도지역제 규정 개정과정, 커뮤니티 기반 계획에 대한 검토의견 등을 사안별 보고서로 작성한다. 일반사업계획을 작성하도록 규정된 사안에 대해서는 도시계획위원회의 공개서한을 통해 검토의견과 권고사항을 제시한다. 공개된 보고서에는 사안의 내용과 처리과정이 수록돼 있으며, 도시계획위원회의 검토의견이 기명으로 제시된다. 도시계획위원회는 상정안 검토과정과 결정사항을 홈페이지를 통해 시민에게 공개하고 있는데, 시민은 홈페이지에서 자치구 및 지역별, 키워드별, 날짜별, 사안별로 정리된 도시계획위원회의 각종 보고서를 열람할 수 있다. 또한 기명 또는 무기명으로 도시계획위원장에게 전자메일을 보내

보고서에 대한 자신의 의견을 직접 개진할 수도 있다.

일본은 2000년에 도시계획법 전면개정을 통해 그동안 기관위임사무였던 도시계획이 자치체사무로 이관되면서 자치체의 도시계획권한이 대폭 확대되었다. 특히 시정촌(우리의 기초자치단체)에 있어서는 도시계획의 대부분의 결정권이 중앙정부 및 도도부현(광역자치단체)으로부터 이양되어 도시계획에 관한 시정촌의 역할이 중요하게 부각되었다. 또한 시정촌 도시계획심의회에 대해서도 그 설치근거가 도시계획법에 명시됨으로써 법적으로도 도시계획결정절차의 하나로 설정되어 그 권한이 확대되었다. 시정촌 도시계획심의회의 권한과 기능은 다음과 같다. 첫째, 도시계획법에 의해 그 권한이 속한 사항을 조사 심의할 것(도시계획법 제77조의2 제1항) 그리고 시정촌이 도시계획을 결정하는 경우에 그것에 대하여 심의할 것(도시계획법 제29조 제1항)[28], 둘째, 시정촌장의 자문에 있어서 도시계획에 관한 사항을 조사 심의할 것 그리고 셋째, 도시계획에 관한 사항에 대해서 관계행정기관에 건의할 것(도시계획법 제77조의2 제2항) 등이다. 일본 도쿄도 도시계획심의회는 도가 정하는 도시계획안을 조사심의하고, 도지사의 자문에 응하는 도시계획에 관한 사항을 조사심의하고, 관계행정기관에 대하여 도시계획에 관한 사항을 건의한다. 위원회는 "도쿄도 도시계획심의회조례"에 근거하여 35명 이내로 구성하는데, 학식경험자 10명 이내, 관계행정기관의 직원 9명 이내, 구시정촌의 장을 대표하는자 3명 이내, 도쿄도의회 의원 10명 이내 그리고 구시정촌의 의회를 대표하는 자 3명 이내로 구성한다. 심의회 회의는 원칙적으로 공개하며, 사전에 추첨으로 선발된 15명까지 방청가능하다. 회의개최 1개월 전에 일시, 장소, 부의예정안건, 방청신청방법 등을 도쿄도 도시정비국 홈페이지 등에 발표한다. 심의회에 제출된 의안, 자료와 심의회의 의사록은 개인의 프라이버시 등에 관한 사항을 제외하고는 도청 내 도민정보실에서 열람, 복사할 수 있다.

미국의 도시계획위원회 위원의 직업 구성을 보면 도시계획을 전공하는 교수

28) 시정촌도시계획심의회는 당해 시정촌의 구역 내에서 결정된 도시계획에 있어서도 그 것이 도도부현이 결정할 도시계획(도시계획법 제18조)인 경우에는 그 것을 조사심의할 권한이 없다.

등의 학계 관련자들 뿐만 아니라 도시계획 결정에 직접적인 영향을 받는 사업가, 건축가, 엔지니어, 부동산업자 등이 참여하고 있고, 또한 법률전문가와 교육가, 전업주부, 은퇴자 등 구성이 매우 다양하다. 바로 위원구성의 이러한 다양성은 도시계획위원회가 심의 또는 자문하는 도시계획이 그 사회의 상식에 근거하여 결정될 수 있도록 하는 가장 기본적인 특징이다. 일본의 도시계획위원회의 경우에도 도시계획관련 교수 등 학계인사, 공무원, 의회의원 등이 기본적으로 참여하고 있는데, 단 학계인사들의 경우에 있어서 특정의 전문분야를 정해놓고 있지 않음으로서 다양한 전공의 학계인사들의 도시계획위원회 참여의 기회를 열어 놓고 있다. 도쿄도나 치바시의 사례를 보면, 해당 지자체의 공무원뿐 아니라 중앙정부 공무원과 하위지자체 공무원도 참여하고 있다. 미국과 일본의 도시계획위원회 위원 구성의 이러한 특징은 도시계획위원회 구성에 있어서 위원들의 전문성을 확보하는 데에 위원구성의 목표를 한정하지 않고 다양한 배경의 사람들을 위원회에 참여할 수 있도록 함으로써 그 지역사회에서 통용되고 있는 현재의 상식에 바탕으로 둔 도시계획결정을 중요하게 다루고 있음을 잘 보여준다.

이처럼 미국에서 도시계획을 전공하지 않은 비전문가가 도시계획위원회에 다수 참여할 수 있는 것은 도시계획담당 공무원들이 법적 또는 이론적으로 검토된 관련부서 검토보고서를 제출하여 위원들이 전문적 결정을 할 수 있도록 뒷받침하기 때문인데, 도시계획위원회 상정에 대하여 전문적인 견해를 작성하여 위원회에 추천의견을 제안하는 담당 공무원은 공인된 도시계획가가 대부분이며 또한 대다수의 지방자치단체들은 이들에 대하여 도시계획에 대한 종합적인 식견을 갖추도록 하는 재교육기회를 제공하는 것이 일반적이다. 또한 미국의 다수의 지자체가 도시계획위원회 개최와 관련하여 '월 1회 정기적 위원회 개최'라는 원칙에 따라 1년 회의일정을 사전에 공개하고 있다. 일본에서도 미국의 경우와 비슷하게 다수의 지방자치단체가 약 1개월 전에 회의개최 일정을 홈페이지에 공고하고 있다. 또한 도시계획심의를 담당하고 있는 위원들에 대하여서도 성명, 소속, 연락처 등과 함께 회의 참석여부(일본의 도쿄도)나 참석률(영국의 Lewew District) 등을 홈페이지에 게시하여 각 위원들의 활동에 대해서도 일반인에게 공개하고 있다. 이처럼 미국과 일본은 도시계획위원회의 회의결과를 공개함으로써 정치적으로나 사회적으로 민감한 사안에 대하여 관계 부서의 재량권 남용을 예방하는 한편으로 도시계획 결정과정의 투명성을 높이고자 하는 방안으로 활용하고 있다.

2) 우리나라 도시계획위원회

도시계획위원회는 도시계획에 관한 대표적인 심의·자문기구로서 1950년 4월 14일 대통령령 제328호 도시계획위원회 규정에 의해 내무부에 처음 구성되었다. 이후 1962년 도시계획법 제정에 따라서 도시계획위원회는 중앙정부 차원의 중앙도시계획위원회와 광역자치단체인 도 차원의 지방도시계획위원회의 2단계 형태로 구성되었는데, 지방도시계획위원회는 인구 20만 이상의 도시를 대상으로 설치하도록 하였다.

1971년 1월 19일 도시계획법 개정을 통해 도시계획위원회는 기초자치단체 차원의 시도시계획위원회가 추가 되어 중앙도시계획위원회와 지방도시계획위원회 그리고 시도시계획위원회의 3단계 형태로 확대되었는데, 같은 해 7월 20일 도시계획법 개정을 통해 중앙도시계획위원회－지방도시계획위원회－시도시계획위원회라는 3개 형태별 분과위원회 구성 이외에 중앙도시계획위원회의.경우에는 위임사항 처리를 위한 소위원회를 둘 수 있도록 하였으며, 아울러 도시계획에 관한 중요사항을 조사·연구하기 위하여 전문위원을 둘 수 있도록 하였다. 그리고 1981년 3월 31일 도시계획법 개정을 통해서는 시장 또는 군수가 입안한 도시기본계획 또는 도시계획에 대한 심사와 도지사·시장 또는 군수가 촉탁하는 도시계획에 관한 기획·지도 및 조사·연구를 하기 위하여 지방도시계획위원회에 도시계획상임기획단을 둘 수 있도록 하였다.

1985년 10월 1일 도시계획법 개정을 통해서는 지방도시계획위원회의 위임사항 처리를 위하여 지방도시계획위원회에 소위원회를 둘 수 있도록 하였으며, 1991년 5월 11일 도시계획법 개정을 통해서는 시도시계획위원회의 위임사항 처리를 위하여 시도시계획위원회에도 소위원회를 둘 수 있도록 하였다. 이 후 1991년 12월 24일 도시계획법 개정에 의해 시도시계획위원회가 시·구도시계획위원회로 개편되었으며, 2000년 1월 28일 시·구도시계획위원회가 시·군·구도시계획위원회로 개편되어 오늘에 이르고 있다. 이와같이 3단계 유형의 위원회로 구성되어 운영되고 있는 도시계획위원회는 2002년 2월 4일 국토의 계획 및 이용에 관한 법률이 제정되면서 중앙도시계획위원회와 지방도시계획위원회, 시군구도시계획위원회에 분과위원회를 두도록 규정하였으며, 같은 해 12월 30일에는 국토계획법 개정을 통해 시군구도시계획위원회에 도시계획상임기획단을 둘 수 있도록 하였다. 2011년 4월 14일에는 시군구도시계획위원회에 도시·군계획상임기획단을 두도록 의무화하였으나 현재 지방자치단체들에 있어서 도시·군계획상임기획단의 설치 및 역할은 크게 활성화되고 있지 못한 실정이다.

요약하면, 우리나라 도시계획위원회는 도시계획에 관한 중요 사항을 심의·조사·연구하고 행정관청의 자문에 응하는 등 도시계획 결정을 위해 제정된 국토의 계획 및 이용에 관한 법률에 근거하여 설치된 비상근 행정위원회라고 할 수 있는데, 현재 우리나라의 도시계획위원회 운용실태를 보면 중앙정부인 국토교통부에 중앙도시계획위원회가 설치되어 있으며, 광역자치단체인 시·도에 구성된 시·도 도시계획위원회가 16개, 기초자치단체인 시·군·구에 구성된 시·군·구 도시계획위원회가 230여 개가 구성되어 있다.[29)]

3) 도시계획위원회 결정의 법적 구속력

위법하거나 부당한 행정행위는 처분청이 직권으로 취소할 수 있지만, 준사법적 합의제 행정기관인 토지수용위원회의 재결이나 이의재결과 같은 일정한 행정행위는 처분청도 당해 행위에 구속되어 직권으로 취소·변경할 수 없다.[30)] 그렇다면 토지수용위원회의 유사한 합의제 행정기관인 도시계획위원회의 심의의결이 갖는 구속력은 어떠한가?

---

29) 문채, "도시계획위원회의 변천과정 및 운용실태에 관한 연구", 한국정책연구, 제11권 제2호, 2011, p. 126, pp. 115－131.

30) 행정행위가 갖는 이러한 힘을 실질적 존속력 또는 불가변력(협의의 불가변력)이라 한다.

개발행위심의의 경우 행정청은 도시계획위원회의 심의결과를 근거로 하여 개발행위 신청의 건을 수용하거나, 아니면 조건부로 수용하거나 혹은 보완 이하 부결의 결정을 내리기도 한다. 즉 개발행위 심의에 있어서 도시계획위원회의 결정은 해당 신청에 대한 행정청의 최종적 의사결정의 역할을 하는 경우가 대부분이다.

개발행위 심의와 비교해서 도시계획 심의에 있어서 도시계획위원회의 결정은 그 영향력이 다르다. 도시계획에 관한 도시계획위원회의 결정사항은 도시계획 입안권자이자 수립권자인 시장의 생각과 다르다고 하더라도 최종적으로 시장이 결정하는 내용에 따라서 결정된다. 도시계획위원회의 결정사항은 시장에 대한 권고 내지 참고 사항으로서 시장의 도시계획결정권 행사를 구속하지 못한다. 이러한 사항은 외국도 비슷하다. 하지만 외국의 경우 도시계획위원회에서의 결정사항 혹은 의견을 시민들에게 즉시적으로 공개하는 제도를 마련하고 있다. 즉, 도시계획위원회의 전문적 결정 혹은 권고사항이 비록 법적 구속력을 가지는 것은 아니지만 그 내용을 즉시적으로 일반시민들에게 공개함으로써 시민들이 도시계획위원회에서 논의되는 도시계획 쟁점사안에 관한 전문가들의 의견을 확인함은 물론 이러한 도시계획위원회 논의사항의 공개를 통하여 해당 자치단체장의 도시행정에 대한 객관적 평가가 이루어지도록 하는 데에 상당히 중요한 역할을 하고 있다.

우리나라의 경우 도시계획위원회 회의내용 공개가 매우 제한적으로 이루고 있어서 외국에서와 같은 도시계획위원회 운영의 긍정적 효과를 제대로 활용하고 있지 못한 실정이다. 이런 점은 공익실천의 이유에서도 시급하게 개선되어야 할 과제이다. 왜냐하면 이런 과정을 통하여 도시행정에 대한 시민의 이해와 참여도를 높이는 것은 물론 다른 한편으로 시장의 의사결정에 대한 일반시민들의 감시와 견제의 기능이 적용될 수 있기 때문이다.

4) 도시계획위원회의 기능과 역할

도시계획위원회는 도시의 성장이나 고도화에 따른 도시계획 업무의 확대에 따라 그 기능 또한 강화되어왔으며, 우리나라 도시형성에 많은 영향을 미쳐왔다.

특히, 우리나라는 1995년부터 지방자치제가 실시되고 지방자치제 실시에 따른 중앙정부의 권한이 지방으로 이양되었는데 도시계획분야도 예외가 아니어서 도시기본계획의 승인 권한 등 많은 내용이 지방정부로 이양되었다. 그런데, 지방에서의 도시계획 운용은 최종 의사결정권을 가지고 있는 자치단체장보다 오히려 자치단체장의 의사결정 권한에 대한 심의·자문 역할을 수행하고 있는 도시계획위원회가 실질적으로 주도하고 있는 경우가 많다. 이로 인하여 도시계획위원회의 역할과 비중은 갈수록 커지고 있다.[31]

특히 최근 도시계획에 대한 도시계획위원회의 역할과 비중이 커지면서 도시계획위원회의 소속위원들의 비전문성과 부적절한 행동에 따른 도시계획에 대한 민원의 증가와 같은 문제점을 노출하고 있는데도 불구하고 아직까지 도시계획위원회에 대한 적절한 통제방안은 마련되어 있지 못한 상황이다.

그러므로 도시계획위원회에 대한 적절한 통제방안의 마련은 도시계획위원회가 도시계획에 관한 대표적인 심의·자문기구로서 그 역할과 기능을 충실하게 수행하도록 하여 지방분권화의 추세에 적합한 지방자치단체 고유의 계획고권을 정당하고 적합하게 집행하도록 하는 데에 결정적인 기여를 할 것으로 기대된다. 왜냐하면 도시계획위원회는 대표적인 행정계획인 도시계획에 대하여 행정청에게 부여된 계획재량의 정당성과 적합성의 판단에 대한 결정권을 가지고 있기 때문이다.[32]

이러한 상황을 고려하여 정부는 도시계획위원회제도 도입 이후 지방도시계획위원회 운영·심의 과정상 나타난 문제점을 개선하고 도시계획위원회에 대한 적절한 통제장치의 마련을 위하여 2013년 지방도시계획위원회 운영 가이드라인(이하 운영 가이드라인이라 한다)을 제정한 뒤 2014년 9월 30일과 2015년 1월 5일에 그 내용 중 일부를 개정한 바 있다.

31) 문채, 앞의 논문, 116면.

32) 이진홍, "도시계획위원회의 투명화에 관한 연구", 입법정책, 제7권제2호, 2013, p. 262.

2.3 공익판단에 있어서 도시계획위원회의 역할과 한계

도시계획위원회 주요 활동영역은 정부중심의 공적 영역과 시민사회의 사적 영역 그리고 이들 두 영역 간의 경계영역을 포함하며, 도시계획위원회에 부어된 심의 또는 자문의 역할에 따라 갈등조정·성장관리·자원배분 등의 다양한 기능을 수행하며, 도시계획위원회의 리더십에 따라 정부주도형, 시민주도형, 시장주도형으로, 그리고 공간적 스케일에 따라 Global형, National형, Local형으로 구분된다.[33]

현행 도시계획위원회 제도의 문제점으로 첫째, 전문성을 갖춘 인적 자원의 한계, 둘째, 심의절차의 중복과 결정의 장기화, 셋째, 심의의 불공정성 그리고 넷째, 위원회 운영 및 지원인력의 부족 등이 있다.[34] 손상락은 지방자치 시대에 있어서 지방자치단체의 계획고권을 활성화하는 차원에서 지방도시계획위원회를 구성하면서 도시계획전문가를 일정 비율 이상 참여토록 규정하고 있으나, 이들 지방도시계획위원회의 도시계획전문 위원들 중 상당수가 실제 도시계획전문가가 아닌 경우가 많아 실제 도시계획의 심의 및 자문에 있어서 전문성에 기초한 의견수렴에 문제가 있음을 지적하고, 이에 대한 대안으로 지방도시계획위원회의 위원 구성에 대한 제도의 개선방향을 제시한 바 있다.[35]

도시계획위원회 제도의 개선방안으로는 지방도시계획위원회의 조직구성의 조정을 통하여 자치단체장이나 부단체장이 위원장이 되는 것을 제한하고, 위원 구성에 있어서 위원의 전문성 강화와 함께 지방의원의 도시계획위원 배제를 적극적으로 검토할 필요가 있고, 끝으로 지방자치단체의 계획고권을 고려하여 중앙도시계획위원회는 도시계획 정책이나 지방자치단체의 도시계획 사안에 대한 가이드라

33) 조명래, "녹색거버넌스기구로서 녹색서울시민위원회에 관한 연구", 한국지역개발학회지, 제15권 제3호, 2003, pp. 1-23.

34) 대한국토도시계획학회, 국토이용관리체계의 개편방안, 도시정보, 2009년 12월.

35) 손상락, "분권형 도시계획체계를 위한 도시계획 권한이양과 수용태세 강화방안", 도시계획권한의 지방이양에 관한 연구 관련 워크샵 발표자료, 2011년 8월, 국토도시계획학회.

인 제시나 모니터링을 대상으로 하고 지방도시계획위원회는 지방자치단체의 도시계획에 대한 허가나 심의 등을 대상으로 각각의 성격을 보다 분명하게 함이 요구된다.[36]

제3절 공익판단에 있어서 도시계획위원회의 역할과 기능 강화

3.1 지방도시계획위원회 운영 가이드라인의 문제점 및 개선방향

1) 지방도시계획운영위원회 운영 가이드라인의 도입과 구성

정부는 도시계획위원회제도 도입 이후 지방도시계획위원회 운영·심의과정상 나타난 문제점을 개선하고자 2013년 6월 27일 지방도시계획위원회 운영 가이드라인(이하 운영 가이드라인이라 한다)을 마련한 뒤 2014년 9월 30일 내용 중 일부를 개정하여 각 지자체에 배포한 이후[37] 2015년 1월 5일에 그 내용 중 일부를 보완하였다.[38]

이 운영 가이드라인은 전체 4장으로 구성되어 있는데 제1장 총칙에서는 운영 가이드라인의 제정목적과 적용대상 및 법적 근거와 운영 원칙 등을 제시하고 있다.

---

36) 문채, "도시계획위원회의 운영실태에 관한 연구", 성결대학교 사회과학연구 제22집, 2009년 12월.

37) 국토교통부, 지방도시계획위원회 운영 가이드라인 배포, 2014.10.1, 보도자료 참조.

38) 개발행위허가운영지침 3-3-2-1(4)에 따른 개발규모별 진입도로 폭 기준에 대한 완화심의의 경우를 기존 건축물 부지면적의 50%이내(최대 3천㎡이내)에서 건축물 증설을 위해 부지를 확장하는 경우로서 교통소통에 지장이 없는 경우, 도로 폭 확보 기준에 적합한 기존 도로에서 건축물 부지에 연결되는 도로로서 해당 도로의 연장이 짧고(약 35미터 내외) 당해 건축물의 통행에만 이용되는 도로인 경우, 비도시지역에서 시야가 터인 장소인 경우 일정구간(약 50m~100m)마다 대피시설을 설치하거나 설치되어 있어 차량교행 및 인근 주민의 교통소통에 지장이 없는 경우, 그리고 비도시지역에서 허가 대상지로의 차량통행이 가능한 기준 도로 폭 이하의 또 다른 도로가 있어 교통소통에 지장이 없는 경우를 신설하였다.

제2장에서는 위원회 운영에 대하여, 제3장에서는 개발행위허가 도시계획위원회 심의에 대한 추가 기준에 대하여 그리고 제4장에서는 시행일과 경과조치 등을 포함한 기타사항에 대한 내용들을 각각 규정하고 있다.

제1장 총칙에서는 운영 가이드라인의 제정목적을 지방도시계획위원회의 원활한 운영을 도모하고 지방도시계획위원회의 심의과정의 부패요인을 차단함으로써 국민불편의 해소와 경제활성화에 기여하는 것으로 규정하면서 신속한 심의와 도시계획심의 신청자에 대한 과도한 서류요구 및 불필요한 행정절차 이행요구로 신청자에게 피해를 주는 행위를 지양하는 것을 운영원칙으로 제시하고 있다.

제2장에서는 위원회 개최 및 진행방법, 위원회의 위원 구성 및 회의 참여 요건, 위원회의 심의결과 처리방법 및 회의록 작성 및 관리방법, 위원회의 심의대상, 안건상정 등 처리절차, 도시계획위원회 자문 또는 심의사항의 안건작성 항목, 개발행위허가 심의, 지구단위계획 심의, 도시·군계획시설 심의에 대한 부문별 심의기준, 심의서류, 도시계획심의 처리기간을 규정하고 있다.

제3장에서는 지방자치단체의 대표적인 자치사무에 해당하는 개발행위에 관한 도시계획위원회의 심의에 있어서 지역적 특성을 고려한 완화 심의의 기준, 국토의 계획 및 이용에 관한 법에서 규정하고 있는 규모를 초과한 개발행위에 대한 심의기준, 개발행위허가 도시계획위원회 심의 후 변경사항이 발생한 경우에 대한 재심의 대상 및 다른 법률에 따른 위원회 심의 또는 협의 의견 반영에 있어서 재심의 처리 기준, 그리고 개발행위와 관련한 분과위원회 심의 규정을 제시하고 있다.

제4장에서는 이 운영 가이드라인의 시행일, 경과조치, 예산운영, 지방도시계획위원회의 역할 및 범위, 그리고 운영 가이드라인의 구속력 등에 관한 규정하고 있다.

2) 예측가능성 측면에서 본 운영 가이드라인의 문제점 및 개선사항

이상의 규정 중에서 주목할 만한 것으로 지방도시계획위원회의 도시계획심의 처리기간을 정함에 있어서 시 · 군 · 구 또는 인구 50만 이상 대도시에서 직접 처리하는 안건의 경우에는 신청서가 접수된 날로부터 30일 이내에 도시계획위원회 심의를 완료하고 신청자에게 그 결과를 통보하도록 규정하고, 시 · 군 · 구에서 시 · 도에 심의요청한 시·도 도시계획위원회의 심의는 심의요청한 날로부터 30일 이내에 완료하고, 신청자에게 그 결과를 통보하도록 규정하면서 관계부서 및 기관과의 협의기간을 협의 받은 날부터 15일을 초과하지 아니하도록 규정하여 도시계획위원회의 심의가 신속하게 이루어지도록 규정하고 있다. 그런데 도시계획위원회 심의 이후에 허가 조건 변경 등 사정변경이 발생하여 재심의가 필요한 경우에는 즉시 재심의 안건으로 상정하여 30일 이내에 심의를 완료해야 하며, 또한 도시계획위원회에서 재심의 결정을 한 경우 그 결정일로부터 30일 이내에 심의를 완료하여야 하며 이러한 재심의는 최초 심의를 포함하여 3회를 초과할 수 없도록 규정하고 있다.

이상의 규정들은 도시계획심의 처리기간을 구체적으로 규정함으로써 신속한 심의에 대한 시민들의 예측가능성과 신뢰성 제고를 통한 법적 안정성 확보에 상당히 긍정적인 기여를 할 수 있을 것으로 예상된다. 하지만 도시계획이 수립되고, 또한 적용되어지는 대상지역이 지닌 고유의 지역성과 도시계획 사업의 규모와 복잡성[39]이 각기 다른 만큼 제출된 도시계획심의 안건의 검토에 필요한 보충자료와 검토기간에 차등을 보장하는 것이 합리적이라는 시각에서 볼 때 도시계획심의 처리기간을 일률적으로 규정하고 있는 운영가이드라인의 이상의 규정들은 도시계획 행정의 예측 가능성과 편의성 확보에 어느 정도 편중된 면이 없지 않다. 이를 다르게 표현하면 가이드라인의 운영을 통해서 도시계획의 진행 상황에 관한 시민들의 이해도를 높이고 행정의 일관성을 추구하는 공익적 성과를 얻는 장점이 있으나, 다른

---

39) 고유의 지역성이라 함은 지형, 지세, 기후, 임목 등의 자연적 조건과 해당 지역이 해당 도시에서 차지하는 사회, 경제적 차원에서의 도심, 부도심, 지역중심, 외곽지역의 구분에 의해 형성되는 지역적 특성을 의미하며, 도시계획 사업의 규모와 복잡성은 소규모 필지 내에서 이루어지는 단순 개발행위와 도시의 일정 지역을 범위로 하는 대단위의 재개발과 같은 도시계획 사업의 구분을 의미한다.

한편으로 도시계획의 핵심적 내용에 관한 전문가들과 이해 관계인들의 충분한 검토와 자유로운 논의의 시간이 제한됨으로써 자칫 형식적인 심의를 하게 될 위험성도 적지 않다는 점에 유의하여야 한다.

3) 법적 안정성 측면에서 본 운영 가이드라인의 문제점 및 개선사항

운영 가이드라인은 지방도시계획위원회의 목적을 국토의 계획 및 이용에 관한 법률 제113조에 의한 사항을 심의·자문하기 위한 기구로서 시·도지사, 시장·군수·구청장의 결정사항에 대한 최종 결정이 아닌 전문지식을 통한 의견제시에 있다고 규정하면서, 동시에 도시계획에 있어서 지방도시계획위원회의 역할 및 범위를 구체적으로 규정하고 있다(운영 가이드라인 4-1-2).

이 규정에 따르면 지방도시계획위원회의 역할은 시·도지사, 시장·군수·구청장 등 지방자치단체장의 도시계획에 대한 의사결정에 대하여 도시계획의 전문가로서 의견을 제시하는 데에 그 역할이 있을 뿐 심의 또는 자문의 대상이 되는 도시계획 사항에 대하여서 어떠한 결정권한을 가지지 않음을 분명히 하고 있다. 문언상의 표현을 그대로 따른다면 최근까지 있었던 지방도시계획위원회의 소속위원들의 부정부패와 비전문화, 국민의 참여배제와 위원회의 비공개 등에 따른 도시계획에 대한 민원이 크게 줄어들 것으로 예상된다.

그러나 앞서 살펴보았듯이 도시계획위원회가 도시계획의 심의 및 자문기구로서 제안된 도시계획 사안에 관한 전문가적인 평가에 중추적인 역할을 담당하고 있고, 지방분권화에 따라 그 기능과 역할이 증대되고 있을 뿐만 아니라 도시계획에 있어 부여되는 계획형성의 광범위한 재량(계획재량)의 판단에 대한 결정권을 여전히 가지고 있다는 점에서[40] 이러한 명시적인 규정이 최근까지 일어난 지방도시계획위원회와 관련한 여러 문제점들을 해결해 나가는 데에 얼마만큼 효과적일지는 예측하기 어려운 실정이다.

---

40) 이진홍, "도시계획위원회의 투명화에 관한 연구", 한국입법정책학회 입법정책 제7권 제2호, 2013, p. 262, pp. 261-293.

4) 형량원칙의 관점에서 본 운영 가이드라인의 문제점 및 개선사항

운영 가이드라인은 지방도시계획위원회의 결정은 법적 구속력은 없지만 행정청에 의해 존중되어야 한다고 규정하면서(운영 가이드라인 4-1-4) 다른 한편으로 자문기관인 합의제 행정기관에서는 통상 결정이 내려지지 않지만 결정이 있는 경우에도 행정청은 그 결정으로부터 전적으로 자유롭다고 표현하여 지방도시계획위원회의 결정의 구속력을 구체적으로 규정하고 있다(운영 가이드라인 4-1-5). 즉, 이 규정에 따르면 지방도시계획위원회의 결정은 법적 구속력이 없는 전문가적인 의견으로서 비록 행정청이 이러한 지방도시계획위원회의 결정을 존중하여야 할 것이지만 행정청은 이러한 지방도시계획위원회의 결정으로부터 전적으로 자유롭다는 것이다.

도시계획결정권한이 지방자치단체장에게 있음으로서 지방도시계획위원회의 결정이 법적 구속력을 갖지 않는 것은 지극히 명확한 사실이지만, 도시계획위원회가 도시계획에 있어 부여되는 계획형성의 광범위한 재량(계획재량)의 판단에 대한 결정권을 가지고 있다는 점에서 그 결정은 행정청에 의하여 충분히 존중되어 마땅한 것이다. 그렇다면 해당 행정청이 지방도시계획위원회의 결정으로부터 전적으로 자유롭다는 위의 규정은 모순된 것이라 하지 않을 수 없다. 다르게 표현하면 이 규정에서 표현하고 있는 것처럼 지방도시계획위원회의 결정이 있는 경우에도 행정청이 그 결정으로부터 전적으로 자유롭다면 전문가적인 의견과 도시계획에 대한 국민들의 참여를 보장하기 위한 지방도시계획위원회의 기본적 기능과 역할이 무의미해지기 때문이다. 그러므로 이러한 문제의 해결을 위해서는 우선 지방도시계획위원회의 결정을 어떠한 형식과 방법으로 존중할 것인지를 구체화하고 나아가 제도화할 필요성이 있으며, 행정청이 도시계획위원회의 결정으로부터 전적으로 자유롭다는 표현에 대한 신중한 재검토도 필요할 것으로 판단된다.

3.2 도시공원 부지에서의 개발행위 등에 관한 특례제도(민간공원 특례제도)의 개선에 있어서 도시계획위원회의 역할 재정립

도시공원 부지에서의 개발행위 등에 관한 특례제도(민간공원 특례제도)는 '도시공원 및 녹지 등에 관한 법률' 제21조의 2를 근거로 하여 민간공원 추진자가 설치하는 5만㎡ 이상의 도시공원을 공원관리청에 공원면적의 70% 이상을 조성하여 기부채납하는 경우로서, 해당 공원의 본질적 기능과 전체적 경관이 훼손되지 아니하고 비 공원시설의 종류 및 규모가 해당 지방도시계획위원회의 심의를 거쳐 용도지역 변경·결정 및 용도지역에 알맞은 건축물 또는 공작물인 경우, 그 밖에 자치 조례로 정하는 기준에 적합한 경우에 한하여 공원조성의 특례를 인정하는 제도이다.

빈간공원은 법령에서는 정의하지 않고 있지만 실무에서는 민간이 도시계획시설사업인가를 받아 부지 확보 및 공원 조성후 입장료를 징수하는 공원을 말하며 여기서 민간공원추진자는 기존의 비행정청 사업 시행자[41]가 된다.

이 민간공원 특례제도에 따른 도시계획시설(공원) 사업시행자 요건으로는 '국토의 계획 및 이용에 관한 법률' 제96조에 의하여 도시계획시설사업의 대상인 토지면적의 2/3 이상에 해당하는 토지를 소유하고, 토지소유자 총수의 1/2이상에 해당하는 자의 동의가 필요하며, 지자체와 공동 시행 시에는 '도시공원 및 녹지 등에 관한 법률' 제21조에 따라 민간공원추진자가 해당 도시공원 부지(지장물을 포함) 매입비(감정가) 4/5 이상을 현금으로 예치한 경우에 '국토의 계획 및 이용에 관한 법률' 제86조 제7항에 따른 도시·군 계획시설사업 시행자의 지정요건을 갖춘 것으로 본다. 다만 해당부지의 일부를 시행사가 소유하고 있는 경우에는 그 토지가격에 해당하는 금액을 제외한 나머지 금액을 현금으로 예치할 수 있다.

이러한 특례제도의 도입 배경은 2020년 7월 장기미집행 도시계획시설 일몰제

---

41) 도시공원 및 녹지 등에 관한 법률 제16조 제3항-공원 조성계획의 입안.

에 따라 대부분의 공원시설이 해제될 위기에 처해있으므로[42] 민간공원추진자의 공원조성을 활성화 시켜 장기 미집행 도시공원 해소를 위하여 2009년 12월 최초로 도입(70%이상 기부채납, 30% 용도지역 변경 불가)하였으나, 성과가 미흡하여 2015년 1월 법령개정(70%이상 기부채납, 30% 용도지역 변경가능)을 통해 민간사업자 부담완화 및 인센티브 확대로 민간공원추진자의 도시공원 및 공원시설 설치·조성 활성화에 주안점을 두게 되었다.

특례제도를 활용하여 일부 지자체들에서는 특례사업을 추진중에 있다. 그러나 법 취지에 비추어 볼 때 적지 않은 문제점이 제기되고 있다. 그 중 가장 대표적인 문제는 민간사업자의 개발사업 제안이 아파트 일색이라는 점이다. 이러한 문제가 나타나는 여러 가지 이유 중에서 제도적 원인을 찾자면 민간공원 특례제도가 도시계획시설 일몰제에 대비한 장기 미집행 도시공원에 대한 정비 방향을 제시함에 있어서 도시공원의 폐지, 유보, 조성에 대한 객관적인 검증 및 공익성 확보 등에 관한 구체적이고 객관적인 기준을 제시하지 않는 것이다.

특히 국토교통부훈령 제764호 (2016. 9. 28)에 의해 제정되고 2016년 9월 28일부터 일부개정 시행 중인 도시공원부지에서 개발행위 특례에 관한 지침 2-1-3에서 "시장·군수와 민간공원추진자는 각 단계별로 관련 법령 및 지침을 준수하여 특례사업을 적정하게 추진하여야 한다."고 규정하면서 지침 3-5-1에서는 "시장·군수는 민간공원추진예정자의 제안을 수용한 때에는 지체 없이 공원조성계획을 입안하고 관련 위원회의 심의를 거쳐 공원조성계획을 결정(변경)하여야 한다. 이 경우 도시공원위원회는 공원시설 등 공원조성에 관한 사항에 대하여 심의하고, 지방도시계획위원회는 비공원시설의 종류 및 규모, 비공원시설을 설치할 공원부지의 용도지역, 그 밖에 시장·군수가 심의를 요청한 사항에 대하여 심의한다"고 규정하고

42) 2015년 도시계획 통계자료에 의하면 전국 도시공원 결정 면적은 934㎢이며 미조성 면적은 516㎢로 55.2%가 미조성 공원으로 추정 사업비는 47조에 달한다. 여기서 결정면적은 도시군계획시설의 전체 결정면적이 아닌 미집행이 부분적으로 남아있거나, 전체가 미집행된 시설의 결정 면적을 말하고, 미집행면적은 결정면적 중 집행면적을 제외한 면적이며, 추정사업비는 미집행분에 대한 추정사업비 즉 예상 보상비와 추정 공사비를 합한 금액이다.

있다. 도시계획시설에 해당하는 도시공원의 경우 공원시설 전체에 대한 도시계획적 사항의 검토는 해당지방 도시계획위원회 고유의 검토 영역인 점을 고려하면 이 지침에서의 규정은 지침의 상위 규범에 해당하는 법적 규정사항을 제한하는 것으로써 법체계상 심각한 문제점으로 지적된다.

뿐만 아니라 민간공원 조성 특례사업 대상에서 제외된 5만㎡ 이하의 소규모 도시공원은 더 큰 문제이다. 소규모 공원은 특례사업 대상이 아니기 때문에 지자체에서 3년 안에 사유지를 매입하지 못하면 용도 지정을 전면 해제해야 한다. 5만㎡ 이하 소공원은 대부분 도심에 위치하고 규모도 작아 개별 방식으로 개발사업이 이뤄질 가능성이 커 무분별한 난개발이 불가피해 보이지만 이에 대한 대비책은 아직 마련되지 못한 실정이다.

제4절 도시계획에 있어서 공익판단에 관한 위원회의 역할과 한계점: 주요 판례 연구

4.1 도시계획 결정에 있어서 도시계획위원회의 역할과 그 한계에 관한 판례[43]

1) 판례의 의미

개발행위허가에 관한 사무를 처리하는 행정기관의 장이 개발행위허가의 신청 내용이 허가 기준에 맞지 않는다고 판단하여 개발행위허가신청을 불허가한 경우, 이에 도시계획위원회의 심의를 거치지 않았다는 사정만으로 곧바로 그 불허가처분이 취소사유에 이를 정도의 절차상 하자가 있다고 볼 수 없다.

---

43) 대법원 2012두28728.

대법원은 도시계획위원회의 심의는 도시계획에 있어서 반드시 만족해야만 하는 절차상 중요한 과정이지만, 도시계획위원회의 심의 그 자체가 도시계획 결정을 무효로 할 만큼 중대하고 명백한 결정권을 가지는 행위가 아니라 도시계획 결정에 이르는 일련의 과정 중의 하나로 판단하였다. 특히 대법원은 이러한 설명의 근거로서 국토계획법령의 입법 목적과 규정 내용, 국토계획법 제56조 제1항 제2호의 규정에 따른 토지의 형질변경허가는 재량행위에 속하기 때문에[44] 행정기관의 장이 반드시 도시계획위원회의 심의 결과대로 개발행위허가 여부를 결정하여야 한다고 볼 수 없음을 분명히 하였다. 또한 대법원은 이 판결에서 국토계획법 제59조 제1항이 일정한 개발행위의 허가에 대하여 사전에 도시계획위원회의 심의를 거치도록 하고 있는 것은 행정기관의 장으로 하여금 개발행위허가를 신중하게 결정하도록 함으로써 난개발을 방지하고자 하는 데에 주된 취지가 있음을 강조하였다.

2) 판결의 의의

행정기관의 장이 하는 도시계획과 관련한 권역의 지정 · 변경, 도시기본계획과 도시관리계획의 수립 · 변경 · 조정에 도시계획위원회의 심의를 거치도록 하고 있을 뿐만 아니라 제59조 제1항에서 관계 행정기관의 장이 대통령령으로 정하는 일정한 개발행위를 허가하거나 다른 법률에 따라 인가·허가·승인 또는 협의를 하려면 중앙도시계획위원회나 지방도시계획위원회의 심의를 거쳐야 한다고 규정하고 있다.

한편 같은 조 제2항은 제1항에도 불구하고 지구단위계획을 수립한 지역에서 하는 개발행위, 환경영향평가법에 따라 환경영향평가를 받은 개발행위, 도시교통정비 촉진법에 따라 교통영향분석 · 개선대책에 대한 검토를 받은 개발행위 등은 도시계획위원회의 심의를 거치지 아니한다고 규정하고 있고, 같은 조 제1항의 위임에 따라 도시계획위원회의 심의를 거쳐야 하는 개발행위의 유형과 규모를 정하고 있는 구 국토의 계획 및 이용에 관한 법률 시행령(2012. 1. 6. 대통령령 제23502호로 개

44) 대법원 2005.7.14. 선고 2004두6181 판결 등 참조.

정되기 전의 것, 이하 '시행령'이라고 한다) 제57조 제1항 역시 특정한 유형과 규모의 개발행위에 대하여는 예외를 인정하고 있는데, 이는 그 행위의 성격이나 규모에 비추어 도시계획위원회의 심의를 거치지 아니하고 개발행위 허가를 하더라도 난개발의 우려가 없기 때문으로 보인다.

이러한 국토계획법령의 입법 목적과 규정 내용, 국토계획법 제56조 제1항 제2호의 규정에 따른 토지의 형질변경허가는 재량행위에 속하므로[45] 행정기관의 장이 반드시 도시계획위원회의 심의 결과대로 개발행위허가 여부를 결정하여야 한다고 볼 수 없는 점 등에 비추어 보면, 국토계획법 제59조 제1항이 일정한 개발행위의 허가에 대하여 사전에 도시계획위원회의 심의를 거치도록 하고 있는 것은 행정기관의 장으로 하여금 개발행위허가를 신중하게 결정하도록 함으로써 난개발을 방지하고자 하는 데에 주된 취지가 있다고 할 것이다.

위와 같은 사정들을 종합하여 볼 때, 개발행위허가에 관한 사무를 처리하는 행정기관의 장이 일정한 개발행위를 허가하는 경우에는 국토계획법 제59조 제1항에 따라 도시계획위원회의 심의를 거쳐야 할 것이나, 개발행위허가의 신청 내용이 허가 기준에 맞지 않는다고 판단하여 개발행위허가신청을 불허가하였다면 이에 앞서 도시계획위원회의 심의를 거치지 않았다고 하여 이러한 사정만으로 곧바로 그 불허가처분에 취소사유에 이를 정도의 절차상 하자가 있다고 보기는 어렵다. 다만 행정기관의 장이 도시계획위원회의 심의를 거치지 아니한 결과 개발행위 불허가처분을 함에 있어 마땅히 고려하여야 할 사정을 참작하지 아니하였다면 그 불허가처분은 재량권을 일탈·남용한 것으로서 위법하다고 평가할 수 있을 것이다.

45) 대법원 2005.7.14. 선고 2004두6181 판결 등 참조.

4.2 도시계획 결정에 있어서 도시계획위원회 심의의 한계에 관한 판례[46)]

1) 판결의 의미

화장장 및 묘지공원 부지에 대한 개발제한구역 해제 여부의 결정을 위하여 개최된 중앙도시계획위원회의 표결과정에서 표결권이 없는 광역교통실장이 참석하여 다른 표결권자 대신 표결한 경우, 이러한 잘못이 있다 하여 건설교통부장관의 개발제한구역 해제결정까지 위법하다고 할 수 없다고 한 사례이다. 대법원은 이 판례를 통해서 도시계획 결정에 있어서 도시계획위원회 심의의 역할이 무엇인지를 명확히 하였다. 즉, 대법원은 도시계획위원회의 심의를 거치도록 한 취지는 계획결정권자가 도시계획을 결정함에 있어서 도시계획에 관한 학식과 경험이 풍부한 자들로 구성된 위원회의 집합적 의견을 들어 이를 참고하라는 것일 뿐 도시계획위원회의 심의결과에 기속되어 도시계획을 결정하여야 한다는 것은 아닌 점을 분명히 하였다.

2) 판결의 의의

도시계획위원회의 심의를 거치도록 한 취지는 계획결정권자가 도시계획을 결정함에 있어서 도시계획에 관한 학식과 경험이 풍부한 자들로 구성된 위원회의 집합적 의견을 들어 이를 참고하라는 것일 뿐 도시계획위원회의 심의결과에 기속되어 도시계획을 결정하여야 한다는 것은 아닌 점을 분명히 한 판례로서 도시계획위원회의 기능과 역할 그리고 도시계획 결정에 있어서 위원회의 역할을 분명히 한 중요한 판례이다.

46) 대법원 2007.4.12. 2005두2544 판결.

4.3 도시계획시설(공공공지)결정취소에 있어서 공익과 사익의 비교형량 사례[47)]

1) 판례의 의의

이 사건은 사적 소유권의 정당한 행사로서 이를 허가하지 않은 것은 재산권의 본질적인 내용을 침해하는 것인 점에 비추어 볼 때 이 사건 처분으로 달성하려는 공익 목적에 비하여 그로 인하여 원고(청구인)가 입게 될 불이익이 현저히 큼에도 불구하고, 이 사건 도시계획시설결정처분은 공익과 사익 간 또는 사익 상호 간의 이익형량을 현저히 그르친 위법, 부당함이 있다고 할 것이어서 비례의 원칙에도 반한 위법한 처분이므로 취소되어야 한다는 원고의 주장에 대하여 행정계획은 행정에 관한 전문적·기술적 판단을 기초로 하여 특정한 행정목표를 달성하고자 서로 관련되는 행정 수단을 종합·조정함으로써 장래의 일정한 시점에 있어서 일정한 질서를 실현하기 위한 활동 기준으로, 이러한 행정계획을 입안·결정함에 있어서 행정청은 비교적 광범위한 형성의 자유를 가지지만, 이 형성의 자유는 그 행정계획과 관련된 자들의 이익을 공익과 사익은 물론 공익 상호 간 및 사익 상호 간에도 정당하게 비교 교량하여야 하는 제한이 있음을 분명히 하였다는 데에 이 판결의 중요성이 인정된다.

2) 청구인 주장의 요약

청구인은 서울 강남구 ○○동 산○○ 전 323㎡ 및 같은 동 ○○○ 전 96㎡(이하 '이 사건 토지'라고 한다)의 소유자로서, 2005. 5. 중순경 피청구인에게 이 사건 토지상에 지하 1층 지상 7층의 건물(교육연구시설 및 단독주택)을 짓기 위하여 토지형질변경허가를 신청(이하 '이 사건 신청' 이라고 한다)하였다. 이 사건 관련 토지형질변경허가신청 당시 도시계획시설의 설치가 계획, 공고된 바가 없었다.

---

47) 2006.06.29 서행심 2006－123.

피청구인은 이 사건 신청에 대하여 2005. 5. 27.경 '구청에서 소공원 또는 공공공지 확보를 위하여 토지소유자와 매수에 대한 협의 후 재상정하도록 유보됨'이라는 내용의 심의결과를 청구인에게 통보하였다. 그 후 피청구인은 2005. 6. 27.경 이 사건 토지에 도시계획시설(공공공지)을 설치할 계획임을 통지한 후, 그 다음날인 같은 달 28. 서울특별시 ○○구 공고 제2005-3○○호 도시관리계획(안)으로 이를 열람 공고하였고, 같은 달 30.경 청구인의 형질변경허가신청에 대하여 '이 사건 개발행위를 허가할 경우 주변의 환경·경관·미관 등이 손상될 우려가 있고 주거환경의 악화가 예상되므로, 공공공지로 지정하여 부족한 녹지공간을 확보하고 쉼터를 제공함으로써 주민의 삶의 질 향상의 위해 조속히 도시계획시설(공공공지)로 결정할 예정이고, 이에 관하여 이미 2005. 6. 28.자로 서울특별시 ○○구 고시 제384호로 도시계획시설(공공공지) 결정(안)을 열람공고하였다'는 등의 사유를 들어 이를 반려한다는 통보(이하 '이 사건 관련 형질변경불허가처분'이라고 한다)를 하여왔다.

이에 대하여 청구인은 2005. 7. 15.경 위 이 사건 관련 형질변경불허가처분의 위법성을 다투어 그 처분의 취소를 구하는 토지형질변경허가신청반려처분취소의 소(서울행정법원 2005구합2○○○○호)를 제기하였다. 이에 대하여는 위 서울행정법원 2005구합2○○○○호 토지형질변경신청반려처분취소소송에서 2005. 1. ○○. 청구인이 승소하였고, 2006. 2. ○○. 확정되어 청구인은 피청구인의 도시계획시설결정처분의 부당성이 명백히 인정되므로 조속히 취소됨이 마땅하다고 주장하였다. 특히 청구인은 위 토지형질변경허가신청반려처분취소의 소(서울행정법원 2005구합2○○○○호)에서 "이 사건 신청지 인근에는 이미 255,342㎡ 면적의 ○○근린공원이, 서쪽으로 15,072.5㎡ 면적의 ○○공원 등의 공원녹지가 조성되어 있어 이 사건 신청지를 공공공지로 결정하여 그 곳에 주민들의 휴식공간을 설치함으로써 쾌적한 도시생활환경을 조성하려는 공익상 목적이 크지 않은 반면, 이 사건 신청지는 제3종 일반주거지역에 위치하여 주택, 교육연구시설 및 근린생활시설의 건축이 당연히 예정되어 있는 지역이므로 이 사건 신청은 사적 소유권의 정당한 행사로서 이를 허가하지 않은 것은 재산권의 본질적인 내용을 침해하는 것인 점에 비추어 볼 때 이 사건 처분으로 달성하려는 공익 목적에 비하여 그로 인하여 원고(청구인)가 입게 될 불이익이 현저히 크다는 점"을 분명히 하였는바, 이 사건 도시계획시설결정처분은 공익과 사익 간 또는 사익 상호 간의 이익형량을 현저히 그르친 위법, 부당이 있다 할 것이며, 그 결정으로써 달성할 수 있는 공익의 정도에 비하여 이로 인하여 원고가 입게 되는 재산권의 침해 등의 불이익은 현저히 높다고 할 것이어서 비례의 원칙에도 반한 위법한 처분이므로 취소되어야 한다고 주장하였다.

3) 피청구인 주장 요약

청구인 주장에 대한 피청구인은 본 사건 토지는 2005. 6. ○○. 제6회 ○○구 도시계획위원회에서 당해 부정형의 미개발 자투리 토지 여건상 공공공지 지정이 바람직하므로 조속히 도시계획시설(공공공지)결정 절차 이행토록 심의의결처리 되었고, 이에 따라 ○○구에서 부정형의 미개발 자투리 토지(지목: 전)를 개발행위(건축물의 건축)할 경우 주변의 환경·경관·미관 등이 손상될 우려가 있고 주거환경 악화가 예상되므로, 공공공지로 지정하여 부족한 녹지공간을 확보하고 쉼터를 제공함으로써 주민의 삶의 질 향상을 위하여 2005. 6. ○○. 도시계획시설(공공공지) 결정(안) 열람공고, 인터넷 주민설문조사 등을 실시하였고, 2005. 8. ○○. 도시계획위원회에서 원안가결 되었으며, 그 결과에 따라 2005. 12. ○○. 도시계획시설(공공공지)로 결정한 것으로, 당해 공공공지 결정 조성은 적법한 것이며 다수 주민의 공공이익을 위하여 반드시 필요한 결정이라 주장하였다. 또한 청구인이 본 도시계획시설(공공공지)결정의 위법성의 예로 들고 있는 행정소송의 판결도, 본 도시계획시설(공공공지) 결정과 토지형질변경신청 반려처분의 선후관계를 검토하여 판결한 것이지, 본 도시계획시설(공공공지) 결정의 위법 여부에 대하여는 어떠한 의견도 언급하지 않았으며, 또한 토지형질변경행위에 대한 행정법원의 판단이 있었다고 해서, 이와는 별개의 법적 절차인 도시관리계획(도시계획시설－공공공지) 결정의 처분에 토지의형질변경과 관련한 행정법원의 판결을 연계하여 행정심판을 제기한 것은 법의 일반원칙중의 하나인 '부당결부금지원칙'에도 위반된 것이라고 지적하면서, 적법한 행정 절차에 의하여 결정된 도시계획시설(공공공지)에 대하여 취소를 요구하는 청구인의 주장은 이유 없다고 주장하였다.

4) 대법원의 판단

제출된 증거자료 및 인정사실 등을 종합하여 볼 때 이 건 도시계획시설(공공공지) 결정에 있어 절차에 있어 위법성이 있다고는 할 수 없다. 다만 이 사건 토지를 공공공지로 결정한 이 건 결정이 달성하고자 하는 공익과 이 결정으로 인해 청구인이 정당한 재산권 행사를 하지 못하여 입게 될 불이익과의 비교 교량이 정당하게 이루어졌는지에 대한 판단이 필요하다. 청구인은 이 사건 토지 인근에 ○○근린공원, ○○고개공원 등이 조성되어 있어 인근 주민들이 이를 이용할 수 있으므로 이 사건 토지를 공원으로 결정한 것은 청구인의 사적 소유권을 과도하게 제한한 것으로써 이 건 결정은 공익과 사익간 이익형량의 판단에 잘못이 있다고 주장한다.

한편 피청구인은 본 행정계획은 행정에 관한 전문적·기술적 판단을 기초로 하여 특정한 행정목표를 달성하고자 서로 관련되는 행정 수단을 종합·조정함으로써 장래의 일정한 시점에 있어서 일정한 질서를 실현하기 위한 활동 기준으로 행정계획을 입안·결정하였고, 이러한 행정계획을 입안·결정함에 있어서 비교적 광범위한 형성의 자유를 가진다고 주장하고 있다.

그런데 행정청이 행정계획을 입안·결정할 때에는 그 행정계획과 관련된 자들의 이익을 공익과 사익은 물론 공익 상호 간 및 사익 상호 간에도 정당하게 비교 교량하여야 하는 제한이 있다. 따라서 피청구인이 이 사건 토지를 공원으로 조성하는 것이 주민의 삶의 질을 향상시킬 수 있다는 판단하에 이 사건 토지를 공공공지로 결정하였다면 피청구인이 사전에 충분한 검토를 한 후 이 건 결정을 한 것이라 보이므로 피청구인에게 이 사건 관련하여 잘못을 지적할 만한 점이 있다고는 할 수 없다. 또한 피청구인이 이 건 결정을 할 때 청구인의 사익을 전혀 고려하지 않은 위법이 있다거나 객관성을 무시한 재량권의 남용이 있다고 판단할 수 없다. 이러한 판단에 따라서 청구인의 청구는 기각되었다.

4.4 도시계획에 있어서 공익판단에 관한 위원회의 역할에 관한 의견

도시계획은 다양한 목표들과 다양한 수단들의 선택과 조정이 필수적인 만큼 계획수립에 전문가들의 참여는 선택이 아니라 필수라 할 수 있다. 이런 점에서 볼 때, 도시계획위원회는 정부 중심의 공적 영역과 시민사회의 사적 영역 그리고 이들 두 영역 간의 경계영역에서 도시계획위원회에 부여된 심의 또는 자문의 역할을 통하여 갈등조정·성장관리·자원배분 등 다양한 기능을 수행하고 있다. 개발시대를 지나 성숙사회를 향해 가는 현재, 대부분의 지방도시계획위원회들은 도시의 고도화에 따른 도시계획 업무의 확대와 병행하여 해당 도시에 있어서 심의와 자문 기능이 한층 강화되고 있다.

이런 추세를 고려할 때, 도시계획결정권한이 지방자치단체장에게 있음으로서 지방도시계획위원회의 결정이 법적 구속력을 갖지 않는 것은 당연한 결과이지만, 도시계획위원회가 도시계획에 부여되는 계획형성의 광범위한 재량(계획재량)을 판단하는 주체라는 점에서 도시계획위원회의 결정은 행정청에 의하여 충분히 존중됨이 바람직하다. 이를 위해서는 우선 지방도시계획위원회의 결정을 어떠한 형식과 방법으로 존중할 것인지를 구체화하고 나아가 제도화할 필요성이 있으며, 행정청이 도시계획위원회의 결정으로부터 전적으로 자유롭다는 표현에 대한 신중한 재검토도 필요할 것으로 판단된다.

끝으로 지방도시계획위원회의 조직구성의 조정을 통하여 자치단체장이나 부단체장이 위원장이 되는 것을 제한하고, 위원구성에 있어서 위원의 전문성 강화와 함께 지방의원의 도시계획위원 배제를 적극적으로 검토할 필요가 있다. 이상의 제안들이 충분하게 검토되고, 수용되어 긍정적인 역할을 수행하는 경우 도시계획과 관련한 공익판단에 있어서 도시계획위원회의 역할과 기능이 한층 더 강화될 수 있을 것이다.

제 9 장

결 론

제9장

결 론

계획의 본질이 미래를 대비한 현재의 준비과정이라 한다면, 계획의 정당성은 계획수립의 배경이나 목표의 중요성에 따라서 정해지는 것이 아니라 계획수립과정의 민주성과 계획목표의 시대적·사회적 수용 여부에 의해 판단된다. 계획의 목표는 계획이 수립되는 그 시대의 가치기반 위에서만 유효한 것이고, 또한 계획의 목표가 사회적으로 수용되는 경우에만 실행될 수 있기 때문이다. 즉, 계획의 정당성은 계획이 수립된 그 시대적·역사적 맥락에서 확보되는 것이다. 바로 이런 이유에서 다의적이며 다차원적인 공익개념은 그 시대적·역사적 맥락에서 이해되어야 한다.

행복을 주제로 한 아테네 철학자들의 심오한 토론을 빌려오지 않더라도 행복이란 누구에게나 필요한 것이며, 또 그 행복의 모습과 내용은 사람마다 다 같지 않다는 것을 알 수 있다. 바로 이런 이유에서 도시계획가들의 고민이 깊어진다. 행복추구는 엄연히 개인적인 것이고, 집단화되기 어려운 성질의 것인데 도시계획가들이 고민하고 만들어내어야 하는 기준들은 개인적인 것보다는 불특정 다수의 시민들을 대상으로 하기 때문에 제안된 기준의 적용에 있어서 일관성과 형평성 유지가 필요할 뿐만 아니라 가능한 범위에서 구체적으로 제시되어야 경계의 문제[1])를 최소

1) 2020년 발생한 코로나19사태에 대한 정부대책의 발표에서 이와 관련한 여러 사례가 나타나고 있다. 예를 들어서 서민생계지원금 지급기준과 관련하여 나타난 '경계의 문

화할 수 있다. 이런 이유에서 정의롭고 합당한 공익판단은 도시계획의 정당성을 확인하는 핵심적인 과정이자 절차가 아닐 수 없다. 도시계획의 목표가 공익의 실현에 있는 이상 도시계획의 수립과 이행과정에서 이루어지는 올바른 공익판단은 선택이 아니라 필수적인 과제이다.

공익개념을 명확하게 이해하는 것은 대단히 중요하다. 왜냐하면, 공익개념에 대하여 확실한 자기견해를 세워 두지 않으면 다음과 같은 두 가지 어려움을 피할 수 없기 때문이다. 즉, 공익개념에 대한 확실한 이해가 없으면 기존의 정치·경제·사회제도 등의 국가제도가 과연 공익에 봉사하는지 그리고 기존의 국가정책이 공익의 실현에 얼마나 어떻게 기여하는지를 알 수 없기 때문이다. 두 번째는 공익에 관한 확실한 개념정리가 없으면, 공익을 위장한 사익과 진정한 공익을 구별할 수가 없고, 따라서 공익을 주장하는 국가제도나 국가정책의 당부(當否)와 진위(眞僞)를 판단할 수 없게 된다. 그러므로 현재의 국가제도 혹은 국가정책의 문제점을 개선하고 나아가 우리 사회의 진정공익을 실천해가기 위해서는 명확한 공익개념의 정립이 국가적 차원과 개인적 차원 모두에서 반드시 선행되어야 한다.

이런 시각에서 본문 중에서 공익과 관련한 연구의 진행에 있어서 다양한 분석의 중요성을 강조하면서 다른 한편으로는 분석결과의 해석에 있어서 해당 연구가 채택한 가정(가설)의 범위 내에서 인과관계가 확인된 결과에 대하여 제한적으로 해석하는 자세가 필요함을 강조하였다. 그 이유는 부분의 합이 전체가 될 수 없듯이 사회현상의 일부를 대상으로 한 제한적 인과관계 분석결과를 기초로 사회문제의 전반을 설명함에 있어서 학술적 타당성이나 해석의 신뢰성을 기대할 수 있는 부분이 매우 협소하기 때문이다. 바로 이런 이유에서 공익을 주제로 하는 연구에 있어서 다양한 분석의 중요성을 강조하지 않을 수 없다. 왜냐하면, 부분의 합이 전체가 될 수 없듯이 다수의 이익이 곧 공익은 아니기 때문이다.

개발과 환경의 이슈는 도시계획에 의해 결정되는 특정한 용도지역 내에서 각

제'는 정부의 정책수행 능력에 대한 비판까지 불러왔다.

기 다른 공익의 개념에 따른 사회적 규제와 지원을 받으며 성장해 왔다. 그런데 오늘날과 같이 도시의 물리적 성장이 포화점에 이르게 된 성숙형 도시사회에 들어선 이후 개발과 환경의 이슈를 중심으로 한 공익과 사익의 대립현상이 빈번하게 일어나고 있다. 도시계획이 추구하는 가치가 정형화된 구성의 한시적 결과가 아니라 미래세대를 대상으로 하는 과정의 연속에 기반하는 연속적이고 비정형화된 구성을 갖고 있다는 점에서 시대와 장소 그리고 환경에 적합한 공익개념을 이해하려는 노력은 항상성을 갖고 지속되어야 할 과제이다.

도시문제는 복잡한 사회적 상호작용의 결과로서 단순히 공학적 판단에 의해 해결될 수 있는 부분이 극히 적다. 도시문제의 해결은 도시공학, 행정학, 법학 그리고 부동산학 등 다양한 학문적 차원에서 하나의 일관된 원칙과 공통된 가치를 공유할 때 의미 있는 성과를 기대할 수 있다. 이런 이유에서 본서는 성숙형 도시시대에 적합한 융합형 공익모델을 제시하고자 노력하였다. 특히 본문 중에서 실제 도시계획 관련 판례에 관한 연구를 통하여 실제 도시계획 실무에서 어떠한 계획대안을 선택하는 것이 공익실현을 위한 가장 바람직한 결정이 되는지, 또 어떻게 하면 이 과정에서 시민들의 의견을 충실하게 반영할 수 있는지를 소개하였다는 점에서 본 저서가 학술적 차원과 교육적 차원 그리고 실무적 차원에서 활용될 수 있기를 기대한다.

참고문헌

단행본 및 보고서

강경근, 헌법, 법문사, 2002.

강운산, 사업자 설치 기반시설의 무상귀속양도제도의 문제점과 개선방안, 한국건설산업연구원, 2007.

강현선, 소규모정비사업, 도시재생 활성화 이끈다, 도시미래신문, 2017년 4월 26일, urban114.com/ news/

강현수, 도시에 대한 권리: 도시의 주인은 누구인가?, 책세상, 2010.

계희열, 헌법학(중), 박영사, 2004.

고세훈, 공공성을 생각한다, 황해문화, 2014.

구권효, "교회의 공공 도로 점용은 공익적일까? 동대문구 D교회 대법 판례로 보는 사랑의 교회 도로 점용", 뉴스앤조이, 2016년 6월 15일, www.newsnjoy. or.kr.

구형수, "생활SOC 정책의 주요 이슈와 전략적 추진방향", 국토정책 Brief 696호, 2018.

국가건축정책위원회, 도시 내 공공공간의 활용실태 조사 및 효율적 조성을 위한 제도개선 연구, 2012.

국립환경과학원, 환경유해인자노출경로 분석을 위한 시간활동양상 시범연구(Ⅰ), 2013.

국무조정실 공고 제2020－95호, 갈등관리기본법 제정(안) 입법예고, 2020년 9월 16일.

국무조정실 생활SOC 추진단, "생활SOC 3개년 계획(안)", 2019.

국무조정실, 사회적 가치 실현을 위한 평가방안 연구, 한국행정학회, 2017.

국토교통부, 사업인정 의제사업 공익성 판단기준 등 연구, 한국토지공법학회, 2016.

국토교통부, 지방도시계획위원회 운영 가이드라인 배포, 2014.10.1 보도자료.

국토교통부, 지역개발 및 지원에 관한 업무처리지침의 일부 개정안, 2015.9.16.

국토해양부, 광역도시계획시설 갈등관리 제도화방안 연구, 2011.

국토해양부, 도시계획수립기준 및 도시계획시설 연구, 2002.

국토해양부, 도시계획에 따른 재산권 제한의 적정기준에 관한 연구 용역, 2012.

국토해양부, 장기미집행 도시계획시설의 해소대책 연구, 2001.

국회사무처 법제실, 헌법재판소의 위헌결정 사유와 입법상 유의사항, 2000.

권기헌, 정책학－현대 정책이론의 창조적 탐색, 박영사, 2011.

권영덕, 기성시가지 내 정비사업의 공공시설 확보방안 연구, 서울시정개발연구원, 2003.

권영성, 헌법학원론, 2005.

권영성, 헌법학원론, 법문사, 2006.
김광국기자, 전기신문, 2018년 6월 22일 보도.
김기영, 공익성 개념 확장에 따른 사업인정의제의 판단, 강원대학교 박사학위논문, 2014.
김남진, 행정법 Ⅱ, 1995.
김남진, 행정법의 기본문제, 법문사, 1996.
김동희, 행정법Ⅱ, 박영사, 2004.
김상조·왕광익·권영상·안용진, 공공성을 고려한 도시계획시설의 합리적 공급방향: 민간참여형 복합이용시설을 중심으로, 국토연구원, 2007.
김상호·이여경, 지역의 건축행정 효율화를 위한 정책개발 연구: 건축심의제도 합리화 방안을 중심으로, 건축도시공간연구소, 2015.
김원, 도시계획론, 1991.
김유란, 도시재생 거점시설 역할을 위한 생활SOC 복합화 방안, 국토연구원, 2020.
김정훈, 한국법의 경제학Ⅰ, 한국경제연구원, 1997.
김종보, 건축행정법, 도서출판 학우, 2003.
김철수, 헌법학 개론, 박영사, 2004.
김철용, 행정법, 고시계사, 2015.
김현아·박상원·김형준, 지방공공재의 비용부담 원칙에 관한 연구, 한국조세연구원, 2004.
나카무로 마키코 쓰가와 유스케, 윤지나 번역, 원인과 결과의 경제학, 리더스북, 2018.
대한국토·도시계획학회 편저, 도시계획론, 보성각, 2006.
대한국토·도시계획학회, 국토이용관리체계의 개편방안, 도시정보, 2009년 12월.
대한국토·도시계획학회, 도시개발이익의 합리적 공유방안 마련 연구, 2014.
대한국토도시계획학회, 도시통계분야의 현황과 과제(Ⅱ): 도시계획 기초조사 및 도시모형을 이용한 통계자료 활용, 도시정보 제355호, 2011.
대한민국 정부, 서민 주거복지 증진과 주택시장 합리화 방안, 2006.3.30.
도시공원 및 녹지 등에 관한 법률 제16조 제3항–공원 조성계획의 입안.
류해웅·성소미, 개발이익환수제도의 재구성방안, 국토연구원, 1999.
매일건설신문, “건축 인·허가 심의제 폐지→신고제로 확대돼야”, 2019년 11월 11일보도자료.
몸문화연구소, 공간의 몸, 몸의 공간, 쿠북, 2017.
민진, 조직관리론, 대영문화사, 2004.
박균성, 행정법 기본강의(12판), 박영사, 2020.
박균성, 행정법론(상), 박영사, 2004.
박균성, 행정법론(하), 박영사, 2015.
박병주·김철수, 신편 도시계획, 형설출판사, 2001.

박영도, 입법학 용어해설집, 한국법제연구원, 2002.
박윤흔, 행정법강의(상), 박영사, 2004.
박윤흔, 행정법강의(상), 법문사, 1997.
박윤흔·정형근, 행정법강의(하), 박영사, 2009.
박정택, 공익의 정치, 행정론, 대영문화사, 1990.
방현덕, 연합뉴스, 2016년 7월 4일 보도자료
백승주, 행정법총론강의, 동방문화사, 2009.
백완기, 공익에 관한 제학설의 검토, 한국행정학의 기본문제들, 나남출판, 1996.
백완기, 정책결정에서 공익의 문제, 한국행정학의 기본문제들, 나남출판, 1996.
법제처, 법령입안심사기준, 1996.
빈집정비사업에 관한 업무지침, 국토교통부고시 제2018-103호, 2018. 2. 9. 제정, 2018. 2. 9. 시행.
서순탁, "도시계획에 따른 이익과 손실의 처리문제: 용도지역의 지정·변경을 중심으로", 현대사회문화연구소, 2005.
서울시립대학교 도시인문학연구소, 도시공간의 인문학적 모색, 메이데이, 2009.
서울특별시, 도시계획변경 사전협상제도 개선시행에 따른 사전협상 운영지침(개정), 서울특별시 행정2부시장 방침 제85호, 2015.
西澤, 연구개발비の회계と관리(신판), 백도서방, 1989.
석종현, 신토지공법론, 경진사, 1994.
성낙인, 헌법학 , 법문사, 2012.
송희성, 재산권의 존속보장과 가치보장에 관한 연구: 공용침해의 요건과 손실보상의 인부를 중심으로, 경희대학교 대학원 박사학위논문, 1991.
양영란 역, 공간의 생산, Lefebvre, H., 1974, La Production De L'espace, 에코리브르, 2011.
연봉 한 푼도 안쓰고 13.4년 모아야 한 채, 동아일보 보도자료, 2019년 1월 26일 신문.
오석홍, 행정학, 박영사, 2005.
유민봉, 한국행정학, 박영사, 2006.
윤용희, 한국정치의 체계분석, 법문사, 1991.
이상돈, 법학입문, 박영사, 2001.
이상민, 차주영, 임유경, 도시 공공공간 개선방향 설정을 위한 개념 정립 및 현황 조사연구, 건축도시공간연구소(AURI), 2007.
이선명, 헌법 제23조 제3항의 공용수용 요건으로서 '공공필요'에 관한 연구, 연세대학교 대학원 석사학위논문, 2010.
이승주 외, "장기미집행 도시계획시설 대처방향", 도시정보, 대한국토도시계획학회, 2001.
이종수, 새미래의 행정, 대영문화사, 2010.

이창원 · 최창현, 새조직론, 조직문화사, 2006.
이태교, 토지정책론, 법문사, 2001.
이현수, 디지털 디자이너, 학문사, 1996.
이호영 외, 초연결사회의 지속가능성을 위한 사회문화적 조건과 한국사회의 대응(1) 총괄보고서, 정보통신정책연구원, 2015.
이호준 외, 우리나라 수용법제에 대한 법경제학적 검토, KDI 공공투자관리센터, 2013.
임상진, 건축적 공공성의 구현에 관한 연구, 석사학위논문, 서울대학교 대학원, 1997.
임호정 · 김종보, 공익사업용보상법론, 부연사, 2003.
임희지, 서울시 지구단위계획 특별계획구역제도의 유형별 공공성 증진방안 연구, 서울시정개발연구원, 2004.
장은영, 랜드스케이프 건축의 공공성에 관한 연구, 석사학위논문, 서울대학교 대학원, 2002.
장은혜, 사인수용의 가능성과 한계에 관한 공법적 연구, 아주대학교 박사학위논문, 2013.
장택영, 기부채납에 의한 인센티브제도 운영의 합리성 제고를 위한 연구, 서울시립대학교 박사논문, 2005.
정극원, 헌법국가와 기본권, 한국조세신문사, 2002.
정석희 · 김의식, 장기미집행 도시계획시설의 정비방안, 정책연구보고서, 국토개발연구원, 1998.
정정길, 행정학의 새로운 이해, 대명출판사, 2009.
정종섭, 헌법학원론 9판, 박영사, 2014.
정희남 · 김승종 · 박동길 · 周藤利一 · McCluskey, W. · Connellan, O., 토지에 대한 개발이익환수제도의 개편방안, 국토연구원, 2003.
조명래 외, 저성장시대 도시정책, 한울, 2001.
조한상, 시민사회와 공공성 : 시민사회에 관한 헌법이론적 연구, 고려대학교 법학박사학위논문, 2006.
천정인, 연합뉴스, 2019년 6월 20일 보도, “VIP만 주차 가능” 사설 주차장, 개인 전용공간 판매 논란.
최송화, 공익론, 서울대학교 출판부, 2004.
최희원, “설계자의 의식에 근거한 공개공지 평가지표설정에 관한 연구”, 석사학위논문, 연세대학교 대학원, 2000.
추엽, 비용 · 편익분석, 회계학사전(제4판), 신호대학회계학연구실편, 동문관, 1984.
칼 야스퍼스(重田英世譯), 역사의 기원과 목표, 理想社, 1964.
한상훈, 생활과 부동산, 명인출판사, 2002.
한상훈 외, 지역발전과 지역혁신, 영남대학교출판부, 2003.
한상훈 외, 대한국토 · 도시계획학회편저, 토지공개념과 국토 · 도시계획, 보성각, 2021.

한상훈 외, 한국도시계획가협회, 도시계획 : 이론과 실제, 기문당, 2021.
한수웅, 헌법학 제5판, 법문사, 2015.
한수웅, 헌법학, 법문사, 2017.
행정안전부, 2018년 행정기관위원회 현황, 행정안전부 정부조직관리정보시스템, org.mois.go.kr. 2019년 1월 30일 방문.
한국행정학회, 행정학전자사전, 공익의 개념, www.kapa21.or.kr
허영, 한국헌법론, 박영사, 2017.
허영, 헌법이론과 헌법, 박영사, 2005.
홍성웅, 사회간접자본의 경제학, 박영사, 2006.
홍정선, 행정법원론(하), 박영사, 2015.

학술논문

강구철, "계획재량의 통제에 관한 연구", 법학논총, 제11권, 국민대학교 법학연구소, 1999.
강문수, 개정 '국토의 계획 및 이용에 관한 법률'의 평가와 전망: 제22조의2(도시기본계획과 국가 계획의 관계)를 중심으로, 한국법제연구원, 2007.
강수돌, 새로운 공동체 실험과 공공성의 새로운 상상력, 사회비평 38, 2007.
강현호, "도시계획과 행정소송", 토지공법연구 제7집, 1999.
강현호, "형량명령의 원칙에 관하여", 성균관법학 제7권 제1호, 1996.
강현호, "계획적 형성의 자유의 통제수단으로서 형량명령", 토지공법연구 제43집 제1호, 2009.
계기석, "광역시 군 지역의 도시계획체제 개선 연구", 도시행정학보, 제21집 제3호, 2008.
곽노완, "도시권에서 도시공유권으로", 마르크스주의 연구 제8권 제3호, 경상대학교 사회과학연구소, 2011.
구혜란, "공공성은 위험수준을 낮추는가? – OECD 국가를 중심으로", 한국사회정책 제22권 제1호, 2015.
금태환, "국토의 계획 및 이용에 관한 법률 제95조 제1항의 위헌성", 행정법연구, 제27호, 2010.
김광수, "공법상 재산권보장의 의의와 범위", 순천향대 논문집 제17권 1호, 1994.
김기영·박혜웅, "공용수용에 따른 공익성 요인에 관한 연구", 대한부동산학회지, 제32권 제1호, 2014.
김남진, "사인을 위한 공용수용", 법학논집 제24집, 1986.
김남진, "행정의 적법판단기준으로서의 공익", 고시연구 제30권 제1호, 2003.

김도균, “법원리로서의 공익: 자유공화주의 공익관의 시각에서”, 서울대학교 법학 제47권 제3호, 2006.

김민진·김광현, “현대의 공공성이 드러나는 집합적 공간 연구”, 대한건축학회 학술대회 논문집 제29권 제1호, 대한건축학회, 2009.

김삼용, “관계적 소유권의 극복”, 부동산 포커스, 11월 No. 114, 부동산연구원, 2018.

김성배, “지방화 시대의 공공시설투자 재원조달 방안”, 사회과학논총 제1권, 1998.

김성수, “온실가스 배출권 거래제도에 관한 법률상의 온실가스 배출권의 법적 성격과 할당의 법적 과제 : 독일의 경험을 참고하여”, 토지공법연구 제52집, 2011.

김세훈 외, “공공성에 대한 사회학적 이해”, 공공성에 대한 다양한 접근, 미메시스, 2008.

김연태, “공용수용의 요건으로서의 ‘공공필요’”, 고려법학 제48호, 2007.

김완석, “재건축에 관한 조세법적 검토”, 한국토지공법학회 2006년 제49회 학술대회 발표논문, 2006.

김용창, “건국 초기와 19세기 미국에서 재산권 사상과 사적 이익을 위한 공용수용”, 공간과 사회 제41권, 한국공간환경학회, 2012.

김용창, “미국 도시개발사업에서 사적이익을 위한 공용수용: 연방 및 주 대법원 판례를 중심으로”, 국토연구 통권74호, 국토연구원, 2012.

김종보, “도시계획시설의 공공성과 수용권”, 행정법연구 제30호, 행정법이론실무학회, 2011.

김종보, “도시계획의 핵심기능과 지적제도의 충돌”, 법제논단, 법제처. 2006.11. 2006년도 토지법제연구회 제1차 세미나 자료

김종보·전연규, 새로운 재건축·재개발 이야기, 한국도시개발연구포럼, 2004.

김종하, “개발사업 관련 공공필요의 위헌성에 관한 고찰”, 토지공법연구 제71집, 2015.

김준형, “과밀주거의 문제 : 기준과 측정”, 국토계획, 제54권 제5호, 2019.

김준형, “주거복지정책수단으로서 최저주거기준의 활용실태와 대안별 탐색: 주택종합계획을 중심으로”, 국토계획 제50권 제4호, 2015.

김지엽·남진·홍미영, “서울시 사전협상제를 중심으로 한 공공기여의 의미와 법적 한계”, 도시설계 17권 제2호, 2016.

김진웅, “방송 공익성의 철학적, 제도적 분석”, 방송과 커뮤니케이션, 제1호, 2003.

김찬호, “미집행 도시계획시설 문제해결을 위한 대처 방안”, 도시문제 제37권 제409호, 2002.

김타균, “시민단체의 정책참여 강화 및 정부의 파트너십 제고”, 한국비영리학회 2004년도 추계 학술대회, 2005.

김판기, “규제행정법상의 경제적 효율성에 대한 고찰: 규제행정법의 경제적 분석을 위한 경제학적 방법론의 기초”, 홍익법학 14권 1호, 2013.

김항규, "행정에서 합법성의 이념과 헌법에서의 공익판단의 근거", 한국행정논집 제14권 제3호, 2002.

김항규, "행정철학과 행정법학과의 대화 : 헌법상의 공익논의를 중심으로", 한국공공관리학회보", 제20권 제1호, 2006.

김해룡, "행정재량론에 관한 재고찰", 계명법학, 제1집, 1997.

김해룡, "현행 토지수용절차의 문제점과 개선방안: 사업인정과 수용결재의 관계 및 사업인정 의제효 규정을 중심으로", 토지공법연구 제73집 제2호, 2016.

김현준, "계획법에서의 형량명령", 공법연구 제30권 제2호, 2001.

김호정, "대통령 소속 위원회 운영과 행정조직법정주의", 외법논집, 27권, 2007.

나인수, "Urban Land Use Planning을 통해서 본 토지이용계획의 목표로서 공익개념 및 요소변화에 대한 고찰,", 국토계획 제47권 제3호, 2012.

나채준, "정부조직법상 행정위원회제도의 문제점에 대한 재검토", 홍익법학, 제14권 제4호, 2013.

문채, "도시계획위원회의 변천과정 및 운용실태에 관한 연구", 한국정책연구, 제11권 제2호, 2011.

문채, "도시계획위원회의 운영실태에 관한 연구", 성결대학교 사회과학연구 제22집, 2009.

박경환, "소수자와 소수자 공간: 비판 다문화주의의 공간교육을 위한 제언", 한국지리환경교육학회지 제16권 제4호, 한국지리환경교육학회, 2008.

박근후, "공공정책과정의 가치와 공공관계", 정치커뮤니케이션연구 제29권, 2103.

박민지 · 이춘원, "장기방치건축물의 제도정비에 관한 연구", 집합건물법학 제17권, 2016.

박성민 · 김철 · 권성욱, "주민참여기제로서의 위원회 연구", 한국지방자치학회보 제15권 제3호, 2003.

박진수 · 김기수, "공공성측면에서 본 현행 도시재생정책 및 제도에 관한 비판적 고찰", 한국도시설계 학회지, 제14권 제2호, 2013.

백완기, "한국행정과 공공성", 한국사회와 행정연구, 제18권 제2호, 2007.

손상락, "분권형 도시계획체계를 위한 도시계획 권한이양과 수용태세 강화방안", 도시계획 권한의 지방이양에 관한 연구 관련 대한국토도시계획학회 워크샵 발표자료, 2011.

손성태, "도시계획제한과 그 권리구제에 관한 연구", 동국대경영논총 제21집, 1997.

송동수, "독일에 있어 토지에 관한 공익과 사익의 조정 : 형량명령을 중심으로", 토지공법연구 제16권 제1호, 2002.

송태수, "독일 지방자치개혁의 현주소: 신공공관리 행정개혁과 직접민주주의", 한국정치연구 12집 1호, 2003.

신봉기, "계획재량 및 형량명령이론의 재검토", 고시계, 1989년 12월.

신봉기, "행정계획에 대한 사법적 통제", 토지공법연구 10집, 2000.

신봉기, "형량하자 있는 행정계획에 대한 사법심사", 행정판례연구 제5권, 서울대학교 출판부, 2000.

신정완, 사회공공성 강화를 위한 담론전략, 시민과 세계 11, 참여연대, 2007.

양천수, "공익과 사익의 혼용현상을 통해 본 공익개념",. 공익과 인권 제5권 제1호, 서울대학교 BK21 법학연구단 공익인권법연구센터, 2008.

엄순영, "공익개념의 법해석방법과 공익실현주체의 민영화", 전북대학교 법학연구소 법학연구 통권 제50집, 2016.

엄순영, "아감벤의 '주권의 논리': 경계공간사유와 잠재성사유", 법철학연구 제16권 3호, 2013.

오종근·김원필, "지방건축위원회 심의제도 운영실태와 개선방안에 관한 연구 : 서울특별시 자치구 4개 구청을 중심으로", 대한건축학회 논문집 계획계, 제30권 제9호, 2014.

우윤석, "정부생산성 향상을 위한 대통령 자문위원회의 위상과 문제점에 관한 연구: 국가균형발전위원회를 중심으로", 생산성논집 제19조 제4호, 2005.

유기현·변창흠, "개발이익환수 수단으로서 공공기여의 효과에 관한 연구: 특별계획구역을 중심으로", 대한건축학회논문집 계획계 제27권 제2호, 대한건축학회, 2011.

유희일, "도시계획에 대한 항고소송", 대전대 사회과학논문집, 제16권 제2호, 1997.

윤석민, "2008년 초 정권교체 시점의 방송통신 정책기구 개편을 둘러싼 논의의 혼선과 재점들", 언론정보연구 제45권 제1호, 2008.

윤성식, "행정과 공익", 한국행정포럼 제99호, 2002.

이건영, "택지개발에 따른 비용분담의 형평성에 대한 연구", 도시행정학보 제18권 제2호, 2005.

이경원, 김정화, "공공갈등과 공익의 재검토: 제주해군기지 건설 사례", 경제와사회, 비판사회학회, 2011.

이계만·안병철, "한국의 공익개념 연구 : 공익관련 법률내용 분석을 중심으로", 한국정책과학학회보 제15권 제2호, 2011.

이덕연, "본질적으로 논쟁적인 개념으로서 헌법상 재산권의 허와 실: 배출권의 재산권으로서 법적 성격 및 지위와 관련하여", 공법연구 제45집 제4호, 한국공법학회, 2017.

이동수, "재건축개발이익환수제의 내용과 문제점", 토지공법연구 제25집, 2005.

이동훈, "일본의 빈집문제대응체계에 관한 고찰", 도시설계 제18권 제1호, 2017.

이동훈, "헌법 제23조 제3항의 '공공필요'의 해석론 : 헌재 2014. 10. 30. 2011헌바129에 대한 판례평석", 저스티스 통권 제154호, 2016.

이만형·정시영·반재억, "도시계획위원회의 역할과 위상 분석", 건설기술논문집 제19권 제1호, 2000.

이명석·배재현·양세진, “협력적 거버넌스와 정부의 역할: 사회적 기업 사례를 중심으로”, 한국정책학회보 제18권 제4호, 2009.

이상은·성소미, “재건축초과이익환수법안의 내용과 법적 쟁점”, 한국토지공법학회 2006년 제49회 학술대회 발표 논문, 2006.

이상훈·석호영, “용적이양제 도입 및 활용에 관한 공법적 연구”, 토지공법연구, 제66집, 한국토지공법학회, 2014.

이석희, “토지수용의 새로운 개혁에 관한 고찰”, 토지공법연구 제43집 제1호, 2009.

이석희·변창흠, “토지공개념 논의와 정책설계 : 개발이익 공유화 관점에서”, 국토계획 제54권 제2호, 2019.

이승훈, “근대와 공공성 딜레마”, 민주사회와 정책연구 통권13호, 2008.

이승훈, “민주주의 패러다임의 성찰: 공공 영역과 ‘시민됨’의 문화적 조건”, 사회이론 제37권, 한국사회이론학회, 2010.

이영주, “방송공공성에 대한 사유와 실천: 네트워크 미디어 환경을 중심으로”. 한국언론정보학회 학술대회 ‘디지털 다매체 시대의 방송 공공성과 공익성’, 2007.

이인성, “공공기여 방식의 성격과 인센티브의 형평성 : 서울시 정비사업 사례 검토를 중심으로”, 한국도시설계학회지 도시설계 21(2), 2020.

이인호, “역 로빈훗 방식의 수용권행사의 위헌성”, 특별법연구 제9권, 특별소송실무연구회, 2011.

이종혁·이창근, “공공가치 목적 지향의 정책PR 전술 탐색”, 사회과학연구 제20권 제3호, 2013.

이진홍, “도시계획위원회의 투명화에 관한 연구”, 입법정책 제7권 제2호, 2013.

이춘원, “개발이익환수에 관한 검토”, 부동산법학 21, 2017.

이희정·이원철, “주파수 회수·재배치 및 손실보상 제도의 문제점과 개선과제”, 경제규제와 법, 제6권 제2호, 서울대학교 공익산업법센터, 2013.

임의영,“공공성의 개념, 위기, 활성화의 조건”, 정부학연구, 제9권 제1호, 2003.

임의영, “공공성의 유형화”, 한국행정학보 제44권 제2호, 2010.

임현, “독일의 토지계획법제“, 토지공법연구 제50집, 2010.

장교식, 이진홍, “지방자치단체의 도시계획고권에 관한 고찰”, 법학연구 제54집, 2014.

정남철, “계획변경청구권의 법적 문제: 도시계획변경신청권의 예외적 인정에 대한 비판적 고찰”, 토지공법연구 제48집, 2010.

정훈, “지방자치단체의 계획고권과 국토의 균형개발”, 토지공법연구 제84집, 2018.

조대엽, “현대성의 전환과 사회 구성적 공공성의 재구성: 사회 구성적 공공성의 논리와 미시 공공성의 구조”, 한국사회 제13권 1호, 고려대학교 한국사회연구소, 2012.

조명래, “녹색거버넌스기구로서 녹색서울시민위원회에 관한 연구”, 한국지역개발학회지 제

15권 제3호, 2003.
조병구, "이른바 '알박기'에 대한 법경제학적 고찰", 청연논총 제9집, 2012.
조성제, "도시재생 활성화 및 지원에 관한 특별법의 개선방안", 법학연구 제43권, 2015.
조진우, "생활SOC정책의 문제점과 개선과제", 토지공법연구 제90집, 2020.
조철주 · 장명준, "공공정책의 갈등 해소를 위한 협력적 거버넌스 모형 연구", 도시행정학보 제24권 제2호, 2010.
조한상, "헌법에 있어서 공공성의 의미," 공법학연구 제7권 제3호, 한국비교공법학회, 2006.
주명수 · 이성창, 이제원, "도시계획변경 사전협상제도 운영상 특징과 개선방안", 한국도시설계학회지 도시설계 제18권 제4호, 2017.
주성희 · 김대규 · 김성규, 스마트 미디어 시대 방송의 공익성에 관한 연구, 정보통신정책연구원, 2012.
진성만, "지속가능한 생활SOC사업을 위한 논의: 사업소개 및 고려되어야 할 정책적 사항", 지방자치이 슈와 포럼 제25호, 2019.
최나영 · 설성혜 · 김용학 · 이상면, "사전협상에 따른 공공기여 기준 개선방안 연구: 현대자동차부지특 별계획구역 사전협상을 사례로", 부동산분석 제3권 제2호, 2017.
최명민 · 박향경 · 이현주, "Lefebvre의 공간이론에 근거한 '공간기반 사회복지실천'의 가능성 탐색", 한국사회복지학 제69권 제4호, 2017.
최명진 · 김종호 · 동재욱, "행정심판을 통한 건축 불허가 처분 유형에 관한 연구", 대한부동산학회지 제42호, 대한부동산학회, 2016.
최송화, "공익의 법문제화", 법학 제47권 제3호, 서울대학교, 2006.
최승필, "행정계획에서의 형량: 행량명령에 대한 논의를 중심으로", 토지공법연구 제73집 제1호, 2016.
한상훈, "계획행정에 있어서 위원회의 기능에 관한 법적 한계에 관한 연구", 토지공법연구 제68집, 2015.
한상훈, "도시계획 판단기준으로써 공익의 개념과 특성에 관한 연구", 대한부동산학회지 제35권 제1호, 2017.
한상훈, "방치건축물의 효율적 정비를 위한 제도개선방안에 관한 연구", 대한부동산학회지 제36권 제3호, 2018.
한상훈, "건축법상 건축허가에 관한 건축위원회의 역할에 관한 법적 연구", 토지공법연구 89집, 2020.
한상훈, "국책사업 추진에 따른 지역갈등의 구조적 특성에 관한 연구 – 경상북도 동해안 지역을 중심으로", 대한부동산학회지 제29권 제1호, 2011.
한상훈, "대규모 도시개발사업에 관한 타당성분석의 특징과 해석의 한계에 관한 연구",

부동산경영 제11권, 한국부동산경영학회, 2015.
한상훈, "도시기반시설 공급제도 개선을 위한 법적 과제", 토지공법연구 제62권, 2013.
한상훈, "도시정비에 있어서 도시기반시설의 무상귀속과 기부채납의 법적 쟁점에 관한 연구", 법이론실무연구 제3권 제1호, 2015.
한상훈, "방치건축물의 효율적 정비를 위한 제도개선방안에 관한 연구", 대한부동산학회지 제36권 제3호, 2018.
한상훈, "빈집정비를 위한 빈집 실태조사 개선방안에 관한 연구", 대한부동산학회지 제37권 제3호, 2019.
한상훈, "인터넷 부동산 정보의 신뢰도 제고를 위한 제도적 개선과제에 관한 연구", 부동산경영 제14권, 한국부동산경영학회, 2016.
한상훈, "일조권의 재산권적 특성 및 보호에 관한 해외사례 비교연구", 대한부동산학회지 제36권 제2호, 2018.
한상훈, "지방소멸 위험의 대안으로서 고령친화도시 조성방안에 관한 연구", 대한부동산학회지 제38권 제4호, 2020.
한상훈, "풍력발전의 사회적 형평성 확보를 위한 법적 개선과제에 관한 연구", 토지공법연구 제73권 제2호, 2016.
허강무, "도시계획시설사업의 수용 및 보상에 관한 법적 쟁점", 행정법연구 제35호, 사단법인 행정법이론실무학회, 2013.
홍성진, "생활인프라 정책기본법 제정에 관한 연구", 토지공법연구 제86집, 2019.
홍성태, 공론장, "의사소통, 토의정치: 공공성의 사회적 구성과 정치과정의 동학", 한국사회 제13권 1호, 2012.
홍완식, "체계정당성의 원리에 관한 연구", 토지공법연구 제29권, 2005.

참고 판례

청주지방법원 2009.10.29. 선고 2009구합572 판결.

서울행정법원 2014.5.15. 선고 2013구합55338 판결.
서울행정법원 2014.7.11. 선고 2013구합64967 판결.
서울행정법원 2014.7.17. 선고 2013구합10595 판결.

대법원 1971.10.22. 선고 71다1716 판결.
대법원 1982.3.9. 선고 80누105 판결.

대법원 1984.5.9. 선고 83누167 판결.
대법원 1987.9.8. 선고 87누395 판결.
대법원 1990.5.8. 선고 89부2 판결.
대법원 1992.11.13. 선고 92누596 판결.
대법원 1992.4.28. 선고 91다29927판결.
대법원 1994.1.11. 선고 93 누8108 판결.
대법원 1996.11.29. 선고 96누8567 판결.
대법원 1997.4.25. 선고 96누8568 판결.
대법원 1997.4.8. 선고 96누11396 판결.
대법원 1997.6.24. 선고 96누1313 판결.
대법원 1997.9.26. 선고 96누10096 판결.
대법원 1998.11.27. 선고 96누13927 판결.
대법원 1998.4.24. 선고 97누1501 판결.
대법원 2000.3.23. 선고 98두2768 판결.
대법원 2000.9.8. 선고 98두11854 판결.
대법원 2002.10.11. 선고 2000두8226 판결.
대법원 2004.10.15. 선고 2002다68485 판결.
대법원 2005.11.10. 선고 2003두7507 판결.
대법원 2005.3.10. 선고 2002두5474 판결.
대법원 2005.4.29. 선고 2004두14670 판결.
대법원 2005.7.14. 선고 2004두6181 판결.
대법원 2005.9.15. 선고 2004두14649 판결.
대법원 2006.3.16. 선고 2006두330 판결.
대법원 2006.9.8. 선고 2003두5426 판결.
대법원 2007.4.12. 선고 2005두1893 판결.
대법원 2009.3.26. 선고 2009다228, 235 판결.
대법원 2011.1.27. 선고 2009두 판결.
대법원 2011.2.24. 선고 2010두21464 판결.
대법원 2012.10.25. 선고 2010두25107 판결.
대법원 2014.5.16. 선고 2011두27094 판결.
대법원 2015.10.29. 선고 2012두28728 판결.

헌법재판소 1989.12.22. 88헌가13 결정.
헌법재판소 1989.12.22. 선고 88헌가13 결정.

헌법재판소 1992.6.26. 90헌바26 결정.
헌법재판소 1993.7.29. 92헌바20 결정.
헌법재판소 1994.2.24. 선고 92헌가15 결정.
헌법재판소 1994.7.29. 92헌바49 결정.
헌법재판소 1995.2.23. 92헌바14 결정.
헌법재판소 1995.2.23. 선고 93헌바29 결정.
헌법재판소 1995.7.21. 선고 94헌마136 결정.
헌법재판소 1995.10.26. 선고 95헌바22 결정.
헌법재판소 1996.4.15. 선고 95헌바9 결정.
헌법재판소 1998.3.26. 선고 93헌바12 결정.
헌법재판소 1998.12.24. 선고 97헌마87 결정.
헌법재판소 1998.12.24. 선고 89헌바214, 90헌바16, 97헌바78(병합) 결정.
헌법재판소 1999.10.21. 선고 97헌바26 결정.
헌법재판소 2000.4.27. 선고 99헌바58 결정.
헌법재판소 2002.8.29. 선고 2000헌마556 결정.
헌법재판소 2003.8.21. 선고 2000헌가11, 2001헌가29(병합) 결정.
헌법재판소 2004.11.25. 선고 2002헌바66 결정.
헌법재판소 2004.2.26. 선고 2001헌바80·84·102·103, 2002헌바26(병합) 결정.
헌법재판소 2005.9.29. 선고 2002헌바84·89, 2003헌마678·943(병합) 결정.
헌법재판소 2006.7.27. 선고 2003헌바18 결정.
헌법재판소 2007.11.29. 선고 2006헌바79 결정.
헌법재판소 2008.4.24. 선고 2006헌바98 결정.
헌법재판소 2009.9.24. 선고 2007헌바114 결정.
헌법재판소 2010.12.28. 선고 2008헌바57 결정.
헌법재판소 2011.4.28. 선고 2010헌바114 결정.
헌법재판소 2011.6.30. 선고 2008헌바166 결정.
헌법재판소 2014.10.30. 선고 2011헌바129, 172 전원재판부 결정.
헌법재판소 2016.6.30. 선고 2013헌바191, 2014헌바473(병합) 결정.

해외 참고문헌

A.Rinken, Geschichte und heutige Valenz des Öffentlichen, in: G. Winter[hrsg.], Das Öffentliche heute, Nomos: Baden－Baden, 2002.

Alexy, Theorie der Grundrechte, 1994.

B. Barry, Political Argument: A Reissue with a New Introduction, New York: London, 1990.

Barry, B., Political Argument: A reissue with a new introduction, N. Y., 1965.

Bozeman, Barry · Daniel sarewitz. "Public value mapping and science policy evaluation". Minerva. Vol.49, 2011.

Bozeman, Barry, Public Values and Public Interest. Georgetown University Press, 2007.

Brohm, Öffentliches Baurecht, 2. Aufl., 1999, S. 229.

C. Fried, "Two Concepts of Interests: Some Reflections on the Supreme Court's Balancing Test", Harvard Law Review Vol. 76, 1963.

CABE(Commission for Architecture&Build Environment), It's Our Space: a Guide for Community Groups Working to Improve Public Space, 2007.

D. Easton, A System Analysis of Political Life. Chicago, The University of Chicago Press, 1979.

Dürig, Die, konstanten Voraussetzungen des Begriffs "Öffentliches Interesse", Diss. München, 1949.

Eger III, Robert J., "Casting Light on Shadow Government: A Typological Approach", Journal of Public Administration Research and Theory, Vol. 16, 2005.

Elcock Howard, "The Public Interest and Public Administration", Politics Vol. 26 No. 2, 2006.

F. J. Sorauf, The Conceptual Muddle, in: C. Friedrich (ed.), The Public Interest, Literary Licensing, 2013.

Friedrich K. v. Savigny, System des heutigen römischen Rechts, No. 1, 1840.

G. A. Almond and G. B. Powell, Jr.(eds), Comparative Politics Today: A World View, Boston. Little, Brown and Co., 1984.

G. Colm, The Public Interest: Essential Key to Public Policy, in: Carl J Friedrich (ed.), The Public Interest, Literary Licensing, 2013.

Grauvogel §1 Rn. 442.

H. Wolff, Verwaltungsrecht I, 8. Aufl., München, 1971.

Held, V. The Public Interest and Individual Interest, N.Y./London. 1970.

Henry, Gary T. & Harms, Stephen W., "Board Involvement in Policy Making and Administration", Public Administration Review, 1987.

Hoppe in Hoppe/Grotefels, Bauntcht, §7 Rn. 94: Stüer in Hoppenberg. Baurecht, B Rn. 405.

Hoppe in Hoppe/Grotefels, Baurecht, §7 Rn. 122.

J. Feinberg, Harm to Others, Oxford, 1984.

J. Habermas, Faktizität und Geltung, Suhrkamp, Frankfurt am Main, 1992.

J. Habermas, Theorie des kommunikativen Handelns, Bd. 1, 2.Aufl., Suhrkamp: Frankfurt am Main, 1997.

J. J. Rousseau(이태일 역), 사회계약론(외), 제3판, 범우사, 1994.

J. Locke, An Essay Concerning Human Understanding, N.C. Alex Catalogue (e-book: http://www.netlibrary.com/).

K. Popper, The Open Society and its Enemies. vol.1. Routledge & Kegan Paul. 5th edition. 1966.

Kahneman, Daniel and Jack L, Knetsch, "Valuing Public Goods : The Purchaes of Moral Satisfaction", Journal of Environmental Economics and Management Volume 22 Issue 1, 1992, pp. 57-70.

KBS NEWS 2018년 9월 16일 보도자료

Kluckhohn, C., Values and Value Orientations in the Theory of Action. Toward a General Theory of Action, New York: Harper, 1962.

Koch, Baurecht, S. 157: Hoppe/Schlarmann, Rechtsschutz, Rn. 181.

Kück, in: Hoffmann-Riem/Schmidt-Aßmann/Voßkuhle (Hg.), Grundlagen des Verwaltungsrechts, Bd. II, § 37 Rn. 30.

L. von Bertalanffy, General System Theory : Foundation, Development, Application, New York: George Braziller, 1940. L. von Bertalanffy. 현승일 옮김. 일반체계이론, 서울, 민음사, 1990.

Matha C. Nussbaum, "The Costs of Tragedy: some Moral Limits of Cost-Benefit Analysis", The Journal of Legal Studies Vol.29 No., 2000.

M. Adler, "Law and Incommensurability: Introduction", University of Pennsylvania Law Review Vol. 146, 1998, p. 1169.

Napoli, P. M., Foundations of communication policy: Principles and process in the regulation of electronic media, Cresskill, NJ., Hampton Press, 2001.

M. More, Creating Public Value, Harvard University Press, 1995.

Peine, Franz-Joseph, Systemgerechtigkeit, 1985.

Philip R, Berke, et al. Urban Land Use Planning. Fifth Edition. Illinois: University of Illinois Press. 1995.

PPS(Project for Public Space), Placemaking with Project for Public Spaces, 2000.

Ronald Dworkin, Taking Rights Seriously, Harvard University Press. 1977.

S. Benn, " 'Interests' in Politics", Proceedings of the Aristotelian Society 60, 1960

Schmidt−Aßmann, Das allgemeine Verwaltungsrecht als Ordnungsidee, 2. Aufl., 6. Kap. Rdn. 96f.

Simon, Herbert A., "From Substantive to Procedural Rationality." in S. Latsis ed. Method and Appraisal in Economics. Cambridge: Cambridge University Press, 1976.

Simon, Herbert A., "Rationality as Process and as Product of Thought", American Economic Review Vol.68 No.2, 1978.

Soja, E., "Does social work need the eco−systems perspective? Part 1. Is the perspective clinically useful?", Social Service Review, Vol.70 No.1, 2010.

Soja, E., Seeking Spatial Justice, Minneapolis: University of minnesota Press. Wakefield, J. C., 1996.

V. Held, The Public Interest and Individual Interest, New York : London, 1970.

vgl. Wolff, Organschaft und Juristische Person, Band I: Juristische Person und Staatsperson, 1933.

W. B. Gallie, Essentially Contested Concepts, Philosophy & The Historical Understanding, 2nd ed., 1956.

W. Hoppe, Zur Struktur von Normen des Planungsrechts, DVBl. 641, 643 f, 1974.

W. Leisner, J. Isensee(Hg.), Eigentum - Schriften zu Eigentumsrecht und Wirtschaftsverfassung 1970−1996, 1996, Vorwort.

Wolff, Verwaltungsrecht, Bd. I,8. Aufl., S. 159; Wolff/Bachof/Stober, erwaltungsrecht, Bd. I, 11. Aufl., 1999, §29, Rdnr. 3.

BVerwG DVBI. 1994. S. 701.

BVerwG NVwZ 1991, S. 873.

BVerwG NVwZ−RR 1994, S. 190

BVerwG, Urteil vom 22.03.1985 − 4C 73.82

BVerwGE 71, 163 ff.=DVBl. 1985, 899 f.

BVerwGE 59, 87(102 ff.)

BVerwGE 59, 87(101f.).

BVerwGE 61. 295 (302)

BVerwGE NVwZ 1990 S. 555

OVG Lüneburg NuR 1983 S. 70 (72).

OVG Münster UPR 1991. S. 278 ff.

찾아보기

(기타)

저자약력

한상훈

영남대학교 도시공학과(공학사)
영남대학교 대학원 도시공학(도시 및 교통계획석사)
미국 The University of Arizona 대학원(지리학석사)
미국 Texas A&M University 대학원(도시계획학박사)
대구 가톨릭대학교 대학원(법학박사)

전) 경북대학교 건축공학과 한국학술진흥재단 Post-Doc. Fellow
대구경북연구원 책임연구원
경주대학교 부동산컨설팅학과 교수, 학과장

현) 중원대학교 교수(교양학부, 산학협력단)
대한국토 · 도시계획학회 상임이사 및 편집위원
한국도시계획가협회 행정부회장
대한부동산학회 학술부회장
서울동부지방법원 전문위원

저서) 도시계획: 이론과 실제 2021(공저, 기문당)
토지공개념과 국토 · 도시계획 2021(공저, 보성각)
희자서래(喜自書來) 2017(공저, 창조와 지식)
지역발전과 지역혁신 2003(공저, 영남대학교 출판부)
생활과 부동산 2002(명인출판사)

도시계획과 공익의 이해

초판발행 2021년 6월 30일

지은이 한상훈
펴낸이 안종만 · 안상준

편 집 우석진
기획/마케팅 김한유
표지디자인 이미연
제 작 고철민 · 조영환

펴낸곳 (주) 박영사
서울특별시 금천구 가산디지털2로 53, 210호(가산동, 한라시그마밸리)
등록 1959. 3. 11. 제300-1959-1호(倫)
전 화 02)733-6771
f a x 02)736-4818
e-mail pys@pybook.co.kr
homepage www.pybook.co.kr
ISBN 979-11-303-1275-0 93350

정 가 24,000원